REVISTA TRIMESTRAL DE *DIREITO PÚBLICO*

21/1998

MALHEIROS EDITORES

Revista Trimestral de Direito Público

Órgão do

INSTITUTO GERALDO ATALIBA —
IDEPE — INSTITUTO INTERNACIONAL
DE DIREITO PÚBLICO E EMPRESARIAL

INSTITUTO DE DIREITO ADMINISTRATIVO PAULISTA
IDAP

Revista Trimestral de Direito Público
publicação trimestral de
MALHEIROS EDITORES LTDA.
Rua Paes de Araújo, 29, cj. 171
CEP 04531-940 - São Paulo, SP - Brasil
Tel. 822-9205 - Fax: 829-2495
Diretor Responsável: Álvaro Malheiros
Diretora: Suzana Fleury Malheiros

Assinaturas e comercialização:
CATAVENTO DISTRIBUIDORA DE LIVROS S.A.
Rua Conselheiro Ramalho, 928
CEP 01325-000 - São Paulo, SP - Brasil
Tel. 289-0811 - Fax: 251-3756
Supervisão Gráfica: Vânia Lúcia Amato
Composição: PC Editorial Ltda.

SUMÁRIO

DOUTRINA

REGULARIDADE FISCAL NAS LICITAÇÕES
Celso Antônio Bandeira de Mello 5

CONSTITUIÇÃO, SOBERANIA E MERCOSUL
Cármen Lúcia Antunes Rocha 12

PROCURADORES DE ESTADO: SUA REMUNERAÇÃO E A EMENDA CONSTITUCIONAL N. 19
Valmir Pontes Filho 38

CONCRETIZAÇÃO DA CONSTITUIÇÃO, FUNÇÃO LEGISLATIVA, FUNÇÃO ADMINISTRATIVA E FUNÇÃO JURISDICIONAL
Sergio Fernando Moro 46

O OBJETO DA AÇÃO CIVIL PÚBLICA, QUANDO SE CONSTITUIR EM CUMPRIMENTO DE OBRIGAÇÃO DE FAZER OU NÃO FAZER, NÃO É AUTÔNOMO
Toshio Mukai 58

REGULAMENTO E ATO ADMINISTRATIVO
Daniele Coutinho Talamini 65

PARECERES

DA NECESSIDADE LEGAL E ECONÔMICA DE PREFIXAÇÃO DAS CONDIÇÕES FINANCEIRAS DA PRORROGAÇÃO DO PRAZO DAS CONCESSÕES DO SERVIÇO MÓVEL CELULAR
Arnoldo Wald 89

RESTRIÇÃO À CONCORRÊNCIA, AUTORIZAÇÃO LEGAL E SEUS LIMITES. LEI N. 8.884, DE 1994, E LEI N. 6.729, DE 1979 ("LEI FERRARI")
Eros Roberto Grau e Paula A. Forgioni 107

PREFEITO MUNICIPAL – COMPARECIMENTO FACULTATIVO À CÂMARA – PRINCÍPIO DA SEPARAÇÃO DOS PODERES
João Batista de Oliveira Rocha 122

CONTRATAÇÃO DIRETA POR EMERGÊNCIA: SITUAÇÃO CALAMITOSA – IRRELEVÂNCIA DOS FATORES CAUSADORES DA SITUAÇÃO EMERGENCIAL
Floriano P. Azevedo Marques Neto 126

INELEGIBILIDADE: INTERPRETAÇÃO DO ART. 14, § 7º, DA CF
Carlos Eduardo Thompson Flores Lenz 141

ESTUDOS E COMENTÁRIOS

CONSIDERAÇÕES SOBRE O PAPEL DO PROCURADOR-GERAL DA REPÚBLICA NO CONTROLE ABSTRATO DE NORMAS SOB A CONSTITUIÇÃO DE 1967/69: PROPOSTA DE RELEITURA
Gilmar Ferreira Mendes 145

SALÁRIO MÍNIMO INCONSTITUCIONAL
Antônio Souza Prudente 157
AS AUDIÊNCIAS PÚBLICAS E O PROCESSO ADMINISTRATIVO BRASILEIRO
Gustavo Henrique Justino de Oliveira 161
ALGUNS ASPECTOS DA QUALIFICAÇÃO REGISTRÁRIA NO REGISTRO DE PARCELAMENTO DO SOLO URBANO E O CÓDIGO DE DEFESA DO CONSUMIDOR
Kioitsi Chicuta, Ary José de Lima e Sérgio Jacomino 173

CONFERÊNCIAS E DEBATES

A REFORMA DO PODER JUDICIÁRIO
Geraldo Brindeiro 205

JURISPRUDÊNCIA 212

DOUTRINA

REGULARIDADE FISCAL NAS LICITAÇÕES

CELSO ANTÔNIO BANDEIRA DE MELLO

Professor Titular de Direito Administrativo da Faculdade de Direito da PUC/SP

1. Licitação, como se sabe, é o "procedimento administrativo pelo qual uma pessoa governamental, pretendendo alienar, adquirir ou locar bens, realizar obras ou serviços, outorgar concessões, permissões de obra, serviço ou de uso exclusivo de bem público, segundo condições por ela estipuladas previamente, convoca interessados na apresentação de propostas, a fim de selecionar a que se revele mais conveniente em função de parâmetros antecipadamente estabelecidos e divulgados" (cf. nosso *Curso de Direito Administrativo*, 10ª ed., Malheiros Editores, p. 333)

2. Trata-se, como liminarmente indicado, de um procedimento administrativo. Assim, na licitação há uma sucessão itinerária e encadeada de atos sucessivos que, embora tenham, cada um, finalidade específica, tendem todos a um resultado final e conclusivo em função do qual se entrosam e harmonizam. Eis porque se decompõe em fases representativas dos diferentes momentos nos quais se expressam as decisões principais que conduzem ao objetivo do certame. Em suma: o que se quer, e se pode validamente querer, ao longo de tal percurso, é *única e exclusivamente* preparar idoneamente o advento do ato no qual deve abicar: eleição da melhor proposta.

Segue-se que suas distintas fases – e entre elas a da habilitação – têm por escopo resolver tópicos relevantes para que se desemboque no ato final. Daí que os atos em que culminam ditas fases, de direito, nada mais têm que buscar senão o suficiente e indispensável para o atingimento daquele propósito aludido, ou seja: aportarem na escolha da proposta mais satisfatória. Donde, o que é curial, qualquer exigência imposta aos concorrentes e aferida nestes vários momentos da trajetória do certame haverá de conformar-se e adequar-se ao intento que explica e justifica o desencadeamento da seriação de atos em questão.

Disto resulta que toda demasia, todo excesso, *toda imposição feita aos licitantes além do necessário para cumprir dito projeto, só servirá para prejudicar o escopo da licitação* (observância do princípio constitucional da isonomia e selecionar a proposta mais vantajosa – art. 3º da Lei n. 8.666). Ou seja, o que desborde destas balizas só concorrerá para empecer sua razão de existir, trazendo agravos à boa realização daquele *específico* interesse público – *do qual ela é o veículo concebido como idôneo, pertinente* – e às finalidades que lhe presidem a instituição. É isto mesmo que resulta dos próprios dizeres do art. 37, XXI, da Constituição Federal que interdita exigências outras além das indispensáveis à garantia do cumprimento das obrigações.

É ao lume de tal perspectiva que se haverá de examinar o disposto no art. 27 da lei nacional disciplinadora das normas gerais sobre licitação (8.666, de 21.6.93, atualizada pela Lei n. 8.883, de 8.6.94), quando estabelece que dos interessados em disputá-la exigir-se-á documentação relativa à *regularidade fiscal* (inciso IV). Para esclarecer-lhe o possível alcance, é indispensável, desde logo, registrar que *a licitação não é, nem pode ser via oblíqua para constranger o contribuinte a satisfazer pretensões fiscais.*

3. Deveras, a adoção de providências administrativas (com ou sem base legal) como fórmula de indiretamente constranger o contribuinte à satisfação de pretensões tributárias é assunto antigo e que, no passado, freqüentou o Supremo Tribunal Federal inúmeras vezes, dando margem às súmulas ns. 70, 323 e 547 – que é a que mais diretamente interessa para o caso vertente. Seu teor é o seguinte:

"Não é lícito à autoridade proibir que o contribuinte em débito adquira estampilhas, despache mercadorias nas alfândegas e exerça suas atividades profissionais".

Analisando-a, Roberto Rosas, em seu *Direito Sumular – Comentários às Súmulas do STF* (Ed. RT), anotou:

"O Tribunal Pleno decidiu que a Fazenda deve cobrar seus créditos através de execução fiscal, sem impedir direta ou indiretamente a atividade profissional do contribuinte (*RTJ* 45/629). Posteriormente reafirmou sua orientação (RE ns. 63.026, 63.647)".

Com efeito, acertadamente o Excelso Pretório, várias vezes decidiu que a instituição de impedimento ao exercício de atividades profissionais (mercantis, industriais etc.) como forma de induzir ao pagamento de tributos *afrontava a garantia constitucional do livre exercício delas*. E o fez tanto à vista do art. 141, § 4º, da Constituição de 1946, quanto dos Diplomas Constitucionais posteriores (art. 153, § 23, da Carta de 1967 e 5º, XIII, da Constituição de 1988).

4. Particularmente interessantes foram os julgados a seguir referidos:

RE 60.644 – RJ (Tribunal Pleno – Matéria Constitucional), relator Ministro Gonçalves de Oliveira, j. em fevereiro de 1968 (*RTJ* 45/629), votação unânime, cuja ementa reza:

"Sanção fiscal. Interpretação do Decreto-lei n. 5, de 1937, que vedava aos contribuintes o exercício de suas atividades mercantis por estarem em débito com a Fazenda Nacional. Revogação em face do art. 150, § 4º da Constituição Federal. Precedente do Supremo Tribunal Federal (RE 63.047)".

Já neste RE 63.047 a que se reporta a ementa, o despacho que o admitiu – transcrito pelo Ministro Gonçalves de Oliveira – anotava:

"Este Tribunal, por reiteradas vezes, tem se pronunciado pela incompatibilidade entre a norma do § 4º do art. 141, da CF de 1946, aliás mantida na Carta recentemente promulgada, com o preceito do invocado Decreto-lei n. 5, de 1937, que veda aos contribuintes o exercício de suas atividades mercantis, por estarem em débito com a Fazenda Nacional".

Ulteriormente, em julgamento de abril de 1968, no RE 63.026 (*RTJ* 51/817), a matéria foi amplamente discutida no plenário, sendo relator para o acórdão o Min. Aliomar Baleeiro, reiterando-se o entendimento da inviabilidade da restrição. É a seguinte sua ementa:

"*Solve et repete*. Não é lícito à autoridade proibir o contribuinte em débito de adquirir estampilhas, despachar mercadorias nas Alfândegas e exercer as suas atividades profissionais"

Em maio de 1968, no RE 61.367 – SP, (Tribunal Pleno – Matéria Constitucional), relator Min. Thompson Flores (*RTJ* 47/377), *já nem mesmo foi conhecido o recurso*, dada a pacificação da matéria, pelo que assim se pronunciou seu relator:

"A respeito da matéria já se formou nesta Corte jurisprudência, através de vários julgados, dando como inconstitucional a atividade fiscal que, com as sanções impostas, bloqueia a atividade profissional lícita do contribuinte.

"Recentemente mesmo, em sessão de 17 de abril último, ao ser julgado o RE 63.026 de São Paulo, do qual foi relator o Ministro Amaral Santos, compacta maioria reafirmou a tese da inconstitucionalidade.

"Embora tenha ponto de vista próprio deduzido em voto proferido no julgamento rememorado, aceito a orientação do Tribunal.

"Em tais condições tenho que ditas sanções conflitam com a garantia a que se refere o art. 150, § 23 da Constituição vigente, acolhendo, pois, a prejudicial de inconstitucionalidade.

"Em conclusão, não conheço o recurso, eis que é pacífica a orientação da declaração de inconstitucionalidade das sanções impostas."

O referido acórdão está assim ementado:

"Sanções políticas nas obrigações fiscais.

"Desde que comprometam a atividade profissional do contribuinte, ainda que em débito com o Fisco, são inconstitucionais."

5. Já muito mais recentemente, *sob o império da atual Constituição*, em julgamento de outubro de 1990, o e. STF, em sessão plenária e por decisão unânime, no ERE n. 115.427-SP, sendo relator o Min. Carlos Velloso (*RT* 662/209), recusou-se mesmo a conhecer dos embargos de divergência interpostos pelo Estado de São Paulo, ao propósito de restrições ao exercício de atividade profissional decorrentes do chamado "regime especial" do ICM, estabelecidas como forma de compelir ao pagamento de tributos. O acórdão está assim ementado:

"Constitucional. Tributário. ICM: regime especial. Restrições de caráter punitivo. Liberdade de trabalho. CF de 1967, art. 153, § 23, CF de 1988, art. 5º, XIII.

1. O "regime especial do ICM", autorizado em lei estadual, porque impõe restrições e limitações à atividade comercial do contribuinte, viola a garantia constitucional da liberdade de trabalho (CF de 1967, art. 153, § 23; CF de 1988, art. 5º, XIII), constituindo forma oblíqua de cobrança do tributo, assim execução política que a jurisprudência do STF sempre repeliu (Súmulas 70, 323 e 547).

2. Embargos de divergência conhecidos e improvidos.

3. No caso, os acórdãos indicados como divergentes cuidaram do tema sob o ponto de vista legal, enquanto que o acórdão embargado decidiu a questão tendo em vista a Constituição. Inocorrência, por isso, de divergência capaz de autorizar os embargos.

4. Embargos não conhecidos."

Em decisão ainda posterior, da 4ª Turma do TRF da 3ª Região (12.3.97), no Agravo de Instrumento 40.825-SP, voltou a ser reafirmada e por votação unânime a tese de que o Poder Público não pode, para constranger ao pagamento de tributos, adotar medidas que cerceiem o exercício da livre atividade profissional, que isto vulnera não só o princípio constitucional da liberdade de trabalho, ofício ou profissão, consagrada no art. 5º, XIII, *mas também o do contraditório e da ampla defesa,* assegurado no art. 5º, LV. Quanto a este último aspecto, o relator do acórdão, juiz Homar Cais, encampou trecho da precisa manifestação do Ministério Público no feito, cujo teor é o seguinte:

"O fato da administração tributária reter o CGC das pessoas jurídicas com a finalidade de obrigá-las ao pagamento de seus débitos fere o direito à defesa e ao contraditório garantidos ao contribuinte. Isto porque o Fisco tem à sua disposição, com o advento da Lei n. 6.830/80, uma forma de cobrar, através de procedimento legal (execução fiscal), os créditos que possua.

"A garantia do contribuinte de não ter afastado o seu direito ao devido processo legal, e, conseqüentemente, à ampla defesa e ao contraditório é uma decorrência da própria Constituição Federal e da Lei de Execução Fiscal."

É, pois, claro a todas as luzes que se incompatibiliza com o Texto Constitucional previsão de medida que iniba o exercício de atividade profissional lícita, de qualquer gênero (industrial, comercial ou de serviços), com o fito de constranger o contribuinte a atender pretensões tributárias insatisfeitas, as quais devem ser buscadas pela via própria e não por meios transversos. Claro igualmente é, como atestam os acórdãos transcritos – os quais substanciam jurisprudência antiga, firme e pacífica – que o Supremo Tribunal Federal fulmina por inconstitucionais medidas de tal natureza, provenham elas de ato administrativo ou de lei.

6. Note-se, de outro lado, que o Texto Constitucional em seu art. 37, XXI, ao mencionar a obrigatoriedade de licitação, de um lado, só refere exigências atinentes à qualificação técnica e econômica, inadmitindo exigências que superem o necessário para o cumprimento das obrigações. À vista deste dispositivo constitucional, Maria Sylvia Zanella Di Pietro advertira, ainda ao tempo do Decreto-lei n. 2.300, que a exigência de regularidade fiscal "não encontra abrigo na Constituição atual, já que a regularidade jurídico-fiscal não se enquadra nos conceitos de capacidade técnica e econômica a que se refere o art. 37, XXI" (*Direito Administrativo*, Atlas, 3ª ed., p. 244). Ao depois, já perante a lei atual, enfatizou que a licitação não é instrumento de controle de regularidade fiscal, pois a lei prevê outras formas de controle volvidas a esta finalidade (ob. cit., 9ª ed., 1998, p. 284).

Igual ensinamento está expresso em comentadores do Decreto-lei n. 2 300, após a promulgação da Lei Magna de 1988. Toshio Mukai, depois de indicar que o objetivo do art. 37, XXI, da Lei Magna é obstar exigências não relacionadas com a garantia do cumprimento das obrigações, averbou: "Já a exigência de regularidade fiscal escapa àquele fim, pois enquanto o débito eventual estiver na via administrativa, este fato não tem repercussão direta na situação econômica da empresa; te-lo-á quando o débito estiver em execução judicial, porque aqui há a penhora de bens daquela (representando "execução patrimonial"). Além disso, a regularidade fiscal constitui uma coação indireta do Poder Público para que a empresa se mantenha em dia com os cofres públicos. Portanto, de um lado, não é indispensável à garantia do cumprimento das obrigações, sendo excessiva e não proporcional ao fim visado pelo texto, e, de outro lado, nada tem que ver com esse fim, como conseqüência, a regularidade fiscal não pode ser admitida em face da Constituição (*Estatuto Jurídico de Licitações e Contratos Administrativos*, Saraiva, 1990, pp. 60/61).

7. Comentos de equivalente teor encontram-se também em Diogo Figueiredo de Moreira Neto, o qual, sobre observar que a exigência de comprovação de regularidade fiscal não é norma geral de licitação, nem de contrato, nem de direito tributário, averbou: "Ainda assim, deve-se levar em linha de conta que tal exigência legal pode configurar um desvio de poder do legislador que, tendo meios próprios para cobrar tributos, estaria usando de um meio oblíquo para coagir os contribuintes a quitá-los. Com isso a lei violaria o princípio isonômico (art. 5º, *caput*), pois ter os tributos quitados ou não nada tem a ver com a aptidão técnica e econômica de uma empresa para oferecer as maiores vantagens como contratante da Administração" (in *RDA* 189/50)

Maria Garcia, em coletânea de *Estudos Sobre a Lei de Licitação e Contratos*, por ela mesma coordenada, anota que a restrição imposta pela lei, ao demandar dos afluentes ao certame "regularidade fiscal", não se afeiçoa ao Texto Constitucional Brasileiro, pois: "representa cerceamento evidente ao exercício de trabalho, ofício ou profissão (Constituição Federal, art. 5º, XIII), prejudicados os direitos ao contraditório e ampla defesa (art. 5º, LV), dado que o interessado poderá ver-se eventualmente compelido a pagar o que não deve, ou no montante exigido, a fim de participar da concorrência; verdadeira pena sem prévia cominação legal (art. 5º, XXXIX) e sem manifestação da autoridade competente (art. 5º, LIII) – na verdade, espera-se do Estado uma atuação direta e eficiente na exigência dos seus créditos, basicamente pelo controle e fiscalização e que a liberdade de participação no processo licitatório somente possa ser obstaculizada se o patrimônio necessário à qualificação econômico-financeira se encontrar em processo final de execução (ob. cit., pp. 71 e 72).

8. Não se suponha que o Texto Constitucional, hoje, autoriza limitação desta ordem, a teor do art. 195, § 3º, ao estabelecer que a "pessoa jurídica em débito com o sistema da seguridade social, como estabelecido em lei, não poderá contratar com o Poder Público nem dele receber benefícios ou incentivos fiscais ou creditícios". Dito argumento prova justamente o contrário. Prova que no caso específico em que desejou autorizar o condicionamento de relações com o Poder Público à prévia satisfação de pretensões tributárias, foi necessário contemplá-lo expressamente, abrindo, dessarte, uma única exceção ao que resultava do próprio modelo constitucional. Ou seja foi privilegiada superiormente a seguridade social, mediante permissão de bloqueio de relações negociais com o Poder Público da pessoa jurídica que estivesse em débito com o sistema da seguridade social, *como estabelecido em lei*. De sorte que a exigência de regularidade perante dito sistema, esta sim e tão-somente ela, pode ser legalmente estabelecida, como requisito para disputar certame licitatório, o que, todavia, evidentemente, não libera a instituição da mesma exigência em relação a *tributos outros*.

9. Daí porque, já na 4ª ed. de nosso *Curso de Direito Administrativo* (Malheiros Editores, 1993 p. 266) em face do art. 25 do Decreto-lei n. 2.300, que também demandava regularidade fiscal, alertávamos: *"Falha na regularidade fiscal ao nosso ver só pode ser fator inabilitante quando os débitos forem de tal monta que possam colocar em risco "a garantia do cumprimento das obrigações,* pois os requisitos para participar do certame licitatório, em face da Constituição (art. 37, XXI), não podem ir além do propósito de acautelar a segurança do negócio posto em certame, conforme já se anotou". Ulteriormente, à vista do art. 27 da superveniente Lei n. 8.666 tornamos a reiterar tal ponto de vista nas sucessivas edições da mesma obra (vide pp. 336, 337 e nota de rodapé 39 da 10ª ed., 1998), com maior largueza de argumentação.

10. Com efeito, entendimento diverso do exposto é inadmissível. Não resiste a um exame de razoabilidade. Deveras, é noção corrente e moente em direito administrativo que seus diversos institutos possuem, cada qual, sua própria identidade, sua específica serventia, sua destinação natural, de tal sorte que não é indiferente o uso de um ou outro para a busca das finalidades perseguíveis. Tal uso incorreto das competências se denomina desvio de poder, pois há um extravio dele em relação à finalidade que lhe corresponderia ante a norma que lhe serviria idoneamente de calço. Em suma: o ato maculado deste vício direciona-se a um resultado diverso daquele ao qual teria de aportar ante o objetivo da norma habilitante. Para nele incorrer é desnecessário que seu expedidor esteja animado de objetivos viciosos. É suficiente que divirja do fim que lhe seria próprio. Bem o disse Seabra Fagundes:

"Não importa que a diferente finalidade com que tenha agido seja moralmente lícita. Mesmo moralizada e justa, o ato será inválido por divergir da orientação legal" (ob. cit., pp. 72-73).

O desvio de poder não é mácula jurídica privativa dos atos administrativos. Pode se apresentar, igualmente, por ocasião do exercício de atividade legislativa ou jurisdicional. Ou seja: *leis* e decisões judiciais são igualmente suscetíveis de incorrerem no aludido vício, porquanto umas e outras são, também, emanações das competências públicas, as quais impõem fidelidade às finalidades que as presidem. Assim, se o legislador ou o juiz delas fizerem uso impróprio, a dizer, divorciado do sentido e direcionamento que lhes concernem, haverão traído as competências que os habilitavam e os atos que produzirem resultarão enodoados pela indelével jaça do desvio de poder.

Assim como o ato administrativo está assujeitado à lei, às finalidades nela prestigiadas, a lei está assujeitada à Constituição, aos desideratos ali consagrados e aos valores encarecidos neste plano superior. Demais disto, assim como um ato administrativo não pode buscar escopo distinto do que seja *específico* à *específica* norma legal que lhe sirva de arrimo, também não pode a lei buscar objetivo diverso do que seja inerente ao específico dispositivo constitucional a que esteja atrelada a disposição legiferante expedida. Ou seja, se a Constituição habilita legislar em vista de dado escopo, a lei não pode ser produzida com traição a ele.

Caio Tácito, em precioso artigo intitulado "O desvio de poder no controle dos atos administrativos, legislativos e jurisdicionais" (*RDA* 188, pp. 1 e ss.) enumera decisões do Supremo Tribunal Federal nas quais o desvio de poder é reconhecido como vício suscetível de macular a produção legislativa e traz à colação precisamente casos em que foram impostas providências restritivas de direitos com o fito de forçar o contribuinte a satisfazer pretensões tributárias, afirmando: "é inadmissível a interdição de estabelecimento ou a apreensão de mercadorias como meio coercitivo para cobrança de tributo (Súmulas ns. 70 e 323)". Idem quanto à fulminação dos Decretos-leis ns. 5 e 42 de 1937. Como explica o mestre Caio Tácito, a Suprema Corte: "dilatando o princípio à inconstitucionalidade dos Decretos-leis ns. 5 e 42 de 1937 – que restringiam indiretamente a atividade comercial de empresas em débito, impedindo-as de comprar selos ou despachar mercadoria – implicitamente configurou o abuso de poder legislativo (Súmula n. 547 e acórdão no recurso extraordinário n. 63.026, *RDA* 10/209)" (artigo cit., p. 7).

11. É sabido e ressabido que a licitação é instituto volvido à satisfação ao princípio da isonomia e à busca do negócio mais vantajoso para o promotor do certame, interessando, pois, ampliar ao máximo o universo dos proponentes, contanto que não se comprometa a segurança da relação a ser travada. De resto, é isto mesmo que o Texto Constitucional indica no art. 37, XXI – como já se assinalou – pois inadmite exigências excedentes deste desiderato. A regularidade fiscal, em si mesma, nada tem a ver com isto, *salvo se a existência de presumidos débitos alcance montante capaz de pôr em causa a segurança do futuro contrato.*

Por outro lado, a via jurídica prevista para a cobrança de créditos tributários é a execução fiscal e não outra qualquer, tendo o contribuinte direito a que se respeite o "devido processo legal", assegurando-se-lhe o contraditório e ampla defesa, consoante prevêem os incisos LIV e LV do art. 5º da Lei Maior. Segue-se que não pode, por vias indiretas, ser constrangido a abrir mão de tais garantias, pena de ficar coartado no exercício do direito, também constitucionalmente reconhecido, no inciso XIII do mesmo artigo, de livre exercício de seu trabalho, ofício ou profissão.

Disto tudo se conclui, inadversavelmente, que a Administração, ao examinar regularidade fiscal, está adstrita a agir com prudência, alinhada com a preocupação de evitar eliminação desnecessária de concorrentes. Por isto mesmo débitos fiscais de pequena monta em relação ao patrimônio e disponibilidades do afluente ao certame licitatório e ao montante do compromisso que se propõe a assumir não podem, de modo algum, ser tidos como causa de inabilitação, seja porque nada têm a ver com a segurança do negócio, único bem jurídico que, a teor da Constituição, autorizaria restrições aos eventuais candidatos, seja porque implicariam constrangimento inconstitucional aos "supra" aludidos direitos.

CONSTITUIÇÃO, SOBERANIA E MERCOSUL

CÁRMEN LÚCIA ANTUNES ROCHA
Advogada – Professora Titular de Direito Constitucional
da Faculdade Mineira de Direito
da Pontifícia Universidade Católica de Minas Gerais

"Vapor Barato, um mero serviçal do narcotráfico
Foi encontrado na ruína de uma escola em construção
Aqui tudo parece que é ainda construção e já é ruína
Tudo é menino e menina no olho da rua
O asfalto, a ponte, o viaduto ganindo para a lua
Nada continua
...
Eu não espero pelo dia em que todos os homens concordem
Apenas sei de diversas harmonias bonitas possíveis
Sem juízo final
Alguma coisa está fora da ordem
Fora da nova ordem mundial."
Fora da Ordem –
Caetano Veloso

Introdução. I – O constitucionalismo contemporâneo: sentido e funções da Constituição. II – Constituição e direito supranacional. III – Constituição e soberania no Direito brasileiro. IV – A Constituição da República brasileira e o Mercosul. Conclusão. Bibliografia.

Introdução

O homem multiplica-se. Em sua versão individual, em sua versão social, em sua aspiração política, em sua conspiração voltada ao geral, em seu eterno tornar-se. Democratiza-se o homem; diversifica-se ele, amplia-se.

Não é que antes o homem não se modificasse sempre. É que agora as mudanças fazem-se como turbilhão incessante. Não há tempo para se adquirir o hábito das coisas ou das instituições. O que antes era novo já se fez velho antes mesmo de ser conhecido. E é, então, descartado. O próprio homem parece ver-se alvo de comportamentos, especialmente no espaço dos escambos mercantis, que o tratam, em grande parte, como algo descartável, suprimível, ou pelo menos facilmente substituível.

As criações humanas proliferam, desfazem-se, liquefazem-se.

Antes, e durante séculos, houve um modelo de organização religiosa, projetada pela Igreja, a qual, conquanto não única nos diversos grupos humanos, adotava um mesmo formato, o mesmo paradigma de regras a fundamentar-lhe a estruturação. Mesmo quando novas Igrejas eram instituídas – a protestante ou a anglicana, para citar dois exemplos – o modelo inicial perseverava.

Todavia, a Igreja não foi capaz de superar a incrível distância entre os seus postulados, dogmas e pompas e as indagações dos homens que lhes seguiam os mandamentos. O reino da terra faz-se cada vez mais próximo e doído e requer respostas. O reino dos céus faz-se cada vez mais distante e os seus resultados não se mostram. O homem busca, então, novos caminhos, atalhos que satisfaçam, mais proximamente, ou pelo menos lhe dêem a ilusão de saciarem-se suas fomes, suas paixões, consolo ou ouvidos para as suas lágrimas e lamentações, que sempre há do que se lamentar na vida. O homem procura espaço para ensaiar o salto que lhe acode transpor a cada instante. Daí a multiplicação de igrejas. A que vêm, o que trazem são questões que não se há deixar de considerar. Mas, de pronto, pode-se atestar que as novas e múltiplas igrejas, com seus formatos, nomes e propostas variados carreiam multidões em todos os lugares do mundo. Nem se há negar o poder que estas multidões, organizadas, sincronizadas em sua ação por um vínculo que os une, ostentam e fazem valer. A diferença destas novas organizações havidas como religiosas e o que antes se tinha é o modelo e os fundamentos havidos em relação à Igreja tradicional. Esta ensimesmou-se, fechou-se e negou-se a ver que o povo conduz-se sem os parâmetros que lhe são firmados de fora no momento mesmo em que estes não os contentam. Não há cabresto histórico que mantenha a cabeça de um povo num lugar que se lhe predetermine. Não há mordaça que o faça sem voz quando o impulso de gritar o acolhe. O ecumenismo impõe-se, as Igrejas convivem, os fiéis e não fiéis, crentes, descrentes ou ateus organizam-se segundo as suas conveniências momentâneas ou eternas, fugazes ou permanentes.

Não é muito diferente e nem parece ter base diversa o fenômeno que ocorre com o Estado. Reproduzem-se as organizações sociais ao lado do Estado, dentro do Estado, supra ou transnacionalmente. O poder político, antes soberanamente havido como exclusivo do Estado, atomiza-se, socializa-se. O Estado que se acreditara e se ensimesmara como essencial por si mesmo vê-se apenas mais uma proposta, dentre tantas, de forma de regulação do poder dos homens em sua experiência social.

Os elementos que, tradicionalmente, eram tidos como essenciais ao Estado – povo, território e poder soberano – fazem-se cada vez mais distintos em sua concepção e acolhimento teórico e prático.

O povo, constitucionalmente conceituado e ao qual se garantem direitos e se impõem deveres, dota-se de novas definições (povo substancial, por exemplo), de novos direitos ao lado e acima do Estado (direito de resistência às leis injustas, por exemplo) e de novas formas de organização (organizações não governamentais, por exemplo).

O território faz-se cada vez mais virtual, para se usar de uma expressão corriqueira da atualidade. Fronteiras são menos valorizadas em sua contingência física. As liberdades de pessoas, bens, capitais e serviços não se põem nem se afirmam nos limites territoriais. Mais e mais a tecnologia (especialmente as telecomunicações e a teleinformática) desconhecem limites, fronteiras ou sequer noção de território. Nem o planeta é mais considerado limite, que dirá uma parte da terra... Aqueles que se perguntavam sobre o "terceiro mundo" – e que já não eram tantos – hoje vêem-se às voltas com as indagações sobre o "quinto mundo", que é o dos refugiados e dos emigrantes acolhidos por Estados nos quais eles se mantêm com os seus mesmos costumes, regras e comportamentos. Entretanto, a pessoa estatal que os recebe tem o seu próprio direito positivo, conquanto a admissão faça-se gesto de boa vontade com a multicultura e o multirregramento social. Os direitos humanos não têm fronteiras. Sendo certo que os crimes também as desconhecem. As drogas firmam as suas trilhas multinacionalmente, a corrupção é transnacional, o terrorismo é internacional. Logo, o direito tem que fazer face a estas novas contingências, que nada têm de territoriais e fronteiriças.

O poder estatal que se qualificava e se distinguia dos demais como soberano faz-se sempre mais socializado, repartido, reconfigurado segundo novos paradigmas ditados pelas novas organizações formadas e informadas pelas demandas políticas dos indivíduos agregados em entidades que se fazem atores políticos ativos e permanentes. O pluralismo político demonstra-se no plano interno e no plano externo. Em razão deste princípio tem-se, de uma parte, a possibilidade de serem admitidas opções políticas diferenciadas e coexistentes e, de outra, a participação de organizações variadas dotarem-se de poderes e dinamizarem-se como atores partícipes do processo político.

Neste quadro, o Estado – tal como se dá com a Igreja tradicional e sobranceira – já não é um modelo único e tido ou aceito como "o mais perfeito" de organização política, nem talvez o soberano, pelo menos se pensarmos esta palavra com o mesmo e idêntico conteúdo com que o premiou Jean Bodin. O povo, tido como titular do poder político, retoma, agora mais diretamente, o exercício do poder soberano, fazendo-se presente e permanente no processo de realização de seus interesses.

Mais importante ainda, é que a organização política da sociedade em grupos estruturados e formalizados segundo normas jurídicas dotadas de eficácia afirma-se, não poucas vezes, como uniões multinacionais. Os homens encontram-se, reúnem-se, associam-se para a obtenção de seus objetivos comuns e que não se limitam a fronteiras. Especialmente na matéria que concerne à essência do ser humano, aos direitos fundamentais, aos deveres com o meio ambiente, ao respeito aos princípios democráticos, dentre outros, a convergência dos interesses e fins buscados em todos os quadrantes do planeta orientam e direcionam o homem em grandes encontros.

Nas duas últimas décadas emerge e vira moda o fenômeno rotulado de *globalização*. No fluxo do processo que se firma sobre as bases de necessidades de mercados e de mais consumidores para a produção empresarial voltada ao lucro empresarial mais que à necessidade social se afinam interesses que discursam sobre novas práticas políticas ou feitas em nome da política. No fluxo do processo, aliás, abrem-se tanto possibilidades de uniões humanas e humanitárias quanto riscos de exclusões desumanas e segregadoras e até mesmo de novos quadros de *apartheid* social. O colonialismo veste-se com a indumentária daquele discurso globalizante. Mas é certo que os direitos humanos forçam o seu reconhecimento e prática mundiais. A experiência agressiva da civilização do ter sugere o aparecimento de vozes ponderando pela vivência do ser. Contra a modernidade do ganho (donde vem a ganância) a eternidade do benefício humano (donde vem a solidariedade). A tendência associacionista internacional pode se converter num veio promissor de novas possibilidades de uniões entre os povos ou, conforme a senda pela qual se decidirem as comunidades, numa anulação de identidades culturais, históricas e diferenciadoras para a garantia do ser humano livre e único em sua condição pessoal.

Neste quadro de tantas aventuras e desventuras velhas e novas, inéditas e repetidas, alvissareiras e ameaçadoras, o Direito faz-se objeto de mudanças radicais. Mais que qualquer outro, é o Direito Constitucional que sente e se ressente primeiramente destas mudanças, pela circunstância mesma de ser a raiz donde brotam os demais ramos que integram o ordenamento jurídico.

A Constituição faz-se outra que não apenas aquela pensada nos últimos dois séculos. Mas continua a ser necessária por ser uma garantia do homem sedimentada no Direito e na convivência política democrática. Qual é a sua essência ou a sua matéria é questão mutante, mais discutível agora, pelo que é ainda difícil vislumbrar-se ela em sua inteira justeza. Só é certo que seja ela qual for não se dá a sonegar o homem, sua alma mais composta e certa; não se lhe busca desatender os fins para ceder preferencialmente a um fácil deus manon. É certo que se alteram as suas funções e as suas feições. Para ter a cara do povo a que se dá a ser. Figurar-se sua nova fisionomia é o desafio. É tempo de reinventar o processo civilizatório e, em seu fluxo, reinventar o jurídico. Talvez seja o tempo mais propício de nos redescobrirmos, de nos ganharmos com os quinhentos anos de história de tantas perdas sul-americanas, de nos fazermos com os ideais da pátria grande dos tantos que não conseguiram antes negar ou impedir a desconstrução nas quais nos contiveram. Vislumbra-se, de par com as dificuldades, as possibilidades que se oferecem ao estudioso do Direito e ao cidadão que vivem esta nova revolução no planeta: a que pretende alcançar a cidadania digna, humanamente digna, a se fazer de todos e para todos os homens e não apenas de e para pequenos grupos; aquela que se dá a ser um momento no qual se pode propor a ser melhor para um mundo mais perfeito para a universalidade dos homens. Se há uma crise do Direito (ou no Direito) é que há uma crise dos sonhos do homem. Tanto melhor se é preciso tanto para se viver ainda esta certeza: a de que ele continua a sonhar e a fazer de suas utopias suas estrelas guias.

I – O constitucionalismo contemporâneo: sentido e funções da Constituição

"L'actualité déforme les problèmes, parce qu'elle n'en retient qu'un aspect fugitif; elle les dramatise et, par conséquent, les écarte de la perspective scientifique..." – Georges Burdeau

1. O conceito de Estado de Direito enraíza-se no de Constituição traçado modernamente. O fundamento daquele repousa mesmo no conceito de Constituição, pois o movimento constitucionalismo afirmou dois princípios, a saber, o de que a liberdade (e mesmo os demais direitos posteriormente rotulados *de primeira geração*, como querem alguns, ou *de primeira dimensão,* como preferem outros) depende do seu reconhecimento e garantia firmados num sistema de direito soberanamente criado e positivado em determinada sociedade e estruturado numa hierarquia normativa rigidamente observada; e o de que para que aqueles direitos sejam invulnerados e invulneráveis é de se estruturar o poder político estatal de tal modo que haja um sistema de funções e órgãos normativamente postos limitadores daquele exercício. Com este conteúdo é que se estabeleceu, no discurso revolucionário de 1789, que *"toute societé dans laquelle la garantie des droits n'est pas assurée ni la séparation des pouvois determinée n'a point de constitution"* (art. 16, da Declaração dos Direitos do Homem e do Cidadão).

O desenvolvimento do constitucionalismo moderno de seus primórdios até a atualidade fez-se, grandemente, somente como desdobramento daquelas idéias e a sua revelação mais precisa e plural traduzida em outros princípios e preceitos que multiplicaram as instituições e os instrumentos jurídicos nos sistemas normativos. O direito não apenas como regulação do poder limitado, mas principalmente prestante e destinado a servir ao homem foi sendo conquistado no curso dos séculos que medem a denominada modernidade. É certo que não se obteve, do período setecentista e oitocentista até a atualidade, transformação essencial do modelo político que se apresentou e se representou no primeiro esboço do Estado de Direito, firmado, principalmente, no projeto liberal e liberalizante que prevaleceu.

Na base desta concepção do constitucionalismo firmou-se o princípio da supremacia da Constituição, e, por força de tal idéia e mesmo dos ideais de justiça que nela se contém, cunharam-se instrumentos que assegurassem a sua eficácia, tais como o do controle da constitucionalidade das leis e o da reforma específica da Constituição dotada de rigidez formal. Essas duas vias assecuratórias do princípio da supremacia da Lei Fundamental não se fez como mera codificação de normas jurídicas, mas como meio de se formalizar a garantia de eficácia dos direitos nela reconhecidos e a eficiência das funções estatais para a realização dos fins havidos como próprios no sistema, quer pela descrição do poder constituinte, quer pela interpretação dos poderes constituídos dotados de tal competência.

2. Foi neste século XX e, basicamente, com o surgimento do que se apelidou de "constitucionalismo social" que se teve a introdução da referência ao Estado Constitucional, o qual se adicionou à menção feita ao Estado de Direito. A República de Weimar contribuiu para o assentamento daquela expressão e foi nela que se sedimentou o controle da constitucionalidade das leis como instrumento garantidor da supremacia da Lei Fundamental. Todavia foi na Alemanha mesma que se praticaram os desmandos em nome do Estado Constitucional, tendo o período de nazismo oferecido ao mundo o modelo da legalidade sem juridicidade e da normatividade sem legitimidade.

Os traumas políticos e sociais causados pela experiência deste século durante os períodos das Grandes Guerras acabaram por forjar a superioridade do conceito material de Constituição a se sobrepor ao conceito formal, que o fetichismo da vontade geral e da lei como sua manifestação excelente apregoava. Constituição não é qualquer norma dotada deste rótulo. É aquela que, legitimamente posta, pode concretizar, na sociedade, a idéia de Justiça que nela se guarda e garante e permite a realização das condições materiais da democracia social. Não basta, pois, a partir de tal formulação, que o Direito não seja afrontado pelo Estado; é preciso que o Direito legítimo seja tornado possível, inclusive pela prestação de serviços públicos que materializem as condições sociais e instrumentalizem os indivíduos e que se cunham, então, como direitos de todos.

3. As décadas de setenta e oitenta burilam uma nova onda no movimento constitucionalista que se projeta a partir da Segunda Grande Guerra. Não apenas novos direitos são constitucionalizados, mas há uma tentativa de se dar uma nova dimensão ao conceito e à experiência constitucional. A necessidade de se engajar o Direito e, basicamente, a Constituição às demandas sociais e às novas práticas políticas e de torná-la mais aberta e habilitada a responder aos reclamos objetivos e cada vez mais expandidos da sociedade forçam um novo momento do constitucionalismo. As Constituições que se promulgam, tanto na Europa quanto na América do Sul, e que sobrevêm a períodos negatórios do Estado de Direito e falhos de sistemas jurídicos democráticos, demonstram a imprescindibilidade da experiência constitucional.

4. Mas a década de oitenta mostra um processo de mudanças no Estado, desenvolvidas no sentido inverso ao que o constitucionalismo parecia apontar. Se os direitos sociais e mais aqueles denominados de terceira dimensão, tais como o direito ao meio ambiente saudável, o direito ao desenvolvimento equilibrado, o direito à paz, o direito sobre o patrimônio comum da humanidade e o direito de comunicação passaram a ser buscados mesmo no plano constitucional, uma proposta ou, o que é mais, uma nova imposição se começou a fazer sentir na ordem econômica: a que forçava a *lex mercatoria* sem regulamentação e sem a presença do Estado no plano das experiências políticas. A prioridade dos mercados e suas leis a enfatizar a presença de consumidores para a obtenção de mais lucros, de um lado, e a sua inserção na prática política dentro do Estado ou mesmo acima dele, por outro, ensejaram o que se deu a conhecer como a tendência neoliberal do processo de globalização. Note-se que não se cuida, aqui, de renegar o mercado como organização que guarda inequívoca importância na organização da sociedade ocidental e mesmo mundial e na dinâmica da vida econômica. O que se põe em relevo, contudo, é que o mercado há que estar a serviço de metas sociais e não a sociedade a serviço do mercado. Nem a lei do mercado haverá que dominar o homem e conduzir a sua necessidade. Antes ter-se-ia, então, uma lei totalitária e sem fundamento de humanidade ou de humanismo. E, no entanto, é o homem que deve livremente afirmar a sua necessidade para que em sua direção se conduza o mercado. Principalmente, haverá que se elaborar sempre um Estado de Direito e um Direito do Estado no qual o homem não seja a moeda, mas o proprietário dela. Seja o homem o valor maior da vida social e não mero valor de troca por produtos.

5. Se a Constituição não é uma obra construída ou fechada, mas um processo em construção permanente (podendo mesmo ser entendida como uma obra sempre inacabada até mesmo por ser aberta – como de resto o é a própria democracia cuja realização continua a ser por ela buscada) há de se considerar que os novos rumos que se pretendem imprimir aos projetos do Estado contemporâneo e que seriam considerados pelo novo constitucionalismo seriam, em sua amostragem mais primária, menos políticos, sendo menos o político menos juridicizado. Desconstitucionalizam-se direitos, desregulamentam-se relações econômicas e sociais, desestatizam-se serviços e empresas que os prestavam por serem considerados públicos e necessários, em sua fundamentalidade, à sociedade.

Como processo que é – e é certo que todo processo é dinâmico –, o constitucionalismo movimenta-se sem linearidade, tal como a dança histórica da sociedade, havendo progressos e retrocessos em termos de conquistas de direitos, aperfeiçoamentos e atrasos nas estruturas esposadas nos sistemas. Mas o constitucionalismo aberto que se oferece a prevalecer presta-se à interpretação permanente, para se manter atualizada e coerente com as aspirações da sociedade, mas ainda dotada de rigor que permita impor-se como obra que oferece segurança – ainda que à base da fluidez que se vive – como fim último e necessário do direito. A necessidade de haver interpretação constitucional e a necessidade de se dotar o sistema normativo fundamental de instrumentos e de vias para a ocorrência daquela interpretação oficial-estatal em caso de conflito na sociedade acabou conduzindo ao que já se chamou de neopositivismo, qual seja, o positivismo jurisprudencial.[1]

Vozes alevantam-se pregando o Estado mínimo, que o neoliberalismo tão bem casa com a globalização econômica, ensaiada de passo com o neocolonialismo a buscar mercados em praças nas quais os consumidores não estão saturados de bens que se lhes oferecem segundo as conveniências dos produtores e não de seus reclamos pessoais e sociais. Para um Estado mínimo... uma Constituição mínima. Tanto melhor para a proposta que a economia neoliberal sugere e busca impor. Quanto menos leis de Direito mais leis de mercado. De um mercado que fica mais fácil em seus fins sem leis que não sejam aquelas que se afirmam pelo lucro. Mas a sociedade fica despojada de seus valores éticos, que se convertem, no constitucionalismo, em princípios de direito a garantir a dignidade humana em sua dimensão mais plena e em sua proposta mais universal.

1. Cf. Canotilho, J. J. Gomes. *Direito Constitucional e Teoria da Constituição*, p. 1.198.

Por isto, mesmo vivendo uma transformação no idêntico curso daquela que assoma a sociedade e o Estado, bem como todas as dimensões e aspectos das relações sócio-políticas e econômicas, é certo que a Constituição, como Lei Fundamental de um Estado, continua a ser essencial. Se as mudanças que lhe contornam novel e ainda pouco nitidamente as funções e as feições são difíceis de ser vislumbradas com tranqüilidade por causa do seu inacabamento e, mais ainda, pela falta de distanciamento do estudioso da tormenta histórica de que se é ator, é imperioso notar que é esta agilidade a que se propõe ela que a torna dada à atualização incessante. E esse processo que se inaugura no tumulto de tantos novos conflitos, ideologias que se sobrepõem sem o pleno saber e sabor de quais seriam, do que aportam de novo e de velho, do acabado e do já arruinado, da busca de retorno a práticas liberais oitocentistas e colonialistas quinhentistas, sugere a sua plasticidade para fazer-se obra que comporta que os conflitos e os embates ideológicos, sociais, principiológicos ainda se possam vivenciar sem que a sociedade se tenha que despedir da civilização, o que seria o retorno à barbárie e ao caos.

6. O novo constitucionalismo, que mais pressente que sente uma onda inédita de sua experiência (fase a que alguns denominaram de "pós-moderna" à falta de epiteto mais apropriado e preciso), começa a aparecer como uma mudança que pode reconfigurar os próprios fundamentos do direito até aqui experimentado. Teve-se por adjetivado um constitucionalismo liberal, um constitucionalismo democrático social, que superou, ampliando, aquela fase preliminar do período moderno, e o Estado de Justiça Constitucional veio dominar, com a sua proposta de uma juridicidade social democrática, uma maior concretização daqueles valores no Direito. O momento agora permite ou impõe a juridicidade democrática impregnada dos valores éticos, que se orientam pela participação pluralista voltada ao aperfeiçoamento do princípio da solidariedade social. Este constitucionalismo é, essencialmente, integrativo e não excludente; é universalista e solidário e não elitista e solitário como já o foi no período do liberalismo, que agora se pretende reinaugurar travestido de globalização neoliberal.

Enfim, o novo constitucionalismo é o da ética democrática justa e social, fundada nos princípios da participação pluralista, solidária e ativa, organizada para absorver e não para excluir pessoas, grupos e povos. É o constitucionalismo da ética da solidariedade de uma sociedade pluralista, poder-se-ia afirmar, a dizer, aquele que é libertador e igualizador, promovendo uma arquitetura jurídica que una pessoas e povos para resguardar a individualidade sem individualismos e a identidade dos povos sem segregação e isolacionismo de grupos. O constitucionalismo contemporâneo expõe-se à abertura e ao intercâmbio e complementariedade com outros ramos do conhecimento, como sejam, a política, a economia, a bioética, dentre outros. Não se faz, assim, uma interseção do Direito, como antes se pretendeu, mas a sua integração com os ramos do conhecimento humano que sejam pertinentes aos temas de seus cuidados.

7. Esse novo constitucionalismo tem como um de seus mais tensos desafios as novas fórmulas de convivência entre os Estados. Os homens reúnem-se, associam-se, viajam-se. Os Estados, formados à sua imagem e semelhança, também. As uniões e a integração de Estados sugerem novas formas não apenas de convivência e cooperação das instituições, mas para tanto urge se cogitem e se dêem à prática novas formas de elaboração e aplicação do Direito a prevalecer sobre as relações travadas nestas entidades integradas.

O de que se cogita é: estamos seguindo em direção a uma nova idéia de Constituição, uma que teria natureza supraestatal e que poderia estar na base do direito comunitário, quiçá do direito da integração? Para uma nova cidade política supraestatal e para uma nova cidadania – a de cunho mundial – haverá que haver um novo direito. A questão é saber se para esses direitos fundamentais supraestatais haverá também um direito constitucional europeu, um direito constitucional sul-americano etc.

8. O Parlamento europeu já adotou um "projeto de Constituição para a União Européia", enquanto a Corte de Justiça de Luxemburgo considerou que o Tratado de Roma deve ser visto como "uma Carta constitucional de base", mas o que aqui se tem é tão-somente a adoção do nome por analogia material, vez que, formalmente, não se há falar em Constituição pela ausência de um poder constituinte elaborador da Lei Fundamental, mas de órgãos estatais competentes para a assinatura dos Tratados. Esses têm natureza jurídica, matéria, forma e eficácia absolutamente diversas daquela.

Mas a abertura do direito constitucional para os atos constitutivos das entidades internacionais, para as organizações regionais integrativas de Estados e para as entidades constituídas em comunidades supraestatais e as mudanças do direito internacional, que tem a sua matéria inserida no sistema normativo constitucional, também são dados inegáveis da realidade.

Novos direitos ou novas faces e formas de aplicação do Direito são postos no bojo das mudanças que ao estudioso do tema deve preocupar e dominar a sua atenção.

II – Constituição e direito supranacional

9. Teve-se como certo, até há pouco, que o Estado Democrático de Direito era questão "interna", pertinente a cada povo. O Direito tomava-se como a manifestação mais própria do poder estatal soberano titularizado por um povo. Assim também a Democracia, que se acreditava obra exclusiva e estanque de cada povo sem tocar preocupações ou atenções de outro.

Como acima encarecido, o sistema democrático de vida fez-se direito fundamental não apenas de todos os povos, mas, principalmente, de todos os cidadãos. Na terceira onda de direitos fundamentais, a democracia aflora em suas projeções e em seus princípios como pauta preferencial inerente a todos. Como os demais direitos fundamentais, deixou o regime político de ser uma "questão interna" de cada sociedade estatal. Tornou-se um ponto de importância transcendente para todos os homens, todos os grupos, todos os Estados.

Quando o que se põe à preocupação e à atenção de um Estado repercute em todos os demais, todos se têm por atingidos na matéria com a qual guarda relevância a sua experiência. É o que ocorre com a Democracia. Atentados praticados contra ela vêm em feixes e acabam atingindo um conjunto de instituições e mesmo de Estados.

O tema e a prática do Estado Democrático de Direito passaram, então, a ser buscados em conjunto, em sistemas de direito que se aproximam quanto aos princípios e, inclusive, que se influenciam, na igual medida em que os povos acabam por se irmanarem em suas desigualdades para se complementarem.

Tal situação é a base de uma prática jurídica que se apresenta e se acrescenta a cada dia mais acintosamente: aquela que mostra uma nítida e progressiva interconexão entre o direito interno e o direito internacional.

Dois movimentos parecem dar suporte a tal situação: por um lado, os sistemas internacionais, particularmente no que concerne aos direitos humanos, ampliam-se e amalgamam-se de modo a dar-lhes maior eficácia; reforçam-se no que é comum e complementam-se no que algum guarda diversidade do outro, pois acaba deste extraindo novas idéias e normas que começam a ser adotadas nos ordenamentos nacionais. Doutra parte, a integração econômica e política traduz-se em normas que se positivam no plano das relações entre Estados mas que se realizam no plano interno de cada qual deles, donde a necessidade de ser harmoniosa e eficaz a interconexão entre os dois sistemas.

Nota-se, então, a imprescindibilidade de o Direito Constitucional abrir-se não mais apenas no plano interno – para as organizações sociais e políticas no Estado –, mas também no plano externo – para a maior integração e coordenação dos sistemas de direito diferenciados (porque nacionais e próprios dos diferentes povos) numa nova ordem jurídica interestatal. É, ainda, de se considerar que se tem por superada ou, pelo menos, desprezada a visão que se admitira, anteriormente, de serem as normas internas ou internacionais meros fatos uma em relação à outra.

Cogita-se, então, da constitucionalização do direito internacional, pela qual os sistemas jurídicos fundamentais passam a absorver normas daquela matéria, inclusive no que concerne à forma de serem recebidas, no ordenamento interno, aquelas que advenham de tratados internacionais ou de atos que se lhes sigam e, no plano do direito comunitário, aquelas que a elas se sobreponham.

À parte idéias que se punham nas teorias monistas, pela qual se teria o princípio de identidade de Direito Internacional e de Direito Interno, a formar bloco único de normas jurídicas, é certo que a coordenação das ordens faz-se mais e mais presente e necessária. Direito não comporta e nem suporta contradições, o que lhe custaria, inclusive, a efetividade jurídica e social.

Há quem se refira, ainda, à internacionalização do direito constitucional, proposição segundo a qual as normas conformadoras do sistema de direito internacional passariam a operar e a dotar-se de eficácia no plano interno pela recepção automática do quanto regulamentado por meio de tratados, protocolos, acordos etc. O direito constitucional internacional seria, então, considerado mesmo um ramo do direito constitucional, o qual "não é um ramo autônomo da Ciência Jurídica, mas apenas uma divisão do Direito Constitucional... o Direito Constitucional Internacional tem um núcleo mínimo: conclusão de tratados, declaração de guerra e celebração da paz. Enfim, não se pode dizer que ele tenha um objetivo próprio. ... O Direito Constitucional Internacional é a tentativa de adaptar a Constituição à ordem jurídica internacional que se sobrepõe a ela. A Constituição é a manifestação da soberania estatal e o DIP a sua negação ou, pelo menos, a sua crescente limitação".[2]

O Direito Constitucional, como o Direito Internacional, dota-se de conteúdo essencialmente político. Ora, à medida em que o político (e a política) nacional aproxima-se, cinge-se, soma-se, coordena-se, cada vez mais, com o político (e a política) internacional, em que as decisões em um plano repercutem, imediatamente, no outro, é certo que o direito interno, e, aí, basicamente, o constitucional e o direito internacional passam a constituir feições mais próximas da matéria jurídica, a qual busca, fundamentalmente, a unidade para maior eficácia e segurança. Muito própria é a ênfase que alguns autores deram à unidade do Direito, o qual, no dizer de Gerson Boson, dentre outros autores, "é o reflexo de uma dada época. O Direito público e o Direito público internacional são o produto de um mesmo ambiente histórico... O homem não possui duas consciências jurídicas, lado a lado, uma do Direito interno e a outra do

2. Cf. Mello, Celso de Albuquerque. *Direito Constitucional Internacional*, p. 31. Saliente-se que aquele autor entende que "não existe um Direito Constitucional Internacional por falta de um objeto definido e método próprio. O que existe são normas constitucionais de alcance internacional que devem ser analisadas em cada caso procurando compatibilizar os dois ramos da Ciência Jurídica" (ibidem).

Direito internacional. A consciência jurídica do homem é uma só".[3]

É certo que esta mesma e única consciência do Direito que uma sociedade possui e se põe em determinado momento histórico não produz, contudo, normas, que, em sua hierarquia e diversificação material e formal, fiquem acima de dúvidas em sua incidência e em sua execução.

Pelo que a interconexão do sistema de direito constitucional e do direito internacional põe-se como objeto do tratamento do direito interno, resguardada, ainda hoje, a questão da soberania da vontade popular manifestada, incontrastavelmente, em sede de poder constituinte, quando da elaboração das normas fundamentais.

10. Muito se tem criticado a Constituição da República brasileira no cuidado a ela dado ao tema que pertine ao direito internacional.[4]

Os argumentos que se alevantam quanto ao conservadorismo do modelo constitucional brasileiro repousam na circunstância básica de que se teria adotado no sistema princípios e preceitos clássicos sobre as normas formuladas no plano internacional dos tratados, acordos e atos internacionais apenas mediante a prévia decisão de sua entronização no direito interno pelo Congresso Nacional (art. 49, I, da Lei Fundamental do Brasil).

Parece que dois pontos merecem ser enfatizados nessa passagem: a) o primeiro se refere às relações entre as normas constitucionais e infraconstitucionais e aquelas havidas ou decorrentes de tratados, acordos e atos internacionais e b) o segundo concerne aos princípios constitucionais brasileiros referentes às relações e aos atos internacionais.

a.1) Quanto ao primeiro tópico, é de se considerar a inexistência do princípio da recepção automática das normas de direito internacional no sistema nacional. Diversamente do que ocorre em outros sistemas, tais como o alemão e o português, dentre outros, a Constituição Brasileira não permite que as normas do direito internacional geral ou comum e aquelas resultantes de tratados sejam diretamente aplicáveis no Estado brasileiro. Nos ordenamentos que adotam aquele princípio as normas de direito internacional vigoram internamente tão logo adquirem vigência no plano internacional, independente de qualquer ato dos poderes públicos nacionais que as transformem em normas de natureza interna.[5]

No modelo abrigado na Constituição da República brasileira, compete ao Congresso Nacional "resolver definitivamente sobre tratados, acordos ou atos internacionais que acarretem encargos ou compromissos gravosos ao patrimônio nacional" (art. 49, I). Mantém-se, portanto, no ordenamento brasileiro o princípio da superioridade do direito interno sobre o direito internacional.[6]

3. Boson, Gerson. *Constitucionalização do Direito Internacional*, p. 155.

4. "Pode-se observar que a nossa Constituição consagra uma das antinomias da ordem internacional: a soberania e a cooperação internacional vez que esta só se realiza às expensas daquela. (...)

"Como se pode concluir a Constituição do Brasil não leva em consideração as novas tendências da ordem jurídica internacional" (Mello, Celso de Albuquerque, ob. cit., p. 122). O mesmo autor ainda enfatiza que "Quanto à Constituição brasileira no tocante às normas de alcance internacional podemos dizer que é bastante falha e que quase sempre não se adapta às exigências das relações internacionais atuais. Nesta matéria a nossa Carta Magna é tradicional e sem inovações" (ibidem).

Cf. também Rezek, Francisco. "Conferência" in *Direito Comunitário do Mercosul*, Livraria do Advogado, 1997, pp. 52 a 61.

5. A Constituição alemã estabelece, em seu art. 25, que "as normas gerais do direito internacional público são parte integrante do direito federal. Estas normas possuem primazia perante as leis e constituem fontes diretas de direitos e obrigações para os habitantes do território federal".

Norma análoga se contém no art. 8º da Constituição portuguesa.

6. Cf. Boson, Gerson, ob. cit., p. 158, segundo o qual "a grande maioria dos doutrinadores e publicis-

É certo que tal interpretação e aplicação do direito interno em relação ao direito internacional decorre não apenas da literalidade das normas do sistema, mas, principalmente, da interpretação que a elas se dá especialmente pelos tribunais.[7] Não que a presença de normas constitucionais determinantes da sua supremacia e da primazia das demais normas que compõem o ordenamento jurídico pátrio possa ser desconsiderado pelos seus aplicadores, especialmente do Poder Judiciário. Mas parece, contudo, igualmente exato que a mutação constitucional pode permitir a adaptação das normas do sistema independentemente de sua modificação formal a partir de princípios que se reinterpretem e que se dêem à renovação. A modificação da cultura constitucional é importante para a permanente atualização da Constituição. A transformação do pensamento jurídico pela abertura também do intérprete tem papel insubstituível no processo de arejamento do sistema de Direito. Não basta que uma Constituição tenha um texto aberto, que se oferece a interpretações constantemente renováveis; é, igualmente, necessário que o intérprete seja aberto a novos contextos.

A questão da interconexão do direito interno e do direito internacional põe-se, assim, no plano da hierarquia e das fontes das normas jurídicas, a saber, aquelas que conformam o direito interno e aquelas que advêm do direito internacional.

Freqüentemente se tem a questão da hierarquia das normas para se optar pela teoria dualista ou pela monista apenas se considerando a qualidade soberana do Estado que elabora e positiva o direito constitucional.

Ocorre que se há de considerar aquela condição de soberania não apenas da pessoa estatal, que positiva o direito da entidade política, mas principalmente do poder do qual se origina a Constituição do Estado. É que o exercício da titularidade do poder constituinte tem a qualidade de soberano que o faz sobrepor-se aos poderes constituídos. É a esses que o poder constituinte confere, segundo os seus termos e limites, o direito de estabelecer as relações internacionais. Logo, enquanto as normas constitucionais derivam de um poder constituinte soberano, as normas de direito internacional com as quais acordam os Estados nascem de atos do poder constituído. Esse é sempre limitado e condicionado pela obra do constituinte e dele não pode desbordar.

É certo, então, que quando o poder constituinte determina que a resolução definitiva sobre tratados e atos internacionais deve ser feita pela decisão do poder legislativo, por exemplo, tal como se dá no caso brasileiro, parece certo considerar-se que a superveniência daqueles com a sua transformação em norma de eficácia interna, por força do cumprimento constitucional relativo à decisão sobre o tema, importa em que não haja a superioridade de uma norma de direito interno contra a qual aqueles não possam prevalecer. Aqueles podem modificar a norma jurídica de direito interno e sobre ela haverá de prevalecer.

Também não parece certo supor-se que a superveniência de lei, que é elaborada por um órgão do poder constituído exatamente de igual natureza e hierarquia daquele que resolve sobre o tratado, atos e acordos internacionais, possa modificá-lo. É que a vertente do ato de direito internacional implica numa relação entre entidades estatais que não podem recuar, singelamente, numa primeira decisão por meio

tas contemporâneos defende, à luz de vários e ponderáveis argumentos, a supremacia do Direito internacional sobre o Direito interno".

A jurisprudência dos tribunais brasileiros, inclusive o Supremo Tribunal Federal, reiteradamente tem declarado a prevalência do direito interno sobre o direito internacional, declarando-se até mesmo a inconstitucionalidade de tratado e a sua inaplicabilidade quando contrariar norma infraconstitucional.

7. Neste sentido, e relativamente ao Mercosul, afirma Francisco Rezek que "na cabeça, por exemplo, dos juízes brasileiros, até agora, nada mudou" (*Conferencia*, cit.).

de um ato unilateral, como o é o legislativo, independente das condições e conseqüências que daí advenham para os demais participantes do tratado ou acordo. Se a retirada de um Estado de um tratado tiver que ser feita tanto haverá que se dar segundo os termos de direito internacional combinados com os de direito interno e não mediante a simples elaboração e promulgação de uma lei pelo órgão competente.

Não parece, pois, que o ato de direito interno prevaleça sobre o ato de direito internacional ao ponto em que se pretende tornar esse mero fato sem qualquer obrigação dele advinda, porquanto produzido na pendência de uma relação em que há interesses de outras entidades estatais igualmente soberanas. Tanto vale mesmo em sistemas como o brasileiro que adota um rigoroso exame da compatibilidade das normas de direito internacional com as normas de direito interno.

Diversamente é a situação quando a interconexão do direito interno com o direito internacional põe os olhos sobre uma situação de conflito entre as normas constitucionais e as internacionais. É que estas, como antes lembrado, decorrem do comportamento do poder constituído, competente para formulá-las, aceitá-las e adotá-las, enquanto aquelas decorrem do poder constituinte, que se põe com supremacia sobre aquele.

Mesmo no que concerne ao poder constituinte derivado, como é o reformador, parece indisputável que a teoria da constituição, que se põe no fundamento do poder constituinte, ficaria capenga se nela se introduzisse o entendimento segundo o qual um ato simples e despojado das garantias que o poder constituinte impõe à ação do constituinte reformador poderia desconhecer os limites formais para a mudança constitucional e acolhesse normas materialmente constitucionais sem o atendimento dos pressupostos, condições e limites que se traçam para a reforma da Lei Fundamental. O poder constituinte derivado de reforma seria, então, hierarquicamente subordinado à competência para a edição das normas de direito internacional internalizadas. Tanto seria um limite implícito material ao seu exercício, mas não apenas, porque transformador da sua própria natureza supralegal.

Daí porque, no sistema constitucional brasileiro, salvo nos casos em que a Constituição expressamente considere o tratado fonte do direito de nível constitucional, tal como se dá, por exemplo, no art. 5º, § 2º, é certo que ele não pode ser considerado válido senão quando compatível, adequado e coerente com a Lei Fundamental.

Daí também porque a Constituição brasileira explicitamente estabelece o sistema de controle de constitucionalidade das leis e atos normativos inclusive daqueles havidos em tratados. Tal controle, que se põe no plano da competência concentrada, nos termos do art. 102, I, *a*, e, ainda, da competência difusa (art. 102, III, *c*), pode ensejar a apreciação da matéria pelo Supremo Tribunal Federal, demonstrando que o princípio da sindicabilidade judicial dos atos fundados em tratados também constitui direito público subjetivo fundamental do indivíduo no sistema brasileiro.

Mais ainda, até mesmo o controle de legalidade dos tratados vêm sendo feito pelo poder judiciário brasileiro e é nesse ponto que surgem os principais conflitos persistentes até agora quanto à matéria.

a.2) Uma palavra há de ser dita relativamente à questão da interconexão entre normas de direito interno e normas supranacionais quando se trata do direito comunitário.

Característica do direito comunitário é, exatamente, o de compor uma ordem supranacional (melhor, talvez, seria afirmar supraestatal), porém de imediata incidência no plano do ordenamento jurídico interno das entidades que componham a comunidade.

É que esse é considerado um direito primário e não derivado, a dizer, não se o considera uma criação extraestatal, mas uma elaboração e adoção do próprio Estado que é parte dos órgãos que o cria, à maneira do que se dá na Comunidade Européia, por exemplo. Daí porque não se há cogitar, na espécie, do princípio da recepção, solucionando-se a questão referente à validade jurídica da norma pelo princípio da subsidiariedade. A autonomia decorrente da primariedade da criação do direito caracteriza-o, dotando-o de positividade e eficácia direta como componente do ordenamento jurídico vigente no Estado.

É de se considerar que o direito comunitário caracteriza-se pela ênfase no princípio da igualdade dos Estados formadores da comunidade, no bojo da qual ele nasce; pelo princípio da reciprocidade, porque se não houver correspondência estrita entre as competências que cada qual das entidades partes transfere ao órgão supranacional do qual ele emana haverá um desequilíbrio que descaracteriza a própria base da Comunidade; e pelo princípio da solidariedade pelo qual se fundamenta a busca de um conjunto de elementos que amainem as diferenças existentes nas diversas entidades.

Nesse ramo do direito que se realiza nas Comunidades de Estados formando uma nova condição supraestatal diferenciada das meras reuniões eventuais tratadas entre entidades estatais, não se discute o conflito entre direito interno e direito comunitário, porque eles se coordenam à maneira de uma figura projetada em épuras que se compõem formando um núcleo e um desdobramento afirmados pela unidade.

De se notar que o Mercosul não produz direito comunitário, pelo que ao conflito de normas aplicáveis aos Estados considerados partes dele não se resolvem segundo os princípios e características deste ramo jurídico, mas no quadro próprio das relações de direito interno e direito internacional, havendo tão-somente um encaminhamento diferenciado, em alguns casos, quanto à interpretação e à aplicação das normas específicas da integração, que já vem sugerindo a especialidade do seu tratamento, porém e ainda, no âmbito daquele.

a.3) Assim, diversamente do que ocorre quanto ao direito comunitário dá-se com o denominado direito da integração ou direito integracionista, considerado, por alguns, uma especialidade do direito internacional,[8] enquanto outros cogitam-no como especialidade do direito constitucional.[9] Os princípios e características são, portanto, os destes ramos, internacional ou constitucional, sem qualquer autonomia ou singularidade das normas integracionistas. Note-se que a referência à inserção do direito da integração em um ou outro ramo (do direito constitucional ou do direito internacional) depende, fundamentalmente, da fonte das normas referentes ao tema de que se cuida (internas ou internacionais) e, pois, da perspectiva a partir da qual se enfoca a situação cuidada.

Não há confusão entre o direito comunitário e o direito da integração. Aquele tem natureza, fonte, objeto e características diversos do direito internacional, porque próprio de uma Comunidade de Estados que afirmam um elo formador de uma composição política supraestatal porém não estranha ao Estado. Já o denominado direito da integração é, reafirme-se, o conjunto das normas de direito internacional formuladas e aplicáveis no processo de integração dos Estados conformadores de uma pessoa jurídica de direito internacional derivada da integração das partes e que são recepcionadas no ordenamento interno.

A cooperação e a integração afirmam-se, inclusive, para que os objetivos comuns sejam superiormente cumpridos pelo conjunto das entidades estatais. Para que se dê

8. Cf. Mello, Celso de Albuquerque. *Direito Internacional da Integração*, 1996.

9. Cf. Dromi, Roberto; Ekmekdjian, Miguel; Rivera, Julio C. *Derecho Comunitario*, 1995.

a integração haverá de serem racionalizadas e formalizadas aquelas finalidades, pois é delas que se extraem os processos a serem adotados na estrutura e na organização da pessoa jurídica de direito internacional, a qual atuará para que se obtenha a eficiência dos procedimentos tidos como próprios.

No processo de integração os Estados-partes não se vinculam, necessária e automaticamente, às decisões, às quais se chega por consenso (cf., por exemplo, o art. 37, do Protocolo de Ouro Preto, relativo ao Mercosul, pelo qual "as decisões dos órgãos do Mercosul serão tomadas por consenso e com a presença de todos os Estados-Partes").

A tomada de decisões por consenso e com a presença de todos os Estados-partes demonstra a carência de independência da entidade de direito internacional que forma o Mercosul, diversamente do que se dá com a Comunidade de Estados, conseqüentemente, para o direito prevalecente em um e os atos mesmo que de natureza normativos estabelecidos no outro caso.

Por conta mesmo desta condição de serem as decisões tomadas no processo de integração vinculadas às deliberações independentes e soberanas dos Estados não se forma um direito supranacional de aplicação direta, automática e imediata em cada qual deles, como se dá no direito comunitário. Não se cria, no âmbito do processo integracionista, um direito comum aos Estados, mas uma criação comum de um direito que cada qual dos Estados estudam e decidem quanto à vigência e aplicação na esfera de suas competências soberanas. Por isso as decisões adotadas pelos órgãos do Mercosul podem ser formalizadas como normas, mas a sua natureza distingue-se das leis quer do ponto de vista da fonte, quer do ponto de vista da forma, quer do ponto de vista dos efeitos.

Como o direito, para ser dotado de eficácia, depende de órgão controlador de sua validade e aplicação que se dote de competência sancionadora para a hipótese de seu descumprimento e de competência impositiva de comportamentos em caso de inobservância de suas decisões, é imprescindível pensar-se, no direito comunitário, de um órgão supranacional dotado de competência jurisdicional definitiva, tal como se dá com o Tribunal de Luxemburgo. Norma sem jurisdição de igual natureza e âmbito de incidência correspondente ao de sua fonte não tem essência jurídica, não guarda o vigor que no Direito se deve conter e não produz os efeitos que justificam a sua existência nessa condição. No âmbito do processo de integração de Estados, como não se tem um direito comunitário também não se tem um órgão judicial que possa dotar as suas decisões de vigor formalmente jurisdicional. Tal como inexistindo um Parlamento ou órgão legislativo dotado de competência para criar o Direito não se há de pensar em lei – com a qualificação e a caracterização que lhe são próprias – também sem um órgão judicante dotado de competência para firmar, em caráter definitivo, uma decisão judicial não se tem a garantia de eficácia daquelas decisões acolhidas supranacionalmente.

O Tribunal Internacional de Conciliação e Arbitragem do Mercosul (TICAMER) tem competência para arbitramento, o que o distingue da jurisdição pensada e ainda hoje prevalecente com a natureza definitiva que a sua prestação impõe. Daí porque também quanto a este elemento se pode observar a distinção entre o direito comunitário e o que ele provoca em termos de organização da estrutura e da organização da Comunidade de Estados e o direito internacional da integração.

Repita-se: neste quadro do processo de integração eventuais conflitos entre normas de direito interno e de direito integracionista solucionam-se segundo as regras do direito internacional, apenas especializando-se a sua interpretação e aplicação às condições que singularizam a condição dos Estados-partes.

b) O segundo ponto que reclama breve passagem d'olhos refere-se ao conjunto de princípios que se contém na Constituição da República especialmente no que concerne às relações entre o Estado brasileiro no plano do direito internacional.

Inserido o tema no título I da Lei Fundamental, dentre os princípios fundamentais do Estado Democrático de Direito em que se constitui a República Federativa do Brasil, arrolam-se aqueles que concernem às suas relações internacionais.

b.1) Dispõe o art. 4º e seu parágrafo único:

"Art. 4º. A República Federativa do Brasil rege-se nas suas relações internacionais pelos seguintes princípios:

I – independência nacional;

II – prevalência dos direitos humanos;

III – autodeterminação dos povos;

IV – não-intervenção;

V – igualdade entre os Estados;

VI – defesa da paz;

VII – solução pacífica dos conflitos;

VIII – repúdio ao terrorismo e ao racismo;

IX – cooperação entre os povos para o progresso da humanidade;

X – concessão de asilo político.

Parágrafo único. A República Federativa do Brasil buscará a integração econômica, política, social e cultural dos povos da América Latina, visando à formação de uma comunidade latino-americana de nações."

As normas contidas no art. 4º da Constituição da República não são as únicas que se referem ao domínio das relações internacionais. Importantíssima nesta matéria é, por exemplo, aquela que se contém na parte final do § 2º, do art. 5º, que oferece precioso subsídio para a interpretação do sistema.

Principalmente, é de se ter em conta para a correta interpretação do dispositivo em causa que ele se insere em título de "princípios fundamentais", os quais têm que ser, necessariamente, tomados em seu conjunto.

Ademais, não se há de desprezar o preâmbulo da Constituição, o qual, conquanto não tenha natureza de norma constitucional, é uma ótima bússola jurídica a guiar o intérprete pelos caminhos pré-traçados pelo poder constituinte.

Assim, não se pode deixar de considerar a ênfase nele oferecida à circunstância de que a elaboração constitucional destina-se a assegurar o exercício dos direitos descritos e implícitos no sistema segundo "valores supremos de uma sociedade fraterna, pluralista e sem preconceitos, fundada na harmonia social *e comprometida, na ordem interna e internacional, com a solução pacífica das controvérsias...*"

As normas contidas no art. 4º da Constituição da República têm natureza de princípios, mas nem por isso se poderia considerar, por mero e desarrazoado equívoco, serem elas de eficácia limitada ou sem vigor para produzir efeitos concretos.

Até se poderia alegar que não se teria instrumentalizado o cidadão para forçar os poderes da República a dar concretude aos princípios ali incluídos. Talvez o cidadão não tenha, efetivamente, recebido instrumentos constitucionais específicos para forçar a tomada de uma ou outra decisão numa direção predeterminada. Todavia, é certo que ele dispõe de instrumentos constitucionais e processuais para requerer dos poderes competentes a anulação de comportamentos públicos que contrastem ou desatendam os princípios definidos no dispositivo em pauta. Destarte, qualquer regência das relações internacionais firmadas pela República que seja contrária ou desconforme ao quanto constitucionalmente afirmado é inválida e tanto poderá ser obtido pelo cidadão. Neste sentido, portanto, o cidadão tem instrumentos jurídicos para determinar a plena eficácia das normas do artigo, conquanto predominantemente para impedir a validade de comportamentos que as afrontarem.[10]

b.2) Cabe uma palavra especial, no presente estudo, quanto ao parágrafo único do art. 4º, da Constituição da República brasileira.

Tem-se, ali, a constitucionalização do sonho da pátria grande latino-americana. Ela deixou de ser apenas ilusão de idealistas para se converter em diretriz fundamental da República no sentido de se fazer real o quanto antes apenas pensado.

A norma do parágrafo único do art. 4º não contém apenas mais um princípio, mas uma norma constitucional de conteúdo específico trazendo uma ordem a ser cumprida pela República, a qual "buscará a integração...". O objetivo da integração também é posto de forma expressa, a saber, *"a formação de uma comunidade latino-americana de nações"*. Significa afirmar que a integração é considerada opção constituinte originária delimitadora do modelo de Estado acolhido. Não o Estado isolado ou isolacionista, não o Estado mimetizado por comunidades ultramarinas ou não latinas, mas o Estado voltado à formação de uma comunidade especificada pelo constituinte.

Do texto constitucional específico ressaem alguns elementos cuja ênfase se mostra necessária: primeiramente, é de se relevar, com Rui Barbosa, que "quem dá os fins, dá os meios", e que, também na fórmula daquele jurista, "a Constituição não dá com a mão direita para tirar com a esquerda". Se ela configurou, constitucionalmente, em seus fundamentos, uma República Democrática de Direito afetada à integração para a formação de uma comunidade latino-americana de nações não se há de extrair, pela via de uma interpretação restritiva, os meios de que ela se terá que valer para que a integração ocorra de maneira eficiente e efetiva. Em segundo lugar, saliente-se que a *"formação* de uma comunidade latino-americana de nações" não significa apenas um ato formal para se dar cumprimento à determinação normativa, antes é de se interpretar que ali se contém a definição da obrigação republicana brasileira de se buscar a integração para que seja constituída, estruturada e realizada uma comunidade de nações latino-americanas.

Também se há de relevar que a integração buscada não se apega ao fator econômico – que seria a abertura de mercados ou a atividade comercial integrada –, devendo se completar na sua formação política, social e cultural, pelo que não há o cumprimento da norma quando a atenção se voltar ou se se vier ater a um dos fatores, menos ainda aquele que não traz o dado caracterizador da comunidade latino-americana das nações.

Aliás, a palavra nação – muito pouco empregada pela Constituição – denota uma realidade distinta daquela do Estado, realçando-se nela, tal como se contém na teoria, uma comunhão de história, de traços culturais, de crenças e uma perspectiva comum em face do passado aproximado em suas características.

Portanto, a integração buscada pela República com os demais Estados da América do Sul tem fundamento constitucional e embasamento ético-jurídico, vez que posto para um aperfeiçoamento conjunto da realidade econômica, política, social e cultural. Como ensinado por Pe. Inácio Neutzling, "a integração sonhada pelos libertadores é o ponto culminante de um processo de liberação e de desenvolvimento justo e equilibrado da América Latina ... (e) corresponde a um 'processo de integração solidário, que trate de corrigir em forma gradativa os

10. Opina Celso de Albuquerque Mello que "no Brasil a sensação que se tem é que os princípios *(constitucionais)* foram escolhidos de modo arbitrário.... A inclusão destes princípios na Constituição não os torna mais obrigatórios no plano internacional, mas torna mais explícita ou reforça a aceitação deles por parte do estado" (ob. cit., p. 159).

desníveis econômicos entre os países-membros".[11]

Com base neste parágrafo único deste art. 4º, não se há, pois, considerar que a aplicação do direito internacional da integração do Mercosul pode se dispensar de atentar ao atendimento estrito dos objetivos ali especificados e da determinação ali posta. Tanto equivaleria ao descumprimento do comando constitucional. Daí porque, fundamentando-se neste dispositivo, haverá que se dar à interpretação e à aplicação dos atos, acordos e tratados firmados no sentido de se dar cumprimento às normas daquele parágrafo, a ênfase e o tom necessários para que as finalidades nelas postas sejam atendidas. O direito internacional da integração do Mercosul tem base constitucional específica, não se generalizando na principiologia das normas relativas ao direito internacional comum.

Constituição interpreta-se para que se lhe dê eficiência e efetividade e não para se conduzir à inocuidade, impossibilidade ou impropriedade de suas normas. A integração para a formação de uma comunidade latino-americana de nações é norma constitucional e a configuração constitucional mesma da República põe-se com esta condicionante no plano das relações regionais da América.

III – Constituição e soberania no Direito brasileiro

"A soberania é o poder absoluto e perpétuo de uma república." Jean Bodin

11. O conceito de soberania é polêmico, relativo, histórico e cada vez mais posto em questão em razão das condições políticas ocidentais atuais.

Qualidade essencial do poder estatal que o distingue dos demais que se exercem em determinada sociedade política, a soberania não teve o seu aproveitamento na experiência antiga. No Estado concebido e vivido pelos gregos, cogitava-se da natureza autárquica daquela cidade global. Aquele conceito, entretanto, diferencia-se grandemente do que o período moderno concebeu como soberania.

Também os Estados medievais, pluralmente pensados pelos doutrinadores em razão da diversidade de sua organização e dinâmica, não conheceram o conceito moderno de soberania, porque a Igreja é que exercia poder supremo em permanente disputa com o poder daquela organização política. Mas é neste período que começa a se formar a idéia de que o poder estatal depende da imposição de sua condição superior para se impor aos demais poderes que gravitavam em sede política, daí a expressão *supremitas*. Em 1283 Felipe de Beaumanoir valia-se da palavra soberano para designar o poder supremo do barão em seu baronato.

Coube a Jean Bodin, em sua obra *Os Seis Livros da República,* datado de 1576, considerar e conceituar a soberania (do francês *souveraineté*[12]) um elemento essencial ao Estado.[13] Todo Estado teria que contar com aquele elemento para ser assim considerado. Aquele conceito dota-se de característica absoluta na visão do pensa-

11. Neutzling, Inácio. "O Mercosul e a integração latino-americana", in *Mercosul — Integração e Impacto Sócio-Econômico*, Vozes, 1997, p. 107.

12. Para alguns autores a palavra adviria de "superanus" do latim médio com o sufixo "anus" que a faz remontar à sua origem popular, enquanto outros situam tal origem no baixo latim "superanitas". Mas qualquer que seja a sua vertente é certo que o uso da palavra consolida-se no curso do século XII, tendo enorme importância para a sedimentação do Estado moderno que se contrapõe e se sobrepõe às relações feudais características da Idade Média.

De se notar a lição de Dalmo Abreu Dallari, segundo o qual "embora o conceito de soberania só tenha aparecido a partir do século XVI, a ordem jurídica estatal sempre foi soberana" (*O Futuro do Estado*, Saraiva, 1972, p. 63).

13. "République est un droit de gouvernement de plusieurs ménages et ce Qui leur est commun avec paissance souveraine" – livro primeiro, capítulo I, da obra *Les Six Livres de la République.*

dor francês, o que, entretanto, foi sendo deixado para trás no Estado moderno, especialmente desde o final do século XIX. Todavia, mesmo no plano das relações internacionais prevaleceu uma concepção de soberania absoluta, preconizada por Vattel no século XVIII e enfatizada, ainda, no século subseqüente.

Da doutrina aristocrática, na qual dormitou desde os seus primórdios até o conceito que elevou o termo à soberania popular o que se modificou, essencialmente, foi a entronização da democracia como regime político, cujos princípios vinculam melhormente os fins do Estado conquanto buscado pelo indivíduo e pelo cidadão.

Soberania é conceito que já foi tido, no conceito normativista, como relativo à ordem jurídica nacional suprema e não subordinada à elaboração de outrem; como o poder político supremo de um Estado; como a independência da entidade estatal em relação aos outros Estados. De qualquer forma, o que hoje se enfatiza é muito mais os seus atributos e o exercício democrático do poder popular em caráter soberano.

Tanto no plano interno quanto no plano internacional a soberania desempenhou e ainda cumpre papel inapelavelmente importante, conquanto hoje já não tanto quanto nos séculos anteriores e no âmbito das relações internacionais menos ainda. Mas a afirmação do Estado como sociedade política diferenciada das demais organizações, aí incluída a Igreja, que também desempenhavam poderes políticos constituiu elemento de importância incontestável para a informação e a afirmação do Estado moderno.

Desde o final do século XIX e especialmente no curso deste século houve uma relativização cada vez maior do conceito de soberania. Quer porque as idéias anarquistas e as marxistas passaram a negá-la ensejando o seu questionamento mesmo em outras sedes de pensamento, quer porque a internacionalização de aspectos políticos, econômicos e, mais recentemente, sociais e culturais determinam afinidades entre Estados e a coordenação de políticas públicas, quer porque a presença de organizações não governamentais internacionais apresentam-se como partícipes da experiência política de diferentes Estados, o certo é que a restrição da soberania é um dado da atualidade.[14]

A soberania referida por Bodin foi revisada.[15] Para alguns publicistas eminentes e influentes deste século, como Duguit por exemplo, haveria que se extinguir o conceito e a crença na soberania para se ter uma nova concepção de Estado. E ainda hoje há quem sustente que "não é exagero dizer-se que o inimigo da paz é o Estado soberano".[16]

Também se há de tomar em conta que a soberania popular vem sendo mais encarecida nos sistemas jurídico e político dos Estados democráticos, mantendo-se as suas características de unidade e indivisibilidade, irrevogabilidade e intransferibilidade.

Se de um lado, o conceito tradicional e hermético de soberania já não mais prevalece, até mesmo porque desatende aos reclamos da sociedade contemporânea, é certo que ela ainda é proclamada, inclusive nas Constituições, por resguardar o direito de cada povo de decidir a sua forma política de ser e de fazer-se construir em sua

14. Acentua Celso de Albuquerque Mello que "esta (a soberania) passa a ser uma noção quase que formal, vez que seu conteúdo é cada vez mais diminuído pela criação e desenvolvimento das organizações internacionais. Muitas vezes, a própria palavra soberania é evitada, como ocorre na Carta da ONU que prefere usar expressões como 'jurisdição doméstica' ou 'domínio reservado'" (ob. cit., p. 122).

15. Cf. Bonavides, Paulo. *Ciência Política*, p. 142.

16. Boson, Gerson, ob. cit., p. 134. Segundo aquele autor "em toda essa mistela da História, no fundo, com grandeza ou sem esta, sempre encontramos impávido esse tradicional conceito de soberania, com a récua da estupidez humana, ainda mesmo quando cortados os seus vínculos originários com a referida cosmovisão religiosa politeísta" (ibidem).

história de maneira a não se subordinar aos comandos de potências estrangeiras.

No momento presente, em que a soberania é do povo e não de nações e em que as idéias e as ideologias podem irmanar mais que a identidade do solo que constitui a pátria; no momento histórico em que a terra se converte em pátria da totalidade dos homens, em que o meio ambiente atinge a vida de todos os seres do planeta qualquer que seja o local que se tome por referência, há que se pensar, contudo, que a soberania repensada, relativizada e centrada na participação política livre e permanente do povo pode servir ao resguardo da identidade de cada grupo cultural sem perda da dimensão universal da convivência política. Mas parece indubitável que a soberania não pode persistir como conceito que se ponha como bloqueio para que venham as modificações que a nova ordem internacional, as novas formas de solidariedade entre os homens nos diversos Estados e a experiência de universalização e mundialização dos direitos fundamentais do homem propõem e põem. Por isso é que se tem enfatizado a desmaterialização cada vez maior da soberania e a sua aceitação sempre mais como conceito formal, que não embaraça nem impede a internacionalização dos contatos e relações entre os Estados e, principalmente, entre os sistemas garantidores dos direitos humanos.

12. É de Celso de Albuquerque Mello a assertiva de que "na prática, não há Constituição ou jurisprudência de tribunal constitucional que permita a 'alienação' da soberania, porque fazê-lo seria consagrar o fim do Estado. ... Os Estados ainda não estão preparados para o seu suicídio".[17]

No constitucionalismo brasileiro o princípio da soberania do Estado aparece, ainda que não com o uso expresso da palavra, em todas as Constituições desde o Império.[18]

Na Constituição de 1988 o princípio da soberania é não apenas expresso como o primeiro dos fundamentos da República Federativa do Brasil no plano interno e no plano internacional (art. 1º, I e art. 4º, I), estendendo-se e reforçando-se a sua condição democrática, pelo que a *soberania popular* é realçada (art. 14) e a soberania nacional cuidada de maneira explícita (art. 170, I).

O conceito de soberania constitucionalmente abrigado no sistema brasileiro açambarca não apenas o jurídico, vale dizer, a supremacia do direito fundamental interno sobre o direito internacional, como o político (daí o uso da expressão "independência nacional") e o econômico, que se dá por uma ordem voltada a assegurar a independência do Estado nacional em relação aos centros financeiros poderosos que pretendem ou propendem a subordinar a seus particulares interesses o comando das po-

17. Mello, Celso de Albuquerque, ob. cit., p. 123.

18. A Carta de Lei de 25 de março de 1824, observada como "Constituição do Império" determinava, em seu art. 1º, que "O Império do Brasil é a associação política de todos os cidadãos brasileiros. Eles formam uma nação livre e independente que não admite com qualquer outra laço algum de união ou federação, que se oponha à sua independência".

A Constituição de 1891 cuidou da soberania nacional no art. 15, afirmando serem seus órgãos os poderes legislativo, executivo e judiciário. A expressão teve, então, o sentido de poder e não mais de independência no sentido de que se valera o constituinte do Império.

A Constituição de 1934 manteve, em seu art. 3º, aquela expressão com o mesmo significado utilizado naquela primeira da República.

A Carta de 1937 estabeleceu, em seu art. 1º, que "O poder político emana do povo e é exercido em nome dele e no interesse do seu bem-estar, da sua honra, *da sua independência* e da sua prosperidade".

A Constituição de 1946, a Carta de 1967 e a Emenda Constitucional n. 1, de 1969, não faziam expressa referência à independência ou à soberania, mas cuidavam das competências da União para assegurar a integridade do território nacional e ao trânsito de estrangeiros ou de forças estrangeiras no país, donde se extraía a adoção inequívoca, obviamente, daquele princípio.

líticas econômicas dos Estados subdesenvolvidos.[19]

O fortalecimento da soberania popular é que se põe, na presente quadra histórica, como importante. Soberano é o cidadão e não o Estado. Atente-se a que a cidadania, por sua vez, é cada vez mais supranacional. O direito de participar do poder político não mais se restringe ao território de um Estado, estendendo-se principalmente porque ele se exerce para assegurar a dignidade da pessoa humana – princípio essencial de qualquer ordenamento – e onde esta tiver sido atingida há que haver um cidadão disposto a colaborar com o ameaçado ou lesado em seu direito para a pronta defesa, independente da nacionalidade.

Ademais, considerando-se que a democracia é tida como direito fundamental da terceira onda (ou de terceira geração como querem alguns autores), a soberania do povo cumpre a tarefa de assegurar que a sua participação não lhe seja negada, menos ainda afastada para se substituir pelos eventuais governantes.

Neste sentido, a soberania popular pode representar uma maior legitimidade das normas jurídicas que passem a integrar e a incidir sobre o povo de um Estado, mesmo quando formulado internacionalmente, porque esta elaboração contaria (e, quem sabe, contará brevemente) mais com a participação dos cidadãos, o que, até agora, ainda é muito frágil.

13. Na interconexão do direito interno com o direito internacional é de se atentar a que a limitação das competências do Estado pela atribuição conferida aos órgãos que produzem as normas supranacionais constitui, iniludivelmente, uma limitação à própria soberania do Estado, se pensada essa em sua concepção mais vinculada à idéia de capacidade suprema de produzir, por si e internamente, uma ordem jurídica. Se se põe que o constitucionalismo contemporâneo privilegia a produção heterógena de normas para possibilitar uma maior composição de interesses dos povos integrados ou reunidos em comunidade com a participação popular soberana e efetiva, parece indubitável que se pode considerar a manutenção daquele conceito e até mesmo o seu fortalecimento.

A matéria dos direitos humanos, que dominam o cenário jurídico nas últimas décadas, vem comprovar que a soberania estatal não se sobrepõe ao direito que resguarde o homem em sua condição universal. O cuidado daquele tema constitui, irretorquivelmente, uma superação da soberania estatal absoluta e intangível ao questionamento do resto do mundo.

É de se observar, porém, que a soberania é repensada para se impor mais fortemente não em sua verticalidade, mas em sua projeção horizontal e não em relação ao aparato burocrático dos poderes que compõem os quadros de ação do Estado, mas em respeito à atuação cidadã permanente, intransferível e decisiva dos povos interessados.

Neste caso, a soberania cumpre também uma função de pôr a claro as desigualações que marcam as identidades dos povos, que devem ser respeitadas, vez que não se pretende aceitar a uniformização totalitária dos grupos sociais ou a unificação das culturas que acarretam o esfacelamento das individualidades em único proveito de interesses de mercados sem qualquer compromisso com as reais necessidades dos diferentes conjuntos, garantindo-se pela participação popular que se propiciem as condições de aperfeiçoamento respeitoso das desigualdades para a identificação e o respeito às peculiaridades culturais e sociais. A comunhão de Estados ou a integração de Estados não pode significar a supressão, a eliminação ou a simples extinção das diferenças dos povos e de suas culturas, pois elas devem se somar para acres-

19. Cf. Silva, José Afonso da. *Curso de Direito Constitucional Positivo*, p. 724.

centar e se constituir objeto da união. Só há união quando há mais de um. Não há uma cultura ou opção política de um povo que seja a verdade absoluta ou que seja boa para todos. A hegemonia é nefasta e negadora da liberdade humana que encarece a diferença que individualiza, torna o ser um indivíduo único, diferente dos demais. Para haver a aproximação dos povos há que se partir do respeito às suas diversidades. É, aliás, a diferença que nos caracteriza, quer dizer, dota-nos de singularidade para nos superarmos. A igualdade que se busca não suprime as singularidades, apenas se restringe a impedir que as diferenças decorrentes de preconceitos nos inferiorize e marginalize. Não se pretende um mundo de seres idênticos, despersonalizados. Antes, quer-se um mundo de pessoas, que se qualificam pela sua condição especial e única. O pluralismo político vale não apenas como fundamento da democracia interna dos Estados, mas também internacional. Portanto, não se há cogitar de anular as identidades nacionais, pois então não há integração ou comunhão, mas colonização ou dominação pura e simples.

Afinal, como dizem os indianos, a universalidade repousa na humanidade que se individualiza, se marca e se faz irmão. Por isso "cantes a tua aldeia se queres ser universal". Há de se manter a aldeia para fazer surgir o canto...

IV – A Constituição da República brasileira e o Mercosul

"Celso Furtado ... enfatiza ser nossa tarefa nada menos do que 'mudar o curso da civilização, deslocar o seu eixo da lógica dos meios a serviço da acumulação num curto horizonte de tempo, para uma lógica dos fins em função do bem-estar social, do exercício da liberdade e da cooperação entre os povos'. Enfrentar a crise civilizatória exige um grande grau de cooperação em nível internacional, muito superior a tudo o que se fez até hoje". Mais além do mercado, mais além do Estado. – Armando de Melo Lisboa

14. O Mercosul busca realizar, no âmbito do Cone Sul, a integração, inicialmente econômica dos Estados-partes, no fluxo do que se constrói ou se intenta produzir o direito da integração. Releve-se: é o direito da integração, pois não se quer que se tenha por cá o direito da "entregação". Quer dizer, no âmbito de uma globalização econômica sobre a qual se põem questões de monta para a sobrevivência independente de cada povo a integração vem para ajustar sociedades que se podem reunir para aperfeiçoar as suas instituições e se solidarizarem nas decisões em benefício de todos. Independência não significa isolacionismo, fechamento ou desconhecimento da realidade e da coordenação com as políticas internacionais. Mas integração também não pode significar dependência, menos ainda aquela que faz que um povo entregue a outro Estado os seus bens, os seus recursos, a sua história, o seu futuro. Integração faz-se com soma para melhor distribuição com todos e não com a subtração para maior lucratividade de alguns.

A globalização que se oferece como fatalidade[20] do atual momento histórico é a econômica e não é um processo que titularize os Estados na condição de principais protagonistas. Antes, ela vem como uma condição de realização de capitais e interesses particulares valendo-se dos agrupamentos humanos como manadas de consumidores que oferecem o cheiro do lucro a ser revertido em benefício dos empresários. Não é um processo no qual atue predominantemente o Estado, pelo que o seu ordenamento não submete tal atividade. Em verdade este processo de globalização econômica não dispõe de leis, pois as denominadas "leis do mercado" são verdadeira e

20. Quanto a ser considerado uma "fatalidade" do momento atual é de se anotar que a aids também é uma fatalidade do momento atual e nem por isso há que se deixar de lutar para exterminá-la; o câncer também é uma fatalidade e continua a se buscar a sua cura. O que chega ao homem como fatalidade nem sempre é insuperável, menos ainda quando é fator externo e criado por ele mesmo como se tem com a arquitetura globalizante e neoliberal da macroeconomia.

exclusivamente o domínio da força.[21] No curso desta mercantilização das relações internacionais, há crescente presença dos Estados economicamente fortes sobre os outros, que aqueles pretendem usar segundo as suas conveniências financeiras, num neocolonialismo que não renega a história de exploração de alguns países por outros e para o que se pretende uma hegemonia contrária aos ideais de libertação e aos princípios da liberdade e da igualdade. Segundo Alain Touraine, "o que hoje chamamos de globalização, há cerca de um século atrás era chamado de imperialismo. Este conduziu a rupturas sociais e políticas que disseminaram governos despóticos e, mais cedo ou mais tarde, paralisaram as economias submetidas ao poder totalitário".[22] O autoritarismo econômico internacional ronda as relações entre os Estados. A arquitetura política globalizante neoliberal gera a desigualdade. Esta, como se sabe, é produzida, não é gerada do nada. E a desigualação econômica vem gerando legiões de desempregados e de não trabalhadores, excluídos do processo social e político porque não são agentes da lógica econômica de se ter direitos apenas se se puder fazer por merecê-los. Aquele que não tiver oportunidade de "fazer" (o que se tem pelo trabalho) não se vê incluído no processo sócio-econômico.

A esta lógica de mercado sem leis conjuga-se o neoliberalismo de perfil individualista sem o resguardo das individualidades e a competitividade com a paralela extinção de empregos e de trabalhos sob os quais se afirmava a organização social e, em grande parte, também a organização econômica.[23]

A mundialização dos direitos humanos e a universalização das garantias fundamentais do homem são a tônica mais realçada e própria para a realização da dualidade internacional que se põe e segundo a qual os Estados se reúnem para se fortalecerem e se prestarem à solução de problemas comuns com a soma dos seus esforços, recursos e comportamentos, para o que, paralela e contrariamente, necessitam abrir mão do sentido absolutista e exclusivista que o conceito antigo de soberania abrigava. Mas sem o associacionismo internacional dos Estados, especialmente dos mais fracos economicamente, ter-se-á o retorno ao imperialismo em sua feição mais perversa.

A integração das nações do Cone Sul, as quais precisam ainda realizar, primariamente, para todos os seus cidadãos os direitos fundamentais – inclusive e ainda os denominados de primeira onda ou de primeira geração, como sejam, o direito à vida, o direito à liberdade, o direito à igualdade, dentre outros –, deve apontar para alternativas da estabilização democrática segundo as condições sócio-culturais e políticas a fim de obter, com segurança e sem retrocessos, a estabilização econômica inclusive no plano das parcerias internacionais.

A integração referida constitucionalmente pelas normas fundamentais da República Federativa do Brasil (art. 4º e seu parágrafo único) busca a preservação das

21. Segundo George Soros, milionário que fez a sua fortuna exatamente com as "leis do mercado", "atualmente as finanças internacionais não obedecem a nenhuma lei. Quando uma atividade está fora do alcance da lei, o que predomina é a força – e o estado de coisas em que a força predomina é chamado de barbárie", in *Revista Veja*, n. 1442, p. 10.

22. Touraine, Alain. "Riscos do Pensamento Único", in Jornal *Folha de São Paulo*, 18.2.96, pp. 5-7.

23. "A gravíssima crise que hoje vivemos é uma crise da possibilidade do 'desenvolvimento' latino-americano, do sonho da modernização de nossas terras. ... abre-se um vácuo quando se constata: seja os limites do Estado na condução do processo social, seja a irrevogabilidade dum mercado transnacional devorador dos nossos recursos humanos e naturais, seja a inadequação do projeto neoliberal necessariamente excludente da maioria da população, seja quando se questiona a possibilidade da justiça e dum amanhã fraterno para nossos povos" (Lisboa, Armando de Melo, loc. cit., p. 134).

identidades nacionais que se devem somar para multiplicar e dividir bens e não para aumentar as desigualdades, menos ainda pagar com a pobreza maior ainda de seus cidadãos o lucro particular de empresas descomprometidas com o homem sul-americano. Por isso não se cogita da integração exclusivamente econômica, conquanto seja certo que o Mercosul é, hoje e ainda, fundamentalmente, um processo essencialmente econômico.

O modelo de globalização econômica neoliberal pode conduzir a uma mais crescente condição de miserabilidade de populações sul-americanas inteiras, que não dispõem de qualificação para a competição internacional com as poderosas economias industrializadas e dotadas da melhor e mais avançada tecnologia. A ordem social proposta até mesmo nos sistemas constitucionais dos Estados subdesenvolvidos não tem conseguido, ainda, romper a desigualação forjada pelo modelo econômico descomprometido com os homens.

Os fantasmas da pobreza indigna trazidos pela *lex mercatoria*[24] sem fulcro social e sem finalidades humanas andam pela casa e já não podem ser desconhecidos. Tropeçam-se em mãos estendidas à cata de um taco de pão. E, como bem assinala o Pe. Inácio Neutzling, "os pobres são os juízes da vida política e econômica de uma nação. Portanto, a situação dos pobres em nossos países é o critério para medir a justiça, a bondade, enfim, a moralidade da integração que o Tratado do Mercosul pretende implementar".[25]

A imposição, que vem de fora, de modelos de Direito minimamente materializados, de desconstitucionalização e de desregulamentação das matérias que são imprescindíveis para a garantia dos direitos fundamentais do povo sul-americano, não pode ser aceito.

Não é possível, admissível ou aceitável que o ciclo civilização/ desenvolvimento/ modernização se faça ao custo da exclusão social e da marginalização política cada vez maior de povos e de grupos sociais. O homem não é a taxa de lucro de empresa.

Não se deseja negar o crescimento econômico, menos ainda isolar-se o Estado sul-americano do processo econômico internacionalmente dinamizado. O que se pretende é que este modelo seja projetado e realizado em benefício de todos os homens e não para o proveito de alguns à custa da maioria dos mais e mais empobrecidos. O mercado, que é necessário, haverá que ser voltado para o atingimento das finalidades sociais dos homens. Não são os homens que se devem organizar para atender fins do mercado. Por isso a democracia haverá que ser, rigorosamente, observada como base imprescindível para a integração, pois somente ela pode assegurar uma ordem social justa e solidária. A ética democrática não pode ser desconsiderada no processo de integração. É ela que pode afirmar o acatamento rigoroso dos princípios constitucionais democráticos dos diversos Estados integrados, garantindo-se, então, o pluralismo cultural, social e econômico e permitindo-se a elevação dos membros destas sociedades à condição de cidadãos sul-americanos, iguais em direitos aos demais cidadãos do mundo. A assimetria comercial, social, cultural e histórica dos povos e Estados latino-americanos não pode ser desconhecida ou renegada para se copiar, independente do chão latino-americano, modelos que se forjam em laboratórios outros inteiramente defasados da realidade de cá.

É mister evitarem-se os projetos que conduzam ao *dumping* social de inegáveis conseqüências sociais malignas para os Estados do Cone Sul. Somente com o respeito e o engajamento às peculiaridades his-

24. Já há quem alegue que a *lex mercatoria* é um novo direito (cf. Patrícia Luíza Kegel. "Internacionalização do Estado e Sistemas jurídicos nacionais", in *Advogado: Desafios e Perspectivas no Contexto das Relações Internacionais*, OAB, 1998, pp. 73 e 75).

25. Neutzling, Inácio, loc. cit., p. 125.

tórico-culturais das sociedades latino-americanas é que se poderá evitar aquele resultado nefasto aos cidadãos.

15. Há de se atentar, então, à primazia absoluta dos princípios das Constituições dos Estados latino-americanos que resguardem, garantam e realizem a democracia das sociedades que se dão à integração no Cone Sul.

A Constituição Brasileira não determina a busca da integração sem a imprescindível observância dos princípios que informam e conformam o Estado brasileiro, na base do qual se põe superior e incontestavelmente a dignidade da pessoa humana, bem como o da soberania popular, o da cidadania e o do pluralismo político, dentre outros (art. 1º).

Ao contrário dos Estados europeus que tiveram como fundamento preliminar da formação de sua comunidade a necessidade de se preservar a democracia para se assegurar a continuidade dos processos sócio-econômicos, econômicos e políticos de progresso e o respeito às nacionalidades com o fortalecimento das pessoas políticas, os Estados latino-americanos, melancolicamente, têm como desafio a construção de uma democracia social e política estável e permanente, que não se pode encontrar em sua história.

Novas cópias de modelos estrangeiros, inclusive políticos; a submissão a ordens econômicas, menos ainda incoerentes com os reclamos sócio-culturais do povo; a aniquilação das peculiaridades e riquezas culturais dos povos latino-americanos para a absorção de abúlicas fórmulas *macdonalizadas* de viver sob o jugo imperialista de uma mídia cuja pátria é o lucro financeiro não são sendas próprias a se percorrerem. Nem a Constituição da República Federativa do Brasil permite novas e subliminares formas de dependência a ordens internacionais ou a entrega do país a interesses que não os prioritariamente nacionais.

Neste sentido é que somente se pode considerar legítimo o processo de integração latino-americano para a criação da Pátria Grande subsumido aos paradigmas democráticos e voltados ao cumprimento de todos os fatores determinantes da reunião criativa e criadora da entidade de direito internacional, como se considerou protocolarmente o Mercosul (art. 34, do Protocolo de Ouro Preto). O direito da integração, forjado a partir dos atos, acordos e tratados afirmados pelos Estados-partes do Mercosul, não poderá desconsiderar qualquer daqueles princípios democráticos, pois sem a sua observância não se poderá ter a base que alicerça uma integração firmada no Direito.

Ademais, tendo-se como fundamento principiológico da integração a democracia buscada no princípio da soberania popular, é patente que haverá de se preverem mecanismos e instrumentos asssegaradores da participação efetiva dos cidadãos no processo, sem o que se terá dificuldades para possibilitar a legitimidade política das decisões tomadas no âmbito dos diferentes Estados e, de par com essa questão, a eficácia jurídica destas decisões na esfera de competências de cada qual.

Mais ainda, há de se anotar que a adoção de políticas públicas a serem concretizadas em relação às sociedades que participam do processo integracionista depende do atendimento de um sistema de controle democrático da esfera pública, pois não há democracia sem a limitação do exercício das competências pelos agentes estatais, menos ainda sem um eficiente sistema de aferição da juridicidade deste desempenho. Logo, é imperioso que se tenha a institucionalização dos mecanismos de participação direta ou indireta, porém democrática e com representação específica, do cidadão na gestão da coisa pública regionalmente integrada, tanto para a adoção de providências e decisões, quanto para o controle de sua execução.

Há excessiva burocratização na institucionalização do Mercosul, distanciando-se muito dos cidadãos. Estado como a República brasileira, que já tem, internamente, tantas e tão grandes diferenças, não chegará a suprir a exigência democrática se não adotar uma política de divulgação e de aproximação de todos os segmentos sociais e entidades federadas com o processo de integração, hoje muito restrito ao sul e sudeste do país.

Somente se terá o despertar da sensibilidade social do cidadão latino-americano quando se adotar, efetivamente, uma agenda social e cultural como ponto fundamental do processo. Tal agenda é necessária por causa dos princípios fundamentais da República Federativa Democrática do Brasil e dos direitos humanos que hoje dominam o direito internacional. Sem o homem sul-americano não há América do Sul. Sem povo não se faz Estado Democrático. Sem cultura popular não se promove integração por falta de objeto a ser reunido.

O desemprego que vem assolando multidões, se não é um caso isolado ou único da América do Sul, deve se constituir em preocupação específica do Mercosul, onde os desníveis têm se acentuado de maneira disparada nesta década de noventa. O ingresso de um contingente de um milhão e quinhentos mil trabalhadores, apenas no Brasil, no mercado de trabalho anualmente e sem encontrar geração correspondente de empregos pode desaguar numa marginalidade sem precedentes na história do Brasil.

Os desníveis entre as condições dos trabalhadores dos Estados-partes do Mercosul e a desigualdade das formas e condições de produção de bens e serviços (Estado como o Paraguai é mais agrícola, enquanto o setor de serviços tem um desenvolvimento prioritário, por exemplo, no Uruguai) podem criar fossos enormes a separar e a estancar as realidades sócio-econômicas se não forem pensadas em conjunto e a tempo de se desenvolverem procedimentos que conduzam à superação das diferenças de base sócio-econômica.

A integração latino-americana determinada pela Constituição brasileira de 1988 não estanca apenas um fator de reunião e coordenação – o econômico – como se tem reforçado até aqui. Urge se ampliem os fatores de integração para o cumprimento daquela meta e para o completamento do processo.

Conclusão

"Os outros latino-americanos são como nós mesmos, povos novos, em fazimento. Tarefa infinitamente mais complexa, porque uma coisa é reproduzir no além-mar o mundo insosso europeu, outra é o drama de refundir altas civilizações, muito diferente, é o nosso, de reinventar o humano, criando um novo gênero de gentes, diferentes de quantas haja". O povo brasileiro – Darcy Ribeiro

A integração latino-americana que o Mercosul, conquanto havida no fluxo de uma globalização econômica desapegada de ideais humanitários e universalmente comprometidos com os cidadãos, enseja e enceta o surgimento de um momento inteiramente novo na América Latina.

Esta integração, que a Constituição brasileira determina seja buscada pela República e que se põe no panorama internacional como uma contingência do associacionismo dos povos e dos Estados, deverá se desenvolver segundo os princípios democráticos da ética, da liberdade, da solidariedade e da justiça social para ser válida. Se não houver o fundamento do processo nos princípios universais asseguradores da dignidade da pessoa humana, qualquer forma de atuação política das entidades estatais estará fadada ao insucesso social e ao fracasso jurídico e político.

O Mercosul é uma realidade que tem um largo caminho a percorrer. Não se há de aceitar desvios que venham como propostas de povos que não conhecem as contingências sócio-políticas e econômicas da região integrada, nem se há de fechar ao que venha de novo e de propício a um aperfeiçoamento das instituições sociais.

A ética social justa do processo da integração passa pela democratização das instituições e dos fins do Mercosul. Há de se convocar o cidadão latino-americano a participar politicamente das tomadas de decisões, de maneira eficiente e permanente, mediante a prévia divulgação dos temas, programas, projetos e deliberações a serem discutidas e decididas, a fim de que se assegure a legitimidade do processo que garante, em grande parte, a efetividade social das decisões.

Também não se pode desconhecer que os direitos humanos e os direitos sociais têm que ter prioridade absoluta no processo da integração, considerando-se uns e outros na contingência latino-americana e não como se passa a sua garantia em outros Estados.

Afinal, há quinhentos anos de história para se ganhar e que a integração poderá ajudar a converter numa nova América. Não é sem tempo que se construirá a Pátria Grande segundo os ideais de solidariedade e justiça que animaram os americanos dos últimos três séculos. Para tanto, há de se pensar a integração lendo a nossa história com os nossos próprios olhos e pensá-la com os nossos conhecimentos de chão. Somos nós mesmos a nossa cartilha e o nosso projeto de uma vida que atenda aos destinos traçados para uma realidade que não tem retrato nos outros continentes. Somos, com as nossas agruras históricas e sociais presentes, o nosso próprio fardo, mas somos também a nossa maior esperança. Se aquele pesa mais na reunião de Estados, esta se multiplica na integração dos homens.

Bibliografia

ALMEIDA, Antônio José *et alii. Mercosul.* Petrópolis: Vozes, 1997.

BAPTISTA, Luiz Olavo. *O Mercosul – Suas Instituições e Ordenamento Jurídico.* São Paulo: LTr, 1998.

BASSO, Maristela. *Mercosul.* Porto Alegre: Livraria do Advogado Editora, 1997.

BONAVIDES, Paulo. *Curso de Direito Constitucional.* São Paulo: Malheiros Editores, 1998.

______. *Ciência Política.* São Paulo: Malheiros Editores, 1993.

BOSON, Gerson de Britto Mello. *Constitucionalização do Direito Internacional.* Belo Horizonte: Del Rey, 1996.

CHIARELLI, Carlos Alberto Gomes e CHIARELLI, Matteo Rota. *Integração: Direito e Dever.* São Paulo: LTr, 1992.

BURDEAU, Georges; HAMON, Francis; TROPER, Michel. *Droit Constitutionnel.* Paris: LGDJ, 1993.

CANOTILHO, J. J. Gomes. *Direito Constitucional e Teoria da Constituição.* Coimbra: Almedina, 1998.

CARTER, Lief H. *Derecho Constitucional Contemporâneo.* Buenos Aires: Abeledo-Perrot, 1985.

CASELLA, Paulo Borba. *Integração Jurídica Interamericana.* São Paulo: LTr, 1998.

______. *Mercosul, Exigências e Perspectivas.* São Paulo: LTr, 1996.

DOUTRIAUX, Yves; LEQUESNE, Christian. *Les Institutions de l'Union Européenne.* Paris: La Documentation Française, 1995.

DROMI, Roberto. *Codigo del Mercosur.* Buenos Aires: Ediciones Ciudad Argentina, 1996.

GARCIA, Armando Alvares Garcia. *Conflito entre Normas do Mercosul e Direito Interno.* São Paulo: LTr, 1997.

GREWE, Constance e FABRI, Hélène Ruiz. *Droits Constitucionnels Européens.* Paris: Presses Universitaires de France, 1995.

HESSE, Konrad. *Escritos de Derecho Constitucional.* Madrid: Centro de Estudios Constitucionales, 1983.

LEAL, Rosemiro Pereira. *Soberania e Mercado Mundial.* São Paulo: Editora de Direito, s/d.

LOBO, Maria Teresa Cárcomo. *Ordenamento Jurídico Comunitário.* Belo Horizonte: Del Rey, 1996.

MELLO, Celso Albuquerque. *Direito Internacional da Integração.* Rio de Janeiro: Renovar, 1996.

______. *Direito Constitucional Internacional.* Rio de Janeiro: Renovar, 1994.

SILVA, José Afonso. *Curso de Direito Constitucional Positivo.* São Paulo: Malheiros Editores, 1998.

SMEND, Rudolf. *Constitución y Derecho Constitucional.* Madrid: Centro de Estudios Constitucionales, 1985.

SOARES, Esther Bueno. *Mercosul.* Belo Horizonte: Del Rey, 1997.

VENTURA, Doris *et alii.* Porto Alegre: Livraria do Advogado Editora, 1997.

Buenos Aires, 20 de abril de 1998

PROCURADORES DE ESTADO: SUA REMUNERAÇÃO E A EMENDA CONSTITUCIONAL N. 19

VALMIR PONTES FILHO
Professor de Direito Constitucional e de Hermenêutica Jurídica
da Universidade de Fortaleza e da Universidade Federal do Ceará
– Mestre em Direito Constitucional pela Pontifícia Universidade Católica de São Paulo
– Ex-Presidente do Instituto Brasileiro de Direito Administrativo

Movido pela certeza de que dúvidas candentes surgirão quanto à interpretação/aplicação da Emenda Constitucional da "Reforma Administrativa", especialmente no que respeita às suas repercussões sobre a carreira de Procurador de Estado, seus integrantes e sua remuneração, cumpre-me, de plano, tecer prévias e breves considerações a respeito da natureza dessa espécie legislativa – emenda à Constituição – no contexto do ordenamento jurídico-positivo pátrio.

Faço-o pela imperiosa necessidade de afastar a falsa premissa de que as emendas constitucionais, uma vez aprovadas e promulgadas, são instrumentos capazes de ignorar os institutos do *direito adquirido*, do *ato jurídico perfeito* e da *coisa julgada*. Sem embargo da tese em contrário – que restou, diga-se de passagem, por bom tempo agasalhada pelo próprio Supremo Tribunal Federal – entendo ser vedado a esse tipo de norma alcance tão largo.

De efeito, cumpre lembrar que as emendas se originam do chamado *poder constituinte reformador* que, diversamente do *originário*, se destina a tão apenas modificar a Constituição em vigor, ora alterando-lhe disposições já existentes, ora acrescentando-lhe ou suprimindo-lhe artigos, parágrafos, incisos ou alíneas, mas sempre e sempre de acordo com as normas constitucionais disciplinadoras dessa atuação. Daí decorre ser ele um poder de natureza *jurídica*, posto que seu exercício se há de conformar às prescrições (jurídicas, é óbvio) da própria Constituição a ser reformada. É o direito posto – em cujo ápice se encontra a norma constitucional – que se encarregará de estabelecer quando, como e por quem essa relevante tarefa há de ser desempenhada, impondo-lhe os limites e gizamentos específicos.

Reste fixada, portanto, a noção de que o exercício do *poder constituinte reformador* não é nem pode ser, por imperativo de ordem lógico-jurídica, incondicionado, insubmisso à Constituição, estando, assim, a meio caminho do Direito Positivo, e não em sua linha de largada. Isso traz conseqüências importantíssimas, como a alusiva à permanência do *direito adquirido* contra as emendas constitucionais.

Em trabalho que tive a honra de escrever,[1] na qualidade de mero coadjuvante, com Carlos Ayres Britto, emérito constitucionalista sergipano, ficou dito: "... há direito adquirido, sim, contra as emendas constitucionais. O que não há é direito adquirido contra a Constituição, tal como originariamente posta, porque a Constituição originariamente posta é o começo lógico de toda a normatividade jurídico-positiva de um Estado soberano (Kelsen). Logo, não tem compromisso com a ordem jurídica anterior, justamente por ser inaugural de uma nova ordem cujo primeiro efeito é sepultar a própria Constituição primitiva. Noutros termos, então, somente a Constituição originária é que se põe na linha de largada do Direito Positivo. Sua irrupção no cenário jurídico significa a postura do começar tudo de novo, e não simplesmente a do ajeitar as coisas. Isto, pelo fato de que seu órgão de elaboração (Assembléia Nacional Constituinte, no caso brasileiro) é o único a se caracterizar como instância capaz de normar sem ser normada; vale dizer, como instância que tem a exclusiva força de preservar, ou deixar de fazê-lo, toda e qualquer norma produzida à luz da velha ordem jurídica".

Buscando melhor distinguir entre o poder constituinte originário e o reformador, prosseguiu-se na argumentação: "Nada escapa à força de construção e ao mesmo tempo de demolição normativa da Constituição originária, no sentido de que tudo o que ela disser de forma expressa ou até mesmo implícita passa a vigorar como norma jurídica e todo o Direito anterior que não estiver de acordo com ela deixa de vigorar como norma jurídica (princípio da instantânea perda de eficácia (no sentido de "validade") das normas não recepcionadas pela nova ordem constitucional. É exprimir: todas as relações possíveis e imagináveis estão à mercê da Constituição e por isso é que se pode ajuizar que contra ela não há direito adquirido. Não é bem isto o que sucede com as emendas à Constituição, que já se encontram a meio caminho do Direito Positivo. Seu órgão de elaboração é destituído da característica de instância exclusivamente normante, exatamente por que já derivado da primária manifestação de vontade normativa daquele que elabora a Constituição. Daí não se lhe poder reconhecer a natureza de um verdadeiro poder constituinte, como ensinava George Burdeau e como insistem na diferenciação Jorge Miranda e José Gomes Canotilho. Pois bem, por não ser possível reconhecer ao órgão de produção das emendas constitucionais a ontologia de um verdadeiro poder constituinte, mas apenas a de um poder reformador, é centro deliberativo que não exercita a plenitude de um poder correlatamente desconstituinte. Ele não zera a contabilidade jurídica anterior e daí a compreensão de se tratar de um aparelho decisório que não tem a força de ignorar de todo a Constituição preexistente, *pois somente pode normar nos termos em que pela Constituição mesma já se encontra* normado"[2] (os grifos não são do original).

Já se sustentou, procedentemente, gozar a norma constitucional de *supremacia* em relação às demais integrantes do sistema jurídico, estas naquela buscando fundamento de validade. E tal é verdadeiro também em relação à Constituição brasileira em vigor, cuja rigidez – pressuposto lógico de sua supremacia – se vê configurada, especialmente, no seu art. 60.

Com efeito, ao ali disciplinar as hipóteses em que seria possível sua própria alteração ou modificação, a Constituição de 1988 quis-se proteger, em primeiro lugar, da ação deletéria do legislador comum. Em outras palavras, deixou claro que leis ordinárias, complementares ou delegadas, assim como qualquer outra espécie legislati-

1. Publicado na *Revista de Direito Administrativo* 202/75.

2. V. artigo mencionado.

va assemelhada (como as "medidas provisórias") ou de inferior hierarquia (como os decretos regulamentares), jamais poderiam ter a veleidade de contrariar suas disposições. Todas essas manifestações normativas (infraconstitucionais) deveriam, como devem, manter-se mesurosas aos princípios e regras da Lei Fundamental, sob pena de invalidade.

Ergueu a Constituição em torno de si mesma, portanto, uma muralha de proteção, fortificada o suficiente para que sua rigidez e sua supremacia não viessem a ser abaladas. Nem se diga que se trata de providência desnecessária, ou de uma mera sofisticação imaginada pela mente academicista de alguns doutrinadores. Ao contrário, põe-se como algo indispensável à sua própria mantença, à defesa do regime democrático que a Constituição erigiu e, enfim, à sustentação daquilo que se pode colocar como a própria razão de ser do Direito: o *(super) princípio da segurança das relações jurídicas.*

Sem tal segurança, ou estabilidade, nas relações que o Direito se propõe a regular (ou, se assim se preferir, das normas jurídicas voltadas à regulação das relações entre os homens), sequer se pode falar em convivência harmônica entre os homens. Muito menos em progresso social e econômico. Defender a higidez da Constituição, portanto, não é simples exercício de retórica bacharelesca, mas de salvaguarda da própria civilização humana, cujo desenvolvimento moral e material depende, basicamente, do nível de segurança em que seus relacionamentos se desenvolvam.

A Lei Suprema de 1988, todavia, não se desejou imutável, intangível às mudanças sócio-políticas impostas pelo próprio decorrer do tempo. Nem seria de cogitar-se disso, na medida em que se quedaria logo superada e, muito provavelmente, albergadora de prescrições ineficazes, descompassadas com a realidade. Eis porque admitiu ela ser modificada pelas emendas constitucionais. Ao prever a edição das emendas, a Constituição da República fê-lo exatamente para estabelecer, rígida e minudentemente, normas disciplinadoras de sua alteração. Quis, assim, por intermédio delas, ver-se atualizada, mas sob certos e bem postos parâmetros, absolutamente incontornáveis, por ela mesma positivada.

Daí uma óbvia conclusão: as *emendas constitucionais* são manifestações normativas que se hão de submeter à própria Constituição, porque desta derivadas e a esta subordinadas. Vêm a ser regras *infraconstitucionais,* portanto. E nem poderia ser diferente, já que oriundas de um órgão *constituído* (o Congresso Nacional em nosso caso), estruturado pela Constituição, e não de um órgão *constituinte,* capaz de elaborar a própria Constituição. Assim, não se imagine que uma *emenda,* uma vez formalmente aprovada – e por isso passando a formalmente integrar o texto constitucional – seja intocável, é dizer, não possa ter sua constitucionalidade (ou validade frente à Constituição) questionada. É claro que pode, exatamente porque sua edição resulta do exercício do *poder constituinte reformador,* cujas competências estão definidas pela Constituição; esta, por seu turno, se origina do exercício do *poder constituinte originário,* aquela "... força política incondicionada em termos jurídicos e fixadora de uma nova idéia fundamental de direito".[3] Assim, se as *emendas* emanam de um poder legiferante *condicionado* juridicamente pela Lei Suprema – que as prevê e regula – e não de uma "força política incondicionada em termos jurídicos", como bem disse Paulo Modesto, desarrazoado seria pensar que elas, as *emendas,* não pudessem ter sua inconstitucionalidade decretada (quer pela via difusa, quer pela concentrada).

Não se trataria, aí, como alguns poderiam pensar, de identificar uma "inconsti-

3. Conforme feliz definição de Paulo Garrido Modesto, em trabalho publicado pela ENAP.

tucionalidade na própria Constituição", coisa que a lógica jurídica de plano refuta. As *aparentes* incompatibilidades entre as regras da Constituição mesma, enquanto originariamente posta, são, em verdade, resultado da equivocada exegese do Texto Supremo, solucionáveis, sempre, pela interpretação lógico-sistemática que dele se faça. Já a contradição entre a Constituição originariamente posta e uma emenda se há de resolver em favor daquela, invariavelmente, por conta de seu superior posicionamento hierárquico. Mesmo que se entenda – como o fez Modesto, com a argúcia de sempre – que o poder reformador "... expressa também de forma especial ou incomum a soberania popular través o Parlamento",[4] é preciso bem compreender: a) que as leis – ordinárias ou complementares, por exemplo – igualmente são produzidas pelo Parlamento e refletem (ou hão de refletir, em homenagem ao princípio republicano), a soberania popular; b) que, mesmo elaboradas de forma "especial", as *emendas constitucionais* não se podem nunca pôr no mesmo patamar das normas constitucionais em si mesmas, elaboradas pelo poder constituinte originário, este sim, inconfundível, uno, incindível, supremo, e não só "incomum".

Quem em má hora incutiu no espírito a tese oposta – qual a de que o direito adquirido, a coisa julgada e o ato jurídico perfeito não prevalecem sobre as emendas constitucionais – pensou ter esteio em literal, e por isso mesmo condenável, interpretação do inciso XXXVI, do art. 5º, da Lei Maior, segundo o qual *"a lei"*, e somente ela, não poderia prejudicá-los. Assim, na medida em que a emenda se põe em patamar hierárquico superior ao da simples lei, a proibição não lhe atingiria. Errônea conclusão, porém. E para demonstrar tal erronia, mais uma vez me valho dos argumentos aduzidos no escrito produzido em parceria com Carlos Britto: "É enganoso pensar, assim, que a interdição da lei para ofender certos direitos ou garantias subjetivas venha sempre a significar liberação das emendas constitucionais para fazê-lo. Uma coisa não puxa a outra, necessariamente, porque há justificativa lógica para o fato em si da remissão constitucional explícita à lei. Só para ilustrar este nosso enunciado, pense-se na regra constitucional que proíbe a retroatividade da lei penal, salvo para beneficiar o réu. Ou no preceito de que não há crime sem lei anterior que o defina, nem pena sem prévia cominação legal. Ou, ainda, no dispositivo que veicula a norma interditante da lei quanto à possibilidade de excluir da apreciação do Poder Judiciário lesão ou ameaça a direito. Por que tanto chamamento expresso à lei? Simplesmente porque a Constituição reserva para a lei a conformação de matéria penal, assim como de matéria processual, seja esta de natureza igualmente penal, ou civil, conforme a seguinte voz de comando: "Art. 22. Compete privativamente à União legislar sobre: I – direito civil, comercial, penal, processual, eleitoral, agrário, marítimo, aeronáutico, espacial e do trabalho". "Art. 48. Cabe ao Congresso Nacional, com a sanção do Presidente da República, não exigida esta para o especificado nos arts. 49, 51 e 52, dispor sobre todas as matérias de competência da União (...)". Pois é esse mesmo fundamento racional que está na base da citação da lei, alusivamente à interdição de ofensa ao direito adquirido. ... Se não proibiu literalmente as emendas de retroagirem, foi porque também não autorizou expressamente que elas ampliassem a pauta dos direitos já constitucionalmente deferidos. Salta à evidência, então, que não é pelo fato de haver citado a lei, e não as emendas, que a Constituição esteja a liberar estas últimas quanto àquelas proibições. Além de dever pesquisar sobre a razão específica da citação constitucional da lei, o intérprete não pode esquecer que é justamente a lei a forma usual ou cotidiana de se inovar a ordem jurídica

4. V. artigo referido.

(não de se fundar essa ordem, claro). As emendas são extraordinárias, episódicas, e não é por outra causa que a *Lex Fundamentalis* deixa de indicar os assuntos por ela reguláveis. Deveras, as emendas constitucionais se caracterizam, não pela indicação das matérias que lhes são reservadas, mas pela indicação das matérias que lhes são proibidas (cláusulas pétreas). Já as leis, estas, são numerosamente referidas pela Constituição, tanto para o efeito de poder conformar certas relações, quanto para o efeito de não poder fazê-lo exatamente porque a Ordem Jurídica tem na lei o seu elemento próprio de dinamização, a partir da peregrina regra de que "ninguém será obrigado a fazer ou deixar de fazer alguma coisa senão em virtude de lei" (inciso II do art 5º da Carta de Outubro). *Seria até o caso de se perguntar: só porque a Constituição apenas mencionou a lei como fonte de obrigação positiva ou negativa, as emendas estariam proibidas de obrigar alguém de fazer ou deixar de fazer alguma coisa? Clarissimamente que não!*".

Fixadas estas idéias, conducentes à firme conclusão de que à emenda, enquanto norma jurídica subconstitucional, é defeso vulnerar os já mencionados institutos do *direito adquirido,* do *ato jurídico perfeito* e da *coisa julgada,* creio ser agora possível apontar alguns dos principais tópicos da prefalada "Emenda da Reforma Administrativa" especificamente relativos aos Procuradores de Estado e do Distrito Federal.

Ei-los, segundo apressado exame:

a) outorgando-lhes as funções de representação judicial e de consultoria jurídica das respectivas unidades federadas (art. 132, *caput*), exigiu-se, como já se fazia no texto anterior, integrassem eles uma *carreira*, na qual só pode ter ingresso (no nível inicial) aquele que se submeter a concurso público de provas e títulos, realizado pelo próprio órgão e com necessária participação da Ordem dos Advogados do Brasil; a organização da carreira se fará, em respeito ao principio federativo, por lei de cada Estado (e do Distrito Federal); as já editadas e em vigor serão obviamente recepcionadas (pelo menos em parte), na medida em que compatíveis com o novo disciplinamento constitucional;

b) prescreveu-se que a estabilidade (art. 132, p. único) dos Procuradores no serviço público passa a depender do cumprimento de um estágio probatório de três anos (de efetivo exercício no cargo), condicionada ainda a processo de avaliação de desempenho a ser realizado por órgão corregedor (a ser obrigatoriamente criado, caso ainda não exista), o qual expedirá relatório circunstanciado sobre cada examinando, a estes cabendo o amplo direito de defesa (CF, art. 5º, LV, combinado com o art. 41, § 1º, III); mesmo após adquirida a estabilidade, haverá a possibilidade – em relação aos que venham, de agora em diante, a ingressar na carreira – de perda do cargo por "insuficiência de desempenho", avaliada segundo "critérios e garantias especiais" (já que, à toda vista, desenvolvem os Procuradores atividades "exclusivas de Estado"), assegurada ampla defesa (art. 41, § 1º e art. 247 e parágrafo único); quanto aos já ocupantes do cargo, subsistirá a possibilidade de aplicação das penas previstas em lei para os casos de conduta desidiosa;

c) com respeito ainda à estabilidade, poder-se-á alegar que os que se encontram, hoje (no momento da promulgação da Emenda) em estágio probatório, terão direito adquirido a cumpri-lo nos moldes da normatização vigente quando de seu ingresso na carreira (é dizer, no prazo de dois anos, sem parecer da Corregedoria, a não ser que tal exigência já tenha feito a lei); isso importa dizer que as novas regras valerão apenas para os que vierem a ingressar na carreira de Procurador a partir de vigência da Reforma; embora sujeita a críticas, a tese é plenamente sustentável, de vez que se trata não de uma mera "expectativa de direito", mas de direito já incorporado ao patrimônio (no sentido mais largo da expressão) do servidor; a mudança dos critérios a meio caminho significaria, a desdúvidas, sério gravame à segurança das relações jurídicas estabelecidas entre este e o Poder Público;

d) os Procuradores passarão, segundo o disposto nos arts. 39, § 4º e 135, a fazer jus a um *subsídio*,[5] fixado em *parcela única*, à qual não se admitirá o acréscimo de qualquer outra vantagem pecuniária (gratificação, adicional, abono, prêmio ou verba de representação); tal *subsídio* haverá de ser estabelecido por *lei específica*, de iniciativa do Chefe do Poder Executivo, assegurada revisão geral e anual, na mesma data e sem distinção de índices (art. 37, X); referida lei – apesar da alteração que se procedeu no trato constitucional do tema (modificando-se a redação dos antigos arts. 135 e 39, § 1º) – haverá, ao fixar tal remuneração (sob a forma de subsídio), de observar os requisitos e critérios indicados no atual art. 39, § 1º, I a III (natureza, grau de complexidade e responsabilidade dos cargos da carreira de Procurador, requisitos para a investidura e peculiaridades do cargo);

e) pertinentemente ao *subsídio* do Procurador de Estado e do DF aplicam-se as seguintes imposições constitucionais:

e.1) submissão ao "teto" remuneratório (art. 37, XI), que virá a ser o valor do subsídio dos Ministros do STF (a ser fixado por lei de iniciativa conjunta dos Presidentes da República, da Câmara dos Deputados, do Senado da República e do próprio Supremo Tribunal Federal – art. 48, XV);

e.2) proibição de vinculação ou equiparação com qualquer outra remuneração (art. 37, XIII); quanto à vedação de percepção de acréscimos pecuniários em "cascata" (art. 37, XIV), não tem ela, rigor, mais sentido algum, na medida em que a remuneração se deverá dar em *parcela única*, sem qualquer acréscimo;

e.3) irredutibilidade do *subsídio*, expressamente consignada no art. 37, XV, respeitado, porém, o "teto" de remuneração do art. 37, XI; a invocação, pelo inciso XV, ao inciso XIV, só tem sentido quando em relação a "vencimentos";

f) respeitantemente ao art. 39, § 5º – o qual aparentemente viabiliza a instituição de um "subteto" estadual, faço minhas as lúcidas conclusões da eminente Professora Maria Sylvia Zanella Di Pietro, no já aludido Parecer que forneceu à Associação Nacional de Procuradores de Estado, aqui reproduzidas *in verbis*: "... ao contrário da redação original, que remetia a fixação do teto à lei, permitindo que Estados e Municípios fixassem o subteto, na redação dada pela Emenda, o dispositivo já define o teto, que será igual para todos os servidores, em todos os níveis de Governo; a mesma conclusão se aplica às carreiras exclusivas de Estado, já que não se fez qualquer distinção em relação às mesmas. Poder-se-á alegar que a possibilidade de estabelecer um subteto decorre do artigo 39, § 5º, segundo o qual "lei da União, dos Estados, do Distrito Federal e dos Municípios poderá estabelecer a relação entre a maior e a menor remuneração dos servidores públicos, obedecido, em qualquer caso, o disposto no artigo 37, XI". No entanto, não é esse o sentido do dispositivo. Note-se que na redação original do inciso XI contemplam-se duas normas diversas: uma que autoriza o legislador a fixar "o limite máximo" e a "relação de valores entre a maior e a menor remuneração dos servidores públicos"; e outra, que já define um teto acima do qual o legislador de cada nível não poderá deferir

5. Quanto a essa denominação, manifesto inteira adesão às procedentes críticas de Maria Sylvia Zanella Di Pietro que, apropriadamente se valendo das lições de José Afonso da Silva, exarou irretocável parecer sobre o tema. Segundo o conhecido juspublicista, o vocábulo... *"guardava certo resquício de sua antiga natureza, de mero auxílio, sem caráter remuneratório, pelos serviços prestados no exercício de mandato, mero achego com e a natureza de adjutório, de subvenção, pelo exercício de função pública relevante"*.

o limite máximo. Na Emenda, observam-se as seguintes diferenças de tratamento dado à matéria: a) o inciso XI cuida apenas do teto e não mais remete a sua definição ao legislador infraconstitucional, o que significa que a Constituição já definiu, de forma uniforme para todos os níveis de Governo, o limite máximo de remuneração ou subsídio dos servidores; b) foram separados os preceitos em dois dispositivos diferentes: no inciso XI do artigo 37 está definido o teto e, no artigo 39, § 5º, remete-se ao legislador a definição (facultativa) da relação entre a maior e a menor remuneração paga aos servidores públicos de cada nível de governo, sendo que a maior já está definida no artigo 37, XI. *Ainda que se entenda possível a definição de um limite máximo de remuneração ou subsídio, inferior ao teto do artigo 37, XI, tem que prevalecer, para fins de aplicação do princípio da irredutibilidade de vencimentos, o teto do artigo 37, XI, expressamente mencionado no artigo 37, XV, e no artigo 39, § 40*".

Disso decorre que a lei estadual (ou distrital), ao fixar o subsídio do Procurador (respeitado o limite do art. 37, XI) em certo patamar – *que não poderá ser menor do que aquele equivalente ao hoje percebido pelos integrantes da carreira, incluído o padrão vencimental e as vantagens a todos comuns* –, não poderá ter – assim como não o tem a Emenda – o condão de inibir a percepção de remuneração maior, já garantida por leis anteriores, em respeito ao instituto do direito adquirido (ou da coisa julgada, se for o caso).

Explica-se: essa norma legal – que estipulará o subsídio *de cada nível da carreira de Procurador* – terá efeitos a partir de sua edição, submissa, claro, ao "teto" constitucional já aludido. Ocorre todavia, que muitos dos integrantes da carreira podem já vir percebendo remuneração diferenciada (e possivelmente superior à que venha a ser fixada a título de subsídio), à conta de gratificações e vantagens pessoais (incorporadas ou não ao antigo vencimento-base) asseguradas por diplomas legais anteriores. Assim, em razão dos princípios da *irretroatividade das leis* (e das emendas, como já demonstrado) e da *irredutibilidade remuneratória* (mantida pela Constituição), aquelas quantias *a maior*, legitimamente conferidas ao servidor sob a égide da normatização antiga (e em alguns casos até mesmo reconhecidas judicialmente), haverão de continuar a ser pagas – mesmo para além do limite do art. 37, XI – ainda que a título de uma "parcela extraordinária única", sem mais as naturezas e/ou denominações anteriores.

Sobre tal "parcela extraordinária" – sem cuja existência jamais se poderia cogitar quer de trato isonômico entre os servidores, quer de respeito aos direitos por eles adquiridos ou às coisas julgadas em seu favor – seguramente deve incidir a regra a revisão geral anual (art. 37, X).

Nem se diga, nem para argumentar, que se está a desenvolver, aqui, um raciocínio esdrúxulo, porque:

– não sendo assim, impossível se tornaria a passagem do antigo sistema remuneratório para o novo, a não ser fixando, em lei, um subsídio para cada Procurador, o que viria a ser rematado absurdo; cada nível da carreira terá, a partir de então, um dado *subsídio,* pago em parcela única, sem que possa exceder do "teto" do art. 37, XI (valendo a regra integralmente, sem exceções, para quem venha, da vigência da Emenda em diante, a nela ingressar);

– o pagamento do *subsídio,* em parcela única (também respeitado o "teto" mencionado), acrescido da "parcela extraordinária" a que se aludiu no parágrafo anterior (esta insubmissa ao limite tal como fixado pela Emenda, desde que constituída de verbas que, à luz da Constituição – em sua versão originária – e das leis anteriores, o servidor haja adquirido o direito de perceber), apenas significa, repita-se, manter mesura ao superprincípio da segurança das relações jurídicas;

– tal solução, em verdade, também é requestada pelo princípio da isonomia, segundo o qual não se pode tratar igualmente os desiguais; afinal, se um dado Procurador conta, *v.g.*, trinta anos de serviço (e por isso percebia, legitimamente, gratificação adicional de natureza personalíssima), jamais pode ter remuneração igual a quem tem apenas dez, mas está, por qualquer razão, no mesmo nível da carreira.

Abonando tal entendimento vem, uma vez mais, Di Pietro, ao lembrar a circunstância de que, sem embargo da prescrição do art. 39, § 4º, aos servidores públicos ainda é permitido perceber as verbas remuneratórias expressamente indicadas no mesmo art. 39, § 3º. Uma interpretação lógico-sistemática de ambos os dispositivos conduz, portanto, à conclusão de que é possível, sim, receber o servidor público (e o Procurador é um deles) adicionais excedentes da dita "parcela única" (expressão que há de ser entendida nos seus devidos termos).

Impende ressaltar que todas essas normas, assim adequadamente interpretadas, *valem para os proventos de aposentadoria e para as pensões*, à vista do que dispõe o art. 40, §§ 4º e 5º do Texto Supremo.[6] Em face não só da garantia da irredutibilidade, mas, notadamente, da obrigatória submissão das emendas constitucionais ao direito adquirido e à coisa julgada, impossível cogitar-se de sua redução.

Finalmente, no que respeita aos cargos em comissão e às funções de confiança – que deverão ser preenchidos por servidores de carreira, estas últimas com caráter de exclusividade (art. 37, V) – deverão seus ocupantes ou exercentes ser remunerados também em parcela única (sem partes variáveis, como hoje ocorre), a ser fixada de forma diferenciada, sendo este subsídio acumulável com o de cargo de Procurador de carreira, observado o "teto" constitucional. Em outras palavras, haverá de existir um "subsídio" para o cargo de provimento efetivo (de Procurador) e outro, também estabelecido em parcela única, para o de provimento em comissão... e já que ambos podem ser exercidos simultaneamente, esses subsídios podem, por via de conseqüência, ser percebidos também simultaneamente.

Parece-me inquestionável, demais disso, não apenas preservada a possibilidade de percepção cumulada de subsídios e de proventos[7] de aposentadoria, nos casos em que acumulação remunerada de cargos é constitucionalmente aceita (art. 37, XVI), respeitado o "teto" do inciso XI do mesmo artigo. Mais que isso, tenho o particular convencimento de que as situações já juridicamente consolidadas não se devem sujeitar a qualquer limitação decorrente da Emenda da Reforma Administrativa, pelos motivos já fartamente aqui elencados.

Pouco importa tenha sido outra a intenção dos inspiradores da "Reforma Administrativa", como bem se deduz do teor do art. 29 da Emenda, ou que, seguido o entendimento aqui exteriorizado, dela não se retirem os efeitos práticos originariamente desejados. É que uma exegese sistêmica, lógica e privilegiadora dos princípios constitucionais não conduz, nem pode conduzir, a destino diverso. Outra, desatenta e imediatista, poderá levar a um desatino, certamente reparável pelo Judiciário.

Fortaleza, 27 de junho de 1998

6. Valem, de igual forma, no meu particular entender, para os Procuradores de Município, pouco importando que a eles a Emenda não faça literal menção; é que o Município, por força dos arts. 1º, *caput*, 18, *caput* e 29 e ss. da Constituição de 1988, integram o concerto federativo, é dizer, são inquestionavelmente pessoas federadas.

7. A matéria certamente será objeto de regulação pela "Emenda da Previdência", ainda em tramitação no Congresso Nacional.

CONCRETIZAÇÃO DA CONSTITUIÇÃO, FUNÇÃO LEGISLATIVA, FUNÇÃO ADMINISTRATIVA E FUNÇÃO JURISDICIONAL

SERGIO FERNANDO MORO
Juiz Federal em Curitiba e Professor da Faculdade de Direito de Curitiba

I – Introdução. II – Normas constitucionais. III – Normas de conduta. IV – Normas que veiculam ordens determinadas de produção de outras normas. V – Princípios e programas. VI – Funções estatais. VII – Função legislativa. VIII – Função jurisdicional. IX – Função administrativa. X – Conclusões gerais.

I – Introdução

As Constituições contemporâneas, ao contrário de suas antecessoras, não se limitam a impor restrições à atividade política. Com efeito, o próprio texto constitucional define políticas públicas, impondo princípios, tarefas e programas a serem observados pelos poderes constituídos. É certo que as políticas públicas são definidas a nível constitucional de uma maneira um tanto quanto vaga, o que é próprio de uma Lei Fundamental. Isso, porém, não altera o fato de que, em virtude dos mandamentos constitucionais, já há prévia delimitação das linhas básicas das políticas públicas a serem desenvolvidas, reduzindo o espaço político deixado aos poderes constituídos.

Definidas as tarefas e os programas, cumpre aos poderes constituídos envidar esforços para a sua máxima realização, cada um dentro de seu respectivo âmbito de atuação. O esforço deve ser conjunto. Dada a específica natureza de cada um dos poderes públicos, não é possível, sem graves inconvenientes, que um substitua o outro.

Cabe, em primeiro lugar, ao Legislativo a tarefa de implementar as políticas públicas definidas a nível constitucional. Em Estado Democrático de Direito, é o Parlamento que reúne as melhores características para complementá-las. A lei é o veículo mais adequado para conferir um primeiro grau de concreção às normas constitucionais (concreção assinale-se, ainda, em nível abstrato e geral).

Aos demais poderes públicos, Administração e Judiciário, é reservada a tarefa de concretizar, agora, sim, no mundo dos fatos, os comandos normativos exarados pelo Legislativo. A distinção entre função administrativa e jurisdicional não é realizada sem problemas, conforme adiante se verá.

Outra questão problemática a ser colocada é se Administração e Judiciário teriam acesso direto à Constituição, podendo concretizar suas normas, independentemente de prévia atividade legislativa ou, ainda, contrariamente a esta, no caso de a reputarem incompatível com o texto constitucional. A maioria dos juristas, considerando os sistemas nos quais é adotado o controle judicial de constitucionalidade, inclinar-se-iam em admitir que o Judiciário pode agir às expensas da lei. É mais difícil, contudo, encontrar quem aceite o mesmo em relação à Administração.

É sem dúvida interessante observar que, nos dias de hoje, cresce movimento no sentido de libertar-se o juiz da lei. Argumenta-se que a lei não esgota o Direito, devendo o juiz observar este em primeiro lugar, a fim de melhor realizar sua função.

O contrário ocorre no tocante à Administração. Quanto a esta, defende-se a estrita observância dos mandamentos legais. Dado o agigantamento dos poderes reunidos pela Administração na contemporaneidade, vê-se com natural preocupação atividade administrativa fora do permitido pela lei.

O propósito desta monografia é tratar dos problemas atinentes à concretização das normas constitucionais, discutindo-se o papel reservado a cada uma das funções estatais. Procurar-se-á verificar se é razoável o tratamento distinto conferido pelos operadores do direito à Administração e ao Judiciário ou, pelo menos, identificar os seus motivos.

II – Normas constitucionais

Se o que se pretende é tratar da concretização da Constituição, torna-se necessário breve exame das normas constitucionais, distinguindo-as em suas diferentes espécies, uma vez que cada uma delas comporta diferentes atividades concretizadoras.

Cabe uma primeira diferenciação entre normas de conduta e normas de estrutura. O Direito destina-se a regular a conduta entre os homens, segundo padrões de justiça e de moralidade,[1] o que faz através de normas que impõem comportamentos aos seres humanos. Podemos denominar estas normas de normas de conduta. Outrossim, o próprio Direito regula sua forma de produção. São as normas de estrutura que orientam toda a produção normativa. Em última análise, regulam condutas consistentes na produção de outras normas. Enquanto aquelas têm por função regrar condutas, as últimas destinam-se a orientar a produção normativa.[2]

Entre as normas de estrutura, é possível distinguir: as que que veiculam ordens determinadas de produção de outras normas; as que veiculam programas, ou diretrizes políticas; e as que veiculam princípios. A primeira categoria é facilmente distinguível das demais. Como exemplo, pode ser citado o inciso VIII do artigo 37 da Constituição brasileira,[3] que veicula ordem determinada de legislar. Já mais árdua é a distinção entre as normas-programas e as normas-princípios. Pode-se afirmar, entretanto, que as primeiras estabelecem um objetivo a ser alcançado pelos poderes públicos, ou, ainda, uma tarefa que estes devem implementar, enquanto que os princípios consagram exigências de justiça ou da ética.[4]

1. Em última análise, todo comando normativo destina-se a regular comportamentos humanos tendo em vista valores aceitos como predominantes em uma comunidade.

2. Existem normas de comportamento ao lado de normas de estrutura. As normas de estrutura podem também ser consideradas como as normas para a produção jurídica: quer dizer, como as normas que regulam os procedimentos de regulamentação jurídica. Elas não regulam o comportamento, mas o modo de regular um comportamento, ou, mais exatamente, o comportamento que elas regulam é o de produzir regras (Norberto Bobbio, *Teoria do Ordenamento Jurídico*, p. 45).

3. Art. 37. (...): VIII – A lei reservará percentual dos cargos e empregos públicos para as pessoas portadoras de deficiência e definirá os critérios de sua admissão.

4. Ronald Dworkin realiza distinção apropriada entre princípios e diretrizes (estas se confundem com o que denominamos normas-programas): "Llamo 'di-

As normas de conduta e as normas que veiculam ordens determinadas de produção de outras normas diferenciam-se substancialmente dos programas e princípios. Aquelas regulam situações específicas e determinadas, enunciando os pressupostos necessários para sua aplicação. Já programas e princípios apenas estabelecem "standards" ou argumentos que devem ser observados quando da criação de novas normas pelos poderes públicos. Não estabelecem as condições necessárias para sua aplicação, destinando-se a uma série absolutamente indeterminada de situações.

Dada as diferenças entre essas normas, exercem elas funções diferenciadas no sistema, razão pela qual qualquer estudo a respeito da concretização dos comandos constitucionais deve levá-las em consideração.

Examinando o texto constitucional, constata-se a existência de todas essas espécies de normas, talvez com predominância, mesmo na detalhista Constituição brasileira, de princípios e programas.

III – Normas de conduta

A própria Constituição contém normas que regram diretamente a conduta dos homens. Dentre elas merecem destaque as definidoras de direitos.[5]

Algumas destas normas reúnem em si todos os elementos necessários para sua aplicação ao mundo dos fatos, servindo como regra para casos concretos.

Outras, por deficiência de sua estrutura normativa, carecem de complementação por fontes subordinadas para que possam ser utilizadas em casos concretos.

A norma constitucional pode definir um direito, atribuindo a alguém uma posição jurídica subjetiva, e remeter, concomitantemente, ao legislador a tarefa de realizar a necessária complementação. Tome-se, como exemplo, o artigo 7º, XI, da Constituição brasileira.[6] Nessa hipótese, a norma não só estabelece de antemão uma regra de conduta (ao estabelecer um direito) como veicula uma ordem determinada de legislar para integração do dispositivo constitucional.

Não seria melhor, então, classificá-la como norma de estrutura, orientadora de produção normativa? Cremos que essa não é a melhor solução sob pena de cometer-se certa inversão. Afinal, em casos como o citado, é a Constituição que cria o direito, sendo reservado ao legislador apenas a tarefa de integrar o comando normativo. Mesmo quando editada a legislação integradora, não parece correto afirmar que o direito é sua criação e não do texto constitucional.

Essas normas, portanto, têm natureza mista. Ao definirem direitos, são normas de conduta, e, ao enviarem ao legislador a tarefa de complementá-las, normas de estrutura, pois veiculam ordens determinadas de legislar.

rectriz' o 'directriz política' al tipo de estándar que propone un objetivo que ha de ser alcanzado; generalmente, una mejora en algún rasgo económico, político o social de la comunidad (aunque algunos objetivos son negativos, en cuanto estipulan que algún rasgo actual ha de ser protegido de cambios adversos). Llamo 'principio' a una estándar que ha de ser observado, no porque favorezca o asegure una situación económica, política o social que se considera deseable, sino porque es una exigencia de la justicia, la equidad o alguna otra dimensión de la moralidad. De tal modo, la proposición de que es menester disminuir los accidentes de automóvil es una directriz, y la de que ningún hombre puede beneficiarse de su propia injusticia, un principio" (*Los Derechos en Serio*, pp. 72-73).

5. A norma jurídica de conduta caracteriza-se por sua bilateralidade, dirigindo-se a duas partes e atribuindo a uma delas a faculdade de exigir da outra determinado comportamento. Forma-se, desse modo, um vínculo, uma relação jurídica que estabelece um elo entre dois componentes: de um lado, o direito subjetivo, a possibilidade de exigir; de outro, o dever jurídico, a obrigação de cumprir. Quando a exigibilidade de uma conduta se verifica em favor do particular em face do Estado, diz-se existir um direito subjetivo público (Luís Roberto Barroso, *O Direito Constitucional e a Efetividade de suas Normas*, pp. 101-102).

6. "Art. 7º. São direitos dos trabalhadores ...: XI – participação nos lucros, ou resultados, desvinculada da remuneração, e, excepcionalmente, participação na gestão da empresa, conforme definido em lei."

As normas de conduta que reúnem todos os elementos necessários para sua aplicação ao mundo dos fatos devem ser imediatamente observadas pelos poderes públicos, inclusive Administração e Judiciário.

Já quanto as que não tenham tal característica, ou seja, aquelas que dependem de legislação integradora, observar-se-á o que dispõe o próximo capítulo.

IV – Normas que veiculam ordens determinadas de produção de outras normas

Constam na Constituição diversos comandos normativos que exigem a edição de normas por parte dos poderes constituídos.

Mais usuais são as normas que veiculam ordens determinadas de legislar, dado o papel proeminente reservado ao Parlamento em nosso sistema jurídico.

Desde sua edição surtem essas normas os efeitos que lhes são próprios. Se o poder ao qual foi dirigida a ordem deixa de agir, incorre em comportamento contrário ao Direito. Essas normas são, portanto, plenamente eficazes desde que entram em vigor. Geram, porém, apenas os efeitos que lhes são próprios.

O que ocorre é que não são imediatamente aplicáveis ao mundo dos fatos, por não se destinarem a regrar casos concretos. Somente tendo em vista esse ângulo é correto afirmar que não possuem eficácia plena.[7]

A força normativa da Constituição entra em crise quando deixa de agir o poder ao qual foi dirigida a ordem de produção normativa. O Direito Constitucional não logrou formular sanções adequadas a tal comportamento antijurídico. Também não logrou formular mecanismos substitutivos que impedissem o vazio normativo.

Uma opção possível é facultar aos demais poderes constituídos que atuem em substituição àquele que descumpre a ordem, produzindo a norma exigida pelo sistema. Tal substituição, entretanto, não se faz sem graves inconvenientes dada a natureza de cada um dos poderes constituídos e sua estruturação para cumprir apenas a função que lhe é pertinente. A Administração e o Judiciário, por exemplo, não podem substituir o Parlamento em sua tarefa de formular políticas públicas. Apenas em hipóteses restritas é que tal substituição torna-se viável, o que se examinará mais adiante.

V – Princípios e programas

As normas-programas e as normas-princípios também não têm por função regrar casos concretos. Destinam-se a orientar a produção normativa dos poderes constituídos, fornecendo "standards" que devem ser considerados por estes em seus respectivos âmbitos de atuação.

Funcionam como elementos que dão coerência ao ordenamento jurídico e contribuem para sua integração em caso de lacuna.

Desde sua edição produzem os efeitos que lhes são próprios. Aqui também é equivocado supor que não possuem eficácia plena por não serem imediatamente aplicáveis ao mundo dos fatos.

Para que possam ser aplicados a casos concretos, se faz necessária intermediação concretizadora. Do princípio ou do programa, extrai-se a regra que irá regular situação determinada. Tal tarefa deve ser realizada, em primeiro lugar, pelo legislativo. Na falta de lei, nada impede, porém, que o juiz realize a intermediação concretizado-

7. Dizer, entretanto, que as normas de estrutura não têm eficácia plena por não serem aplicáveis ao mundo dos fatos parece algo equivocado. A norma é plenamente eficaz quando gera todos os efeitos que lhes são próprios. Como as normas de estrutura não se destinam a regular casos concretos, parece absurdo exigir-se que sejam aplicadas ao mundo dos fatos para receberem a qualificação de que são "plenamente eficazes". Seria o mesmo que afirmar que um carro não é plenamente eficaz por não voar.

ra para solucionar caso concreto que lhe chegue às mãos. Não se pode olvidar que os programas e o princípios não têm como único destinatário o legislador. Isso não significa autorização ao juiz para substituir o Parlamento no exercício de função legislativa. O julgador realizará a intermediação concretizadora no seu respectivo âmbito de atuação, ou seja, exercendo função jurisdicional frente a caso concreto. Não se espere, por exemplo, que juiz venha a formular política de concessão de renda mínima frente ao programa contido no artigo 3º, III, da Constituição brasileira.[8]

Pode, contudo, a Administração realizar a intermediação concretizadora sem a existência de lei prévia?

Considerando que a Administração, à semelhança do Judiciário, aplica o Direito a casos concretos, a resposta deveria ser positiva. Entretanto, dadas as diferenças existentes entre um e outro poder constituído, pode-se chegar a conclusão diferente.

A Administração age de ofício. Para sua atuação, não se faz necessário prévia provocação do interessado, o que não ocorre com o Judiciário. Essa crucial diferença já é suficiente para justificar tratamento diferenciado no tocante à autorização para concretização, às expensas da lei, de princípios e programas.

Seria no mínimo temerário permitir à Administração que agisse independentemente da existência de regra legislativa, mesmo sob o pretexto de concretização de princípios e programas constitucionais. Tal atitude geraria perigosa concentração de poder. Não se pode aceitar, por exemplo, a criação pela Administração de política habitacional ou de concessão de renda mínima independentemente de regras legislativas. Tal atuação esbarraria, ainda, no óbice de que comportamentos da espécie demandam despesas significativas, estas sempre dependentes de previsão na lei orçamentária.

O que foi dito em relação à Administração, não vale quanto ao Judiciário. A necessidade de prévia provocação do interessado para sua atuação constitui freio eficiente para eventuais desmandos ou arbítrios.

Isso não significa que a Administração pode desconsiderar princípios e programas constitucionais quando de sua atuação. Deverá considerá-los para correta compreensão e concretização de comandos legais; não será possível, entretanto, concretizá-los quando falte a lei intermediadora, salvo em hipóteses excepcionais, conforme se verá.

VI – Funções estatais

Quando os poderes públicos não cumprem os comandos constitucionais, erosiona-se a força normativa da Constituição.

Se a norma constitucional veicula ordem destinada a um dos poderes, não se pode esperar que o outro, sem maiores justificativas, pratique o ato em substituição ao destinatário originário. Se a norma veicula ordem determinada de legislar, deve ser cumprida, como é óbvio, pelo Parlamento, e não pelo Judiciário ou pela Administração.

O que ocorre, porém, quando o destinatário originário deixa de agir? Seu comportamento é censurável, mas existem mecanismos adequados para suprir o vazio normativo por ele provocado?

A Constituição brasileira, no tocante às omissões inconstitucionais do Legislativo, criou três mecanismos destinados a resolvê-las.

O primeiro, a ação direta de inconstitucionalidade por omissão, remédio jurídico atinente ao controle abstrato de constitucionalidade, tem como resultado final a sim-

8. "Art. 3º. Constituem objetivos fundamentais da República Federativa do Brasil: (...) III – erradicar a pobreza e a marginalização e reduzir as desigualdades sociais."

ples notificação do poder responsável pela omissão para que a supra.[9] O descumprimento da notificação não acarreta qualquer sanção jurídica. A Constituição, nesta sede, não parece autorizar o suprimento do vazio normativo pelo Judiciário.

Outro instrumento, previsto entre as normas de direito fundamental, é o mandado de injunção.[10] A norma que o prevê não determina expressamente a eficácia da decisão proferida quando de seu julgamento. Por construção equivocada do Supremo Tribunal Federal, a eficácia da decisão tem se limitado, à semelhança da ação direta de inconstitucionalidade por omissão, à simples notificação do poder responsável pela omissão. A decisão proferida nesta ação, entretanto, deveria buscar a satisfação do direito constitucional reclamado, com a formulação, pelo Judiciário, da norma faltante. A decisão valeria tão-somente para o caso concreto, razão pela qual não se pode afirmar que haveria substituição do Parlamento pelo juiz.[11]

No tocante aos direitos fundamentais, pode-se citar, ainda, dispositivo que não

9. "Art. 103. (...): § 2º. Declarada a inconstitucionalidade por omissão de medida para tornar efetiva norma constitucional, será dada ciência ao Poder competente para a adoção das providências necessárias e, em se tratando de órgão administrativo, para fazê-lo em trinta dias."

10. "Art. 5º. (...): LXXI – conceder-se-á mandado de injunção sempre que a falta de norma regulamentadora torne inviável o exercício dos direitos e liberdades constitucionais e das prerrogativas inerentes à nacionalidade, à soberania e à cidadania."

11. Vale aqui a transcrição do seguinte trecho de voto proferido por José Carlos Barbosa Moreira quando do julgamento do MI n. 06/90 pelo IV Grupo de Câmaras Cíveis do Tribunal de Justiça do Rio de Janeiro: "... É admissível mandado de injunção seja qual for o texto constitucional, federal ou estadual, que preveja o direito cujo exercício depende de norma regulamentadora ainda não editada (...). Há um princípio fundamental: a inovação da Carta vigente deve ser entendida e atuada de maneira mais eficaz dentre as compatíveis com o sistema constitucional para a tutela do direito (...). Algumas decisões do Egrégio Tribunal Federal, na esteira da tomada, no mandado de injunção n. 107, vêm esposando a tese de que o uso do remédio constitucional "visa obter do Poder Judiciário a declaração de inconstitucionalidade dessa omissão". (...) Realmente: dar ciência da omissão ao órgão omisso é providência de todo inócua, até porque, presumivelmente, ninguém melhor do que ele sabe que se vem omitindo (...) para que adote as providências, acrescenta-se; mas, se não se comina a sanção para o descumprimento, o acréscimo do ponto de vista jurídico e, sobretudo, do ângulo prático, a rigor continua a padecer de inocuidade (...) a não ser que a ameaça da responsabilização fosse suficiente para obrigar o órgão omisso a suprir sem demora a falta.

(...) Por outro lado, tampouco parece razoável entender que, verificada a existência da omissão, fique o órgão judicial autorizado a supri-la do mesmo modo porque o faria competente para editar a norma que falta dizer, editando-a com os caracteres de generalidade e abstração que ela normalmente teria. Supondo-se que falte uma lei – conforme é provável que ocorra na maioria dos casos –, estaria o Poder Judiciário investido de autêntica função legislativa, o que só se deveria admitir, pela manifesta excepcionalidade, à vista de disposição unívoca e categórica, inexistente na Carta da República.

Merece preferência, destarte, outra possível construção: aquela segundo a qual, diante da lacuna, cabe ao órgão judicial formular a regra faltante e aplicá-la com alcance duplamente limitado: do ponto de vista subjetivo, porque os destinatários serão apenas as partes do processo; e do ponto de vista temporal, porque a disciplina assim fixada só prevalecerá enquanto o órgão competente não edite, ele mesmo, a norma regulamentadora, a qual, daí em diante, passará a reger de maneira uniforme todas as situações enquadráveis em seu âmbito de incidência, inclusive as que porventura hajam sido objeto de regulamentação judicial (a título provisório) mediante mandado de injunção.

Em semelhante perspectiva, afasta-se, de um lado, qualquer suspeita de invasão, pelo Poder Judiciário, do campo reservado à atuação de um outro Poder, nomeadamente a do legislativo: ao conceder o mandado, o órgão judicial não legisla, mas cinge-se a resolver o litígio concreto individual que lhe foi submetido, apenas com a peculiaridade de formular previamente a norma, em vez de restringir-se a aplicar norma já constante no ordenamento – fenômeno bem conhecido do domínio da chamada "jurisdição de eqüidade", de que aliás não faltam outros exemplos no Sistema Jurídico brasileiro. De outra parte, imprime-se maior efetividade prática ao remédio constitucional, que, assim manejado, passa a corporificar instrumento verdadeiramente útil à proteção de direitos previstos na Lei Maior, mas de exercício inviabilizado pela inércia do órgão regulamentador, suscetível – sem essa válvula – de frustrar, indefinida e intoleravelmente, o cumprimento do que determina a própria Constituição, conforme é sabido que tem merecido a devida atenção pelos nossos juristas. Trata-se do § 1º do artigo 5º da Constituição brasileira, que estabelece que "as normas definidoras dos direitos e garantias fundamentais têm aplicação imediata". O único sentido útil resgatável de tal determinação constitucional parece ser a autorização ao juiz para que aplique de imediato as normas de direito fundamental aos casos que lhe cheguem às mãos, independentemente de sua completude estrutural. Mesmo que a norma careça de integração legislativa, o referido § 1º autorizaria o juiz, em qualquer ação, a suprir a falta, tornando imediatamente aplicável o direito fundamental. A concretização da norma constitucional dar-se-ia de acordo com as possibilidades permitidas pelo caso concreto.

Como conciliar, porém, tal interpretação com a previsão de ação específica para tal desiderato (esclareça-se, o mandado de injunção)? Pode-se argumentar que o mandado de injunção destina-se apenas a suprir a regulamentação legislativa das normas de direito fundamental não elencadas nos incisos do artigo 5º da Constituição brasileira. Quanto às normas de direito fundamental relacionadas nos referidos incisos, incidiria a autorização constante no § 1º do artigo 5º. O parágrafo, em interpretação restritiva em virtude de sua localização topográfica, referir-se-ia apenas às normas dos incisos do artigo 5º. A construção certamente não reflete a intenção dos constituintes. Não obstante se encontra dentro das interpretações possíveis do texto constitucional e é a única que resgata sentido útil para o § 1º do artigo 5º.

Na utilização de qualquer um destes dois últimos instrumentos, o julgador não supre totalmente o vazio normativo. Não exerce função legislativa, pois a regra que irá formular regerá apenas o caso concreto que lhe chegou às mãos.[12]

Quanto às normas-programas e às normas-princípios, destinam-se elas a todos os poderes constituídos. Devem ser por estes cumpridos em seus respectivos âmbitos de atuação. À primeira vista, então, a omissão de um dos poderes não prejudicaria sua concretização pelos demais. Essa afirmação, contudo, não pode ser aceita sem ressalvas. Antes, porém, de prosseguir, cabe alguns esclarecimentos sobre as funções estatais e seus respectivos âmbitos de atuação.

VII – Função legislativa

Para caracterização da função legislativa, basta a explicitação do que vem a ser "lei". Esta, entretanto, não é tarefa das mais fáceis.

Durante a Antigüidade e a Idade Média, o conceito de lei foi inseparável de determinada dimensão material. Leis verdadeiras são as leis boas e justas, que visem ao bem comum. Para São Tomás de Aquino, por exemplo, lei é *aquela ordenação da razão dirigida ao bem comum, promulgada por quem tem a seu cargo o cuidado da comunidade.*[13]

Com o advento dos Estados liberais, lei era, de acordo com a concepção rousseauniana, expressão da vontade geral da nação. Outrossim, ela deveria ser geral e abstrata, pois só dessa forma seriam preservados os

aconteceu, ao longo de nossa História, em hipóteses numerosas, cuja repetição, justamente se quis evitar" (in Regina Quaresma, *O Mandado de Injunção e a Ação de Inconstitucionalidade por Omissão*, p. 75-76).

12. É certo que para esta atividade também se podem colocar sérias objeções. O caso concreto seria regido por regra não claramente existente quando da ocorrência dos fatos que lhe deram origem. É a admissão de regra "ex post facto", o que vai de encontro a imperativos de segurança jurídica. Não obstante, o princípio da segurança jurídica talvez não seja suficiente para obstaculizar a atividade de suprimento judicial, dado outros princípios de nosso ordenamento, como da supremacia da Constituição, que restam prejudicados pelo não-cumprimento das normas constitucionais.

13. In Manuel Afonso Vaz, *Lei e Reserva de Lei – A Causa da Lei na Constituição Portuguesa de 1976*, p. 75.

direitos fundamentais da classe burguesa (esclareça-se, liberdade e propriedade).

Se o Parlamento era composto por homens livres e proprietários (graças às exigências do voto censitário) e se estes se submetiam às leis que formulavam, uma vez que estas deveriam ser gerais e abstratas, então estavam garantidos propriedade e liberdade, pois os membros do Parlamento não legislariam contra seus próprios interesses.[14]

O positivismo dos séculos XIX e XX contribuiu para o esvaziamento de qualquer conteúdo material do ato legislativo. Nem mesmo seus aspectos de generalidade e abstração restaram poupados. Serve, a partir de então, a qualquer senhor, sendo somente identificável por critério orgânico e formal.[15]

A redução da lei ao seu aspecto orgânico e formal permitiu que esta fosse preenchida por qualquer conteúdo e para a realização de qualquer política. Só por essa razão é que os Estados totalitários surgidos na primeira metade deste século puderam ser considerados Estados em que imperava a legalidade. Se é certo que o esvaziamento material da lei não foi o fator decisivo para o surgimento desses regimes, também é lícito afirmar que em nada contribuiu para obstaculizá-los.

Se atualmente é possível definir algum conteúdo material para caracterização de um ato normativo como lei, poder-se-ia apenas mencionar que este deve guardar compatibilidade com as normas constitucionais. Lei contrária à Constituição é "lei que não é lei". Quanto ao conteúdo material, vale ainda ressaltar a necessária observância do princípio da razoabilidade (consagrado em nosso sistema na cláusula do devido processo legal em sentido substancial – artigo 5º, LIV, da Constituição brasileira). Ato normativo que não passe pelo crivo da razoabilidade não é lei.[16]

Não se chegou, ainda, a definição aproximada de lei ou função legislativa. Sem o exame de um específico ordenamento jurídico positivo, talvez isso seja possível apenas por aproximação. Comumente, as leis veiculam normas gerais e abstratas que regulam o comportamento dos homens. Embora isso não seja necessariamente assim, a função de ditar tais regras aos homens tem sido reservada aos Parlamentos. Também tem sido reservado ao Parlamento a tarefa de controlar a "bolsa" do Estado.[17]

14. O argumento parece um tanto ingênuo, mas veja-se a justificativa apresentada por Benjamin Constant para o voto censitário: "(...) só a propriedade torna os homens capazes do exercício dos direitos políticos (...) o fim necessário dos não-proprietários é chegar à propriedade (...) esses direitos (os direitos políticos) nas mãos da massa servirão infalivelmente para invadir a propriedade. E isso será feito por essa via irregular, em vez da via natural, a do trabalho; para eles será uma fonte de corrupção, para o Estado uma fonte de desordens (in Jorge Reis Novais, *Contributo para uma Teoria do Estado de Direito*, p. 76).

15. "Mientras que el concepto de función legislativa apuntaba esencialmente al hecho de que la misma era de contenido general, el concepto predominante de ley tiende a prescindir del contenido del acto, para atenerse exclusivamente al aspecto formal, y así es como se dice que "ley" es todo acto sancionado por el Poder Legislativo de acuerdo con el procedimiento previsto por la Constitución a tal efecto" (Agustín A. Gordillo, *Tratado de Derecho Administrativo*. Parte General, t. 1, pp. V-34).

16. Pode-se argumentar que aqui confundimos os planos de existência e validade do ato normativo. Em defesa da tese, vem a nosso favor a dificuldade, talvez insuperável, de distinção de existência e validade no tocante às normas jurídicas.

17. É dos escritos Federalistas que extraio o seguinte trecho alusivo às funções estatais: "Quem analisa atentamente os diferentes ramos do poder percebe desde logo que, em um governo em que eles são separados uns dos outros, o judiciário, pela própria natureza de suas funções, será sempre o menos perigoso para os direitos políticos previstos na Constituição, pois será o de menor capacidade para ofendê-los ou violá-los. O executivo dispõe não apenas das honrarias, mas também da espada da comunidade. *O legislativo, além de controlar os gastos do tesouro, prescreve as normas que devem reger os direitos e deveres de cada cidadão.* O judiciário, porém, não tem a menor influência sobre a espada nem sobre o tesouro; não participa da força nem da riqueza da sociedade e não toma resoluções de qualquer natureza. Na verdade, pode-se dizer que não tem *força* nem *vontade*, limitando-se simplesmente a julgar, dependendo fundamentalmente do auxílio do ramo execu-

A Constituição brasileira não foge à regra, reservando ao Legislativo a função de elaboração da lei orçamentária.[18]

A característica peculiar à lei, entretanto, é o fato de sua validade não depender da estrita observância de uma norma superior. Tem obviamente que guardar compatibilidade com a Constituição, não só servindo esta como limite, mas impondo determinados programas e princípios a serem realizados. Não obstante, dada a abertura horizontal e vertical do texto constitucional, a atividade legislativa não é de mera execução da Constituição. Dispõe o legislador de ampla liberdade para formulação dos mandamentos legais.

Ao contrário da função legislativa, as funções administrativa e jurisdicional são fontes subordinadas de Direito. Em outras palavras, para que seu exercício seja válido, devem, salvo exceções, se reportar a lei prévia.

Por essa razão, a função legislativa é atribuída ao Parlamento, composto, via de regra, por representantes eleitos pelo povo, com legitimidade e responsabilidade democrática para formulação de políticas públicas. Também por esse motivo é que é reservada ao Parlamento função precípua na concretização dos mandamentos constitucionais.

VIII – Função jurisdicional

A função jurisdicional tem sido definida como a de aplicação do Direito em casos contenciosos, a fim de solucionar o litígio existente entre as partes.

A decisão tomada no exercício da função jurisdicional, observadas certas condições, reveste-se do atributo de coisa julgada material, ou seja, não mais se torna passível de revisão.

O fenômeno da imunização contra qualquer espécie de revisão não é peculiar à decisão jurisdicional. Outras decisões tomadas no exercício de outras funções estatais também atingem certo grau de imunização.[19]

Existiria, então, algum traço característico da função jurisdicional? Como vimos, trata-se de aplicação do Direito a casos concretos, o que também faz a Administração.

Ora, no moderno Estado Democrático de Direito, se tem aceito, de maneira antes não-concebida, a idéia de que os juízes são os principais garantidores da Constituição e dos direitos fundamentais. Isso implica na assunção da tarefa de controlar os atos dos demais órgãos estatais frente à Lei Fundamental, não se excluindo o controle dos atos legislativos.

Talvez esta função de controle dos atos dos outros entes estatais possa ser apontada como uma das peculiaridades da jurisdição. Enquanto os atos administrativos e legislativos ficam sujeitos à revisão pelos Tribunais, os atos jurisdicionais não sofrem a mesma espécie de controle pelos outros entes estatais.

São os Tribunais que dão a última palavra sobre o que é o Direito em determinado caso concreto.

A tese não fica prejudicada pela impossibilidade de revisão dos atos da Administração proferidos no exercício de competência discricionária. Se discricionariedade for entendida em sentido adequado, trata-se apenas de preservar a decisão proferida pelo ente controlado, quando o controlador não tem argumentos suficientes para considerá-la incorreta.[20]

tivo para a eficácia de suas sentenças" (Hamilton, Madison, Jay, *O Federalista*, p. 161 – grifou-se).

18. Infelizmente, o Executivo tem interpretado a lei orçamentária como veiculando simples autorização para efetuar as despesas nela previstas, sem que tenha obrigatoriamente de efetuá-las. Tal procedimento causa distorções no tocante ao emprego das verbas públicas determinado pelo Legislativo.

19. Como exemplo, pode-se citar o ato administrativo não mais sujeito à revisão, judicial ou administrativa, em virtude do decurso de prazo prescricional ou decadencial.

20. Por imperativos de segurança jurídica e praticabilidade, pode-se fazer restrição à revisão do ato

Para exercer essa função de controle, principalmente em relação aos atos legislativos, os juízes devem ter acesso direto à Constituição. Podem, portanto, aplicar diretamente as normas constitucionais, inclusive as que veiculam princípios e programas, dentro de seu respectivo âmbito de atuação (esclareça-se, aplicação do Direito a casos contenciosos). Fica apenas excluída a possibilidade de aplicação de normas que contenham ordens de legislar, pois estas são dirigidas especificamente ao Parlamento. Faça-se a ressalva de que, mesmo nesta última hipótese, eventual omissão do legislador pode ser suprida pelo julgador se este estiver autorizado pela ordem constitucional (no sistema brasileiro, através dos mecanismos expostos no capítulo VI).

É de se questionar se desvincular parcialmente a jurisdição da lei não implica em risco de arbítrio. Ora, certo risco de abuso está sempre presente quando se concede poder a alguém. O risco pode, porém, ser minimizado através da adoção de certos mecanismos. No caso do poder jurisdicional, podem ser citados: a) a independência e a imparcialidade dos julgadores; b) a proibição de exercício de jurisdição sem provocação das partes; e c) a obrigatoriedade de fundamentação de qualquer decisão.

Não se pode olvidar que não existe fórmula pronta e acabada do princípio da separação dos poderes. Este pode ser moldado de acordo com a realidade e não deve constituir empecilho para a solução de problemas jurídicos. Apenas deve-se evitar a excessiva concentração de poderes em um único órgão, por permanecer absolutamente atual a célebre advertência de Montesquieu (*... a experiência eterna mostra que todo homem que tem poder é tentado a abusar dele; vai até onde encontra limites*).[21]

IX – Função administrativa

Segundo Seabra Fagundes, administrar é "aplicar a lei, de ofício".[22] Frente a casos concretos, a Administração aplica o Direito a fim de prover o interesse público por ele consagrado. É certo que a Administração pratica outros atos que não podem ser assim qualificados. Aqui, entretanto, o que nos interessa é realizar apenas uma aproximação do conceito de função administrativa.[23]

Como pressuposto desse trabalho se tem que lei e Direito não se confundem.[24] Aliás, o Direito não se resume às normas reconhecidas pelas entidades estatais. Conquanto as modernas constituições democráticas representem o reencontro do Direito positivado com o Direito Natural (*... um retorno ao jusnaturalismo com os instrumentos do positivismo jurídico,* nos dizeres de Mauro Cappelletti),[25] pode-se, ainda,

em virtude de argumentos que o ente controlado não dispunha quando de sua prática. Se os atos estatais ficassem sujeitos à revisão em virtude de argumentos supervenientes, grande seria o risco de paralisação da atividade estatal. De qualquer forma, deve o ente controlador efetuar ponderação entre os interesses em jogo. Nem sempre prevalecerão os imperativos de segurança jurídica e praticabilidade, dada a possibilidade de existência de outros bens jurídicos de maior valor na situação concreta.

21. *Do Espírito das Leis*, p. 156.

22. *Controle Jurisdicional dos Atos Administrativo*, pp. 4-5.

23. A complexidade de uma caracterização precisa pode ser ilustrada pela extensão da conceituação realizada por Gordillo: "Diremos aís que la función administrativa es: a) en primer lugar, toda la actividad que realizan los órganos administrativos (criterio subjetivo); b) en segundo lugar, toda la actividad que realiza el órgano legislativo, excluida la función legislativa (en sentido material y orgánico) que le es propia (criterio residual); c) en tercer lugar, toda la actividad que realizan los órganos judiciales, excluida la función jurisdiccional (en sentido material y orgánico) que específicamente realizan (criterio residual)" (ob. cit., Parte General, t. 1, pp. VII – 54).

Observe-se que não se logrou estabelecer conteúdo material e próprio da função administrativa.

24. A identificação de lei e Direito é produto dos Estados nacionais modernos, com a concentração do poder político, inclusive o de utilização de força e o de ditar regras, em órgãos estatais.

25. *O Controle Judicial de Constitucionalidade das Leis no Direito Comparado*, p. 129.

defender a existência de direitos não-veiculados em normas reconhecidas pelo Estado.

Para o que nos interessa no momento, podemos restringir nosso exame às normas presentes na Constituição. É de se questionar a conceituação da função administrativa como de aplicação de ofício da lei, uma vez que esta não esgota todas as normas que vinculam os órgãos estatais.

O que se pretende verificar é se a Administração tem acesso direto à Constituição. Pode a Administração agir às expensas de lei, ainda que para concretização de normas constitucionais? Se a resposta a essa pergunta for positiva, então restará prejudicado, pelo menos em parte, o princípio da legalidade estrita dominante no âmbito da Administração e, por conseguinte, a conceituação da função administrativa como aplicação, de ofício, da lei.

A princípio, a questão deveria ser respondida de modo afirmativo. Afinal, como as normas constitucionais vinculam todos os órgãos estatais, deve a Administração observá-las em seu âmbito de atuação, independentemente de regulação legislativa ou, até mesmo, em contrário a esta (faz-se a devida exceção em relação às normas que veiculem ordens de legislar já que dirigidas especificamente ao Parlamento). É o que defendemos em relação ao Poder Judiciário.

A solução, entretanto, não é satisfatória. Podem ser identificadas razões suficientes que apontam para direção contrária. Haveria grande risco de arbítrio caso a Administração pudesse concretizar os mandamentos constitucionais, independentemente de lei.

Cogite-se, por exemplo, da concretização dos princípios e programas constitucionais, veiculados em normas de textura vaga e aberta, que possibilitam inúmeras concretizações possíveis. Nessa hipótese, franquear-se à Administração a tarefa de concretizá-los é no mínimo temerário.

Com relação à Administração, não estão presentes aqueles mecanismos que constituem um eficiente freio para eventuais abusos de poder por parte do Judiciário. A Administração age de ofício, ou seja, independentemente de provocação; não é imparcial, pois embora sua atividade deva perseguir o interesse público, possui interesses secundários, concernentes ao aparelho estatal enquanto entidade personalizada; não existe, pelo menos explicitamente no sistema brasileiro, obrigatoriedade de fundamentação de todas as decisões administrativas.[26]

São razões que justificam, no âmbito da Administração, apego mais acirrado ao princípio da legalidade, o que valida a caracterização, por aproximação, da função administrativa como a de aplicar a lei de ofício.

Conforme já dito anteriormente, isso não significa que a Administração deve ou pode ignorar as normas constitucionais. Se um ato legislativo é manifestamente contrário à Constituição, tem a Administração o dever de ignorá-lo. Outrossim, na aplicação das leis, deve considerar princípios e programas constitucionais, a fim de interpretá-la adequadamente.

X – Conclusões gerais

A Constituição vincula todos os poderes constituídos, devendo cada um destes concretizá-la em seus respectivos âmbitos de atuação.

Ao Legislativo cabe papel de relevada importância para a concretização da Constituição, uma vez que esse Poder, dada sua legitimidade democrática, é o que reúne as melhores condições para a complementação das políticas públicas previstas na Constituição.

26. Ainda que houvesse, a realidade nos ensina que a fundamentação das decisões administrativas é no mais das vezes deficiente. Não se pode exigir do agente administrativo, dada a amplitude de suas atribuições e eventual deficiência técnico-jurídica, fundamentação equivalente à realizada pelo juiz.

O Judiciário, dado suas características e sua atribuição de controle da atividade dos demais entes estatais, tem acesso direto à Constituição. Pode concretizá-la, em seu âmbito de atuação, independentemente de lei (salvo, é certo, quando a norma constitucional dirigir-se especificamente a outro poder, o que poderá ensejar a instauração dos mecanismos de controle da inconstitucionalidade por omissão).

No âmbito da Administração, considerando suas características, é recomendável a mais estrita observância do princípio da legalidade. Não obstante, ainda assim, podem ser identificadas situações excepcionais nas quais a Administração pode e deve agir às expensas da lei.

Bibliografia

BANDEIRA DE MELLO, Celso Antônio. *Curso de Direito Administrativo*. 6ª ed. São Paulo: Malheiros Editores, 1995.

BARROSO, Luís Roberto. *O Direito Constitucional e a Efetividade de suas Normas: Limites e Possibilidades da Constituição Brasileira*. 3ª ed. Rio de Janeiro: Renovar, 1996.

BOBBIO, Norberto. *Teoria do Ordenamento Jurídico*. 5ª ed. Brasília: UNB, 1994.

CANOTILHO, José Joaquim Gomes. *Direito Constitucional*. 6ª ed., Coimbra: Almedina, 1993.

CAPPELLETTI, Mauro. *O Controle Judicial de Constitucionalidade das Leis no Direito Comparado*. 2ª ed. Porto Alegre: Fabris Editor, 1992.

DWORKIN, Ronald. *Los Derechos en Serio*. Barcelona: Editorial Ariel, 1995.

ENTERRÍA, Eduardo García de. *La Constitución como Norma y el Tribunal Constitucional*. 3ª ed. Madrid: Civitas, 1991.

FAGUNDES, Miguel Seabra. *Controle Jurisdicional dos Atos Administrativos*. 5ª ed. Rio de Janeiro: Forense, 1979.

GORDILLO, Agustín A. *Tratado de Derecho Administrativo*. Buenos Aires: Macchi, 1991.

HAMILTON, MADISON, JAY. *O Federalista*. Coleção Os Pensadores. 2ª ed. São Paulo: Abril Cultural, 1979.

MONTESQUIEU. *Do Espírito das Leis*. Coleção Os Pensadores, São Paulo: Abril Cultural, 1973.

NOVAIS, Jorge Reis. *Contributo para uma Teoria do Estado de Direito*. Coimbra, Separata do volume XXIX do Suplemento ao Boletim da Faculdade de Direito da Universidade de Coimbra, 1987.

QUARESMA, Regina. *O Mandado de Injunção e a Ação de Inconstitucionalidade por Omissão: Teoria e Prática*. 2ª ed. Rio de Janeiro: Forense, 1995.

VAZ, Manuel Afonso. *Lei e Reserva de Lei – A Causa da Lei na Constituição Portuguesa de 1976*. Porto, 1992.

O OBJETO DA AÇÃO CIVIL PÚBLICA, QUANDO SE CONSTITUIR EM CUMPRIMENTO DE OBRIGAÇÃO DE FAZER OU NÃO FAZER, NÃO É AUTÔNOMO

Toshio Mukai

Mestre e Doutor em Direito do Estado pela Universidade de São Paulo – Ex-Professor de Direito Administrativo da Faculdade de Direito da Universidade Mackenzie

I – Introdução

A ação civil pública, contemplada pela Lei n. 7.347/85 e alterada pela Lei n. 8.078/90 (Código de Defesa do Consumidor) já está, hodiernamente, consagrada como um dos instrumentos judiciais mais importantes da defesa do meio ambiente, valores monumentais, estéticos, turísticos etc., e outros interesses difusos.

Entretanto, alguns equívocos na sua utilização, mormente pelo Ministério Público, hão que ser registrados para o bem do Estado de Direito e da correta aplicação das normas processuais neste País.

Referimo-nos à abrangência, ao alcance e à amplitude do pedido, como objeto da ação civil, quando aquele se constituir no cumprimento de uma obrigação de fazer ou não fazer.

O art. 3º da Lei n. 7.347/85 está assim redigido:

"Art. 3º. A ação civil poderá ter por objeto a condenação em dinheiro ou o cumprimento de obrigação de fazer ou não fazer".

Pois bem. É lamentável que em muitas ações de que temos conhecimento, o Ministério Público queira tornar a disposição autônoma, e, tão-só com base nela, pleiteie ao Juiz as mais variadas "criações" de obrigações de fazer ou não fazer, esquecendo-se que a Lei n. 7.347/85 é um diploma de natureza adjetiva.

Neste sentido, a lição sempre objetiva e precisa do saudoso Hely Lopes Meirelles: "A Lei 7.347/85 é unicamente adjetiva, de caráter processual, pelo que a ação e a condenação devem basear-se em disposição de alguma norma substantiva, de direito material, da União, do Estado, ou do Município, que tipifique a infração a ser reconhecida e punida pelo Judiciário, independentemente de qualquer outra sanção administrativa ou penal, em que incida o infrator" (in *Mandado de Segurança, Ação Popular, Ação Civil Pública*, Ed. RT, 11ª ed., p. 116).

E pior. Na maioria desses casos, o juiz singular tem deferido tais pedidos.

II – Em recentíssima e oportuna obra, o Dr. José dos Santos Carvalho Filho, Procurador de Justiça do E. do Rio de Janeiro, sobre o tema, assim se pronunciou:

"É preciso ter em mira, no entanto, que a obrigação de fazer *deve encontrar seus lindes demarcados na lei substantiva, não cabendo ao juiz criar discricionariamente a obrigação, à luz dos elementos que entender convenientes e oportunos para a hipótese*" (grifamos).

E mais adiante: "O postulado resulta do princípio da legalidade estrita, segundo o qual ninguém pode ser obrigado a fazer ou deixar de fazer alguma coisa, senão em virtude de lei, regra, aliás, de índole constitucional (art. 5º, II, CF)" (in *Ação Civil Pública – Comentários por Artigo*, Freitas Bastos, 1955, p. 50).

Essa questão, aliás, ficou muitíssimo bem exposta e reposta em seus devidos lugares dentro do sistema jurídico pátrio, em acórdão brilhante do E. Tribunal de Justiça de São Paulo (Ap. Civil n. 246.686-1/8 – da Sétima Câmara de Direito Público, v.u., Des. Sérgio Pitombo, Rel.).

A decisão de primeiro grau julgara procedente ação civil pública, condenando a Petrobrás a aumentar o número de operadores na Unidade de Gasolina de Aviação, "até a implantação de melhorias que justifiquem sua redução, mediante comprovação perante os Curadores do Meio Ambiente". Opostos embargos de declaração, negou-se-lhes provimento. Em sede de apelação a Petrobrás argüiu a falta de possibilidade jurídica do pedido, vez que não previsto na ordem jurídica.

Do voto do Relator se extraem considerações de ordem jurídica da maior relevância:

a) "Não obstante a ação pública objetive a tutela de bens de indiscutível relevância, sua utilização não há de ser indiscriminada. A preservação do meio ambiente é providência importante, admitindo-se a condenação em obrigação de fazer, ou não fazer, daquele que causar, ou oferecer risco, à integridade das águas, do ar, do solo, da fauna ou da flora. Tal condenação, entretanto, deve estar prevista, modelada de modo concreto, na legislação, ou ser dedutível do sistema jurídico, sob pena de impossibilidade jurídica do pedido (art. 126, do CPC)".

b) "No tocante à ação civil pública, assentou-se: "Destas – condições da ação –, prescinde de maior indagação, em nosso Direito Positivo, a referente à possibilidade jurídica do pedido, isto é, a adequação do pedido do autor à ordem jurídica a que pertence o Juiz, de sorte a poder este pronunciar a espécie de ato decisório de mérito solicitado, até porque a ação civil pública se encontra expressamente prevista na CF e em lei específica, supra-indicada.

Entretanto, ainda que admissível, *in genere*, nada *obsta à consideração do pedido formulado na petição inicial como juridicamente impossível sempre que, no caso concreto, se apresente desconforme com as normas jurídicas vigentes ou esteja expressamente vedado* pelo *ius-positam*" (Rogério Lauria Tucci, "Ação civil pública e sua abusiva utilização pelo Ministério Público", *Ajuris*, 56/35, Porto Alegre – grifos do Relator);

c) "Mas, em princípio, a sentença não tem o conteúdo e o alcance da norma geral. Tal situação surge, todavia, na ação civil pública em virtude do que dispõe o art. 11 da Lei n. 7.347, que previu a possibilidade para o juiz determinar, *erga omnes*, a prestação de uma atividade devida ou a abstenção de uma atividade nociva. Acontece que o art. 11 deve ser interpretado sistematicamente com o art. 5º, II, da CF, de acordo com o qual "ninguém será obrigado a fazer ou deixar de fazer alguma coisa senão em virtude de lei" (em sentido formal). Assim, a atividade devida, à qual se refere o texto legal, é a determinada por lei, e a atividade nociva é tão-somente a ilegal e lesiva. Conseqüentemente, a ação civil pública não é instrumento de eqüidade, de direito alternativo, ou de proteção de interesses não consagrados pela Lei" (Hely L. Meirelles – ob. cit., pp. 149/150).

d) "Por último cabe recordar que, ao julgar casos semelhantes, esse tribunal consignou: "O julgado não se sustenta porque a pretensão do autor não era providência admissível pelo direito objetivo, caracterizando-se a impossibilidade jurídica pela falta de coincidência na afirmação contida no pedido, dos caracteres que são necessários e suficientes para que o órgão jurisdicional deva realizar sua tarefa, que consiste em exercer suas funções na direção e forma previstas pela ordem jurídica, na lapidar definição da primeira das condições da ação dada por Mandrioli e aplaudida por José Frederico Marques, eis que a *pretensão do autor não encontrava admissibilidade no direito objetivo, na medida em que não podem os juízes e tribunais assomar para si a deliberação de prática de atos de administração, que resultam sempre e necessariamente de exame de conveniência e oportunidade daqueles escolhidos pelo meio constitucional próprio para exercê-los*" (Ap. Cível 166.981-1/1, da Comarca de Marília – 5ª Vara Civil – Rel. Des. Marcos César – *RT* 685/85).

De se reconhecer, ante todo o exposto, a impossibilidade jurídica do pedido."

O acórdão sob comento, ao final, assim decidiu: "Posto isto, dá-se provimento ao recurso para, acolhendo a preliminar de impossibilidade jurídica, decretar a carência do pedido, extinto o processo, sem exame do mérito (art. 267, VI do CPC)".

III – Nessa direção, aliás, o E. Tribunal de Justiça do E. de São Paulo já prolatou mais de uma dezena de acórdãos em ações civis públicas, reconhecendo a impossibilidade jurídica do pedido em razão deste pretender fazer o Judiciário simplesmente praticar atos de administração, em especial em função de o juiz ter pretendido substituir os critérios de oportunidade e conveniência expressados pelo administrador público em certo ato administrativo, pelos dele, juiz.

Para ilustrar o quanto afirmado podemos citar as seguintes decisões:

a) Ap. Cível n. 251.257-1/2, da Comarca de Jaú, decidida pela 9ª Câmara de Direito Público, em que o MP pretendia obter do Município de Mineiros do Tietê o saneamento básico dos esgotos que desaguavam no córrego do Pascoal e no Ribeirão São João.

b) Ap. Cível n. 277.955-1/8, Jaú, decidida pela Terceira Câmara de Direito Público, em que o MP pretendia obrigar o serviço de Água e Esgoto de Jaú e a Prefeitura Municipal a efetuarem o tratamento prévio dos detritos lançados nas águas de rios.

c) Agr. Instrumento n. 177.903-1/2, Comarca de Piedade, decidido pela Quarta Câmara Civil do TJ, em que o MP objetivava obrigar a ré a abster-se de descartar o lixo urbano na área especificada, bem assim que fosse compelida a remover o já depositado para lugar adequado, restaurando, ainda, as condições primitivas do solo, corpos d'água, caso afetados, e, por fim, da vegetação.

d) Ap. Cível n. 247.809-1/8-00, Comarca de Duartina, decidida pela Oitava Câmara de Direito Público, em que o juiz obrigara a SABESP a, no prazo de 6 (seis) meses, a contar da sentença, que realizasse e apresentasse *nos autos* projeto de obra referente ao sistema de tratamento de esgoto coletados na cidade de Ubirajara.

e) Agr. de Instrumento n. 197.200-0/1, de Comarca de Pirajú, decidido pela Terceira Câmara de Direito Público, em *que o Juiz concedera liminar ordenando a elaboração de projeto técnico do sistema de tratamento, no prazo de 60 (sessenta dias) bem como a implantação do mesmo, a partir da respectiva aprovação, no prazo de seis meses*.

O Des. Relator, Mattos Faria, desde logo, assim se pronunciou: *"Como já decidi em casos anteriores não pode o Judiciá-*

rio conceder a liminar pleiteada, por envolver na realidade intromisão em outro poder.

No caso, cabe ao Executivo dentro de suas possibilidades orçamentárias priorizar as necessidades do Estado" (grifamos).

f) Ap. Cível n. 179.863-1/3, da Comarca de Espírito Santo do Pinhal, decidida pela Quinta Câmara Civil do Tribunal, onde o juízo singular declarara a existência de valor histórico, arquitetônico e artístico na praça da sede do Município que estava para sofrer reformas que a descaracterizariam.

O Tribunal entendeu que tal entendimento se insere no âmbito de atribuições de órgãos administrativos próprios, procedendo segundo a competência para eles prevista em lei.

g) Ap. Cível n. 175.123-1/8, da Comarca de Pederneiras, decidida pela Quarta Câmara Civil do TJ, onde o MP pretendeu obrigar a SABESP a providenciar o tratamento do esgoto doméstico lançado em ribeirões da região.

O Tribunal deu pela carência da ação.

h) Ap. Cível n. 231.318-1/5, da Comarca de Marília, decidida pela Oitava Câmara Civil, onde o juízo singular julgara procedente ação civil pública ambiental, condenando o Município de Oriente a elaborar, no prazo de 6 meses, projeto de lei para tratamento dos esgotos a serem lançados no Córrego Jatobá ou em qualquer outro curso d'água.

O Tribunal reconheceu a configuração da impossibilidade jurídica do pedido e, em conseqüência, deu pela carência da ação.

Passagem do voto do Relator: "... não há como poder conferir ao Poder Judiciário a ingerência no trato de matéria eminentemente administrativa, sem se falar que para a realização de obras que objetivam o não lançamento de esgoto "in natura" em águas fluviais que cortam o Município apelado há necessidade de, legislativamente, estabelecerem-se normas programáticas e orçamentárias, além, evidentemente, de se atender às normas licitatórias".

i) Ap. Cível n. 166.981-1/1, da Comarca de Marília, decidida pela Quinta Câmara Civil do Tribunal, onde o MP entendia que o lançamento dos esgotos domésticos do Município de Oriente no córrego Jatobá implicava em prejuízo para o equilíbrio ecológico, eis que sem tratamento dos seus dejetos. Exigia que a Prefeitura local fosse obrigada a construir sistema de tratamento de esgotos, ou de contenção de seus detritos, e tratamento, antes de serem lançados às águas fluviais.

A sentença de primeira instância deu-lhe razão, condenando a Ré a atender o pedido no prazo de 6 (seis) meses.

O Tribunal reconheceu mais uma vez a impossibilidade jurídica do pedido, decretando a carência da ação.

j) Ap. Cível n. 253.427-1/3, da Comarca de Leme, decidida pela Nona Câmara de Direito Público, onde o juízo *a quo* dera pela procedência da ação civil pública, obrigando a Municipalidade de Leme e outra a construir sistema de tratamento devido ao esgoto sanitário, em prazo a ser fixado por arbitramento, sob pena de multa diária de meio salário mínimo.

O Tribunal reconheceu também a impossibilidade jurídica do pedido e extinguiu o processo, sem julgamento do mérito (art. 267, VI, do CPC).

k) Ap. Cível n. 217.788-1/6, da Comarca de Catanduva, decidida pela Quinta Câmara Civil do Tribunal de Justiça, onde o MP visava a condenação de três municipalidades na implantação de prévio tratamento, de acordo com a mais apurada tecnologia disponível, de todos os efluentes provenientes das redes públicas de coleta de esgotos antes de seu lançamento em um ribeirão, que corre em tais Municípios, tendo em vista prejuízos ambientais que vem acarretando sua poluição.

A demanda fora julgada procedente com a fixação do prazo de um ano para o cumprimento da obrigação de fazer.

O Relator, Des. Marco César, iniciou reportando-se á Ap. Cível n. 166.981-1/1, da Comarca de Marília, onde a mesma Câmara dera pela carência da ação.

Ao transcrever o referido acórdão, o Relator lembrou da seguinte passagem: "Princípio assente em Política, projetandose para a ordem jurídico-constitucional da maioria dos países democráticos, entre eles a do nosso país, a independência e harmonia dos Poderes é pedra basilar da própria ordem social, e sobre tal mandamento político e constitucional hão de desvelar-se todos os que constituem o tecido da Nação, muito especialmente os que exercem autoridade do Estado, em quaisquer de seus Poderes.

A básica regra de independência e harmonia entre os Poderes, presentemente inserta no art. 2º da nossa Constituição, tem sido objeto, precisamente em virtude de sua magnitude político-jurídica, da freqüência de estudos e apreciações, inclusive em decisões judiciárias, e assim é exatamente conhecido.

Ficam para o caso "sub examine" as considerações seguintes, que têm o mérito de conformarem-se, sem dúvida, com o entendimento amplamente prevalente entre os doutos quando estudam os atributos das Administrações Públicas, elevadas ao poder pelo plebiscito do Povo, e daí sobre a apreciação que lhes cabe, e não aos Tribunais, da conveniência, oportunidade e conteúdo dos atos de exercício de tal poder, dentro do campo próprio.

Com o advento, deveras memorável, da ação civil pública, ainda novidade em nosso ordenamento jurídico, de largos e excelentes alcances, *verifica-se todavia por vezes – e o caso presente é perfeito exemplo disso, que se confundem os que provocam sua aplicação, levando a indébitas intromissões em temas absolutamente reservados à Administração Pública*" (grifos nossos).

Ainda, em cita desse acórdão: "Logo, a presente ação civil pública, o que fez foi discriminar entre as urgências da comunidade, escolhendo uma como maior que outras tantas, e ordenando que fosse atendida, o que não tem cabida ao prisma da ordem político-social, como também ante a Constituição Federal, desde seu art. 2º nem é da letra ou do sentido da legislação específica das ações civis públicas".

Daí ter o voto do Relator se cingido ao seguinte: "A postura da demanda fere visceralmente a Constituição, intrometendo-se o Judiciário onde não lhe cabe, a par de dissociar-se completamente da realidade sócio-economica do país.

"Trata-se, o pedido inicial, de demanda juridicamente impossível".

Daí a carência da ação.

IV – A impossibilidade jurídica do pedido, reconhecida remançosamente nas decisões judiciais mencionadas, à evidência, tem fulcro no princípio da independência e harmonia de Poderes (art. 2º da CF), pois ao Judiciário, no caso, é vedado praticar atos de atribuições do Executivo.

Tanto quando o Judiciário, através da ação civil pública, intentar cometer uma ingerência genérica ou específica na Administração Pública (pretendendo impor a esta obrigações de fazer ou não fazer que importem em *atos de administração* ou substituir os critérios de oportunidade e conveniência (mérito) do ato discricionário da Administração, pelos deles, juiz), ou, quando o Judiciário, através dessa ação, pretender criar norma de direito material, estaremos, por força daquele princípio constitucional, perante um objeto (da ação) juridicamente impossível.

O autor já citado, tocando no assunto, assim se pronunciou: "Certamente que há, algumas vezes, dificuldade em demarcar o limite dentro do qual o pedido é impossível juridicamente, quando visa à proteção dos interesses difusos e coletivos. É que, levada ao extremo a possibilidade de invocar, em qualquer caso, a tutela judicial em face do poder Político, chegaria o Juiz a extrapolar sua função jurisdicional invadindo, de modo indevido, a função administrativa, com ofensa, por conseguinte, ao princípio da separação de Poderes, insculpido no art. 2º da Carta em vigor.

Apesar da inegável dificuldade de demarcação temos entendido que o pedido, principalmente no caso de se tratar de cumprimento de obrigação de fazer ou não fazer, é juridicamente possível quando estiver preordenando a determinada situação concreta, comissiva ou omissiva, causada pelo Estado, da qual se origine a violação aos interesses coletivos ou difusos. Em contraposição, não se pode considerar possível juridicamente o objeto da ação se o autor postula que a decisão judicial, acolhendo sua pretensão, condene o Poder Público ao cumprimento de obrigação de forma genérica, abstrata, inespecífica e indiscriminada, de obrigação de fazer ou não fazer" (ob. cit., p. 57).

Temos para nós que o raciocínio do ilustre autor não tem fundamento. Para nós, como demonstraram, aliás, os acórdãos trazidos à colação, o Judiciário estará sempre ante um pedido juridicamente impossível, quando se pleitear na ação civil que o Poder Público seja obrigado à prática de um ato de administração, ou seja, quando inexistir, no caso, nenhuma violação a uma norma legal substantiva, que obrigue ou vede a prática de determinado ato à Administração.

Em suma, a obrigação de fazer ou não fazer da ação civil pública só pode ser convertida em ação concreta pelo Judiciário se a Administração (estamos tratando apenas dessa hipótese) não estiver fazendo algo que, por lei substantiva, estava obrigada a fazer, ou, em caso contrário, estiver fazendo algo que a lei lhe vedava fazer. Somente aqui, nessas hipóteses, há problemas de ilegalidades, que solicitam a manifestação do Judiciário, de forma legítima.

Fora dessas hipóteses, se o juiz se manifestar, estará pretendendo administrar no lugar do Executivo, e, portanto, violando o princípio da separação de Poderes.

Quanto à vedação do objeto criador de direito material, o autor mencionado, aqui sim, de forma clara e objetiva, leciona:

"A ação civil pública, por outro lado, não é também instrumento idôneo para criação de normas de direito material. Aliás, não poderia sê-lo, porque, ao juiz, a quem é dirigida, só cabe aplicar o que já existe a titulo de *ius positum*. Assim, o autor da ação só pode pedir providências concretas à luz do direito material que, previamente, já ampara os interesses transindividuais atingidos pela conduta do réu. As providências acaso deferidas pelo juiz vão refletir, agora sim, *resultado da aplicação da lei, e não de sua criação*" (ob. cit., p. 59).

E cita o autor, o caso de uma ação civil pública decidida no Rio de Janeiro, que chegou ao STF por força de conflito de atribuição, e no qual o Relator, Min. Sidney Sanches, no decorrer do seu voto, destacou: "não basta o equipamento processual para viabilizar a proteção daqueles *interesses sociais que, sem lei, que os converta em direitos coletivos*, o juiz entenda merecedores de proteção, ou, o que é pior, contra a lei, que os proteja em determinada medida, ao juiz pareça devessem ser tutelados em dimensão maior".

Disse ainda o Relator, que, na referida ação civil pública, o ilustre Curador postulara e o nobre juiz deferira "a edição de um verdadeiro e minucioso regulamento do cheque especial, a viger nas relações entre os Bancos e os seus clientes".

Mais adiante acrescentou que o art. 12 da Lei permite que o juiz expeça mandado liminar, mas ressalvou: "não lhe confere, porém, a lei o poder de criar o direito material, dizendo qual é a atividade devida ou qual é a atividade nociva. Obviamente, há de chegar à conclusão a respeito do que é devido e do que é nocivo, *em face do direito material preexistente à decisão ou julgamento"* (grifo do acórdão, ob. cit., p. 60).

Ao final, o autor expressa: "Pode-se, pois, dizer-se que, nos termos do entendimento da mais alta Corte, também é juridicamente impossível o objeto da ação civil pública, quando tenha por escolha a criação do direito, e não a sua aplicação".

Para finalizar, repise-se: na ação civil pública, o Judiciário não pode, a pretexto de obrigar a fazer ou não fazer, criar direito material para tal, visando compelir o Executivo a determinada conduta administrativa (comissiva ou omissiva); como conseqüência, sem que o Executivo esteja a violar uma lei substitutiva, não pode o Judiciário compeli-lo a uma obrigação de fazer ou não fazer, tão-só com base no art. 3º da Lei n. 7.347/85.

DOUTRINA

REGULAMENTO E ATO ADMINISTRATIVO

DANIELE COUTINHO TALAMINI

Procuradora da Universidade Federal do Paraná
– Mestranda em Direito Administrativo na PUC/SP

Considerações iniciais – Delimitação do objeto do presente estudo. Capítulo I – Introdução: 1. Separação dos poderes estatais: razões históricas, garantias e conseqüências. 2. Amenização do princípio de separação dos poderes: necessidade de funções típicas e atípicas dos poderes – Interação e controle. 3. Função administrativa: conceito e conteúdo. Capítulo II – A execução das leis pela Administração Pública – A necessidade de regulamento e ato administrativo: 1. Norma jurídica: generalidade e abstração. – A ausência de normatização de todos os aspectos das relações sociais, a lentidão na elaboração das leis em contraposição à dinâmica das relações sociais; a falta de técnica do legislador ao tratar de assuntos que requerem conhecimento técnico. 2. A incidência da norma jurídica – Subsunção. 3. Regulamento e ato administrativo: atos necessários para a "fiel execução das leis". 4. Conceito de ato administrativo e de regulamento. Natureza jurídica do regulamento. 5. Regulamento como atividade instrumental da atividade típica administrativa: aplicar a lei ao caso concreto. 6. Regulamento como atividade administrativa – Atividade infralegal. Atividade típica da Administração: aplicação da lei e não a sua elaboração. Função regulamentar: própria da Administração na sua atribuição de executora das leis e não função delegada pelo Poder Legislativo. 7. Fundamento da atividade regulamentar – Os princípios jurídicos que norteiam a expedição de regulamentos: 7.1 Regulamento e os princípios jurídicos; 7.2. Normatividade dos princípios jurídicos. 8. Direito brasileiro – Regime jurídico do regulamento. O regulamento no ordenamento jurídico brasileiro: requisitos de validade, perfil constitucional; art. 84, IV, da Constituição Federal (atribuição ao chefe do Poder Executivo da função regulamentadora). 9. A rejeição pelo Direito brasileiro do regulamento autônomo. O princípio da legalidade: conteúdo e sua configuração no ordenamento jurídico brasileiro. 10. Atividade regulamentar: edição de comandos complementares à lei. Campo de atuação dos regulamentos. Impossibilidade de integração normativa. 11. Discricionariedade. Possibilidade de redução dos conceitos normativos através da edição de regulamentos. Capítulo III – As principais diferenças entre regulamento e ato administrativo: 1. O regulamento como ato normativo equiparado à lei: disposição genérica e abstrata – Ato administrativo: individual e concreto. Entrelaçamento das características: generalidade/individualidade, abstração/concretitude. 2. Revogabilidade dos atos administrativos e dos regulamentos. 3. O regulamento e o ato em relação aos destinatários: administradores e administrados. Conclusões. Referências bibliográficas.

Considerações iniciais – Delimitação do objeto do presente estudo

A análise que aqui será feita tem em vista detectar as diferenças e pontos de contato entre os regulamentos administrativos e atos administrativos propriamente ditos a fim de definir se merecem nomes diferentes em razão do regime jurídico a que estão submetidos.

Para tanto, serão importantes não somente as diferenças de regime como também as funções que cada um exerce no ordenamento jurídico.

As diferenças apontadas entre o regulamento e ato administrativo não pretendem ser exaustivas, mas suficientes para se chegar a uma conclusão satisfatória.

Poder-se-ia pensar, desde logo, que a questão reduz-se à mera terminologia. Todavia, como já advertiu André Gonçalves Pereira, um problema terminológico não é *somente* um problema terminológico. A terminologia desempenha uma função, que é a de designar coisas idênticas com o mesmo nome e coisas diferentes com nomes diferentes. E para a Ciência do Direito, cada termo utilizado deve designar um conceito, o qual, por sua vez, é obtido através da análise jurídica feita a partir da observação do ordenamento jurídico.[1]

Deste modo, será levado em consideração o direito positivo brasileiro para a análise proposta. O que será determinante para caracterizar um e outro instituto será o regime jurídico imposto pelo direito brasileiro, em que pese serem também importantes considerações advindas da doutrina estrangeira.

Capítulo I – Introdução

1. Separação dos poderes estatais: razões históricas, garantias e conseqüências

A idéia de controlar a atividade do Estado através de um mecanismo constitucional capaz de assegurar a estabilidade e conter o arbítrio é uma idéia que remonta ao pensamento grego clássico, difusa nas obras de Platão e Aristóteles.

Retomada por Montesquieu, esta idéia ganha feição especial: a defesa da separação dos poderes estatais como meio de garantir a independência do indivíduo frente ao Estado.

Segundo Montesquieu, a reunião dos poderes de elaborar as leis, de executá-las e de julgar numa mesma pessoa representaria verdadeira ameaça à liberdade do indivíduo. Isto porque ele percebeu, pelo exemplo histórico dos Estados que analisou, que o detentor do poder tende a dele abusar, vai até onde encontra limites, avançando sobre a liberdade política do indivíduo (liberdade de fazer aquilo que a lei permite). O grau de liberdade num Estado, então, variaria de acordo com a forma pela qual os poderes estão distribuídos.[2]

Montesquieu acabou por concluir que o Poder Legislativo, o de fazer as leis, deve ser exercido pelo povo, através de seus representantes nos grandes Estados, isto porque "todo homem que supõe ter uma alma livre, deve governar a si próprio".[3] Da mesma maneira o poder de julgar deve ser exercido por pessoas extraídas do povo.[4]

Opondo-se aos demais, o Poder Executivo, na concepção de Montesquieu, deveria permanecer nas mãos do monarca, pois trata-se de atividade que quase sempre requer ação momentânea, sendo melhor administrada por um do que por muitos.[5]

A conseqüência a que se chega, a partir da adoção desta doutrina, é a de que aquele que é responsável pela elaboração das leis, deve ser impedido de executá-las e de

1. *Erro e Ilegalidade no Acto Administrativo*, p. 81.

2. O pensamento de Montesquieu a respeito do tema está contido em sua obra: *O Espírito das Leis*, pp. 117/138.

3. *O espírito*..., cit., p. 120.

4. *O espírito*..., cit., p. 120.

5. *O espírito*..., cit., p. 121.

aplicá-las; ao que as executa, não cabe a sua elaboração nem sua aplicação e aquele que deve aplicá-las não pode fazê-las nem executá-las. Passa-se a uma distribuição das funções públicas a diferentes órgãos estatais (designados Poder Legislativo, Executivo e Judiciário) a fim de evitar o abuso de poder.

2. Amenização do princípio de separação dos poderes: necessidade de funções típicas e atípicas dos poderes Interação e controle

O próprio Montesquieu, ao conceber a idéia de distribuição de poderes, não chegou a uma separação absoluta. Ao mesmo tempo que defendeu idéia de distribuição do poder para órgãos diferentes do Estado, sustentou também a necessidade de interação entre eles para o fim de controle.

Todavia, hoje, dois aspectos podem ser mencionados relativamente à amenização do princípio da separação dos poderes: a participação de mais de um poder na mesma atividade e além disto a prática da mesma espécie de atividade por mais de um poder.

No primeiro caso, o exemplo mais elucidativo é o da participação do Poder Executivo no processo legislativo. No segundo, a elaboração de normas gerais e abstratas (atividade materialmente legislativa) pelo Poder Executivo.

Desta forma, quando se fala que a doutrina de Montesquieu não implica separação absoluta dos poderes estatais, deve-se tomar em consideração estes dois aspectos: o da interação e o da prática de funções típicas e atípicas de cada um dos poderes.

Isto significa que o importante não é somente a necessidade de existência de um mecanismo de freios e contrapesos, como meio de controle da atividade exercida pelos três poderes estatais – o que se efetiva através da participação de um ou mais poderes na mesma atividade. Também se torna extremamente relevante a necessidade de atribuir a cada um dos poderes, além da sua função típica, outras, necessárias ao satisfatório exercício da sua função essencial. Tais seriam as funções atípicas.

Para que se possa manter a idéia de independência entre os poderes, cada um deles deve estar apto a desempenhar sua função típica sem que dependa do consentimento dos outros para a prática de determinadas tarefas. É por isso, por exemplo, que se confere ao Poder Judiciário e ao Poder Legislativo a faculdade de nomear seus próprios funcionários e de realizar licitação para compras de materiais necessários ao seu funcionamento, tarefas típicas do Poder Executivo.

Não se poderia falar em independência do Poder Judiciário se este tivesse que depender do Poder Executivo para formar quadro de funcionários ou para formar e manter a estrutura material sem a qual não poderia atuar.

Da mesma forma, a função constitucionalmente outorgada ao Poder Executivo para editar regulamentos (normas gerais e abstratas), embora materialmente legislativa, é imprescindível para a fiel execução das leis, atividade típica do Poder Executivo.

Inúmeros outros exemplos poderiam ser mencionados, bastando, porém, o já exposto. Cumpre, neste momento, destacar que ambos os aspectos mencionados relativamente à amenização do princípio da separação dos poderes são necessários para mantê-lo intacto na forma em que delineado na Constituição brasileira, no seu artigo 2º: "São poderes da União, independentes e harmônicos entre si, o Legislativo, o Executivo e o Judiciário". Vale dizer: são aspectos necessários para garantir a independência e harmonia entre os poderes.

Cabe ainda destacar que, embora se possa falar em interação e atipicidade de funções dos poderes estatais, não se pode deixar que a idéia acabe importando em invasão das competências constitucionalmente estabelecidas a cada um dos poderes, o que é bem lembrado por J. J. Gomes Canotilho.[6] Da mesma forma, deve-se estar atento ao problema da indiscriminada delegação de funções, o qual poderia representar também ameaça ao sistema constitucional estabelecido e, conseqüentemente, aos direitos individuais que este protege.[7]

3. *Função administrativa: conceito e conteúdo*

A repercussão da doutrina de Montesquieu acabou resultando na destituição do monarca das funções legislativas e jurisdicionais. Restou-lhe a atribuição de exercer a função administrativa. Esta passa a ser o objeto do presente estudo.

Não há consenso doutrinário quando se trata de definir função administrativa. Especialmente quando se compara com as demais funções estatais, à função administrativa acaba restando um conceito meramente residual, ainda que isso seja evitado por muitos autores.

Agustín Gordillo, por exemplo, propõe um critério misto para conceituar função administrativa, conjugando o critério orgânico e material, mas acaba por dizer que função administrativa é "*toda atividad que realizam los órganos administrativos, y la atividad que realizam los órganos legislativo y jurisdiccionales, excluidos respectivamente los hechos y actos materialmente legislativos y jurisdiccionales*".[8]

Por outro lado, embora não se possa falar em consenso sobre o conceito de função administrativa, é praticamente unânime a doutrina que aponta como característica a subordinação à lei. Otto Mayer, inclusive, utiliza a relação entre a lei e as diversas funções estatais como critério de distinção entre elas. Para este autor, ao exercer a atividade legislativa, o Estado se encontra *sobre* a ordem jurídica; na atividade jurisdicional tudo se faz *pela* ordem jurídica e na administrativa *sob* a ordem jurídica.[9] O critério, portanto, é o da posição da função estatal em relação à ordem jurídica.[10]

Renato Alessi também tem a mesma preocupação de enfatizar o caráter subordinado da atividade administrativa.[11] Além disto, traz bastante elucidativo conceito de Administração: "*la emanazione di atti di produzione giuridica complementari (o quanto meno de attività ausiliare di questi) in atuazione concreta dell'ato di produzione giuridica primario astratto contenuto nella norma* (...)".[12]

O conceito de Alessi é fundamental para o desenvolvimento do presente estudo. Isto porque enfatiza o caráter de com-

6. De acordo com este autor: "A justeza de uma decisão pode justificar uma 'compartimentação de funções' não coincidente com uma rígida separação orgânica. O exercício de poderes administrativos (ex: funções de polícia pelo seu presidente), o exercício de funções legislativas pelo Governo, o exercício de funções administrativas pelo juiz, são exemplos de ordenação funcional não coincidente com arquétipos aprioristícos e que só nos contextos constitucionais concretos deve ser explicada. Mas, se a sobreposição das linhas divisórias de funções não justifica, por si só, que se fale de 'rupturas de divisão de poderes', já o mesmo não acontece quando o *núcleo essencial* (Kernbereich) dos limites de competência, constitucionalmente fixado, é objeto de violação. Aqui pode estar em jogo todo o sistema de *legitimação, responsabilidade, controlo e sanção*, definido no texto constitucional" (*Direito Constitucional*, p. 366).

7. É o que destaca também Canotilho (*Direito...*, cit., p. 366).

8. *Tratado de Derecho Administrativo*, pp. IX-47.

9. Pode-se também acrescentar que, diferentemente do que ocorre na função jurisdicional, na função administrativa o Estado atua como parte interessada na relação jurídica.

10. *Derecho Administrativo Aleman*, p. 15.

11. "Circa i rapporti tra la funzione amministrativa e le funzioni legislativa e giurisdizionale, va rilevato, in primo luogo, che la funzione amministrativa è subordinata alla funzione legislativa; tale subordinazione che concreta il principio della necessaria legalità dell'attività amministrativa..." (*Sistema Istituzionale del Diritto Amministrativo Italiano*, p. 8).

12. *Sistema...*, cit., p. 4.

plementaridade e de atuação concreta da atividade administrativa. Considerando que a execução das leis por parte da Administração pressupõe, como se verá adiante, a edição de regulamentos e atos concretos, o conceito formulado pelo administrativista italiano é bastante relevante neste contexto.

Daí já se extrai que a função administrativa, além de estar submetida à lei (ou justamente por este motivo), constitui atividade complementar a esta e destina-se a sua fiel execução.

Esta complementaridade da função administrativa em relação à legislativa fez com que Oswaldo Aranha Bandeira de Mello enquadrasse ambas na mesma categoria de função estatal, a qual ele denominou de função administrativa, em contraposição à função jurisdicional. A classificação das funções estatais elaborada por este autor merece especial destaque por este aspecto: a aproximação das funções executiva e legislativa, formando a administrativa e o distanciamento desta em relação à função jurisdicional.

Antes de mais nada, cumpre destacar o motivo pelo qual as funções executiva e legislativa são, para Oswaldo Aranha Bandeira de Mello, espécies do mesmo gênero. É que, para este autor, ambas as funções mencionadas seriam responsáveis pela mesma faculdade estatal: a integração da ordem social, na medida em que criam utilidades públicas, uma através da promulgação de normas jurídicas, outra através da execução de atos jurídicos concretos e atividades materiais complementares. Para o autor mencionado, o Estado se manifestaria através de dois poderes: o político, através da função administrativa e o jurídico, através da função jurisdicional, esta responsável pela reintegração da ordem jurídica.[13] Trata-se, como se percebe, de uma concepção dual dos poderes estatais, diferente da proposta por Montesquieu, difusa na doutrina.

Também a heterogeneidade é apresentada por alguns autores como característica da função administrativa. Gordillo é um dos que lembram que a função administrativa não tem um conteúdo único, podendo se manifestar através de decisão de controvérsias entre partes, da elaboração de normas gerais e atuação material nos casos concretos.[14]

Dentre estas diversas maneiras de atuação, as que apresentam maior relevância para o presente estudo são as duas últimas. A Administração Pública, ao editar regulamentos, está emanando normas gerais e abstratas (embora sem o condão de inovar o direito). Por outro lado, ao editar atos administrativos, está aplicando a norma jurídica a um caso individual e concreto – hipótese em que exerce sua atividade típica.

Desta forma, fica evidente que o conceito de função administrativa não equivale ao de ato administrativo (o qual será fornecido mais adiante). O conceito de função administrativa é mais amplo, abrangendo a prática de atos administrativos e outras formas de atuação da Administração Pública.[15]

O ato administrativo é sempre praticado, como se verá adiante, no exercício da função administrativa. Todavia, existem outras espécies de atos jurídicos praticados no exercício desta função. E estes são imprescindíveis para que a Administração

13. *Princípios Gerais de Direito Administrativo*, pp. 24/28.

14. (*Tratado*..., cit., pp. IX/45-46.) Neste momento é oportuno lembrar que esta constatação somente reflete a necessidade da possibilidade de exercício, pelos poderes estatais, de funções atípicas para o satisfatório exercício das suas funções típicas.

15. Partindo da classificação dos atos administrativos (em sentido amplo) quanto à natureza da atividade, proposta por Celso Antônio Bandeira de Mello – atos de Administração ativa, consultiva, controladora, verificadora e contenciosa (*Curso*..., cit., pp. 260/261) – poder-se-ia acrescentar também os atos de Administração normatizadora, para abranger os regulamentos e outros atos gerais e abstratos praticados pela Administração.

possa realizar satisfatoriamente sua atribuição típica. É o caso, por exemplo, dos regulamentos administrativos.

Em razão destas considerações é que se pode dizer que a edição de regulamentos é atividade inerente à função administrativa.[16] Não se pode, contudo, concluir que se trata de atividade típica da Administração.

É que, em contraposição às demais funções estatais, a administrativa caracteriza-se, mostra-se peculiar, pela execução da lei. Assim, atividade típica da Administração é aquela que concretiza individualmente comandos contidos na norma jurídica através da edição unilateral de um ato.

Torna-se oportuna agora a elaboração de conceito próprio de função administrativa, de forma a possibilitar a melhor compreensão das idéias até o momento expostas: atividade infralegal exercida pelo Estado, ou quem faça as suas vezes, na condição de parte interessada, subordinada hierarquicamente, no gozo de prerrogativas públicas para o atendimento do interesse público previsto na lei.

A característica do exercício no gozo de prerrogativas públicas retrata a supremacia da atividade administrativa em contraposição à dos particulares. Isto significa que, na relação com o Estado, o particular não se encontra em condição de igualdade, eis que defende interesse individual, que não deve prevalecer em detrimento do interesse coletivo, defendido pela Administração.

Desta forma, é a defesa do interesse público que justifica a outorga de supremacia à Administração na sua relação com os particulares. Somente por ser ela a responsável pela defesa destes interesses é que lhe são concedidos determinados poderes. Quanto a este aspecto, importante é a lição trazida por Renato Alessi, segundo a qual o próprio conceito de função seria o de poder conferido para o exercício de dever no interesse alheio.[17] Este enfoque do conceito de função é importante na medida em que enfatiza a idéia de dever de atuação da Administração Pública e considera o poder a ela conferido somente como instrumento destinado ao alcance do interesse público definido pela lei.

A partir desta noção, pode-se ter em mente qual a posição do regulamento e do ato administrativo no exercício da função administrativa. Passa-se agora a tratar mais detalhadamente da maneira como esses institutos atuam na execução da norma jurídica.

Capítulo II – A execução das leis pela Administração Pública – a necessidade de regulamento e ato administrativo

1. Norma jurídica: generalidade e abstração – A ausência de normatização de todos os aspectos das relações sociais, a lentidão na elaboração das leis em contraposição à dinâmica das relações sociais; a falta de técnica do legislador ao tratar de assuntos que requerem conhecimento técnico

Características essenciais das normas jurídicas são a generalidade e a abstração. A primeira diz respeito aos indivíduos a que se destina e a segunda às hipóteses que abrange. Diz-se que a norma jurídica é geral porque se destina a um número indeterminado de indivíduos. Por outro lado, é abstrata porque se dirige a todas as hipóteses concretas por ela definidas abstratamente, não se esgotando numa única aplicação.

Para elucidar estes dois conceitos, melhor será trazer a lição de Norberto Bobbio, para quem normas gerais são as que têm por destinatário uma totalidade de in-

16. Tal constatação será desenvolvida adiante, bem como expostas as suas conseqüências.

17. *Sistema...*, cit., p. 2.

divíduos e abstratas as que regulam uma "ação-tipo".[18]

Na verdade, a generalidade e abstração são da própria essência das normas jurídicas. Ao legislador, seria materialmente impossível regular todos os aspectos das relações sociais.[19] Cabe ao legislador tão-somente se reportar a situações-modelo (definindo "ações-tipo"), descritas abstratamente através da utilização de conceitos – situações estas que abrangem uma infinidade de acontecimentos do mundo real.

Além da impossibilidade material, existem outras razões que justificam a elaboração de normas apenas abstratas e gerais pelo legislativo. Em primeiro lugar, o processo legislativo, em razão da sua complexidade, impede a edição de normas e suas alterações constantes de forma a acompanhar o dinamismo das relações sociais. Por outro lado, a própria composição do corpo legislativo, integrado por pessoas do povo, não oferece a tecnicidade necessária a soluções de casos concretos.

Como se percebe, são várias as razões que determinam a abstração da norma jurídica. A generalidade, por sua vez, decorre da própria abstração. Na medida que as situações concretas se enquadrem no modelo definido pela norma, elas devem ser subsumidas ao conceito abstrato contido na norma. Ou seja, a norma jurídica incide relativamente a todos os indivíduos, sem exceção, que praticarem as condutas abstratamente descritas no conceito normativo.

2. *A incidência da norma jurídica – Subsunção*

Importante quando se vai tratar de execução da norma jurídica é saber de que maneira a norma incide nos casos concretos, como ocorre o fenômeno da subsunção normativa: a aplicação da norma geral a um caso individual.

Karl Engish lembra que a forma pela qual o Direito adquire um significado determinante na vida das pessoas é relativa à determinação de como *in concreto* elas devem se conduzir e a definição do que é juridicamente devido ou permitido é feita de modo autoritário através dos tribunais e das autoridades administrativas sob a forma de decisões jurisdicionais e de atos administrativos.[20]

Também J. J. Gomes Canotilho afirma que uma norma jurídica somente adquire verdadeira normatividade quando nela se decide um "caso jurídico", o que se faz através da criação de disciplina regulamentadora, de sentença ou decisão judicial, ou também da prática de atos individuais pelas autoridades (concretização administrativa).[21]

Diante destas constatações, percebe-se que não foi à toa que alguns autores já distinguiram as funções estatais em executivas – exercida pelo executivo e judiciário – e legislativa: esta responsável pela elaboração das leis, aquela pela sua aplicação ao caso concreto. Grosso modo, não deixa de ser uma classificação acertada, eis que coerente com o critério de distinção utilizado.

Embora se concorde que, de modo geral, a aplicação da norma jurídica é feita pelas autoridades administrativas e judiciais,

18. "Norma giuridica", em *Contributi ad un Dizionario Guiridico – Analisi e Diritto*, p. 223.

19. Além de materialmente impossível, seria vedado ao Legislativo tal comportamento, sob pena de ferir o princípio da separação de poderes, como já lembrou Afonso Rodrigues Queiró ao tratar da discricionariedade e dos conceitos indeterminados: "Há, porém, um limite para a determinação dos conceitos utilizados pelas normas, além do qual não há legislador que, enquanto tal, possa ir, sob pena de passar da *abstracção* à *individualização*, da norma abstrata à ordem individualizada: quer dizer, sob pena de abandonar o próprio Estado de Direito" (*Reflexões sobre a Teoria do Desvio de Poder em Direito Administrativo*, p. 108).

20. *Introdução ao Pensamento Jurídico*, pp. 76/77.

21. *Direito Constitucional*, p. 223.

o objeto do presente estudo é a aplicação da norma pelos agentes administrativos.[22]

Para que possa aplicar a norma jurídica a um caso concreto, o administrador precisa examinar a situação de fato que lhe é trazida e verificar se nela estão presentes as características descritas pela hipótese normativa.

Em outras palavras, só poderá haver aplicação da norma se as características presentes na situação fática se identificarem com as características enunciadas no conceito fornecido pela norma jurídica. Costuma-se denominar tal atividade de subsunção.[23]

Embora pareça simples, esta atividade de identificação pode significar tarefa extremamente complicada para o aplicador da lei, especialmente o agente administrativo, sem formação jurídica. Daí a necessidade de regulamentos administrativos com o fim de orientar a conduta do agente na fiel execução da norma jurídica através da prática de determinados atos.

A dificuldade existe, em primeiro lugar, porque a norma jurídica é expressa através de conceitos. E nem sempre os conceitos trazidos pela norma jurídica são de significação unívoca. Até mesmo a identificação dos conceitos objetivos, de significado unívoco, requer certa interpretação do agente.

Diante da constatação da existência de conceitos de plúrima significação, pode-se afirmar que através da sua utilização, a lei deixa uma margem de liberdade ao administrador na aplicação da norma jurídica. É óbvio que esta liberdade não é ilimitada, consistindo apenas na atribuição de que se decida no caso concreto qual a significação mais adequada. Na verdade, cabe ao agente descobrir qual o significado idôneo para atingir o interesse público específico previsto pela lei.

Em segundo lugar, a própria lei expressamente – desta vez não através de conceitos indeterminados – pode atribuir ao agente a competência para decidir determinada questão diante do caso concreto. Nestes casos, a competência discricionária que lhe é outorgada também requer regulamentação anterior, a fim de orientar a sua atuação, ainda que de forma também abstrata e genérica.

É dentro desta margem de liberdade que a Administração Pública pode atuar através de regulamentos administrativos. Quando a lei já definir com clareza e exatidão qual a atitude a ser tomada, não há necessidade de regulamentação.[24] Todavia, dificilmente haverá casos em que todos os aspectos serão objeto de disciplina legal de forma precisa. No mais das vezes, surgirá espaço para regulamentar a forma e o momento em que a Administração Pública deve agir.

A edição de regulamentos, então, destina-se, em primeiro plano, a facilitar o processo de concretização da norma jurídica, proporcionando a fiel execução da lei

22. Também por este motivo, não será objeto de análise a diferença existente entre a aplicação da lei feita pelo Judiciário e pela Administração Pública.

23. Embora também se afirme que a subsunção se limita a uma operação lógica silogística (pela qual o intérprete se limita a verificar a correspondência da situação fática à descrição abstrata que consta na lei), há quem diga que tal afirmação reduziria por demais a atividade de aplicação da norma jurídica. É o caso de José de Oliveira Ascensão, *O Direito – Introdução e Teoria Geral*, p. 581. Também Miguel Reale lembra que as coisas são bem mais complexas do que um simples silogismo e que a aplicação da norma jurídica envolve uma série de atos de caráter lógico e axiológico (*Lições Preliminares de Direito*, p. 297).

24. Quanto ao tema, conferir a lição de Celso Antônio Bandeira de Mello: "Onde não houver liberdade administrativa, por estar prefigurado na lei o único modo e o único possível comportamento da Administração ante hipóteses igualmente estabelecidas em termos de objetividade absoluta, não haveria lugar para regulamento que não fosse mera repetição da lei. Daí a necessária conclusão de que o regulamento é meio de disciplinar a *discrição* administrativa, vale dizer, de regular a liberdade relativa que viceja no interior das balizas legais" (*Ato Administrativo e Direitos dos Administrados*, p. 94).

pela Administração. Além disto, visa também fazer com que, na aplicação da norma jurídica, sejam protegidas outras normas existentes no ordenamento jurídico.[25]

3. Regulamento e ato administrativo: atos necessários para a "fiel execução das leis"

Como já afirmado anteriormente, a atividade administrativa típica é a de concretizar os comandos abstratos contidos na lei. E é através de atos administrativos que a Administração realiza esta atividade.

Assim, a execução da lei se dá mediante a edição de atos individuais e concretos por parte da Administração, ou seja, através da prática de atos administrativos.[26]

Os regulamentos, nesta medida, vêm contribuir, em primeiro lugar, para que a execução mencionada seja fiel à lei. Quando o legislador constituinte atribuiu ao Poder Executivo a competência para editar decretos e regulamentos para a fiel execução da lei, não estava somente preocupado em excluir as demais espécies de regulamentos, mas também em assegurar que as leis sejam executadas de forma adequada pela Administração Pública.[27]

Desta forma, pode-se dizer que a correta execução das leis depende não só da edição de atos administrativos, como também da elaboração e da observância dos regulamentos quando desta edição.

O regulamento, ao especificar os conceitos normativos, esclarecendo seu conteúdo, torna possível a aplicação das leis, fornecendo-lhes meios efetivos para que sejam bem executadas.

Por decorrência desta distinção básica, pode-se afirmar que o regulamento constitui fonte do Direito Administrativo, ao passo que o ato administrativo figura como resultado, como produto da atuação administrativa.

É no regulamento que a Administração Pública vai buscar os critérios necessários para nortear a sua conduta na expedição dos atos individuais e concretos.

4. Conceito de ato administrativo e de regulamento. Natureza jurídica do regulamento

Torna-se oportuno, no presente momento, definir ato administrativo e regulamento.

Em primeiro lugar, cabe destacar a razão pela qual se recorrerá a um conceito restritivo de ato administrativo. É que a heterogeneidade da função administrativa, já referida, leva à necessidade de buscar o isolamento de uma categoria na qual se evidencie a atividade essencial, típica da Administração, afastando determinadas categorias de atos que não possuem as mesmas características nem se submetem ao mesmo regime. Assim, o conceito de ato administrativo como manifestação de toda e qualquer forma de atuação da função administrativa seria praticamente inútil, eis que muito amplo para abranger todas as forma de atuação.[28]

E, como já dito, a atividade típica da Administração é aquela que concretiza individualmente comandos contidos na norma jurídica através da edição unilateral de um ato.

25. É o que se verá adiante quando se tratar do fundamento da atividade regulamentar.

26. Sobre o conceito de ato administrativo adotado no presente estudo, conferir o item seguinte.

27. Quanto ao tema, interessante é a lição de Roque Carrazza, ao tratar de regulamentos em matéria tributária: "Em realidade, o regulamento executivo, sem suprir a lei administrativa não bastante em si, nem, muito menos, sem limitá-la ou retificá-la, preenche o seu arcabouço, revestindo-a da normatividade necessária para que seja bem aplicada, aos casos concretos" (*O Regulamento no Direito Tributário Brasileiro*, p. 16).

28. No mesmo sentido, Régis Fernandes de Oliveira: "A atividade administrativa é tão polimorfa e multiforme que um conceito de ato administrativo como explicitação da função administrativa seria de absoluta irrelevância e nenhum resultado prático" (*Ato Administrativo*, p. 59).

Trata-se evidentemente de ato jurídico, manifestação de vontade do agente administrativo que gera conseqüências jurídicas previstas em lei.

A necessidade da prática anterior de um ato, submetido a forma determinada, foi bem lembrada por Michel Stassinopoulos. De acordo com este autor, a Administração não pode aplicar a lei aos casos individuais por operações materiais imediatas, mas deve afirmar-se por uma declaração prévia de vontade. O ato jurídico a ser praticado pela Administração é, segundo o entendimento do autor, condição para que a Administração se volte à prática de atos materiais de execução. Por este motivo, ele afirma que o ato administrativo se torna ao mesmo tempo a fonte e o limite dos atos materiais praticados pela Administração.[29]

A unilateralidade como característica do ato administrativo afasta a inclusão dos atos bilaterais (por exemplo os contratos administrativos), por se submeterem estes a regime diverso que justifica um conceito autônomo. Por outro lado, a unilateralidade também exclui do conceito de ato administrativo a vontade do particular na formação do ato. Embora a participação do administrado tenha diversos graus em relação ao ato administrativo, não há que ser considerada para o fim de conceituação do mesmo.

Também deve ser ressaltado que o ato administrativo é ato praticado não só pelo Poder Executivo, detentor por excelência da função administrativa. Trata-se de um ato estatal que pode ser realizado pelos demais poderes do Estado (como exercício das funções atípicas), ou ainda por particular que esteja exercendo função pública.

Diante destas considerações, o conceito de ato administrativo surge como ato unilateral do Estado, ou de quem exerça função pública, praticado no exercício da função administrativa, para aplicação da norma jurídica a um caso individual e concreto.

Também o conceito de regulamento administrativo já pode ser enunciado como norma geral e abstrata, editada no exercício da função administrativa, destinada a proporcionar a fiel e adequada execução da lei, através da especificação dos conceitos normativos.

Desta forma, o regulamento só pode ser considerado como ato administrativo em sentido amplo, eis que o conceito de ato administrativo se restringe aos atos individuais e concretos.

Muito embora reconheça que a maior parte da doutrina entende que os regulamentos constituem atividade administrativa, Juan Carlos Cassagne defende a natureza legislativa ou normativa desta atividade, já que *"se trata del dictado de normas jurídicas de caráter general y obligatorias por parte de órganos administrativos que actúan dentro de la esfera de su competencia normativa"*.[30]

De fato, não se nega caráter normativo a esta atividade, vez que seu objeto é a edição de normas jurídicas, embora sem o condão de inovar o ordenamento. Por isso mesmo, afirma-se que os regulamentos são leis em sentido material. Todavia, ao contrário do que entende Cassagne, a atividade regulamentar não pode ser considerada como tendo caráter legislativo, eis que não se trata da elaboração de leis em sentido formal.

E é o critério formal[31] – o qual busca elementos de diferenciação no ordenamento jurídico[32] – que deve nortear a distinção entre atividade legislativa e administrativa.

29. *Traité des Actes Administratifs*, pp. 22/23.

30. *Derecho Administrativo*, p. 137.

31. São palavras de Renato Alessi: "Il fondamento, pertanto, della potestá regolamentare va ricercato in una *attribuizione normativa materiale* da parte del potere legislativo all'autoritá (attribuzione da tenersi naturalmente bem distinta dalla *delega di potestà legislativa formale*)" (*Sistema...*, cit., p. 29).

32. Conferir a respeito o que foi dito por Víctor Nunes Leal: "A distinção entre o critério formal e o

Deste modo, não se pode excluir a atividade regulamentar da função administrativa. É que, embora não se trate diretamente de função típica da Administração, ou seja, de atividade imediata e concreta, deve-se evidenciar a sua estreita vinculação com esta atividade.[33]

Por outro lado, o próprio conceito de função administrativa já formulado abrange o exercício da atividade regulamentar. O conceito de regulamento não é incompatível com qualquer dos elementos integrantes do conceito de função administrativa.

Pode-se concluir, desta forma, que os regulamentos têm natureza administrativa,[34] mas não podem ser considerados atos administrativos no sentido aqui exposto.

5. *Regulamento como atividade instrumental da atividade típica administrativa: aplicar a lei ao caso concreto*

Com efeito, já foi salientado que a prática de regulamentos pela Administração Pública constitui uma das formas através das quais é exercida a função administrativa.

Também já se afirmou que a atividade regulamentar é inerente à Administração por ser ela necessária à correta e fiel execução das leis. Com isso, todavia, não se quer preconizar a independência da função regulamentar exercida pela Administração Pública.[35]

Ao contrário, pretende-se ressaltar o caráter instrumental, acessório da atividade regulamentar em relação à atividade típica administrativa e em relação à lei. Isto significa que a edição de regulamentos pela Administração só existe na medida em que é necessária para a boa aplicação da lei. Tal necessidade, reconhecida pelo sistema jurídico positivo brasileiro, autoriza a sua prática.[36]

Assim, a inerência da atividade regulamentar à função administrativa não implica uma independência desta atividade, já que esta existe tão-somente por determinação constitucional, na medida em que se presta a possibilitar à Administração Pública a fiel execução das leis.

A acessoriedade dos regulamentos em relação à lei é reconhecida na doutrina e é tomada no sentido de que aqueles não podem assumir o papel que a Constituição reservou a esta, tratando-se meramente de atos normativos sujeitos à lei e dela dependentes.[37]

critério material é fértil para o jurista, porque a hierarquia existente entre lei e regulamento, assim como entre constituição e lei, *é só de natureza formal*. Para que o regulamento seja invalidado é preciso que contrarie disposições de uma *lei formal*; para que as leis deixem de ser aplicadas é necessário que ofendam disposições do texto constitucional" (*Problemas de Direito Público*, p. 66).

33. O caráter desta vinculação será objeto de análise no próximo item.

34. Marcello Caetano, ao tratar do assunto ensina: "O regulamento é, na verdade, um corolário do poder administrativo. Desde que a Administração tem autoridade para interpretar as leis que aplica, cada um dos actos dos seus órgãos contém explícita ou implicitamente a determinação do sentido ou do desenvolvimento da norma aplicada." (*Manual de Direito Administrativo*, p. 32). Também Oswaldo Aranha Bandeira de Mello, ao se reportar especificamente aos regulamentos executivos afirma: "Em conseqüência, compete ao Executivo adaptar a lei para sua boa aplicação, mediante regulamentos executivos. Logo deve ser essa atividade considerada, enquanto tal, atribuição do Executivo, independente de textos expressos, como problema técnico-jurídico para sua execução" (*Princípios*..., cit., p. 358).

35. Para Eduardo García de Enterría, tal conseqüência é inevitável (*Curso de Direito Administrativo*, p. 202).

36. Será objeto de análise em item próprio o regulamento na forma em que é tratado no ordenamento jurídico brasileiro.

37. É o que afirma Clèmerson Merlin Clève (*Atividade Legislativa do Poder Executivo no Estado Contemporâneo e na Constituição de 1988*, p. 235). Também Pontes de Miranda ressalta esta característica dos regulamentos: "O regulamento não é mais do que auxiliar das leis, auxiliar que sói pretender, não raro, o lugar delas, mas sem que se possa, com tal desenvoltura, justificar-se, e lograr que o elevem à

Desta forma, ressalta-se que os regulamentos constituem instrumento à disposição da Administração para a correta edição dos atos administrativos, ou seja, para a fiel execução das leis.

6. Regulamento como atividade administrativa – Atividade infralegal. Atividade típica da Administração: aplicação da lei e não a sua elaboração. Função regulamentar: própria da Administração na sua atribuição de executora das leis e não função delegada pelo Poder Legislativo

As considerações feitas no item anterior a respeito do caráter instrumental dos regulamentos levam à constatação de duas conseqüências.

A primeira diz respeito àquilo que já foi objeto de apreciação: da acessoriedade dos regulamentos decorre a sua completa subordinação à lei. Na verdade, a subordinação à lei é característica da função administrativa e a atividade regulamentar como forma de exercício desta função não poderia fugir à regra.

Alguns autores, com base nesta característica, chegam a considerar o regulamento como espécie de ato administrativo, como já demostrou Luciano Ferreira Leite.[38]

Todavia, como já demonstrado, não se pode considerar o regulamento como ato administrativo a não ser que este seja tomado em conceito amplo, como manifestação do exercício da função administrativa.

Isto porque o ato administrativo diz respeito à aplicação da norma aos casos concretos, atividade típica da Administração e os regulamentos envolvem a elaboração de normas gerais e abstratas. Considerando que a expressão ato administrativo deve ser reservada àquela categoria que peculiariza a função administrativa, os regulamentos devem ser excluídos deste conceito.

A segunda conseqüência decorre da afirmação de que a atividade regulamentar é inerente à função administrativa. Trata-se, como se viu, de função própria da Administração e, por isso, não se pode considerá-la como função delegada pelo Poder Legislativo.

O simples fato de consistir o seu exercício na edição de normas gerais e abstratas não significa que é atividade inerente ao Poder Legislativo, delegada ao Poder Executivo. O fato de se traduzir na emanação de normas jurídicas implica caráter apenas materialmente legislativo, o que não é relevante.

Isto significa que, formalmente, a função regulamentar é inerente à Administração. Diz-se formalmente, porque foi a própria Constituição Federal que atribuiu ao Poder Executivo tal tarefa (art. 84, IV).[39]

Tal consideração é importante na medida em que caracteriza a inconstitucionalidade da delegação legislativa. Não pode a lei (Poder Legislativo) atribuir ao regulamento (Poder Executivo) a faculdade de definir determinadas situações que ela deixou de disciplinar. Isto porque a Constituição Federal somente atribuiu ao Poder Executivo a competência para editar regulamentos que sirvam à execução da lei, ou seja, à execução daquilo que foi objeto de disciplina legal.[40]

categoria de lei" (*Comentários à Constituição de 1967*, p. 314).

38. Este autor enumera vasta doutrina estrangeira enquadrando o regulamento como ato administrativo, mas defende a idéia aqui exposta de que o regulamento constitui modalidade de exercício da função administrativa (*O Regulamento no Direito Brasileiro*, pp. 23 e 25).

39. Ao comentar o texto da Constituição de 1967, Pontes de Miranda já dizia: "O poder de regulamentar não deriva de delegação legislativa; não é o Poder Legislativo que dá ao Poder Executivo. Legislar e regulamentar leis são funções que a Constituição pôs em regras de competência de um e outro poder. A delegação legislativa em princípio é proibida" (*Comentários*...cit., p. 312).

40. Tal problema será enfrentado mais adiante quando se tratar do regulamento em face do princípio da legalidade.

7. Fundamento da atividade regulamentar – Os princípios jurídicos que norteiam a expedição de regulamentos

Os próprios problemas que envolvem a produção das normas jurídicas pelo Poder Legislativo são os que contribuem para justificar politicamente a existência dos regulamentos administrativos. Assim, a impossibilidade material de se produzirem normas que regulem todos os aspectos das relações sociais, a própria lentidão do processo legislativo, a falta de conhecimento técnico do legislador para tratar de assuntos que requerem tal tratamento, são exemplos de razões que evidenciam a justificativa.[41]

Por outro lado, do ponto de vista jurídico, existem outras razões a justificar a existência dos regulamentos. Afirma Cassagne que "*cuando la ley deja un margem de arbitrio al Poder Ejecutivo, este puede limitar su propria libertad de acción o de elección dictando disposiciones generales, obligatorias para la Administración y para los particulares*".[42]

Bem se vê que o autor está tratando da hipótese de discricionariedade administrativa, já que se refere a uma margem de liberdade concedida pela lei ao administrador para apreciar, segundo critérios de conveniência e oportunidade, qual a decisão a ser tomada no caso concreto a fim de melhor satisfazer o interesse público.

É por isto que parte da doutrina entende possível a edição de regulamentos quando houver necessidade de regular a discricionariedade administrativa. Para Celso Antônio Bandeira de Mello "o regulamento tem cabida e é particularmente útil quando a lei pressupõe, para sua execução, a instauração de relações entre a Administração e os administrados cuja disciplina comporta certa discricionariedade administrativa".[43]

7.1 Regulamento e os princípios jurídicos

Outro aspecto a ser considerado quando se fala em fundamento da atividade regulamentar diz respeito aos princípios constitucionais, especialmente os da isonomia e segurança jurídica.[44] Como já destacado no

41. Por este motivo, Eduardo García de Enterría averbou: "Diante da solenidade, lentidão, intermitência do funcionamento dos Parlamentos, a habitualidade, rapidez, continuidade da produção regulamentária. As razões que justificam a técnica da 'lei-medida', a que já aludimos, se inclinam predominantemente em favor dos regulamentos. A complexidade técnica de muitos destes produtos normativos tampouco faria possível atribuir sua aprovação a um Parlamento de composição política, sem hábitos, sem conhecimentos, experiências, arquivos ou capacidade técnica. Por força, a lei não pode governar ela mesma senão recorrendo à colaboração (cada vez mais estreita e generalizada) dos regulamentos. Agrade ou desagrade, sem ou não grandes riscos de uma normação secundária deste caráter, a potestade regulamentária da Administração é hoje absolutamente imprescindível" (*Curso...*, cit., p. 201).

42. *Derecho...*, cit., p. 141.

43. "Regulamento e princípio da legalidade", *in Revista de Direito Público* 96/47. Conferir também do mesmo autor: *Curso de Direito Administrativo*, pp. 207/208. O mesmo autor também lembra que é "com fundamento no poder hierárquico que o Chefe do Executivo, restringe os comportamentos possíveis e especifica, para os agentes da Administração, a maneira de proceder" (*Ato Administrativo e Direitos dos Administrados*, p. 91). Por outro lado, Alessi, ao tratar do fundamento da *potestà regolamentare*, demonstra que já em época não muito distante afirmou-se que não subsiste a pretendida coincidência entre *potestà discrezionale* e *potestà regolamentare*, porque esta só é exercitável relativamente às matérias para as quais a Administração não recebeu faculdade de praticar um ato concreto e, além disto, só é admissível a competência regulamentar, quando a Constituição ou a lei assim tenha previsto, o que decorre do princípio da separação dos poderes (*Sistema Istituzionale del Diritto Amministrativo Italiano*, p. 29)

44. Marcello Caetano, ao tratar do assunto ressalta que: "Dada a multiplicidade e dispersão dos agentes administrativos e o grande número de casos a resolver, a acção administrativa arriscar-se-ia a ser incoerente ou contraditória se não fosse disciplinada. É preciso que a orgânica interior dos serviços seja ordenada e que o procedimento dos órgãos e dos agentes, as suas relações entre si e com o público, esteja regulado por normas estáveis, previamente conhecidas, integradas no Direito objectivo" (*Manual...*,

início do presente trabalho, a edição de regulamentos visa à correta e fiel execução das leis, de forma que sejam respeitados também outros valores consagrados pelo ordenamento jurídico brasileiro.

Um destes valores é a igualdade, princípio constitucionalmente consagrado. A prática de regulamentos, de um modo geral, visa uniformizar a conduta da Administração, de modo a impedir tratamentos díspares para situações semelhantes.[45] A existência e a observância de regulamentos impede que o poder público trate os administrados de maneira acriteriosa, confrontando o princípio da isonomia.

É que, na medida em que sua função é a de precisar os comandos legais, os regulamentos contribuem para a determinação de critérios a serem aplicados por toda Administração, impedindo, assim, decisões tomadas com base em avaliações pessoais de cada agente administrativo.

Neste sentido, afirma Cassagne: "*El dictado de normas generales por parte de la Administracción assegura el tratamento igual de los administrados, garantizando asi la vigencia del principio constitucional de igualdad (art.16 de la Const. Nac.)*".[46]

Também a segurança jurídica é assegurada na correta expedição dos regulamentos.[47] Estes proporcionam aos administrados o conhecimento prévio da conduta a ser tomada pela Administração diante de determinado comando legal. A partir da uniformização e da precisão dos conceitos normativos realizadas pelos regulamentos, o administrado tem condições de saber com antecedência qual a exigência que lhe é feita e desta forma planejar a sua conduta.

Boa parte da doutrina, ao se dedicar ao tema da segurança jurídica, identifica o valor que nela está contido com a estabilidade dos direitos subjetivos. Daí a afirmação de que o artigo 5º, XXXVI da Constituição Federal é o que consagra aquele princípio.[48]

A noção básica que traz o postulado da segurança jurídica diz respeito à previsibilidade da ação estatal. Garantir a previsibilidade da ação estatal significa assegurar a irretroatividade das leis, de forma que elas não venham a atingir o direito adquirido, o ato jurídico perfeito e a coisa julgada. José Afonso da Silva lembra que "uma importante condição da segurança jurídica está na relativa certeza que os indivíduos têm de que as relações realizadas sob o império de uma norma devem perdurar ainda quando tal norma seja substituída".[49]

A segurança jurídica, em que pese ser este seu sentido mais comum, também se concretiza através de outros direitos e garantias previstas no ordenamento jurídico. Humberto Medrano explica que a seguran-

cit., p. 32). Também Celso Antônio Bandeira de Mello lembra que, por meio de regulamentos, possibilita-se à Administração a definição de critérios previamente estabelecidos e de modo uniforme, a fim de garantir os princípios da segurança jurídica e igualdade. ("Regulamento...", cit., p. 44).

45. Quanto ao específico tema do conteúdo do princípio da isonomia, não se pode deixar de mencionar a obra de Celso Antônio Bandeira de Mello, *O Conteúdo Jurídico do Princípio da Igualdade*, 1993.

46. *Derecho*..., cit., p. 141.

47. A respeito, confira-se a lição de Celso Antônio Bandeira de Mello: "Com efeito, toda a construção jurídica objetivada com o princípio da legalidade para ensejar segurança jurídica e isonomia valeriam nada e seriam 'monumentos à esterilidade' se a caracterização das condutas proibidas aos administrados pudesse ser feita de modo insuficiente, de tal maneira que estes não tivessem como saber, com margem razoável de certeza, quando e *do que* deveriam abster-se para se manterem ao largo das conseqüências sancionadoras aplicáveis aos infratores do Direito. É evidente, portanto, e da mais solar evidência que, para cumprirem sua função específica (sobreposse em atenção às finalidades do Estado de Direito), as normas proibitivas ou que de alguma maneira interfiram com o âmbito de liberdade dos administrados terão de qualificar de modo claro, perfeitamente inteligível, *qual* a restrição imposta e *quando* é cabível" ("Regulamento...", cit., pp. 44/45).

48. É o que, por exemplo, afirma José Afonso da Silva em seu *Curso de Direito Constitucional Positivo*, p. 412.

49. *Curso*..., cit., p. 412.

ça jurídica pode identificar-se com certeza e esta se obtém da aplicação de uma série de princípios jurídicos, cuja ocorrência permite alcançar o estado no qual os cidadãos estão sempre – razoavelmente – em condições de conhecer suas obrigações e direitos.[50]

Considerando que a segurança jurídica abrange as condições mínimas necessárias que permitem ao cidadão o conhecimento de seus direitos e obrigações, pode-se afirmar que também implica o conhecimento das conseqüências jurídicas que seus atos geram (e, muitas vezes, os direitos e obrigações previstos na norma só são plenamente identificáveis em virtude dos regulamentos). Assim, possibilitando-se ao cidadão o julgamento das conseqüências de seus atos e garantindo-lhe o resultado previsto, estar-se-á também contribuindo para a efetividade do direito.

Isto porque só haverá cumprimento das normas jurídicas se houver confiança no poder público. Onde não houver segurança jurídica, onde não houver um mínimo de estabilidade e previsibilidade da conduta estatal, haverá descrédito em relação à aplicação do direito.

7.2 Normatividade dos princípios jurídicos

Tem-se que a noção básica de princípio é relativa à origem, àquilo que dá início a alguma coisa. Desta forma, fácil é perceber por que razão os princípios jurídicos são tidos como regras gerais que informam todo o sistema.

Se o princípio funciona como ponto de partida, não se pode evitar a conseqüência de admiti-lo como ponto de referência e de fundamentação das regras que compõem todo um sistema.

E quando se fala em princípio jurídico, essa idéia é ainda mais evidente. Não é sem motivo que os juristas vêem nos princípios jurídicos o arcabouço do sistema de direito. Quanto a este aspecto, já em 1971, Celso Antônio Bandeira de Mello ensinava que "princípio é, pois, por definição, mandamento nuclear de um sistema, verdadeiro alicerce dele, disposição fundamental que se irradia sobre diferentes normas, compondo-lhes o espírito e servindo de critério para exata compreensão e inteligência deles, exatamente porque define a lógica e a racionalidade do sistema normativo, conferindo-lhe a tônica que lhe dá sentido harmônico".[51]

Dada esta característica dos princípios – a de ser o elemento irradiador de conteúdo e racionalidade para o sistema jurídico – é que se torna claro porque a violação de um princípio é mais grave que a transgressão a uma regra. É que quando se desatende a um princípio, na verdade, ofende-se não apenas um mandamento específico, mas todo o sistema de comandos.[52]

Roque Antônio Carrazza formula definição bastante esclarecedora de princípio jurídico, a qual merece ser lembrada: "é um enunciado lógico, implícito ou explícito, que, por sua grande generalidade, ocupa a posição de preeminência nos vastos quadrantes do Direito e, por isso mesmo, vincula, de modo inexorável, o entendimento e a aplicação das normas jurídicas que com ele se conectam."[53]

Se a existência e a observância dos princípios interferem no sistema como um todo, não se pode prescindir do seu estudo. A investigação do significado e alcance dos princípios jurídicos bem como a consciência de sua juridicidade contribuem para o ideal funcionamento do sistema jurídico.

Está superada a posição doutrinária que distingue princípio de norma jurídica. Atual-

50. "El principio de seguridad jurídica en la creación y aplicación del tributo", in *Revista de Direito Público* 62/134.

51. "Criação de Secretarias Municipais", in *Revista de Direito Público* 15/285.

52. É o que afirma Celso Antônio Bandeira de Mello. (*Curso*..., cit., p. 574).

53. *Curso de Direito Constitucional Tributário*, p. 29.

mente, a doutrina não encontra mais dificuldades em identificar nos princípios verdadeiras normas jurídicas, atribuindo-lhes caráter vinculante.[54]

De acordo com Paulo de Barros Carvalho, os princípios nada mais são do que normas jurídicas dotadas de alto teor axiológico. Carregam, segundo este autor, valores mais relevantes do que aqueles que são trazidos por outras normas jurídicas.[55] Também Canotilho e Vital Moreira definem os princípios como "núcleos de condensações nos quais confluem bens e valores constitucionais".[56]

Diante destas considerações acerca dos princípios, evidencia-se a sua relevância e a necessidade de sua aplicação efetiva pelo administrador – e não somente pelo Poder Judiciário. Isto significa que a Administração não só deve editar regulamentos para assegurar a segurança jurídica e a igualdade aos administrados, mas também significa que tais princípios e os demais devem nortear a interpretação do agente administrativo na aplicação da norma jurídica.

8. Direito brasileiro – Regime jurídico do regulamento. O regulamento no ordenamento jurídico brasileiro: requisitos de validade, perfil constitucional; art. 84, IV, da Constituição Federal (atribuição ao chefe do Poder Executivo da função regulamentadora)

No direito brasileiro, o regime jurídico do regulamento é definido pela Constituição Federal.[57] O legislador constituinte, ao atribuir competências ao Presidente da República, incluiu, juntamente com a competência de sancionar, promulgar e fazer publicar as leis, a de "expedir decretos e regulamentos para a sua fiel execução" (art. 84, IV).

A conseqüência que daí se extrai é a de que somente o Presidente da República pode expedir regulamentos, que são veiculados através de decretos (lembre-se que estes podem ser regulamentares ou não). Trata-se de competência privativa do Chefe do Poder Executivo na sua atribuição de execução das leis.

Todavia, considerando que a tarefa da execução das leis é desenvolvida por toda a Administração Pública – que tem como chefe o Presidente da República –, deve-se destacar que também em grau inferior são emanados atos gerais e abstratos visando à aplicação da lei ou de outros atos normativos.

Tais atos não podem ser denominados de regulamentos no sentido estrito: o que compete somente ao Presidente da República.

Contudo, por serem atos normativos infralegais, em grande parte se submetem ao regime jurídico estabelecido para os regulamentos. Existem, é claro, algumas dife-

54. Conferir, a respeito: Ronald Dworkin, *Los derechos en serio*, p. 86; Eros Roberto Grau, *A ordem econômica na Constituição de 1988*, Malheiros, 1998, p. 108; Paulo de Barros Carvalho, "O princípio da anterioridade em matéria tributaria", in *Revista de Direito Tributário* 63/97; J. J. Gomes Canotilho, *Direito...*, cit., p. 165 e *Fundamentos da Constituição*, p. 49; Norberto Bobbio, *Teoria do ordenamento jurídico*, p. 158.

55. Ao tratar da questão, afirma que princípio "é o nome que se dá a regras do direito positivo que introduzem valores relevantes para o sistema, influindo vigorosamente sobre a orientação de setores da ordem jurídica" ("O princípio da segurança jurídica em matéria tributária", in R*evista de Direito Tributário* 61/78).

56. *Fundamentos...*, cit., p. 49.

57. Desta observação decorre outra de grande relevância. Ao se tratar de regulamentos, deve-se atentar ao regime jurídico definido pelo ordenamento. Com isso, passam a ser perigosas as considerações feitas com base em doutrinas estrangeiras, especialmente aquelas que tratam de regime jurídico muito diverso do brasileiro (caso da França, por exemplo). Por este motivo, Celso Antônio Bandeira de Mello já lembrou que "é absolutamente ingênuo e impróprio caracterizar o regulamento, em nosso Direito, buscando assimilações com o Direito alienígena ou pretendendo irrogar-lhe potencialidades normativas que lhe são conferidas em sistemas alheios, como se houvesse uma acepção universalmente válida e precisa para os atos destarte denominados" (*Curso...*, cit., p. 199).

renças no regime jurídico, dependendo da categoria analisada.

Não se pode, por outro lado, deixar de considerar que estes atos estão, da mesma forma que os regulamentos, destinados à assegurar os princípios da igualdade e segurança jurídica, na medida em que também visam a padronização e uniformização das condutas administrativas, embora em setores específicos. Desta forma, todas as considerações realizadas no presente estudo valem também para estes atos, que podem ser considerados como regulamentos administrativos em sentido amplo.

9. *A rejeição pelo Direito brasileiro do regulamento autônomo. O princípio da legalidade: conteúdo e sua configuração no ordenamento jurídico brasileiro*

Como já demonstrado, o regulamento, no direito brasileiro, presta-se somente à fiel execução das leis, por determinação constitucional. Com isso, a doutrina de direito público mais avançada já afirma que, no sistema jurídico brasileiro, a única categoria existente de regulamentos é a dos regulamentos executivos.[58]

Afasta-se, com isto, a admissão de outras espécies de regulamentos. Diógenes Gasparini, com base na sistematização proposta pela doutrina italiana, distingue entre regulamentos de execução, delegados, autônomos e de necessidade.[59]

Não há necessidade, aqui, de se tratar de cada espécie mencionada. Até porque já se afirmou que, no direito brasileiro, a única modalidade admitida é a dos regulamentos de execução.

Assim, não cabe falar em regulamentos autônomos, já que possuem características opostas aos executivos, por serem editados independentemente de lei.

Ocorre que não há autonomia da atividade administrativa em relação à lei. Como já ressaltado, todo o exercício da função administrativa é subordinado à lei. Esta é, aliás, característica essencial da função administrativa.

Foi por este motivo que Geraldo Ataliba chegou a afirmar que a simples menção aos regulamentos autônomos no direito brasileiro seria "ridícula".[60]

Os motivos pelos quais o regulamento autônomo não é admitido no direito brasileiro são bastante evidentes. A Constituição Federal, em vários dispositivos, tratou de torná-los explícitos através dos artigos 2º (tripartição dos poderes estatais), 5º, II e 37 (princípio da legalidade) e 84, IV (atribuição ao Presidente da República para expedir decretos e regulamentos para a fiel execução das leis).

Princípio da separação de poderes e regulamentos autônomos são realidades contrapostas, que não podem coexistir. É que, ao se admitir a possibilidade de o Poder Executivo editar regulamentos autônomos, estar-se-ia conferindo-lhe a capacidade de

58. É o exemplo de Celso Antônio Bandeira de Mello (*Curso*..., cit., p. 200) e Luciano Ferreira Leite (*O regulamento*..., cit., pp. 40/41).

59. *Poder Regulamentar*, p. 51.

60. As palavras deste publicista merecem transcrição:

"2. Regulamento autônomo – É até ridículo que um brasileiro, tratando da faculdade regulamentar, à luz do nosso direito, abra um tópico sob tal designação. Tão ridículo como seria criar um capítulo sobre a inspiração de Alah na ação de seus delegados-governantes. Nos dois casos, a finalidade de menção seria afirmar o não cabimento do próprio estudo, pela inexistência de reconhecimento constitucional a estes institutos.

"(...)

"Diante de um Texto Constitucional que prescreve que o regulamento só se justifica para 'a fiel execução das leis' (art. 81, III, 2ª parte), mencionar a idéia de regulamento autônomo, neste contexto, é gesto de grande ousadia.

"Cogitar, disso, no Brasil, principalmente de 1891 para cá, é destruir, arrasar, negar a tripartição de poder. É recusar-lhe o reconhecimento de seu cunho de pedra basilar, ou 'chave de abóboda' do sistema" ("Poder regulamentar do Executivo", in *Revista de Direito Público* 57-58/197).

legislar (editar norma geral e abstrata inovadora do ordenamento jurídico), função que pertence ao Poder Legislativo e não aceita delegação, a não ser nas hipóteses excepcionais que a própria Constituição prevê.[61]

Por outro lado, também o princípio da legalidade, ao determinar que ninguém pode ser obrigado a fazer ou deixar de fazer alguma coisa senão em virtude de lei, garante aos particulares o direito de serem somente constrangidos a alguma obrigação em virtude da existência de lei no sentido formal,[62] ou seja, ato do Poder Legislativo que obedeceu ao procedimento constitucionalmente previsto para sua elaboração.

Também deve-se ressaltar o sentido do princípio da legalidade em relação à Administração Pública. A doutrina nacional e estrangeira já repetidamente afirmou que a Administração Pública não só pode fazer tudo que não está proibido, mas só pode fazer aquilo que está expressamente permitido pela lei.[63] Ao contrário do que ocorre com os particulares que podem fazer tudo o que não está proibido.

O princípio da legalidade, em suma, destina-se a garantir que os particulares só sejam restringidos em sua liberdade e propriedade em virtude de um ato emanado do Poder Legislativo, o único com legitimidade para tanto, eis que representante da vontade popular. Deste modo, não cabe ao Poder Executivo, ainda que a sua autoridade máxima, editar normas jurídicas que venham a impor obrigações aos particulares que não tenham sido objeto de previsão pelo Poder Legislativo.

Por determinação do artigo 84, IV, da Constituição Federal, cabe ao Executivo somente a atribuição de executar fielmente as leis. Incumbe-lhe apenas a tarefa de observar as previsões legislativas, de forma a garantir o cumprimento dos direitos e obrigações nelas já contidas previamente. Não há a possibilidade de, através de regulamentos administrativos, criar novos direitos e obrigações, mas tão-somente a possibilidade de proporcionar a execução *in concreto* daqueles que já foram objeto de previsão legislativa.

10. Atividade regulamentar: edição de comandos complementares à lei. Campo de atuação dos regulamentos. Impossibilidade de integração normativa

Diante das considerações acerca da legalidade feitas no item acima, poder-se-ia pensar que para atividade regulamentar não sobraria qualquer campo de atuação, eis que, como já foi dito, a lei deve prever antecipadamente as hipóteses que venham a gerar restrições ou obrigações aos particulares.

Todavia, deve-se, desde logo, esclarecer que existe um espaço para atuação dos regulamentos – definindo-se o seu âmbito e o que deve ser dele excluído.

Em razão do próprio caráter complementar da função administrativa – já ressaltado por Alessi[64] – pode-se dizer que a atividade regulamentar se destina à edição de comandos complementares à lei.

61. E as hipóteses excepcionais já se encontram expressamente previstas no texto constitucional. O Poder Executivo só pode legislar – no sentido formal do termo – através da edição de leis delegadas (e, para tanto, com expressa autorização do Congresso Nacional) e através da edição de medidas provisórias (somente em casos de relevância e urgência e com as demais ressalvas previstas no artigo 62 da Constituição).

62. Conferir, a respeito, as considerações de Seabra Fagundes ao tratar do tema (*O Controle dos Atos Administrativos pelo Poder Judiciário*, p. 100).

63. Na Itália, Alessi ressalta a diferença da extensão do termo legalidade quando se trata do direito privado e do direito público. Para ele, no direito público, a legalidade assume uma feição especial, justamente em razão da exigência de que a Administração Pública só pode fazer o que estiver expressamente autorizado pela lei (*Sistema...*, cit., p. 225).

64. Verificar item 3 do Capítulo I deste trabalho.

Esta complementaridade significa que o regulamento pode dispor sobre tudo o que for necessário para possibilitar a concretização daquilo que foi estritamente previsto pela lei. Não pode ir além, buscando incluir situações que a lei não inclui para a incidência da norma jurídica. Não pode criar direitos e obrigações que a lei não criou nem pode incluir sujeitos que a lei excluiu expressa ou implicitamente.[65] Nem pode da mesma forma preencher eventuais lacunas que a lei tenha.[66]

Já foi dito que a edição de regulamentos é cabível naqueles casos onde existe discricionariedade administrativa.[67] Deve-se, por outro lado, lembrar que a discricionariedade administrativa advém do uso pela lei de conceitos indeterminados, como também de previsão expressa da lei, outorgando ao administrador a liberdade de decidir se deve atuar, quando e como.[68]

No primeiro caso, cabe ao regulamento precisar os conceitos normativos de modo a possibilitar ao aplicador da lei a identificação do que estaria abrangido e do que estaria excluído do âmbito da norma. Através do regulamento, o Poder Executivo pode definir os conceitos trazidos na hipótese e no comando legal, permitindo aos agentes administrativos em primeiro lugar a identificação dos fatos com a hipótese normativa e, em segundo lugar, possibilitando definir outros aspectos na aplicação da norma jurídica ao caso concreto.

E a precisão dos conceitos através dos regulamentos não se limita tão-somente aos conceitos indeterminados.

65. Confira-se a respeito deste campo negativo de atuação regulamentar a lição de Pontes de Miranda (*Comentários*..., cit., pp. 314/316).

66. Sobre a impossibilidade de integração da lei através de regulamentos, conferir Geraldo Ataliba ("Poder...", cit., p. 197) e Luciano Ferreira Leite (*O Regulamento*..., cit., p. 17).

67. Item 7 do Capítulo II.

68. É como Queiró denomina os três campos da discricionariedade (*Reflexões*..., cit., p. 111).

Também quando os conceitos são determinados, muitas vezes, há necessidade de explicitação, eis que podem estar enunciados de modo sintético no texto legal.

A constatação é de Celso Antônio Bandeira de Mello, para quem esta hipótese seria exemplo de atuação regulamentar fora dos casos de discricionariedade. De acordo com este jurista, em tais casos, cabe ao regulamento enunciar de modo analítico tudo aquilo que estava contido na lei mediante conceitos de "síntese". O exemplo por ele utilizado é o conceito de servidor público civil, a partir do qual o regulamento pode definir como servidores da Administração direta, autárquica e fundacional.[69]

De qualquer modo, seja em relação aos conceitos indeterminados, seja em relação aos determinados, o regulamento não pode reduzir o significado do conceito.[70] Ele somente pode explicitar o conteúdo significativo já existente, o que pode até ser feito exemplificativamente. Isto porque a sua função é a de esclarecer o âmbito de aplicação da norma jurídica, de modo que o aplicador possa identificar se a norma incide em determinado caso e de que forma incide.

Na segunda hipótese de discricionariedade administrativa – aquela em que a lei deixou ao administrador a liberdade de definir determinados aspectos da relação jurídica (*an*, *quid* e *quo modo*) –, também há espaço para atuação dos regulamentos. Neste caso, porém, os regulamentos só serão úteis para definir o modo pelo qual pode agir a Administração, ou seja, para estabelecer a forma procedimental de atuação concreta.

11. *Discricionariedade. Possibilidade de redução dos conceitos normativos através da edição de regulamentos*

Boa parte da doutrina administrativista entende que o regulamento tem como es-

69. "Regulamento...", cit., pp. 49/50.

70. Sobre esta afirmação, conferir o item seguinte.

pecífica função a limitação da discricionariedade administrativa.[71]

Em que pesem as autorizadas considerações doutrinárias, tal assertiva deve ser interpretada com as devidas precauções, eis que o seu acerto depende do conceito de discricionariedade que se toma. Na verdade isso só pode ser verdadeiro na medida em que a discricionariedade seja aquela margem de liberdade outorgada ao Poder Executivo para decidir conforme critérios de oportunidade e conveniência qual a melhor solução.

Todavia, se o conceito de discricionariedade for a margem de liberdade outorgada legalmente ao administrador para decidir *diante do caso concreto* qual a melhor decisão, não se pode aceitar que o regulamento possa reduzir o âmbito de aplicação da lei.

Isto porque, neste caso, ao reduzir o significado de um conceito, o regulamento pode estar afastando da incidência da norma jurídica hipóteses que por ela estavam previstas, que a lei pretendia alcançar.

E, de acordo com este segundo conceito de discricionariedade, somente diante do caso concreto é que se poderia definir qual a melhor decisão[72] e não no plano abstrato, no qual atuam os regulamentos. Em suma, se a discricionariedade diz respeito à atuação nos casos concretos, ela não pode ser limitada abstratamente.

Capítulo III – As principais diferenças entre regulamento e ato administrativo

1. O regulamento como ato normativo equiparado à lei: disposição genérica e abstrata – Ato administrativo: individual e concreto. Entrelaçamento das características: generalidade/individualidade, abstração/concretitude

Existem algumas diferenças básicas entre os regulamentos e os atos administrativos, de modo a que se possa atribuir a cada um conceito autônomo. A diferença do regime jurídico do regulamento e do ato administrativo permite um tratamento diferenciado, não se esquecendo que ambos são expressões do exercício da função administrativa e, portanto, sujeitos ao regime jurídico-administrativo.

Sem dúvida, a principal diferença a ser destacada concerne à generalidade-abstração do primeiro em confronto com a individualização-concretitude do segundo.

As demais diferenças existentes decorrem desta distinção principal.

Quando se afirma que os regulamentos são atos gerais e abstratos, quer-se dizer que são aplicáveis a um número indeterminado ou indeterminável de pessoas, definem situações hipotéticas, incidindo todas as vezes que as situações neles descritas ocorrerem. Trata-se de uma característica da norma jurídica, gênero do qual o regulamento é espécie.

Ao contrário, o ato administrativo, conforme já definido, trata de uma situação concreta e dirige-se a sujeitos determinados ou determináveis.[73] Isto porque é ato final da aplicação da norma jurídica ao caso concreto.

71. Celso Antônio Bandeira de Mello entende que quando a lei se utiliza de conceitos imprecisos, o Executivo pode, através de regulamentos, "limitar a discricionariedade que adviria da dicção inespecífica da lei" ("O Regulamento...", cit., p. 47). No mesmo sentido Luciano Ferreira Leite (*O regulamento*..., cit., pp. 41/42) e Cassagne (*Derecho*..., cit., p. 141).

72. Quando se fala aqui sobre a melhor decisão, pretende-se abranger as hipóteses de discricionariedade em razão dos conceitos indeterminados como também as demais já mencionadas.

73. Eduardo García de Enterría lembra que: "A distinção é normalmente visível por si mesma, especialmente porque a individualização da norma que cumpre o ato se traduz em que este costuma apresentar-se com um destinatário concreto (a sanção administrativa se impõe a uma pessoa determinada, a licença se outorga a um peticionário concreto, a nomeação ou aposentadoria de um funcionário se concede em favor de alguém com seu nome e sobrenome), enquanto que os regulamentos, como as normas comumente costumam falar de uma linguagem impessoal e abstrata" (*Curso*..., cit., p. 204).

Embora se diga que o regulamento é ato geral e abstrato e o ato administrativo individual e concreto, não se deve esquecer que podem existir situações em que o ato seja geral e concreto (por exemplo, os editais de licitação).

Considerando-se, como já afirmado, que a generalidade decorre da abstração, não se pode conceber casos de ato abstrato e individual. Isto porque o caráter abstrato do ato necessariamente faz com que todas as pessoas que se enquadrem na hipótese descrita sejam por ele alcançados, não se podendo falar em individualização, portanto. As hipóteses imagináveis de atos abstratos individuais não passam de casos em que o ato regula situações de efeitos contínuos ou em que há imposição de condições específicas, o que difere da abstração.

Estas situações excepcionais, de qualquer modo, estão excluídas do conceito tanto de regulamento quanto de ato administrativo. Não se pode, todavia, afirmar que estão excluídas do conceito de função administrativa e de seu regime jurídico.

2. *Revogabilidade dos atos administrativos e dos regulamentos*

A revogabilidade dos regulamentos é característica que a doutrina sempre utiliza para reforçar a distinção entre estes e os atos administrativos.[74]

Esta mesma doutrina ressalta que, enquanto o regulamento é livremente revogável, a revogação do ato administrativo está sujeita a limitações decorrentes da existência de direitos subjetivos que, porventura, o ato tenha criado para o administrado.

Em primeiro lugar, deve-se ressaltar que este caráter da revogabilidade conferido ao regulamento é decorrente da sua própria natureza de norma jurídica. Quanto a este aspecto, é semelhante à lei.[75] Por se tratar de ato geral e abstrato, é mediato em relação ao administrado,[76] não concretizando direito subjetivo algum (o qual somente surgirá em decorrência da expedição de um ato administrativo). Pode, então, ser livremente revogável pela Administração.

A revogação do ato administrativo está sujeita a uma série de limitações, eis que pode ter dado origem a situações constituídas, dando ensejo a direitos do administrado à imutabilidade da situação.

Da revogação do regulamento, por óbvio, não advém o desfazimento dos atos administrativos praticados sob sua égide. Estes submeter-se-ão ao regime acima apontado.

Deve-se ressaltar que a revogação do regulamento tem objeto diverso da revogação do ato administrativo. Quem constata esta diferença é Celso Antônio Bandeira de Mello, ao dizer que a revogação do regulamento visa a supressão do próprio ato, como "fonte matriz de efeitos jurídicos", ao passo que a revogação do ato administrativo visa a extinção das relações jurídicas, ou seja, dos efeitos do ato.[77]

3. *O regulamento e o ato em relação aos destinatários: administradores e administrados*

Como assinala André Gonçalves Pereira, uma das diferenças que justificam a dis-

74. É o caso de André Gonçalves Pereira (*Erro*..., cit., p. 82), Cassagne (*Derecho*..., cit., p. 138), Enterría (*Curso*..., cit., p. 206). Na doutrina nacional Celso Antônio Bandeira de Mello (*Curso*..., cit., p. 287).

75. Luciano Ferreira Leite afirma que: "Entretanto, exatamente em razão de o regulamento ser, quase sempre, geral e abstrato, dispondo para o futuro, é que sua revogação não acarreta modificação ou extinção das relações jurídicas constituídas. Em outras palavras, dispondo para o futuro, não atinge a revogação direito subjetivo do administrado, como poderia ocorrer se se tratasse de ato administrativo concreto. E mais: dirigindo-se, basicamente, às autoridades administrativas não constituem situação jurídica em favor dos administrados" (*O regulamento*..., cit., pp. 33/34).

76. André Gonçalves Pereira é quem ressalta a mediatidade do regulamento em contraposição à imediatidade do ato administrativo (*Erro*..., cit., p. 82).

77. *Curso*..., cit., p. 283.

tinção entre ato e regulamento é que este é mediato em relação ao administrado, ao passo que o ato administrativo, além de concreto, é imediato. É enfim, o que constitui direitos para o administrado.[78]

É correto o critério utilizado pelo autor. O regulamento, por ser geral e abstrato, da mesma forma que a lei, não constitui o particular em direitos e obrigações. Além disto, trata-se, como já se disse, de um ato que se destina a orientar a conduta da Administração na aplicação da lei.

Os destinatários, então, dos comandos regulamentares são os agentes administrativos, na medida em que são as pessoas competentes para dar cumprimento à norma jurídica.

Por este motivo, o regulamento não impõe restrições ou cria direitos para os cidadãos, a não ser mediatamente. Na medida em que estes são envolvidos em relações com a Administração e esta edita um ato administrativo – com base no que previsto no regulamento – é que surge para o particular o dever de cumprir o dever ou exigir o cumprimento do direito.[79]

Conclusões

A partir das considerações feitas no decorrer do texto, podem-se extrair as seguintes conclusões principais:

1. O princípio da separação dos poderes, na atual concepção, exige não só a interação entre os poderes, como também a prática de atividades típicas e atípicas, de forma a garantir a independência e a harmonia entre os poderes. Dentre as funções atípicas do Poder Executivo, encontra-se a de expedir regulamentos.

2. Embora função atípica, a atividade regulamentar constitui atividade inerente à Administração, já que se destina juntamente com os atos concretos a possibilitar correta e fiel execução das leis.

3. Regulamento e ato administrativo são institutos diferentes, que obedecem a regime jurídico diferenciado em razão da natureza que possuem (ato abstrato e concreto o primeiro e individual e abstrato o segundo).

4. A diferença existente permite chamar de ato administrativo somente aquela categoria de atos que peculiarizam a atuação da Administração na função típica de execução das leis, ou seja, os atos individuais e concretos.

5. Tanto os regulamentos quanto os atos administrativos são manifestações de exercício da função administrativa, do que decorre o seu caráter de instrumentalidade e infralegalidade.

6. A aplicação das leis pela Administração é dependente tanto da edição de atos concretos (atos administrativos) quanto de regulamentos. A necessidade de regulamentos se impõe por uma série de razões políticas e jurídicas. Dentre estas, a principal é a relativa à discricionariedade administrativa, aos princípios da isonomia e segurança jurídica.

7. A função principal do regulamento é a de precisar os conceitos normativos, de forma a possibilitar ao aplicador da lei a identificação do que está abrangido e o que foi excluído do âmbito da norma a ser aplicada.

8. O regulamento no direito brasileiro tem o seu regime jurídico definido constitucionalmente, só se destinando à fiel execução das leis. Excluem-se, pois todas as espécies de regulamentos que não sejam executivos.

78. *Erro...*, cit., pp. 82/83.

79. É o que afirma Geraldo Ataliba: "Os administrados só são sujeitos aos preceitos regulamentares, na medida em que, *pela lei*, devam tratar com os servidores públicos, e só nessa medida. Os administrados não são subordinados ao chefe do Poder Executivo. Não devem acatamento às suas ordens" ("Poder...", cit., p. 189). Oswaldo Aranha Bandeira de Mello ressalta que: "O regulamento não rege relações jurídicas entre particulares, mas do Estado-poder com terceiros, sejam servidores públicos, sejam particulares" (*Princípios...*, cit., p. 352).

9. Diante disto, não cabe ao regulamento restringir, ampliar ou integrar o que foi disciplinado pela lei.

10. Apesar de o regulamento atuar dentro do âmbito da discricionariedade administrativa, não pode reduzir o significado do conceito normativo, eis que esta atribuição discricionária só é legítima no caso concreto e não no plano abstrato dos regulamentos.

11. As diferenças entre regulamento e ato administrativo decorrem basicamente da natureza de norma jurídica daquele.

Referências bibliográficas

ALESSI, Renato – *Sistema Istituzionale del Diritto Amministrativo Italiano*, Milão, Giuffrè, 1953.

ASCENSÃO, José de Oliveira – *O Direito – Introdução e Teoria Geral*, 7ª ed., Coimbra, Almedina, 1993.

ATALIBA, Geraldo – "Poder regulamentar do Executivo", in *Revista de Direito Público*, 57-58, 1981.

BOBBIO, Norberto – "Norma giuridica", em *Contributi ad un Dizionario Guiridico – Analisi e Diritto*, Torino, Giappichelli, 1994.

_______. *Teoria do Ordenamento Jurídico*, 4ª ed., Brasília, Edunb, 1994.

CAETANO, Marcello – *Manual de Direito Administrativo*, I, Coimbra, Almedina, 1984.

CANOTILHO, J. J. Gomes – *Direito Constitucional*, 6ª ed., Coimbra, Almedina, 1993.

_______. *Fundamentos da Constituição* (em cooperação com Vital Moreira), Coimbra, Ed. Coimbra, 1991.

CARRAZZA, Roque Antônio – *O Regulamento no Direito Tributário Brasileiro*, São Paulo, Ed. RT, 1981.

CARVALHO, Paulo de Barros – "O princípio da segurança jurídica em matéria tributária", in *Revista de Direito Tributário*, 61.

_______. *Curso de Direito Constitucional Tributário*, 6ª ed., São Paulo, Malheiros Editores, 1994.

_______. "O princípio da anterioridade em matéria tributária", in *Revista de Direito Tributário*, 63.

CASSAGNE, Juan Carlos – *Derecho Administrativo*, I, Buenos Aires, Abeledo-Perrot, 1996.

CLÉVE, Clèmerson Merlin – *Atividade Legislativa do Poder Executivo no Estado Contemporâneo e na Constituição de 1988*, São Paulo, Ed. RT, 1993.

DWORKIN, Ronald. *Los Derechos en Serio*, Barcelona, Ariel, 1995

ENGISH, Karl – *Introdução ao Pensamento Jurídico*, 6ª ed., Lisboa, F. Calouste Gulbenkian, 1977.

GARCÍA DE ENTERRÍA, Eduardo – *Curso de Direito Administrativo* (em coop. com Tomás-Ramón Fernández), São Paulo, Ed. RT, 1990 (trad. Arnaldo Setti).

FAGUNDES, Miguel Seabra – *O Controle dos Atos Administrativos pelo Poder Judiciário*, 4ª ed., Rio de Janeiro, Forense, 1967.

GASPARINI, Diógenes – *Poder Regulamentar*, 2ª ed., São Paulo, Ed. RT, 1982.

GORDILLO, Agustín – *Tratado de Derecho Administrativo*, t. I, 3ª ed., Buenos Aires, Macchi, 1995.

GRAU, Eros Roberto – *A Ordem Econômica na Constituição de 1988*, 2ª ed., São Paulo, Ed. RT, 1991.

LEAL, Víctor Nunes – *Problemas de Direito Público*, Rio de Janeiro, Forense, 1960.

LEITE, Luciano Ferreira – *O Regulamento no Direito Brasileiro*, São Paulo, Ed. RT, 1986.

MAYER, Otto – *Derecho Administrativo Aleman*, v. I, Buenos Aires, Depalma.

MEDRANO, Humberto – "El principio de seguridad jurídica en la creación y aplicación del tributo", in *Revista de Direito Público*, v. 62.

MELLO, Celso Antônio Bandeira de – "Criação de secretarias municipais", in *Revista de Direito Público*, v. 15.

_______. "Regulamento e princípio da legalidade", in *Revista de Direito Público*, v. 96, 1990.

_______. *Ato Administrativo e Direitos dos Administrados*, São Paulo, Ed. RT, 1981.

_______. *O Conteúdo Jurídico do Princípio da Igualdade*, 3ª ed., São Paulo, Malheiros Editores, 1993.

_______. *Curso de Direito Administrativo*, 9ª ed., São Paulo, Malheiros Editores, 1997.

MELLO, Oswaldo Aranha Bandeira de – *Princípios Gerais de Direito Administrativo*, v. I, 2ª ed., Forense, Rio de Janeiro, 1979.

MIRANDA, Pontes de – *Comentários à Constituição de 1967*, t. III, 2ª ed., São Paulo, Ed. RT, 1973.

MONTESQUIEU, Charles Louis de Secondat, Baron de la Brède et de – *O Espírito das Leis*, 2ª ed., Brasília, UnB, 1995 (trad. de Fernando Henrique Cardoso e Leôncio Martins Rodrigues).

MOREIRA, Vital – *Fundamentos da Constituição* (em cooperação com J. J. Gomes Canotilho), Coimbra, Ed. Coimbra, 1991.

OLIVEIRA, Régis Fernandes de – *Ato Administrativo*, 3ª ed., São Paulo, Ed. RT, 1992.

PEREIRA, André Gonçalves – *Erro e Ilegalidade no Acto Administrativo*, Lisboa, Ática, 1962.

QUEIRÓ, Afonso Rodrigues – *Reflexões sobre a Teoria do Desvio de Poder em Direito Administrativo*, Coimbra, Coimbra Editora, 1940.

RAMÓN FERNÁNDEZ, Tomás – *Curso de Direito Administrativo* (em coop. com Eduardo García de Enterría), São Paulo, Ed. RT, 1990 (trad. de Arnaldo Setti).

REALE, Miguel – *Lições Preliminares de Direito*, 15ª ed., São Paulo, Saraiva, 1987.

SILVA, José Afonso da – *Curso de Direito Constitucional Positivo*, 11ª ed., São Paulo, Malheiros Editores, 1996.

STASSINOPOULOS, Michel – *Traité des Actes Administratifs*, Atenas, Lib. Recueil Sirey, 1954.

PARECERES

DA NECESSIDADE LEGAL E ECONÔMICA DE PREFIXAÇÃO DAS CONDIÇÕES FINANCEIRAS DA PRORROGAÇÃO DO PRAZO DAS CONCESSÕES DO SERVIÇO MÓVEL CELULAR

ARNOLDO WALD
Professor Catedrático da Universidade do Estado do Rio de Janeiro

"Prorrogação do contrato é o prolongamento de sua vigência além do prazo inicial, com o mesmo contratado e nas mesmas condições anteriores. Assim sendo, a prorrogação, que é feita mediante termo aditivo, independe de nova licitação, podendo seu prazo ser igual, inferior ou superior ao do contrato original".

(Hely Lopes Meirelles, *Direito Administrativo Brasileiro*, 21ª ed., São Paulo, Malheiros Editores, 1996, p. 218, grifamos)

"Em regra, para a autoridade, que tem a prerrogativa de ajuizar, por alvedrio próprio, da oportunidade e dos meios apropriados para exercer as suas atribuições, o poder se resolve em dever".

(Carlos Maximiliano, *Hermenêutica e Aplicação do Direito*, 14ª ed., Rio de Janeiro, Forense, 1994, n. 333, p. 272, grifamos)

I – Introdução

1. O Edital de Concorrência n. 001/96-SFO/MC trata da renovação da concessão, sujeitando-a ao cumprimento das obrigações pelo concessionário, à manifestação tempestiva do mesmo de interesse em continuar a prestar o serviço – que deverá ocorrer pelo menos trinta meses antes de expirar o prazo contratual – (cláusula 44ª) e ao pagamento (pelo concessionário) dos direitos devidos pela exploração do serviço e pelo uso de radiofreqüências associadas (cláusula 45ª).

2. As duas primeiras condições são objetivas e facilmente verificáveis mas, quanto ao pagamento a ser feito pelo concessionário, inexistem quaisquer parâmetros, esclarecendo tão-somente o § 1º da cláusula 45ª que as partes deverão chegar a acordo, para fixação do seu montante, pelo menos 24 meses antes da expiração do prazo, levando-se em consideração as condições da prestação do serviço à época da renovação. Não chegando as partes – autoridade concedente e empresa concessionária – a um acordo, passaria o Ministério das Comunicações a instaurar novo processo de outorga de concessão (cláusula 45ª, § 2º).

3. Embora haja referência ao contexto existente no momento da renovação, não há, no edital, qualquer momento que indique o modo pelo qual será calculado o montante a ser pago, pelo concessionário, em decorrência do acordo que então será negociado. Assim, em certo sentido, *há uma condição potestativa do Poder Público que poderá exigir qualquer preço*, em que existam limites objetivos, o que cria, para o concessionário, uma ampla área de risco e até de incerteza, esclarecendo a melhor doutrina que, enquanto o risco pode ser calculado, a incerteza importa em imprevisibilidade, que não pode ser estimada.

4. Cabe ainda lembrar que a não renovação, independentemente do preço a ser acertado consensualmente, só pode ocorrer nos casos de inadimplemento do concessionário ou de interesse público na retomada do serviço, que deverão ser comprovados em processo administrativo. Assim, desde que tenha havido execução adequada do serviço pelo concessionário e sido cumpridas todas as suas obrigações e não ocorra interesse público na retomada – que pode existir em qualquer momento, justificando até a encampação do serviço antes do término do prazo da concessão –, a única possibilidade de não renovação está vinculada à falta de acordo quanto ao valor a ser pago pelo concessionário. Ora, como vimos, na atual redação, tal montante não sofre qualquer restrição, sendo ilimitado o valor que poderá ser exigido pela Administração.

5. Assim sendo, *existe no edital falta de elemento objetivo, a fixação do preço a ser pago na renovação*. Este valor pode ser determinado, desde logo, ou determinável, desde que conhecidos os elementos que ensejarão a sua fixação, como ainda pode ser fixado em banda com um mínimo e um máximo, ambos representados por valores fixos ou obtidos mediante o cálculo de uma fórmula que deverá ser prefixada, para conhecimento prévio de todos os licitantes.

6. Veremos que há, no caso, a falta de um elemento que é exigido pela lei e cuja presença também se torna imperativa, em virtude dos princípios gerais que se aplicam à licitação. Depois de examinar a lei aplicável ao caso, analisaremos também algumas legislações estrangeiras, que tratam da matéria, e o contexto dentro do qual o problema se apresenta, considerando a evolução tecnológica e o desenvolvimento da economia nacional, para, finalmente, apresentar as nossas conclusões.

II – Da legislação aplicável

7. O Edital esclarece que a concorrência e o contrato obedecerão a legislação referente às licitações (Lei n. 8.666 e suas modificações) e às concessões (Leis ns. 8.987 e 9.074), sem prejuízo da aplicação das normas específicas referentes às telecomunicações.

8. É o que se verifica na parte inicial do Edital, antes da cláusula 1ª do mesmo, esclarecendo expressamente a autoridade que: "*A presente licitação reger-se-á* pela Lei n. 4.117, de 27 de agosto de 1962 e suas alterações, *pela Lei 8.666, de 21 de junho de 1993 e suas alterações; Lei n. 8.987, de 13 de fevereiro de 1995*; pela Lei 9.074, de 7 de julho de 1995; pela Lei n. 9.295, de 19 de julho de 1996; pelo Decreto n. 2.056, de 4 de novembro de 1996; pela NGT n. 20/96 Norma Geral de Telecomunicações – Serviço Móvel Celular, aprovada pela Portaria MC n. 1.533, de 4 de novembro de 1996; pela Portaria MC n. 1.716, de 20 de novembro de 1996; pela Portaria MC n. 2.512, de 30 de dezembro de 1996; por este Edital e seus ANEXOS, que constam do Processo n. 53000.016577/96" (os grifos são nossos).

9. Ocorre que, enquanto a Lei de Licitações só admite as prorrogações de prazos contratuais excepcionalmente e desde que ocorram fatos supervenientes, como deflui do art. 57, §§ 1º e 2º, a legislação sobre concessões considera a prorrogação como normal, quando prevista no edital e desde que cumpridas adequadamente as obrigações do concessionário.

10. Essa distinção se explica pela especificidade da concessão, como contrato de colaboração e de longo prazo, na qual o equilíbrio econômico-financeiro deve ser mantido no tempo, considerando-se a amortização de todos os investimentos – e não só dos equipamentos –, o que a caracteriza como verdadeira parceria do Poder Público e da iniciativa privada.[1]

11. A legislação sobre concessões não trata da renovação do contrato, mas sim da sua prorrogação. Efetivamente, o art. 23 da Lei n. 8.987 esclarece que:

"São cláusulas *essenciais* do contrato de concessão as relativas:

I – ....

XII – às condições para prorrogação do contrato;"

12. Por sua vez, a Lei n. 9.074, aplicável por analogia às telecomunicações, contempla a prorrogação das concessões por período no máximo igual ao inicialmente previsto, quando trata dos serviços de energia elétrica, desde que cumpridas todas as obrigações do concessionário.

13. Efetivamente, o art. 4º da mencionada lei esclarece que:

1. Arnoldo Wald, Luiza Rangel de Moraes e Alexandre de M. Wald, *O Direito de Parceria e a Nova Lei de Concessões*, com prefácio do Presidente Fernando Henrique Cardoso, São Paulo, Ed. RT, 1996, pp. 27 e ss.

"Art. 4º. *As concessões*, permissões e autorizações de exploração de serviços e instalações de energia elétrica e de aproveitamento energético dos cursos de água *serão* contratadas, *prorrogadas* ou outorgadas *nos termos desta e da Lei 8.987, de 1995, e das demais*.

"§ 1º. As contratações, outorgas e *prorrogações* de que trata este artigo *poderão ser feitas a título oneroso em favor da União*.

"§ 2º. As concessões de geração de energia elétrica, contratadas a partir desta Lei, terão o prazo necessário à amortização dos investimentos, limitado a trinta e cinco anos, contado da data de assinatura do imprescindível contrato, podendo ser prorrogado no máximo por igual período, a critério do poder concedente, nas condições estabelecidas no contrato.

"§ 3º. *As concessões* de transmissão e de distribuição de energia elétrica, contratadas a partir desta Lei, terão o prazo necessário à amortização dos investimentos, limitado a trinta anos, contado da data de assinatura do imprescindível contrato, *podendo ser prorrogado* no máximo por igual período, a critério do poder concedente, *nas condições estabelecidas no contrato*.

"§ 4º. *As prorrogações* referidas neste artigo *deverão ser requeridas pelo concessionário* ou permissionário, no prazo de até trinta e seis meses anteriores à data final do respectivo contrato, devendo o poder concedente manifestar-se sobre o requerimento até dezoito meses antes dessa data."

14. A Seção V do Capítulo II da mesma Lei n. 9.074 é intitulada: "*Da prorrogação das concessões atuais*".

15. Na mencionada seção, o art. 19 determina que:

"Art. 19. *A União poderá*, visando garantir a qualidade do atendimento aos consumidores a custos adequados, prorrogar, pelo prazo de até vinte anos, as concessões de geração de energia elétrica, alcançadas pelo art. 42 da Lei 8.987, de 1995, desde que requerida a prorrogação, pelo concessionário, permissionário ou titular de manifesto ou de declaração de usina termelétrica, observado o disposto no art. 25 desta Lei".

16. Os vários parágrafos do referido artigo elucidam que ao concessionário cabe fazer a prova do cumprimento de suas obrigações administrativas e fiscais, podendo haver retomada do serviço, quando houver interesse da União ou quando não tiver sido requerida a prorrogação oportunamente e apresentada a documentação necessária.

17. Finalmente, a Lei n. 9.295, de 19.7.1996, quando trata das concessões em matéria de telecomunicações esclarece no seu art. 3º que:

"Art. 3º. *O Serviço Móvel Celular será explorado mediante concessão*, outorgada, por licitação, *pelo prazo de quinze anos, renovável por iguais períodos*, observando o disposto no art. 11 desta Lei".

18. O art. 11 da mesma lei refere tão-somente ao critério de nacionalidade das empresas e dos seus acionistas, como se verifica pelo seu texto:

"Art. 11. As concessões para exploração de Serviço Móvel Celular e de Serviço de Transporte de Sinais de Telecomunicações por Satélite somente poderão ser outorgadas a empresas constituídas segundo as leis brasileiras com sede e administração no País.

"Parágrafo único. Nos três anos seguintes à publicação desta Lei, o Poder Executivo poderá adotar, nos casos em que o interesse nacional assim o exigir, limites na composição do capital das empresas concessionárias de que trata este artigo, assegurando que, pelo menos 51% *(*cinqüenta e um por cento*)* do capital votante pertença, direta ou indiretamente, a brasileiros."

19. Verifica-se, pois, que a chamada lei mínima das telecomunicações contempla a prorrogação, sem esclarecer se deve ser gratuita ou onerosa, embora – a nosso ver erroneamente – a denomine "renovação", que tem regime jurídico próprio.

20. Finalmente, as várias legislações estaduais sobre concessão, algumas das quais precedendo as normas federais, também contemplam a prorrogação do prazo da concessão, como se verifica, por exemplo, na Lei n. 7.835/92 do Estado de São Paulo que, no seu art. 8º, inciso XX, considera como cláusula essencial do contrato de concessão a relativa a: *"possibilidade de prorrogação do prazo da concessão, desde que prevista no edital de licitação"*.

21. A mesma lei acrescenta, no seu art. 10, que:

"Art. 10. O prazo do contrato de concessão, fixado no edital de licitação, deverá atender, em cada caso, ao interesse público e às necessidades ditadas pelo valor do investimento.

"Parágrafo único. *Será admitida a prorrogação do contrato de concessão, desde que prevista no edital*, tendo em vista sempre as exigências de continuidade na prestação do serviço."

22. Ora, *quando lei federal* (art. 23, XII da Lei n. 8.987) *se refere às condições da prorrogação, o que pretende e, na realidade, que o edital e o contrato estabeleçam as condições financeiras, ou seja, o montante a ser pago ou, no mínimo, critérios objetivos para este fim*, que tenham uma vinculação razoável com a atuação do concessionário. Assim, a lei não quer que se diga tão-somente que haverá uma negociação para fixação do mencionado montante, mas que o mesmo será calculado em bases objetivas, como, por exemplo, um percentual determinado do primeiro pagamento feito ao concedente ou um percentual do faturamento ou do lucro obtido num determinado período.

23. Condições de um negócio são o preço e o modo de pagamento e não apenas a modalidade pela qual as partes poderão chegar a um acordo que, se não alcançado, ensejará nova licitação. Em todo ato jurídico bilateral, os elementos essenciais são o objeto (*res*), o preço (*pretium*) e o prazo.

24. É interessante salientar que Lei de Concessões, ao contrário do edital, *não trata da renovação, mas tão-somente da prorrogação.* Assim sendo, para compatibilizar o texto do edital com a lei, é preciso desprezar a terminologia utilizada para reconhecer que *se trata, no caso, de verdadeira prorrogação* (mantido o contrato inicial desde que feito o pagamento adequado), *e não de renovação* na qual se rediscute o contrato na sua totalidade.

25. Para atender, pois, ao texto da lei, *as condições deveriam ser claras, prevendo-se desde logo preço determinado ou determinável a ser pago ao concessionário no momento da prorrogação.*

26. Por outro lado, esta exigência decorre dos princípios gerais aplicáveis à licitação, que exige transparência e deve evitar as ambigüidades, como aliás tem reconhecido o Ministério das Comunicações, em várias oportunidades recentes, fazendo da matéria uma das suas preocupações básicas.

27. Na realidade, a incerteza quanto a importante elemento do contrato não se compatibiliza com a objetividade que se pretende estabelecer na licitação, nos precisos termos do art. 3º da Lei n. 8.666, de acordo com o qual:

"Art. 3º. *A licitação destina-se a garantir observância do princípio constitucional da isonomia* e a selecionar a proposta mais vantajosa para a Administração e *será processada e julgada em estrita conformidade com os princípios básicos da legalidade, da impessoalidade, da moralidade, da igualdade, da publicidade*, da probidade administrativa, da vinculação ao instrumento convocatório, *do julgamento objetivo* e dos que lhes são correlatos".

28. No mesmo sentido, o art. 45, da Lei n. 8.666, determina que o *julgamento das propostas seja objetivo*, enquanto o art. 44, § 1º, do mesmo diploma esclarece que:

"§ 1º. *É vedada a utilização de qualquer elemento, critério ou fator sigiloso, secreto, subjetivo ou reservado* que possa, ainda que indiretamente, elidir o princípio da igualdade entre os licitantes".

29. Examinando a matéria, afirma Hely Lopes Meirelles que: *"Nulo é, portanto, o edital omisso ou falho, quanto ao critério e fatores de julgamento..."* [2]

30. Nulo também é o edital no qual as partes não podem avaliar exatamente os seus direitos e deveres. E é o que acontece quando o prazo do contrato pode variar entre 15 e 30 anos, em virtude de um pagamento cujo valor é absolutamente imprevisível e que depende de condição potestativa, a critério da Administração.

31. Acresce que, nos contratos de concessão, desde que cumpridas as obrigações assumidas pelo concessionário e, eventualmente, por ele pago um preço razoável pela prorrogação do prazo, a mesma deixa de ser uma simples faculdade da Administração para transformar-se num direito adquirido do concessionário, que somente pode ser afastado quando há interesse público em sentido contrário, caso no qual deverá ser paga a justa indenização.

32. Sob o ponto de vista econômico, é preciso lembrar que a razão pela qual se estabeleceram prazos longos para a concessão é a necessidade de amortizar os investimentos do concessionário, como aliás reconheceu o próprio legislador no art. 20 da Lei n. 9.074.

2. Hely Lopes Meirelles, *Licitação e Contrato Administrativo*, 11ª ed., São Paulo, Malheiros Editores, atualizada por Eurico de Andrade Azevedo e outros, 1996, p. 32.

33. Na realidade, este tem sido o grande problema das concessões tradicionais, que o Brasil conheceu no fim do século XIX e até a década de 1960, nas quais o concessionário, na medida em que se aproximava o termo da concessão, deixava de manter e de modernizar tanto o seu equipamento quanto a atualização das tecnologias, em prejuízo dos usuários, da sociedade civil e do Estado.

34. O desaparecimento da concessão, em meados do século XX, decorreu em grande parte do aspecto estático que ela tinha no passado. Foi o que aconteceu, na época, com a Light,[3] com as companhias telefônicas e de estradas de ferro, cujos serviços (na sua totalidade ou em parte) foram sofrendo uma deterioração progressiva, por falta de investimento, na medida em que estava findando o prazo da concessão. Trata-se, agora, de renovar a concessão, fazendo com que renasça e ressuscite,[4] dando-lhe a necessária flexibilidade e o adequado dinamismo, que pressupõem uma longa convivência entre concedente e concessionário e um planejamento inicial que possa garantir, ao mesmo tempo, a melhor rentabilidade à União e o melhor serviço aos usuários.

35. Ora, enquanto em certas áreas, como a construção de estradas, a evolução tecnológica é relativamente reduzida e, em outras, como a geração da eletricidade, não se espera grandes modificações a curto prazo, ao contrário, no setor das telecomunicações há – e haverá, nas próximas décadas – uma renovação tecnológica imensa e contínua, quase poderíamos dizer de caráter permanente à qual voltaremos a fazer referência mais minuciosamente. Assim, é preciso que se garanta a continuidade do serviço, por longo tempo, para amortizar os investimentos, que não se limitam aos equipamentos, mas abrangem também direitos intelectuais, *softwares*, marcas, elementos que integram a propriedade industrial e outros.

36. Examinaremos, em seguida, a legitimidade e o aspecto vinculatório que a prorrogação tem para a Administração, como verdadeiro direito adquirido do concessionário.

III – Da prorrogação como poder-dever do concedente

37. Cabe lembrar que, como vimos, a *cláusula de prorrogação constante na minuta do contrato* (embora designada erroneamente como sendo de renovação) *é perfeitamente legítima, decorrendo de previsão da lei e do edital,* só faltando o modo de cálculo do preço devido pela mesma.

38. A doutrina e a jurisprudência têm feito distinção entre simples prorrogação do contrato, na qual somente se estabelece novo prazo, mantidas todas as demais cláusulas contratuais, e sua renovação, na qual, além da modificação do tempo de duração do mesmo, *ocorrem outras alterações* negociadas pelas partes.

39. Neste sentido é a lição de Hely Lopes Meirelles, que tem sido consagrada inclusive pelo Tribunal de Contas da União. Leciona o eminente jurista: "Prorrogação do contrato é o prolongamento de sua vigência além do prazo inicial, com o mesmo contratado e nas mesmas condições anteriores. *Essa extensão de vigência*, nos contratos que se extinguem pelo decurso do prazo, *é admitida em nosso Direito sem licitação, desde que prevista expressamente no edital e no instrumento original.* E compreende-se que assim seja, porque, se *a prorrogação pressupõe o mesmo contratado, não pode admitir qualquer modalida-*

3. Consulte-se a respeito a *Revista da Procuradoria Geral do Estado da Guanabara*, v. 9, 1960, pp. 4 e ss.

4. Arnoldo Wald, "O renascimento do instituto da concessão", *Revista de Direito Administrativo*, v. 171, janeiro/março 1988, pp. 1 a 14.

de de licitação que possibilite sua substituição. O essencial é que se preveja a prorrogação, a qual, na época própria, deverá ser consubstanciada em *termo de prorrogação* do ajuste inicial, mediante aditamento"[5] (os grifos são nossos).

40. Por outro lado, é manso e pacífico o entendimento de acordo com o qual a prorrogação do contrato administrativo não é vedada pelo legislador, podendo ser convencionada desde o início do contrato, ser presumida pelo mesmo e até ocorrer de pleno direito, desde que não haja notificação em contrário das partes. No particular, o direito administrativo adota, com alguns temperamentos, a posição do direito civil que trata da matéria.

41. Assim, tanto o Professor José Cretella Júnior[6] como o Professor Manoel Franco de Oliveira Sobrinho,[7] entre muitos outros autores, reconhecem a legitimidade e validade da prorrogação contratual em direito administrativo. Posição análoga encontramos, aliás, na melhor doutrina estrangeira, como se verifica pela lição de André de Laubadère.[8]

42. Quanto à desnecessidade de nova licitação no caso de prorrogação do contrato de concessão, a mesma decorre da própria natureza da operação, pois fica mantido em vigor um contrato, com as mesmas partes contratantes, por mais um prazo, que foi previsto inicialmente, não havendo o que licitar, ou seja, inexistindo qualquer motivo para um novo processo licitatório, pois já houvera o primeiro no qual se previa a prorrogação. Na realidade, a proposta inicialmente vencedora, convertida, no contrato, tem, como premissa, a viabilidade da prorrogação, condicionada tão-somente à adequada manutenção do serviço e ao pagamento pelo concessionário de um valor previamente definido ou determinável.

43. Justificando, em parecer, o descabimento da licitação e a validade da prorrogação, quando prevista pelo edital, Hely Lopes Meirelles teve o ensejo de esclarecer que:

"5. Prorrogação do contrato é o prolongamento de sua vigência além do prazo inicial, com o mesmo contratante e nas mesmas condições anteriores. *Essa extensão do prazo de vigência do ajuste é admitida em nosso direito, dependendo, para que se efetive, de expressa previsão, concordância das partes e existência de interesse para o serviço público. Obedecido esse requisito, prorrogação do contrato, que não se confunde com prorrogação dos prazos contratuais em razão de incidente na execução, a exclusivo critério da Administração* (cf. Antônio Marcello da Silva, *Contratações Administrativas*, cit., p. 113), *dispensa nova licitação, porque pressupõe o mesmo contratante e as mesmas condições do contrato original.* Todavia, não se opera automaticamente, dependendo de termo aditivo em que as partes contratantes reafirmem seus propósitos, o qual constituirá o documento hábil para justificar a despesa com a prorrogação.

"6. Entretanto, se houver interesse da Administração em prorrogar determinado contrato, *essa circunstância deverá obrigatoriamente constar no edital da licitação, pena de não se poder incluí-la no instrumento do ajuste, porque, como já tivemos oportunidade de dizer, 'não se pode, ao arrepio do edital, ampliar ou realizar prazos, nem inovar condições ou termos contratuais'* (cf. nossa obra cit., p. 114). E sobejam razões para esse entendimento, pois, além de servir à legalidade da prorrogação, *a sua previsão no edital é necessária à correta formulação das propostas*

5. Hely Lopes Meirelles, ob. cit., p. 200.

6. José Cretella Júnior, *Tratado de Direito Administrativo*, Rio, Forense, 1967, v. III, p. 163.

7. Manoel Franco de Oliveira Sobrinho, *Contratos Administrativos*, São Paulo, Saraiva, 1981, p. 335.

8. Andre de Laubadère, *Traité Théorique et Pratique des Contrats Administratifs*, Paris, Librairie de Droit et de Jurisprudence, 1956, v. II, p. 129, n. 558.

principalmente nos casos em que essa particularidade possa influir no preço, como ocorre com a locação de equipamentos importados especialmente para esse fim, em que, como é sabido, o valor do aluguel pode decrescer com o prazo da locação, em razão, por exemplo, da repartição dos encargos pelo prazo máximo admitido"[9] (grifamos).

44. Se, no quadro geral do direito administrativo, já inexistia dúvida quanto à validade da prorrogação do contrato, a matéria teve, como vimos, tratamento especial e expresso na legislação das concessões (art. 23 da Lei n. 8.987, transcrito no item 11 supra).

45. Na realidade, em vez de se estabelecer, desde logo, um prazo mais longo (trinta anos), pode convir às partes e melhor atender ao interesse público a fixação de prazos sucessivos, dependendo a prorrogação tão-somente da verificação, no momento oportuno, de terem sido cumpridas todas as obrigações do concessionário, tendo o mesmo fornecido um serviço adequado aos usuários.

46. Comentando o art. 23 da Lei de Concessões, já tivemos o ensejo de escrever que: "No tocante ao prazo, não fixou a Lei 8.987/95 prazo máximo para a vigência da concessão, deixando ao poder concedente a sua delimitação, de acordo com as características das obras e serviços concedidos. *O mesmo se passa com prorrogação do contrato, que tem previsão na lei mas as condições em que será efetivada constituem matérias reguladas no contrato de concessão*".[10]

47. No mesmo sentido, esclarece Celso Antônio Bandeira de Mello que:

"38. *Entre cláusulas essenciais do contrato deve constar previsão das condições para sua prorrogação* (art. 23, XII). Há de entender-se: *quando admitida tal circunstância no edital* (ainda que a lei não haja anotado dita previsão entre as disposições que 'especialmente' conter-se-ão neste instrumento regulador do certame), pois, se dele nada constar ao respeito, obviamente, seria inviável qualquer dilatação do contrato, a menos que referida na minuta de contrato que integrar o edital"[11] (os grifos são nossos).

48. Na realidade, a prorrogação nas concessões passou a ser um dos elementos que garantem a manutenção do equilíbrio econômico-financeiro, que continua a ter a dupla proteção da Constituição e da Lei, conforme têm entendido os tribunais na interpretação que deram ao art. 37, inciso XXI da nossa Magna Carta.[12]

49. Considerando-se a necessidade de importantes investimentos por parte do concessionário a fim de manter atualizado e modernizado o serviço público, que explora no interesse coletivo, como determina o art. 6º da Lei n. 8.987, a previsão de prorrogação do prazo permite que tais investimentos possam ocorrer durante todo o primeiro período contratual e até o fim do mesmo, pois o concessionário conta com a prorrogação para poder amortizá-los.

50. Como o prazo e a sua prorrogação constituem os fatores básicos da garantia do equilíbrio econômico-financeiro do concessionário, são considerados como verdadeiros direitos adquiridos, com a proteção que lhes confere a Constituição.

51. Efetivamente, no inciso XXI do art. 37 do texto constitucional, assegura-se a

9. Hely Lopes Meirelles, *Estudos e Pareceres de Direito Público*, São Paulo, Ed. RT, 1981, v. III, pp. 47-48.

10. Arnoldo Wald, Luiza Rangel de Moraes e Alexandre de M. Wald, *O Direito de Parceria e a Nova Lei de Concessões*, São Paulo, Ed. RT, 1996, p. 139.

11. Celso Antônio Bandeira de Mello, *Curso de Direito Administrativo*, 5ª ed., São Paulo, Malheiros Editores, 1994, p. 447.

12. Arnoldo Wald e outros, ob. cit., p. 116, especialmente n. 11.84 e nota 185, com referência à jurisprudência dos tribunais superiores.

manutenção das condições da proposta vencedora, e uma delas consiste, no caso, no direito à prorrogação previsto pela lei, pelo edital e pelo contrato.

52. No presente caso, o prazo fixado foi de quinze anos, suscetível de prorrogação por igual período, de modo que o prazo da concessão só finda após a prorrogação, sendo, na realidade, de trinta anos, com uma condição resolutiva depois dos quinze primeiros anos (o inadimplemento do concessionário).

53. Ora, toda lei deve ser interpretada sistematicamente, ou seja, cada artigo da lei deve ser presumidamente compatível com os demais que a compõem. Não se pode, assim, compreender o prazo contratual, ao qual alude a lei, como sendo tão-somente o inicialmente estabelecido no contrato, mas sim o mesmo acrescido da respectiva prorrogação, quando contratualmente prevista, sem prejuízo da sua denegação no caso de inadimplemento (dando margem à rescisão) ou de existência de interesse público (ensejando a encampação), que, ambos, poderiam ocorrer em qualquer tempo e não apenas no momento da prorrogação.

IV – A cláusula de prorrogação é vinculatória para o poder concedente

54. Cabe salientar que, ao contrário do que pode parecer à primeira vista, a cláusula de prorrogação, no caso, não é potestativa, não constituindo uma faculdade que o concedente pode não exercer, mas um verdadeiro poder-dever sujeito tão-somente à uma condição, que consiste no bom desempenho da prestação pelo concessionário.

55. Podemos, pois, concluir que, desde que tenha sido prestado adequadamente o serviço, ocorre a obrigação da autoridade de prorrogar o contrato.

56. Efetivamente, na análise dos textos da lei, do edital e do contrato, a aparente faculdade da autoridade se torna ato vinculado, não podendo ela deixar de praticá-lo após a ocorrência da condição. O *poder* no caso significa um *poder-dever*, uma atribuição dada ao concedente, que não pode deixar de praticar o ato, salvo se para tanto houver justo motivo, tratando-se de ato vinculado que não fixa ao exclusivo critério do concedente.

57. Examinando as concessões de eletricidade, que não deixam de ter analogia com as de telefone, aplicando-se a ambas as mesmas normas gerais, Luiz Alberto Blanchet escreveu que: "A Medida Provisória n. 890/95, assim como as que se lhe seguiram, reiterando o mesmo texto nas sucessivas reedições, até a de n. 1.017/95, estabeleciam *que as concessões poderiam ser prorrogadas pela União 'a seu exclusivo critério'. Essa expressão foi suprimida no texto da lei ora em exame, o que reforça o caráter vinculante e não meramente discricionário da norma a que se referem os dispositivos referentes a prorrogações de concessões existentes nesta lei.*

O termo 'poderá' empregado no texto legal não indica mera faculdade para a União, mas um poder, e como todo poder, em direito público, traz implícita a idéia de dever, ou seja, sempre que se consubstancia o motivo legal do ato, obrigatória é a sua execução. Mesmo no âmbito do direito privado, nem sempre o verbo 'poder' indica uma faculdade. E este fenômeno não é exclusivo de nosso direito, conforme ensina Carlos Maximiliano, para quem o direito moderno propende para atender mais ao sistema do que aos seus elementos isolados, e cita Carl Crome, consoante cujo estudo, *'soll'* e *'muss'* não exprimem necessariamente idéias opostas a *'kann nicht'* e *'darf nicht'*.

Isto significa que, *uma vez satisfeitas, pelo concessionário pretendente da prorrogação, as condições para que a conces-*

são seja prorrogada, o poder concedente estará obrigado a deferir o pedido, prorrogando o prazo da concessão, não cabendo qualquer espaço para exercícios evasivos sob pretexto de avaliação da conveniência ou oportunidade do deferimento, pois em razão da alta relevância da finalidade da norma (item 3 dos comentários a este artigo), o legislador considerou previamente já na própria Lei como conveniente e oportuna a obrigatoriedade da prorrogação se preenchidos pelo pretendente os requisitos necessários.

Sendo vinculante e não discricionário o comando da norma em estudo, é evidente que nos casos em que o concessionário atenda a todas as condições necessárias para prorrogação, o seu direito à prorrogação da concessão é líquido e certo, e contra o eventual indeferimento do pedido poderá o concessionário impetrar mandado de segurança. Oportuno alertar para o cabimento também de ação popular nos termos do item 3 dos comentários a este art. 19".[13]

58. Na realidade, Carlos Maximiliano, a cujas lições se refere Luiz Alberto Blanchet, se inspira na doutrina alemã e no direito anglo-saxão para afirmar: "Em geral o vocábulo *pode* (*may*, de anglo-americanos; *soll*, *koenne*, dos teutos) dá idéia de ser o preceito em que se encontra, meramente, *permissivo*, ou *diretório*, como se diz nos Estados Unidos; e *deve* (*shall*, *must* de anglo-saxônios; *muss*, *dürfe* de alemães) indica uma regra imperativa.

Entretanto, estas palavras, sobretudo as primeiras, nem sempre se entendem na acepção ordinária. Se, em vez do processo filológico de exegese, alguém recorre ao sistemático e ao teleológico, atinge, às vezes, resultado diferente: desaparece a antinomia verbal, pode *assume as proporções e o efeito de deve*"[14] (grifamos).

13. Luiz Alberto Blanchet, *Concessão e Permissão de Serviços Públicos*, Curitiba, Juruá Editora, 1995, pp. 207 e 208.

59. E conclui o mestre da hermenêutica afirmando que: "Em regra, *para a autoridade*, que tem a prerrogativa de ajuizar, por alvedrio próprio, da oportunidade e dos meios apropriados para exercer as suas atribuições, *o poder se resolve em dever*"[15] (grifamos).

60. Neste sentido, em recente parecer, o Professor José Cretella Júnior reconhece o direito à prorrogação do contrato de concessão de transporte coletivo, que tem analogia com o presente caso, nos seguintes termos: "Sem menor sombra de dúvida, a Empresa tem o direito subjetivo público – *direito adquirido*, em virtude de contrato público –, à prorrogação do ajuste celebrado com o Município, visto haver desempenhado os serviços de transporte coletivo municipal de passageiros de modo satisfatório, durante sete anos, em decorrência de expressa cláusula contratual".[16]

61. Veremos agora que chegamos à mesma conclusão examinando a lição do direito comparado e, em seguida, passando dos aspectos jurídicos aos econômicos, analisando os meios e fins da política governamental de investimentos no tocante à infra-estrutura defendida e utilizada pelo Brasil no contexto da globalização da economia mundial.

62. Na realidade e como já tivemos o ensejo de afirmar, a tendência da moderna teoria jurídica orienta-se, cada vez mais, no sentido de repetir a interpretação puramente literal e mecânica de dispositivos legais ou cláusulas contratuais.[17] Com efeito, a aplicação da norma jurídica ao fato concreto não é uma tarefa mecânica, mas, ao contrário, atividade essencialmente criadora,

14. Carlos Maximiliano, *Hermenêutica e Aplicação do Direito*, 14ª ed., Rio, Forense, 1994, n. 332, pp. 270 e 208.

15. Carlos Maximiliano, ob. cit., n. 332, p. 272.

16. José Cretella Júnior, *Direito Administrativo Perante os Tribunais*, Rio, Forense Universitária, 1994, p. 276.

17. Arnoldo Wald, "Os métodos modernos de interpretação", in *Revista de Direito Civil*, São Paulo, n. 31, pp. 7-10, jan./mar. 1985.

devendo ater-se, principalmente, aos postulados da razoabilidade.

63. A superação do excessivo rigor formalista do pensamento jurídico tradicional diz respeito à elaboração de uma nova lógica, conforme a lição de Benjamin Cardozo,[18] o que nos leva a concluir que a prorrogação legal permitida e incluída no contrato é um direito do concessionário. O mesmo não pode ser excluído por exigências descabidas de pagamento, que constituiriam abuso de direito ou desvio de poder por parte de autoridade, razão pela qual a quantificação do valor devido no momento da prorrogação se impõe no momento da licitação.

V – Do direito comparado

A) Descrição das práticas internacionais

64. Considerando que as normas do direito de telecomunicações no Brasil são recentes e só agora estão alcançando a sua maturidade e a adequada sistematização com o projeto da chamada "Lei Geral", para justificar-se recorrer ao direito comparado e às práticas internacionais para nortear as soluções a serem adotadas em nosso país.

65. A indústria de telecomunicações está passando por um processo de globalização no qual as regras de participação estrangeira estão se tornando mais liberais, em todo o mundo, enquanto os governos abandonam o sistema de monopólios estatais em favor de mercados competitivos. Sob o efeito catalisador de entidades internacionais e de acordo com o princípio da reciprocidade, as regras para investimentos estrangeiros permitem, na maioria dos países, que os governos atraiam o capital necessário para desenvolver um sistema de telecomunicações moderno e, conseqüentemente, operadores experientes estão investindo em diversos mercados, proporcionando uma economia de escala de alcance inimaginável sem essa abertura. Por sua vez, os governos estudam experiências já realizadas no exterior para aplicar as medidas mais adequadas para construir o novo direito das telecomunicações.

66. Neste sentido, cada um dos consórcios que manifestaram o seu interesse na concorrência para as concessões de telefonia celular tem participação estrangeira. Efetivamente, os critérios de seleção exigem, de fato, a participação de empresas estrangeiras, a fim de demonstrar experiência em operações bem-sucedidas em outros países, em sistemas de telefonia celular, que ainda não ocorreram no Brasil, e, conseqüentemente, os concorrentes deverão utilizar tais experiências, existentes em outros mercados, para avaliar o valor da outorga da concessão em nosso país.

67. Dentro desse contexto, é importante notar que, de acordo com a nossa pesquisa, poucos países previram uma renegociação de concessão dependente de pagamento não inicialmente previsto. A seguir há exemplos da regulamentação de quatro países: Estados Unidos, Espanha, Índia e República Tcheca. Cada um deles outorgou concessões para os serviços de telefonia celular através de um processo que incluiu a concorrência. A linguagem dos instrumentos de autorização, licença e concessão é bastante variada, mas, em cada caso, existe a presunção de renovação, desde que os operadores tenham cumprido todas as regras estabelecidas. Nenhum dos países mencionados condiciona expressamente a renovação a um novo pagamento.

B) Direito norte-americano

68. Nos Estados Unidos, o poder de conceder licenças, concessões ou autoriza-

18. Benjamin N. Cardozo, *Natureza do Processo e a Evolução do Direito*, Porto Alegre, Coleção Ajuris, 1978, p. 207.

ções foi atribuído ao FCC através do Omnibus Budget Act.

69. O trecho relevante dispõe: "Caso sejam apresentados pedidos mutuamente excludentes para a licença inicial ou autorização para construção que envolverão o uso de um espectro eletromagnético, conforme descrito no § 2º, a *Comissão terá autoridade* de acordo com o § 10, *para outorgar, a licença ou permissão para o concorrente mais apto, através de um sistema de concorrência que obedeça às exigências desta subseção*". (grifamos)[19]

70. As regras da FCC dão ao operador a expectativa de prorrogação, ao término do prazo de concessão, desde que atendidas as seguintes condições: "Caso durante o prazo de licença (1) tiver substancialmente usado seu espectro para os devidos fins, (2) tiver substancialmente cumprido todas as regras aplicáveis da Comissão e da Lei de Comunicações; e (3) não tiver praticado nenhum ato de desobediência às regras".[20]

C) Direito da República Tcheca

71. Na República Tcheca, foi concedida uma licença GSM em 1996 a uma *joint venture* entre uma companhia estatal e uma empresa privada. A autorização dispõe: "*Esta Autorização será válida por 20 anos a partir da data da decisão de sua concessão. Após o término do prazo de validade ou período subseqüente, e mediante pedido do concessionário, até 3 anos anteriores ao término da concessão, a autoridade concedente poderá prorrogar a validade da autorização por 10 anos*. Exceto nos casos previstos nas Seções 71 e 75 da Autorização, *a validade da concessão será prorrogada automaticamente, a menos que a autoridade concedente informe o concessionário até 2 anos antes do término da concessão de que não será prorrogada ou de que será prorrogada apenas mediante alterações*".[21]

D) Direito espanhol

72. Na Espanha, o Edital de Concessão para a segunda licença GSM para a telefonia celular, dispõe:

"Condições para a Concessão.

"(...)

"Item 22 – *Duração da Concessão*: De acordo com a seção 7 das Regras Técnicas, *a concessão será outorgada por um período de 15 anos, mediante requisição da parte interessada*. Caso o concessionário deseje renovar a concessão, conforme dispõe o parágrafo primeiro deste item, deverá apresentar um pedido escrito um mês antes do término da concessão. *Na decisão sobre a prorrogação ou não da concessão será considerado o comportamento do concessionário e se os termos de concessão foram ou não respeitados*".[22]

E) Direito da Índia

73. Na Índia, as concessões de telefonia celular foram outorgadas em diversas regiões, através de licitação, conforme estabelecido no "Indian Wireless Telegraphy Act" de 1933. Na concessão ganha pelo consórcio *Air Touch* para a região de Madras, o contrato dispõe: "*A concessão será outorgada inicialmente por um período de 10 anos, prorrogáveis por um ou mais anos, conforme decisão da autoridade concedente, nos termos e condições estabelecidos pela autoridade concedente*, a seu exclusivo critério, desde que o concessionário não esteja inadimplente ou tenha

19. 47 USC, 309 (j)

20. *Report and Order in the Matter of Licende Reewals, 7 FCC Red 719 (1992).*

21. Vide Decisão do Ministro da Fazenda da República Tcheca, Ref: n. 9361/95611, de acordo com os Atos ns. 110/1964, 110/1992 e 253/1994.

22. *Boletim Oficial do Estado* n. 242, out. 1992.

cometido alguma infração aos termos e condições impostos. A taxa de concessão está definida no Anexo C, item 19".

(A taxa de concessão citada é relativa ao início da concessão. O item 19 estabelece somente os termos de pagamento da concessão inicial, incluindo pagamentos trimestrais a serem feitos e multas por inadimplência)

VI – Aspectos econômicos e tecnológicos

A) Aspectos perniciosos da incerteza

74. Através do uso de estratégias de licitação na outorga de concessões, o Brasil está tentando extrair o valor máximo da exploração comercial da telefonia móvel. Nos Estados Unidos, a "Auction Theory" tem demonstrado que é o critério que estabelece o comportamento do objeto a ser leiloado. Quanto maior a certeza, maiores os lances. A incerteza provoca uma reação negativa por parte dos licitantes, depreciando o valor dos lances.

75. O Ministério das Comunicações tem feito um trabalho relevante nos editais e minutas dos contratos da Banda B, reduzindo a incerteza relativa ao valor das concessões e estabelecendo critérios específicos de avaliação e regulamentando os recursos cabíveis. Se os termos quantitativos da prorrogação não forem claros, os licitantes ajustarão seus lances para o período da concessão prevendo a incerteza do valor do pagamento para a renovação. A falta de parâmetros provocará uma queda nos lances maior do que a que ocorria caso o custo da prorrogação fosse conhecido no momento da apresentação das propostas na licitação.

76. O cálculo do preço de concessão deve sempre considerar as incertezas sobre o valor do preço da prorrogação. A proposta deve ser feita de acordo com a demanda do mercado, com o desenvolvimento tecnológico e a natureza e extensão da futura competição. Reduzir as incertezas relativas à renovação resultará num processo licitatório mais transparente e preciso, que trará maior lucro ao governo.

77. De acordo com as leis econômicas, o maior risco enseja uma redução do investimento e do interesse dos investidores. Quanto maior a incerteza no tocante ao potencial de ganho ou quanto às despesas futuras imprevisíveis, menor é o interesse despertado para realizar os investimentos necessários. A incerteza e a necessidade de se precaver para realizar, num mundo altamente competitivo, o pagamento necessário para renovar a concessão de serviços de telefonia celular encorajarão os investidores a reaverem seus investimentos num prazo mais curto, ao invés de provocar o reinvestimento para o crescimento e aprimoramento do sistema. Trata-se de comportamento característico dos investidores em telefonia celular em todos os países do mundo.

78. Acresce que, com a globalização da economia, o Brasil compete com vários países, como a China e outros países asiáticos, para receber investimentos estrangeiros em infra-estrutura, que se farão preferencialmente nos Estados que derem maior credibilidade e previsibilidade aos contratos a serem firmados com o Poder Público.

79. Anexos estão dois gráficos da Associação da Indústria de Telecomunicações Celulares dos Estados Unidos (doc. I e II), descrevendo o crescimento da telefonia celular nos Estados Unidos, tanto com relação ao número de usuários quanto ao tocante ao investimento cumulativo de capital nos últimos 10 anos. Esses gráficos demonstram a ligação entre o crescimento do número de usuários e o crescimento dos investimentos. Demonstram, ainda, que, com a expectativa de prorrogação das concessões, os investimentos aumentarão ao invés de diminuir.

B) As peculiaridades da telefonia celular

80. A tecnologia celular se caracteriza por não ser um investimento estático e totalmente amortizado ao término do período de concessão. É diferente da tecnologia de telefonia comum, por exemplo, na qual o investimento é fixo e amortizado em um longo período. Da mesma forma, redes de radiodifusão podem reinvestir em *marketing* e operações de programação, mas uma vez construído o sistema para transmissão em uma dada freqüência, esse sistema atenderá todos os consumidores de determinada região geográfica, sem necessidade de maiores modificações e conseqüentes investimentos.

81. A tecnologia da telefonia celular se caracteriza pela construção de uma rede para a cobertura inicial, tendo de ser expandida para atender a demanda. Os elementos básicos necessários incluem estações de base que transmitem e recebem sinais para terminais dos assinantes, transformadores para processar as chamadas e terminais de rede para interconectar as ligações.

Uma vez instalada a base das estações para uma área geográfica específica, o crescimento do número de chamadas requer a expansão das estações para essa mesma região. Isso acontece porque cada estação serve a um número limitado de ligações simultâneas, dependendo do número de canais de cada estação. Quanto maior a agressividade do operador para ampliar as áreas de alcance, mais substancial e continuadamente deverá investir em suas estações, transformadores e redes para garantir que a capacidade será suficiente para suprir a demanda.

82. Outros fatores também contribuem para o constante investimento no setor de telefonia celular, destacando-se os seguintes, que analisaremos sumariamente.

83. A competição: como demonstrado nos mercados americano, europeu e asiático, a existência de competição e a ameaça de novos investimentos a serem feitos pelos concorrentes alimentam o crescimento do setor. Operadores de telefonia celular enfrentam pressões de mercado para oferecer melhores serviços e menores tarifas e devem sempre buscar diminuir seus custos através de redes mais eficientes. Por sua vez, melhores redes e maior capacidade estimulam a demanda e ensejaram a criação de um mercado mais agressivo.

84. No Brasil, o concessionário, pela natureza do contrato de serviço público, além de manter a qualidade e modicidade dos serviços, terá de responder aos desafios do ambiente concorrencial, inicialmente composto por um duopólio, mas, já no ano 2000, com vários prestadores de serviço, como ocorre nos Estados Unidos e em alguns países da Europa. Para tanto, os investimentos em atualização tecnológica terão de ser substanciais durante todo o período de 15 anos, não podendo o concessionário abster-se de investir em momento algum, inclusive no fim da primeira fase contratual.

85. Deve-se, ainda, salientar que as telecomunicações foram no Brasil, por longo tempo e praticamente desde a sua implantação objeto de verdadeiro monopólio local, inexistindo qualquer espécie de concorrência entre várias empresas nas operações realizadas numa região determinada. Ora, a partir de agora, entramos na idade de competição no setor das telecomunicações, que ensejará uma redução de tarifas, mas que obrigará também as empresas a realizar importantes reduções nos seus custos, sem prejuízo da manutenção da qualidade e da atualidade dos serviços prestados.

86. O desenvolvimento tecnológico: o fenômeno do crescimento no uso da telefonia celular provocou um aumento nas pesquisas e no desenvolvimento da indústria. A telefonia celular está ainda no início, tentando suprir a demanda e melhorar a qualidade das chamadas, fazer aparelhos cada vez menores, baterias de maior duração e dar novas utilidades para os aparelhos. Dentre as transformações ocorridas nos últimos 10 anos, estão as antenas que viabilizam uma melhor transmissão, transformadores com processadores mais rápidos, microcélulas desenvolvidas para locais de difícil acesso, como túneis, tecnologia digital que possibilite o aumento da capacidade de freqüência da banda e técnicas para prevenir a fraude. Da mesma forma que os investimentos nas redes de telefonia celular, essas melhorias resultam em um serviço de alta qualidade, estimulando a demanda.

87. Tal fato, característico de setor de alto índice de inovação tecnológica, não ocorre, na mesma proporção, em outros tipos de concessão, tais como energia elétrica, saneamento e estradas de ferro. Um segundo aspecto a considerar, este característico de setores competitivos e que portanto também não se aplica a todas as outras concessões, é que um dos grandes investimentos dos prestadores do Serviço Móvel Celular é na aquisição de clientes, na faixa de US$ 300/400 por cliente, segundo padrões internacionais, o que, após poucos anos, supera o valor mínimo do pagamento previsto na licitação em questão, para qualquer das regiões. Por outro lado, a Lei de Concessões estabelece que somente os investimentos tangíveis ainda não depreciados serão ressarcidos no término do contrato, e nada estabelece quanto a intangíveis, como é o caso dos clientes, marcas, *softwares* e outros direitos.

88. É preciso ter em consideração que, enquanto em setores como as estradas de rodagem ou a geração e distribuição de eletricidade, a inovação relativamente reduzida permite que, em dez ou quinze anos, seja mantida a mesma tecnologia, ou entre 90% e 80% da mesma, com apenas 10% a 20% de modificações, o inverso ocorre no tocante às telecomunicações. Efetivamente, no fim do período inicial da concessão, as tecnologias utilizadas no momento em que começou o contrato só devem representar entre 10% e 20% daquelas ainda aproveitadas quinze anos depois. Diante dessas modificações, que ocorrem em progressões geométricas, há necessidade de rever posições tradicionais do nosso direito e da política de concessões, que vislumbravam um ciclo único ou principal de investimentos, com a utilização da mesma tecnologia, durante todo o período da vigência do contrato, como ocorria no passado. Neste sentido, podemos apor à concessão estática do século XIX, o conceito dinâmico e flexível da concessão moderna, que, em virtude do desenvolvimento científico e industrial, pressupõe uma constante renovação dos equipamentos e da tecnologia, exigindo, para a sua amortização, prazos mais amplos e um regime eqüitativo para eventual indenização dos bens reversíveis não amortizados.

89. Os novos serviços e utilidades: serviços de telefonia celular e telefonia convencional estão convergindo. Instalações de telefonia fixa, sem fio, estão crescendo em todo o mundo, particularmente nos países em que o sistema de telefonia convencional é subdesenvolvido. Mesmo em lugares onde a telefonia convencional é bem desenvolvida, a telefonia celular tem crescido 25% ao ano, como ocorreu, por exemplo, na Suécia, resultando na crescente substituição de telefonia fixa pelo serviço móvel de telefonia. Por outro lado a crescente demanda da *Internet* e de outros meios de divulgação de informações estimula ainda mais o reinvestimento no setor.

90. O equilíbrio econômico-financeiro: cabe ainda lembrar que o concessionário, tendo pago um valor substancial pelo direito de exploração, somente após alguns anos (possivelmente mais de 5) terá resultados positivos.

91. Com este quadro de retornos positivos após 5 anos, custo elevado de investimentos iniciais, custo contínuo de investimentos em atualização tecnológica e custos elevados de aquisição de clientes, é preciso assegurar de forma clara as condições financeiras para a prorrogação da concessão. Caso a autoridade concedente não as estabeleça de antemão, poderá ocorrer que os valores mínimos não sejam considerados viáveis pelos concorrentes para cobrir todos os investimentos necessários, pagar os juros do capital e garantir determinada margem de lucros.

C) Efeitos da redução dos investimentos: a desaceleração do crescimento industrial afetando a economia brasileira

92. Como já foi salientado, a ameaça de surgimento de um "impasse" por ocasião da prorrogação das concessões pode reduzir os investimentos nas operações e na infra-estrutura no decorrer da concessão. A redução nos investimentos resultará em outros prejuízos para o sistema de telecomunicações e para a economia nacional, tais como:

a) *menos assinantes e preços mais altos*: investimentos reduzidos no setor diminuirão o fornecimento de "airtime" disponível, resultando em uma capacidade menor para o sistema, incentivando os operadores a aumentar os preços a fim de aumentar os lucros diante de uma demanda reduzida, o que ensejará um círculo vicioso, em vez do círculo virtuoso que se pretende criar (maior número de assinantes provocando a redução de tarifas e permitindo o aumento dos investimentos e a renovação tecnológica constante).

b) *menos empregos*: a redução de investimentos resultará em menos empregos locais, incluindo serviços de operação, técnicos, de *marketing*, legais e outros serviços gerenciais. Os setores beneficiados pelo crescimento da telefonia celular também serão prejudicados, ocasionando perda de empregos, incluindo setores como a venda de assinaturas, a construção, a fabricação de equipamentos etc.

c) *redução na tributação*: o crescimento lento significa queda de receita (Imposto de renda e outros impostos).

d) *redução de pagamentos interligados*: se a demanda for baixa, as companhias telefônicas receberão menos em pagamentos interligados. Isso se aplicaria tanto para o serviço de telefonia como para o serviço de telefonia móvel.

e) *outros efeitos*: o crescimento lento significa ineficiência na execução dos serviços e no atendimento aos clientes propiciado pelo serviço de telefonia móvel. A receita referente a serviços e outros bens ligados à telefonia móvel também será reduzida.

f) Finalmente, o bom funcionamento da infra-estrutura e telecomunicação tem efeito multiplicador, permitindo melhor desenvolvimento do país na sua globalidade e fazendo desaparecer um verdadeiro "gargalo de estrangulamento", para usar a terminologia dos economistas. Num mundo no qual se substitui cada vez mais os muros de toda natureza (políticos, aduaneiros etc.) por pontes, as telecomunicações aproximam as pessoas e fazem desaparecer as distâncias, tornando-se verdadeiros catalisadores do progresso e melhorando a qualidade de vida da população.

VII – Soluções propostas

93. A medida que parece a mais adequada consiste em submeter a prorrogação tão-somente à condição da manutenção de um serviço adequado tecnologicamente e atualizado por parte do concessionário, sem a necessidade de um novo pagamento de preço pelo aumento do prazo, que, na realidade, já fora inicialmente previsto.

94. Como vimos, a solução preconizada tem fundamentos na própria legislação brasileira e no direito comparado, além de encontrar a sua justificação econômica e técnica no próprio regime da concessão e nas peculiaridades do sistema de telecomunicações.

95. Se, por qualquer razão, essa primeira solução não for adotada, ao menos parece imperativo que se estabeleça, na forma da lei, não apenas as condições de procedimento para a prorrogação, mas também as condições financeiras da mesma, mediante a prefixação de um preço, que pode ser determinado ou determinável, podendo ainda a prefixação ser em valor fixo ou dentro de uma faixa com o preestabelecimento de valores mínimo e máximo.

96. A prefixação permitiria que as partes, desde o início, ao fazer os seus lances, já tivessem pleno conhecimento da totalidade dos custos a serem pagos ao Poder Concedente pelo período total do contrato, abrangendo a sua prorrogação.

97. Os critérios podem variar entre um percentual do preço pago inicialmente, um montante fixo estabelecido desde já ou outra fórmula que pareça a mais adequada.

98. Também seria admissível que, em vez da prefixação num valor ou percentual determinado, se estabelecesse uma banda dentro da qual, conforme a negociação das partes, chegar-se-ia a estabelecer o montante a ser pago, atendendo às circunstâncias então vigentes. Por exemplo, o preço da prorrogação poderia oscilar entre 10% e 20% do valor inicialmente pago para obter a concessão.

99. A prefixação, sob qualquer das suas formas, poderia ser decidida em aditamento ao edital, que não deve ser considerado relevante, dispensando-se o aditamento da apresentação das propostas, dentro dos limites em que se trata de especificação do valor ao qual se deverá chegar na negociação entre as partes já prevista contratualmente.

100. Outra forma de solução seria um decreto do Poder Executivo que regulamentasse a matéria, aplicando-se inclusive às licitações em curso, conforme minuta que poderia ser estudada pelas autoridades, ouvidos os licitantes no que coubesse.

101. Caso nenhuma das soluções acima seja possível, talvez coubesse admitir que o preço a ser pago na prorrogação venha a ser fixado por árbitro, se as partes não chegam a acordo na fase da negociação, o que evitaria tanto a necessidade de nova licitação, como também a atribuição de um poder arbitrário ao concedente de fixar qualquer preço que lhe parecesse o mais adequado, mesmo que incompatível com a economia do contrato. Esta é a solução amigável das controvérsias, que abrange a arbitragem.[23]

102. Por outro lado, deve-se lembrar que a reversão de bens e as indenizações eventualmente devidas poderão ensejar litígios, que não interessam nem à Administração, nem às partes, caso não haja a prorrogação do contrato. Já, no passado, a reversão deu ensejo a numerosas discussões administrativas e judiciais, entre as quais destacaram-se os casos da Light e outros aos quais já fizemos referência. No tocante às telecomunicações, a complexidade da matéria se torna ainda maior pois, além dos problemas referentes aos equipamentos não amortizados, aos quais a lei se refere, há um conjunto de direitos intangíveis que pertencem ao concessionário, ou que se integraram na concessão, sem que, em relação a eles, seja fácil encontrar critérios para considerá-los ou não plenamente amortizados.

103. Todos esses argumentos nos levam a concluir que a prorrogação sem qualquer novo pagamento ou mediante um pagamento prefixado no início do contrato – eventualmente num percentual do preço inicial ou em banda vinculada a dois percentuais – constituiria a melhor fórmula le-

23. Art. 23, XV da Lei n. 8.987/95. Ver ainda, Arnoldo Wald e outros, *Direito de Parceria*, p. 140, ns. 11.177 a 11.179.

gal, administrativa e econômica para garantir tanto a plena transparência da licitação e a completa igualdade dos licitantes, em virtude da informação, como também a obtenção do melhor preço concedente na licitação que ora se realiza. Como bem salientado pelo eminente magistrado norte-americano Louis Brandeis a transparência é o melhor remédio contra as dúvidas e as ilegalidades ("Sunlight is said to be the best of disinfectantes; electric light the most efficient policeman").

São Paulo, 28 de fevereiro de 1997

PARECERES

RESTRIÇÃO À CONCORRÊNCIA, AUTORIZAÇÃO LEGAL E SEUS LIMITES. LEI N. 8.884, DE 1994, E LEI N. 6.729, DE 1979 ("LEI FERRARI")

EROS ROBERTO GRAU

Professor Titular da Faculdade de Direito da USP
– Professor Visitante da Faculdade de Direito
da Universidade de Montpellier I, França [1995-1996]

PAULA A. FORGIONI

Professora da Escola de Administração de Empresas da Fundação Getúlio Vargas
– Doutora em Direito

CONSULTA

O contrato de concessão celebrado entre um fabricante de veículos automotores terrestres e seus distribuidores determina que estes desenvolverão suas atividades com exclusividade, não podendo comercializar veículos fabricados por outras montadoras.

Alguns dos distribuidores confrontaram-se com a recusa de seu fabricante em admitir que o mesmo empresário, em sociedades comerciais distintas, venha a exercer concessão comercial de veículos de marcas diversas, sem que para tal atitude ofereça qualquer outra justificativa que não a recusa arbitrária.

Indaga-se da licitude da conduta do fabricante, considerando-se, em especial, a legislação brasileira de defesa da livre concorrência e repressão ao abuso do poder econômico.

PARECER

I – Introdução

1. A Lei n. 8.884, de 11 de junho de 1994, também conhecida como "Lei Antitruste", dispõe sobre matérias relacionadas às infrações contra a ordem econômica, disciplinando o comportamento dos agentes econômicos no mercado tendo em vista a proteção da livre concorrência e a repressão ao abuso do poder econômico.

A legislação antitruste, tal como hoje concebida, nasce com a promulgação do *Sherman Act*, em 1890, pelo congresso norte-americano. Além disso, a profícua aplicação, pelas Cortes dos Estados Unidos, tanto desse texto quanto da legislação subseqüente, fez com que as leis e as decisões judiciais norte-americanas fossem, desde sempre, tomadas como paradigmas para aplicação de leis similares surgidas posteriormente em outros países.

Mesmo a legislação européia de disciplina da concorrência não pôde ignorar o regramento norte-americano, ainda que tenha buscado um caminho diverso, no percorrer do qual a concorrência não é vista como um fim em si mesma, mas como um instrumento de que se deve lançar mão para atingir os objetivos maiores da União Européia.

Por isso é que hoje, ao lado da legislação e da *praxis* norte-americana, a vivência européia na área da disciplina da concorrência constitui referencial que não pode ser ignorado, principalmente em países com uma estrutura industrial altamente concentrada, como é o caso brasileiro.

2. No Brasil, muito embora o Decreto-lei n. 869, de 1938, já contivesse algumas disposições tipicamente antitruste, apenas recentemente começa a delinear-se um ensaio de "cultura da concorrência" entre os agentes econômicos. O Estado não encetara, até atualmente – nem se podia identificar com clareza – qualquer "política da concorrência".

Criado em 1962, com a promulgação da Lei n. 4.137, o CADE-Conselho Administrativo de Defesa Econômica[1] vinha desempenhando, até o início da década de 90, papel pouco expressivo entre nós. Provocada contudo pela "abertura do mercado brasileiro" patrocinada pelos governos Collor e Cardoso e pelo reaquecimento da concorrência entre os agentes econômicos, a autoridade antitruste passou a atuar de modo incisivo, ocupando as manchetes dos jornais e despertando a atenção dos empresários. A legislação que trata da matéria encontra, destarte, condições de efetividade.

3. Nem o CADE, nem as pessoas que se arrogavam a condição de especialistas na matéria dispunham, até então, de uma "jurisprudência" administrativa ou judicial consolidada. Em outras palavras, sentia-se a falta de "pautas de interpretação" que pudessem servir de referencial à aplicação da legislação que disciplina a concorrência.

Havia, sim, algumas decisões antigas e desconectadas entre si, mas que não se prestavam a funcionar como paradigmas a inspirarem a atuação decisória do órgão.

Assim, era natural que se fosse buscar nas fontes americanas o material argumentativo que poderia balizar as teses dos advogados e juristas que iniciavam a militância nessa área, bem assim a atuação do próprio CADE. De outra parte, também a prática européia passou a ser considerada, ainda que de forma secundária.

A referência a julgados e autores estrangeiros, então, tornou-se a mais comezinha das práticas. Os relatórios dos Conselheiros do CADE passaram a fundamentar-se, por exemplo, nas lições de Sullivan e Hovenkamp,[2] ao mesmo tempo que o conhecido HHI (*Herindhal-Hirschman Index*),[3] sem que a lei brasileira lhe faça qualquer menção, passa a ser adotado como índice apto a mensurar o grau de concentração em determinados mercados.

4. É certo no entanto que, embora o recurso à doutrina e à jurisprudência estrangeiras possa consubstanciar fonte de subsídios útil, nem uma nem outra podem ser tomadas como absolutas. Vale dizer: elas não podem ser transplantadas para a realidade brasileira sem que sejam consideradas as *particularidades do nosso mercado e do nosso sistema jurídico*. A indiscriminada transposição de teorias e paradigmas

1. É obrigatória a menção ao Decreto-lei n. 7.666, de 1945, que criou a CADE-Comissão Administrativa de Defesa Econômica. No entanto, esse diploma não teve duração superior a dois meses.

2. Cf. Ato de Concentração n. 27/94, Requerente: K & S Aquisições Ltda., Atual Denominação: Kolynos do Brasil Ltda. Relatora: Conselheira Lucia Helena Salgado e Silva.

3. O Conselheiro do CADE Marcelo Monteiro Soares, no ato de concentração n. 1/94, expressamente aplicou o HHI para avaliar o impacto da operação de concentração no mercado (in *Revista* do *IBRAC* v. 2, n. 4:15).

pode mostrar-se inadequada e mesmo perigosa, colocando em risco a efetividade e a eficácia[4] da legislação brasileira e nos conduzindo por caminhos incompatíveis com o direito brasileiro.

Insista-se em que o direito é um nível funcional do todo social; assim, ele será, sempre, fruto de uma determinada cultura. Por isso não pode ser concebido como um fenômeno universal e atemporal e, *v.g.*, embora se possa referir um direito do modo de produção capitalista, em cada sociedade manifesta-se *um determinado direito*, diverso e distinto dos outros direitos, que se manifestam em outras sociedades.[5]

Importa repetirmos, também, que em cada sistema jurídico subjaz, latente, um sistema de princípios, diverso daqueles próprios a outros sistemas. O intérprete [autêntico ou não], não pode deixar de considerar, ao tomar cada texto normativo, as singularidades do ordenamento jurídico do qual o texto participa, considerando-as, ademais, no momento histórico vivenciado. Devem ser relidas, com atenção, todas as sábias advertências lançadas por Tullio Ascarelli.[6]

5. Em síntese, a doutrina e a jurisprudência estrangeiras podem e devem ser utilizadas pelo intérprete – o que, de resto, será feito no desenvolvimento deste parecer. Cumpre porém repudiarmos a mera transposição de institutos e teorias, de um para outro direito.

Interpretar o direito é *concretar a lei* em cada caso, ou seja, é *aplicar*[7] a lei; o intérprete, ao interpretar a lei, desde um caso concreto, a *aplica*. Daí dizermos que *interpretação* e *aplicação* não se realizam autonomamente. O intérprete discerne o sentido do texto a partir e em virtude de um determinado caso dado.[8] Assim, existe uma equação entre *interpretação* e *aplicação:* não estamos, aqui, diante de dois momentos distintos, porém frente a uma só operação.[9] *Interpretação* e *aplicação* se superpõem.

Ora, sendo, a *interpretação,* concomitantemente *aplicação* do direito, deve ser entendida como *produção prática do direito,* precisamente como a toma Friedrich Müller,[10] para quem inexiste tensão entre *direito* e *realidade;* não existe um terreno composto de elementos *normativos,* de um lado, e de elementos *reais* ou *empíricos,* do outro. Por isso a articulação *ser e dever-ser* (a relação *norma-fato*) é mais do que uma questão da filosofia do direito, é uma questão da estrutura da norma jurídica tomada na sua transposição prática e, por conseqüência, ao mesmo tempo uma questão da estrutura deste processo de transposição.

Isso significa que a *norma* é produzida, pelo intérprete, não apenas a partir de elementos que se despreendem do *texto* (mundo do dever-ser), mas também a partir de elementos do caso ao qual será ela aplicada, isto é, a partir de elementos da realidade (mundo do ser).[11] O que incisivamente deve aqui ser afirmado, a partir da metáfora de Kelsen,[12] é o fato de a *moldura da*

4. Para os conceitos de *efetividade* e *eficácia* vide Eros Roberto Grau, *A Ordem Econômica na Constituição de 1988*, 3ª ed., Malheiros Editores, São Paulo, 1997, pp. 317-321.

5. Cf. Eros Roberto Grau, *O Direito Posto e o Direito Pressuposto*, Malheiros Editores, São Paulo, 1996, pp. 17-18.

6. *Problemas das Sociedades Anônimas*, Saraiva, São Paulo, 1945, pp. 4-16.

7. Cf. Hans-Georg Gadamer – *Verdad y Método*, cuarta edición, trad. de Ana Agud Aparicio y Rafael de Agapito, Ediciones Sígueme, Salamanca, 1991, p. 401.

8. Idem, p. 397.

9. Vide Enrique E. Mari "La interpretación de la ley. Análisis histórico de la escuela exegética y su nexo con el processo codificatorio de la modernidad", in *Materiales para una Teoria Crítica del Derecho*, Enrique E. Marí *et alii*, Abeledo-Perrot, Buenos Aires, 1991, p. 236.

10. *Juristische Methodik*, 5ª ed., Duncker & Humblot, Berlin, 1993, pp. 145-146.

11. Vide Cristiane Derani, *Direito Ambiental Econômico*, Max Limonad, São Paulo, 1997, pp. 40-44.

12. *Teoria Pura do Direito*, trad. de João Baptista Machado, 4ª ed., Arménio Amado Editor, Coimbra, 1979, p. 467.

norma ser, diversamente, moldura do *texto,* mas não apenas dele; ela é, concomitantemente, moldura do *texto* e moldura do *caso*. O intérprete interpreta também o *caso,* necessariamente, além dos *textos,* ao empreender a produção prática do direito.

É certo, a doutrina e a jurisprudência estrangeiras podem ser úteis ao intérprete do direito brasileiro. Mas elas não podem, sob qualquer pretexto, ser superpostas aos elementos do caso – isto é, aos elementos da realidade [mundo do ser] – ao qual a norma será aplicada.

Em linguagem simpática aos especialistas do antitruste, deve-se proceder a uma análise pelo *case by case approach*, tomando-se em conta o mercado e o sistema jurídico brasileiro, como um todo.

Não será demasiada a repetição, por fim, de que a interpretação do direito não pode ser feita em tiras, aos pedaços. Não se interpreta, portanto, o texto de lei, mas o direito, lançando-se mão de um processo hermenêutico que considera o ordenamento jurídico como um todo e, conseqüentemente, o sistema de princípios que lhe é subjacente. Não se pode interpretar isoladamente a Lei n. 8.884, de 1994, apartando-a das ordens econômica e jurídica brasileiras.

II – A tutela da livre concorrência no sistema jurídico brasileiro e as infrações à ordem econômica

6. A Constituição do Brasil é muito clara ao definir a *livre concorrência* como um *meio,* um *instrumento* voltado ao alcance de um bem maior, o de "assegurar a todos existência digna, conforme os ditames da justiça social".[13]

Deveras, dispõe o seu art. 170:

"A ordem econômica, *fundada* na valorização do trabalho humano e *na livre iniciativa*, tem por fim assegurar a todos existência digna, conforme os ditames da justiça social, observados os seguintes princípios:

"(...)

"IV – *livre concorrência*;

"(...)" (grifamos).

De outra parte, determina o § 4º do art. 173:

"A lei reprimirá o abuso do poder econômico que vise à dominação dos mercados, a eliminação da concorrência e ao aumento arbitrário de lucros".

7. Buscando a concreção desses preceitos constitucionais, a Lei n. 8.884/94 "dispõe sobre a prevenção e a repressão às infrações contra a ordem econômica, orientada pelos ditames constitucionais de liberdade de iniciativa, livre concorrência, função social da propriedade, defesa dos consumidores e repressão ao abuso do poder econômico" (cf. art. 1º), definindo, em seu art. 20, as infrações à ordem econômica:

"Art. 20. Constituem infração da ordem econômica, independentemente de culpa, os atos sob qualquer forma manifestados, que tenham por objeto ou possam produzir os seguintes efeitos, ainda que não sejam alcançados:

"I – limitar, falsear ou de qualquer forma prejudicar a livre concorrência ou a livre iniciativa;

"II – dominar mercado relevante de bens ou serviços;

"III – aumentar arbitrariamente os lucros;

"IV – exercer de forma abusiva posição dominante.

13. A instrumentalidade de nossas normas antitruste era já apontada antes mesmo da promulgação da Constituição de 1988, pois a tutela da livre concorrência sempre foi posta a serviço de um bem maior: o interesse coletivo, de ordem pública (neste sentido, José Alexandre Tavares Guerreiro, "Formas de abuso de poder econômico", *Revista de Direito Mercantil,* n. 66, 1987, pp. 45 e ss).

"§ 1º. A conquista de mercado resultante de processo natural fundado na maior eficiência de agente econômico em relação a seus competidores não caracteriza o ilícito previsto no inciso II.

"§ 2º. Ocorre posição dominante quando uma empresa ou grupo de empresas controla parcela substancial de mercado relevante, como fornecedor, intermediário, adquirente ou financiador de um produto, serviço ou tecnologia a ele relativa.

"§ 3º. A posição dominante a que se refere o parágrafo anterior é presumida quando a empresa ou grupo de empresas controla 20% (vinte por cento) de mercado relevante, podendo este percentual ser alterado pelo CADE para setores específicos da economia."

Já a simples leitura dos enunciados normativos transcritos evidencia que qualquer ato tendo por objeto ou por efeito o prejuízo à concorrência constitui uma *infração à ordem econômica,* independentemente de culpa (i.e., da intenção do agente econômico ao praticar o ato).

8. Aí, nesse art. 20, encontramos o cerne da Lei n. 8.884/94,[14] razão pela qual devemos nos deter, ainda que brevemente, na análise de sua *ratio* e da função que o preceito desempenha em nosso ordenamento jurídico.

É bem antiga a convicção, afirmada em discursos pronunciados desde o final do século XVI, de que a livre concorrência é o *antídoto natural* contra os males do mercado, perfeitamente capaz de impedir a exploração do consumidor e o indevido aumento de preços (= a exploração dos adquirentes) e de fomentar a otimização da qualidade dos bens e serviços.[15]

Embora essa afirmação, necessária no contexto dos discursos nos quais inserida, tenha sido relativizada, ainda assim permanecem, os sistemas jurídicos, a dedicar efetiva proteção à livre concorrência. Por isso a legislação antitruste deve ser aplicada de forma a impedir o falseamento da concorrência nos mercados. Em outros termos: *não se pode admitir que agentes econômicos, seja através de ato unilateral, seja mediante a celebração de um contrato, impeçam que a livre concorrência exerça seu papel no mercado.*

Daí a *livre concorrência*[16] ter sido consagrada, em nosso ordenamento jurídico,

14. Pretenderam alguns, equivocadamente, identificar no art. 54 o cerne da lei.

15. Não se pode deixar de referir as palavras proferidas pela Corte Inglesa, no ano de 1603, apontando os malefícios trazidos pela ausência de concorrência: "The sole trade of any mechanical artifice, or any other monopoly, is not only a damage and prejudice to those who exercise the same trade, but also to all other subjects, for the end of all these monopolies is for the private gain of the patentees; and although provisions and cautions are added to moderate them, yet... it is mere foolly to think that there is any measure in mischief or wickedness: and, therefore, there are inseparable incidents to every monopoly against the commonwealth... 1. That the price of the same commodity, will be raised, for he who has the sole selling of any commodity, may and will make the price as he pleases... The 2d incident to a monopoly is, that after the monopoly granted, the commodity is not so good and merchantable as it was before; for the patentee having the sole trade, regards only his private benefit, and not the common wealth. 3. It tends to the impoverishment of divers artificers and others, who before, by the labour of their hands in their art of trade, had maintained themselves and their families, who now will of necessity be constrained to live in idleness and beggary" (decisão transcrita por Fox & Sullivan, *Cases and Materials on Antitrust*, St. Paul, West Publishing Co., 1989, pp. 12 e 13).

16. É bem curiosa, aliás, a menção do texto constitucional à livre concorrência *e* à livre iniciativa, visto que a liberdade de iniciativa implica liberdade de concorrência e vice-versa. Veja-se em Grau, *A Ordem Econômica na Constituição de 1988*, cit., pp. 224-225, os "inúmeros sentidos" que "podem ser divisados no princípio, em sua dupla face, ou seja, enquanto liberdade de comércio e indústria e enquanto liberdade de concorrência", equacionando-os da seguinte forma: a) liberdade de comércio e indústria (não-ingerência do Estado no domínio econômico): a.1) faculdade de criar e explorar uma atividade econômica a título privado. liberdade pública; a.2) não-sujeição a qualquer restrição estatal senão em virtude de lei. liberdade pública; b) liberdade de concorrência: b.1) faculdade de conquistar a clientela, desde que não através de concorrência desleal. liberdade privada; b.2) proibição de formas de atuação que

como um bem digno de receber tutela jurídica – o art. 170 da Constituição do Brasil impõe seja, a ordem econômica, fundada na *livre iniciativa* e o art. 20, I da Lei n. 8.884/94, inspirado no § 4º do art. 173 do Texto Constitucional, condena qualquer ato que possa prejudicar a livre concorrência.[17]

Isso importa em que a concorrência cause alguns *prejuízos* a determinados agentes econômicos, que, impedidos de adotar estratégias independentes, restam obrigados a respeitar o "jogo" próprio ao mercado em que atuam (mercado relevante). Em conseqüência, lucros menores e maiores preocupações com os concorrentes, consumidores e fornecedores.[18]

9. É explicável, portanto, o desejo nutrido pelos agentes econômicos, de eliminação de toda concorrência incômoda que lhes seja contraposta. Isso é muitas vezes buscado mediante a celebração de acordo entre os agentes econômicos concorrentes (cartel). Outras, o agente econômico que detém poder de mercado adota praticas anticompetitivas (abusando, portanto, do poder que detém), visando à eliminação da concorrência. É o que ocorre, por exemplo, nos casos de vendas abaixo do preço de custo.

Nada há de ilícito na eliminação de um concorrente, desde que a expulsão do mercado, ou mesmo o prejuízo a ele infligido, derivem de uma *vantagem competitiva,* i.e., da superioridade de um dos agentes econômicos em relação aos outros. Daí porque o § 1º do art. 20 admite o domínio de mercado obtido de forma *natural, fundado na maior eficiência do agente econômico em relação a seus competidores.* O que o sistema jurídico não admite é o abuso, o acordo, a imposição, o ardil que eliminam a concorrência.

10. O texto do art. 20 da Lei n. 8.884/94 é bastante amplo, abrangendo um sem-número de atos ou contratos que possam ser praticados ou celebrados em restrição à concorrência. Por essa razão, o art. 21 introduz uma série de exemplos de caracterização de infrações à ordem econômica, *quando configurem hipótese prevista no art. 20 e seus incisos.* Isso significa que o art. 21 da Lei n. 8.884/94, *exemplificativamente*, enuncia uma série de condutas que caracterizarão infração à ordem econômica desde que sua prática configure qualquer daquelas hipóteses.

III – A possibilidade de legitimação das práticas restritivas da concorrência

11. A condenação, indistintamente, de todas as práticas restritivas da concorrência poderia conduzir a um resultado diametralmente oposto àquele que é constitucionalmente pretendido, na afirmação da livre

deteriam a concorrência. liberdade privada; b.3) neutralidade do Estado diante do fenômeno concorrencial, em igualdade de condições dos concorrentes. liberdade pública. Josserand, por sua vez, vislumbra três aspectos da liberdade de comércio que se concretizam no dogma da livre concorrência: (i) liberdade de estabelecimento; (ii) liberdade de fabricação; e (iii) liberdade de circulação de mercadorias, em conformidade com as leis econômicas, principalmente a lei da oferta e da procura (*De l'Esprit des Droits et de leur Relativité; Théorie dite de l'Abus des Droits*, 12eme ed., Dalloz, Paris, 1939, pp. 231-2).

17. A Lei Antitruste não confronta os princípios do Estado Liberal. Ao contrário, hoje se vê com clareza que nada há, na regulamentação da concorrência, de adverso ao espírito do liberalismo econômico. Vide Grau, *A Ordem Econômica na Constituição de 1988*, cit., pp. 15-16: "O modelo clássico de mercado ignorava e recusava a idéia de poder econômico. Na práxis, todavia, os defensores do poder econômico, porque plenamente conscientes de sua capacidade de dominação, atuando a largas braçadas sob a égide de um princípio sem princípios o princípio do livre mercado passaram e desde então perseveram a controlar os mercados. Daí o arranjo inteligente das leis antitruste, que preservam as estruturas dos mercados, sem contudo extirpar a hegemonia dos monopólios e oligopólios". A eliminação das distorções conjunturais, próprias do mercado e do modo de produção capitalista, visa à preservação do mesmo mercado – e do modo de produção – mercado no qual os agentes econômicos podem atuar, conquistar novos consumidores e, portanto, competir livremente.

18. A esse respeito, v. Paula A. Forgioni, *Os Fundamentos do Antitruste*, São Paulo, Ed. RT, 1998, pp. 274 e ss.

concorrência. Assim, não se justifica a condenação de tais práticas quando aos prejuízos delas decorrentes, suportados pelo mercado, ou pela concorrência, corresponderem vantagens a serem auferidas pela economia nacional como um todo, de sorte que estas vantagens sejam relativamente maiores do que aqueles prejuízos

Imagine-se, por exemplo, um acordo de cooperação entre duas empresas para o desenvolvimento de uma nova tecnologia. Parece óbvio que a união dos dois agentes econômicos, embora importe na eliminação da concorrência recíproca (pois eles não mais deverão competir pela inovação tecnológica), pode ser socialmente relevante, de modo a beneficiar o desenvolvimento tecnológico. Se assim é, a união não deve ser obstada, ainda que importe em um certo "prejuízo para a concorrência".

12. Os sistemas antitruste admitem, em vista disso, a legitimação de algumas práticas restritivas. Visando precisamente instrumentar essa legitimação, criou-se, nos *Estados Unidos*, a "*regra da razão*" (*rule of reason*).[19] O art. 1º do *Sherman Act*[20] não incidirá sempre que a prática restritiva acarretar um prejuízo *razoável* para a concorrência.

A primeira manifestação da Suprema Corte americana envolvendo a regra da razão ocorre no julgamento do caso *Standard Oil Co. of New Jersey v. United States*. O *Sherman Act,* no entender do Juiz White: "*evidenced the intent not to restrain the right to make and enforce contracts, whether resulting from combination or otherwise, which did not unduly restrain interstate or foreign commerce, but to protect that commerce from being restrained by methods, whether old or new, which would constitute an interference that is an undue restraint*".

A regra da razão – observa Shieber, na mais clássica obra brasileira sobre o Direito Antitruste[21] – acaba, na realidade, por determinar uma modificação no suporte fático do art. 1º do *Sherman Act*, ainda que o seu texto não tenha sofrido qualquer alteração. A regra implica tenha ele passado a viger com a seguinte redação:

"Art. 1º. Todo e qualquer contrato, combinação sob a forma de truste ou qualquer outra forma ou conspiração em *(desarrazoada)* restrição do tráfico ou comércio entre os Estados, ou com nações estrangeiras, é declarado ilícito pela presente lei".

13. Na Europa, o item 3 do art. 85 do Tratado da União Européia prevê a possibilidade de *isenção* de acordos restritivos da concorrência pela Comissão Européia. Eis os textos do Tratado de Maastricht:

"Art. 85. São incompatíveis com o mercado comum e proibidos todos os acordos entre empresas, todas as decisões de associações de empresas e todas as práticas concertadas que sejam susceptíveis de afectar o comércio entre os Estados-membros e que tenham por objectivo ou por efeito impedir, restringir ou falsear a concorrência no mercado comum.

"(...)

"2. São nulos de pleno direito os acordos ou decisões proibidos por este artigo.

"3. As disposições no n. 1 podem, todavia, ser declaradas inaplicáveis:

"– a qualquer acordo ou categoria de acordos, entre empresas;

"– a qualquer decisão, ou categoria de decisões, de associações de empresas; e

19. Ver, a respeito, o estudo efetuado, no Brasil, sobre as origens da regra da razão: Shieber, *Abusos do Poder Econômico (Direito e Experiência Antitruste no Brasil e nos EUA)*, São Paulo, Ed. RT, 1966, pp. 72 e ss. Cf., também, Nuno T. P. Carvalho, *As Concentrações de Empresas no Direito Antitruste*, São Paulo, Resenha Tributária, 1995, pp. 69 e ss.

20. Para uma breve e conclusiva explicação da *per se rule* e da regra da razão, veja-se Phillip Areeda, "The changing contours of the per se rule", *Antitrust Law Journal*, v. 54, 1985, pp. 27 e ss.

21. Shieber, ob. cit., p. 75.

"– a qualquer prática concertada, ou categoria de práticas concertadas, que contribuam para melhorar a produção ou distribuição dos produtos ou para promover o progresso técnico ou econômico, contanto que aos utilizadores se reserve uma parte eqüitativa do lucro daí resultante, e que

"a) Não imponham às empresas em causa quaisquer restrições que não sejam indispensáveis à consecução desses objetivos;

"b) Nem dêem a essas empresas a possibilidade de eliminar a concorrência relativamente a uma parte substancial dos produtos em causa."

Note-se, parenteticamente, que o enunciado do art. 85 do Tratado de Maastricht é tão ou mais amplo do que o do art. 20 da Lei n. 8.884/94, até porque o direito antitruste europeu foi, declaradamente, a fonte de inspiração do legislador brasileiro.

O número de práticas que deveriam ser submetidas à aprovação da Comissão Européia era demasiadamente elevado e o órgão não possuía sequer condições materiais para proceder à análise de todas elas.[22] Por essa razão, foram editados vários regulamentos que *isentam em bloco* determinadas categorias de acordos, cujas características demonstram que o prejuízo à concorrência eventualmente causado é suplantado pelos benefícios trazidos ao desenvolvimento do próprio mercado.

Quando o acordo celebrado recai nos limites da isenção em bloco (*block exemption*), a Comissão Européia não necessita, sequer, ser comunicada da prática do ato.

Por fim, cumpre anotarmos, ainda parenteticamente, que o Regulamento n. 1.983, de 22 de junho de 1983, concede uma isenção em bloco para os contratos de distribuição exclusiva que produzam ou possam produzir efeitos em território europeu. Mais especificamente, o Regulamento n. 1.475, de 1995, estabelece uma isenção em bloco para os acordos de distribuição de veículos automotores mediante o qual um contratante se obriga perante o outro a fornecer, em um território definido dentro do Mercado Comum, esses veículos e peças de reposição.[23]

14. No Brasil, o art. 54 da Lei n. 8.884/94 admite a *aprovação* de atos que impli-

22. James S. Venit indica os seguintes motivos como determintes da adoção das isenções em bloco: (i) caráter dúplice do art. 85 do Tratado da União Européia, que permite a isenção de uma prática restritiva da concorrência; (ii) inexistência de uma regra da razão que impedisse a incidência do § 1º do art. 85 do Tratado CE sobre práticas que poderiam ser consideradas "benéficas"; e (iii) a incapacidade da Comissão, derivada da limitação de seus recursos, para isentar (ou isentar em um período razoável de tempo) todas as práticas notificadas que não deveriam ser proibidas ("Technology Licensing in the EC", *Antitrust Law Journal,* v. 59, 1991, p. 485). Pode-se ver também, na concessão de isenções em bloco, uma atitude da Comissão que propicia ao agente econômico *segurança e previsibilidade,* pois a partir do momento em que são atendidos os requisitos para a concessão previstos no regulamento respectivo, a prática restritiva nem sequer deverá ser comunicada à autoridade antitruste européia. Ainda sobre os motivos da introdução das isenções em bloco, cf. Paolo Mengozzi, *Il Diritto della Comunità Europea,* Cedam, Padova, 1990, p. 335.

23. Segundo Bael & Bellis, será aplicável o Regulamento n. 1983, de 1983, quando for designado apenas um concessionário por território; já o regulamento n. 1.475, de 1995, permite que sejam nomeados um ou mais concessionários em cada zona contratual (*Il Diritto della Concorrenza nella Comunità Europea*, Torino, Giappichelli, 1995, p. 180. Tradução da terceira edição em língua inglesa, *Competition Law of the Europea Community*, Londres, CCH, 1994). A própria Comissão, a esse respeito, esclarece: "The (...) group exemption regulations concerning the distributions of goods, Commission Regulation (ECC) n. 1983 and (ECC) n. 1984/93, remain applicable to cars. This means that producers are free to choose to organize their distribution system according to Regulation 1475/95 or according to these to other group exemption (...)" Esse último regulamento coloca sob a égide da isenção em bloco apenas as restrições impostas ao distribuidor de não comercializar "veículos automóveis novos oferecidos por outrem que não o construtor a não ser em estabelecimentos separados, com uma gestão distinta, sob uma forma jurídica distinta e de modo a excluir qualquer confusão de marca" (cf. art. 3º, n. 3). Em outras palavras, o distribuidor é livre para comercializar carros fabrica-

quem prejuízo à livre concorrência, ou mesmo o domínio de mercado:

"Art. 54. Os atos, sob qualquer forma manifestados, que possam limitar ou de qualquer forma prejudicar a livre concorrência, ou resultar na dominação de mercados relevantes de bens ou serviços, deverão ser submetidos à aprovação do CADE".

Embora o texto desse art. 54 provoque espanto em alguns, na medida em que *legitimaria* a prática de *infrações,* o fato é que a autoridade antitruste brasileira pode autorizar a prática de atos restritivos da concorrência, desde que sejam atendidas as chamadas *eficiências* enunciadas nos parágrafos do mesmo art. 54.[24] Na realidade, no entanto, quando cogitamos de autorizações ou isenções colocamo-nos diante de dois suportes fáticos distintos: um relacionado à tipificação da infração à ordem econômica [art. 20] e outro que, quando verificado, dá lugar à incidência da estatuição excludente de infração [art. 54].[25]

Insista-se em que, no sistema da lei brasileira, o que se tem em vista são condições bem definidas, vinculantes do controle exercido pela autoridade antitruste, e não razoabilidade do prejuízo à concorrência. Aquelas condições é que informam a decisão sobre a autorização [= aprovação] do exercício da prática, nos termos do art. 54 da Lei n. 8.884/94.

O direito brasileiro não admite uma *regra da razão* capaz de afetar, modificando-a, a hipótese de incidência do art. 20 da Lei n. 8.884/94.[26]

dos por outrem, desde que o faça em estabelecimento distinto, evitando a confusão de marcas. Qualquer restrição imposta nesse sentido ou será nula de pleno direito, nos termos do *caput* do art. 85 do Tratado da União Européia ou deverá ser isentado pela Comissão *(individual exemption),* na forma prevista no § 3º do mesmo dispositivo. Vale, aqui, determo-nos na análise do item 7 do preâmbulo do Regulamento 1475, de 1995: "A cláusula de não concorrência pode ser isenta na medida em que não impeça o distribuidor de distribuir veículos automóveis de outras marcas de um modo que evite qualquer confusão de marcas (ponto 3 do art. 3º). A obrigação de só proceder à venda de produtos de outros construtores em locais distintos e com uma gestão distinta, acompanhada da obrigação geral de evitar a confusão a nível das marcas, assegura a exclusividade da distribuição de uma única marca por cada estabelecimento (...)" (cf. *Jornal Oficial das Comunidades Européias*, em 29 de junho de 1995, n. I, pp. 145/25, www.clubi.ie/competition/compframesite/index.htm, em 2 de setembro de 1998).

24. "§ 1º. O CADE poderá autorizar os atos a que se refere o *caput*, desde que atendam às seguintes condições: I – tenham por objetivo, cumulada ou alternativamente: a) aumentar a produtividade; b) melhorar a qualidade de bens ou serviços; ou c) propiciar a eficiência e o desenvolvimento tecnológico ou econômico. II – os benefícios decorrentes sejam distribuídos eqüitativamente entre os seus participantes, de um lado, e os consumidores ou usuários finais, de outro; III – Não impliquem eliminação da concorrência de parte substancial de mercado relevante de bens e serviços; IV – sejam observados os limites estritamente necessários para atingir os objetivos visados. § 2º. Também poderão ser considerados legítimos os atos previstos neste artigo, desde que atendidas pelo menos três das condições previstas nos incisos do parágrafo anterior, quando necessários por motivo preponderante da economia nacional e do bem comum, e desde que não impliquem prejuízo ao consumidor ou usuário final".

25. Vide Pontes de Miranda, *Tratado de Direito Privado*, t. I, Borsoi, Rio de Janeiro, 1954, p. 26.

26. Advertindo sobre as diferenças entre os sistemas europeu e americano, Frignani e Waelbroeck assinalam, quanto às isenções, que:. "Non si tratta dell 'equivalente della. rule of reason. del diritto antitrust statunitense: questa non permette di giustificare intese il cui oggetto restrittivo sia dimostrato, ma di valutare se certi accordi o pratiche che non sono vietati in se stessi (per se) possano essere considerati ammissibili, o debbano, al contrario, essere vietati tenuto conto dei loro effetti. Al contrario, l'art.85, paragrafo 3 permette di esentare tutte le intese, anche quelle di cui sia dimostrato il carattere intrinsecamente anticoncorrenziale" (*Disciplina della Concorrenza nella CEE,* 3ª e., Napoli, Jovene, 1983, p. 89). No mesmo sentido, Bernini faz ver que o § 3º do art. 85 do Tratado CE introduziu um teste de eficiência que não se encontra na experiência antitrust dos Estados Unidos, havendo, portanto, uma diferença substancial entre a *rule of reason* e as isenções ("As regras de concorrência", in *CE, Trinta Anos de Direito Comunitário,* Luxemburgo, 1981, p. 370). Embora essa distinção seja patente, alguns autores insistem em que o Tratado CE teria adotado a sistemática da *rule of reason,* encaixotando-se no fascínio que o modelo antitruste americano exerce sobre jovens analistas europeus (*v.g.* Pietro Manzini, *L'Esclusione della Concorrenza nel Diritto Antitrust Comunitario,*

IV – Os acordos verticais

15. O relacionamento comercial que se estabeleceu entre o fabricante de veículos automotores e seus distribuidores corporifica, na terminologia consagrada pela prática antitruste e pelos economistas que tratam de organização industrial, um típico *acordo vertical.*[27]

Esses acordos eram vistos, no passado, com extrema cautela pelas autoridades antitruste e mesmo pelo Poder Judiciário. Nas últimas décadas, contudo, essa posição vem sendo alterada, sobretudo nos Estados Unidos, por influência da Escola de Chicago. Salienta-se hoje, mais do que nunca, os benefícios decorrentes da celebração de tais acordos verticais, que *aumentam as eficiências alocativas* e diminuem os *custos de transação.*

Ocorre que, embora produzindo benefícios de outra ordem, esses acordos verticais, semelhantes àquele que ora consideramos, *restringem a concorrência,* por variados motivos, entre os quais destacamos aquele que, no contexto deste parecer, assume maior relevância: *os acordos verticais mediante os quais o fabricante impõe a seus distribuidores a exclusividade de relacionamento ("exclusive dealing") podem impedir que o concorrente do mesmo fabricante tenha acesso aos canais de distribuição utilizados pelo outro agente econômico.*[28] *Ademais, é ainda possível, no caso de novas empresas que pretendam se estabelecer no Brasil, que a imposição de exclusividade limite seu acesso ao mercado.*

16. Note-se bem que, para fins de determinação da incidência, ou não incidência, da Lei n. 8.884/94 sobre o caso presente, não é bastante afirmarmos, de forma genérica, que a concorrência está sendo prejudicada. Ao contrário, é necessária a indicação, com precisão, da concorrência de que se cogita.

É relevante, na hipótese submetida a nossa apreciação, a concorrência existente entre os vários fabricantes de automóveis (Fiat, GM, Volkswagen e outras), no mer-

Milano, Giuffrè, 1994, pp. 190 e s. No mesmo sentido, cf., ainda, Jan Peeters "The rule of reason revisted: Prohibitiion on Restraints of Competitio in the Sherman Act and the EEC Treaty", The *American Journal of Competition Law,* 37(3), Berkeley, 1989, pp. 521-570 e Luciano di Via, "Alcune riflessioni sulla rule of reason ed il concetto di consistenza di una restrizione della concorrenza", *Diritto del Commercio Internazionale,* 10.2-3:289, aprile-settembre 1996). As razões práticas de se querer vislumbrar a regra da razão no *caput* do art. 85 do Tratado CE são bastante óbvias: afastaria da Comissão Européia o direito (e o dever) de analisar *quaisquer* práticas restritivas da concorrência, de forma que esse órgão somente deveria ser informado das práticas que restringissem a concorrência de uma forma *não razoável.* Dessa forma, lograr-se-ia diminuir o volume de casos a serem apreciados pela Comissão. Não obstante, essa autoridade antitruste, como já reiterado em diversas ocasiões, *não* entende que o art. 85 do Tratado CE encerre a previsão de uma regra da razão, mas sim de um sistema de isenções, nos termos do § 3º do mesmo artigo. Conseqüentemente, a Comissão entende que *quaisquer* práticas restritivas da concorrência devem a ela ser comunicadas.

27. Acordo vertical é aquele celebrado entre agentes econômicos que não são diretamente concorrentes (ou seja, não atuam no mesmo mercado relevante), mas se encontram em mercados situados em uma imaginária linha vertical que nos conduz, através da extração da matéria-prima, das várias fases da produção e comercialização, até o consumidor final do produto (cf. Fox & Sullivan, ob. cit., p. 522 e também Roberto Pardolesi, "Intese restrittive della libertà di concorrenza", AAVV, *Diritto Antitrust Italiano,* org. A. Frignani, R. Pardolesi, A. Patroni Griffi, L. C. Ubertazzi. Bologna, Zanichelli, 1993, p. 244). Assim, são considerados típicos acordos verticais os de distribuição, fornecimento, franquia, concessão comercial e outros.

28. Ou, como dizem Sullivan & Hovenkamp: "*The vertical restraint may be used to (...) create barriers to entry that foreclose competition", Antitrust Law, Policy and Procedure,* 3ª ed., The Michie Company, Charlottesville, 1994, p. 405. Referindo-se especificamente aos contratos de distribuição exclusiva, Matteo Caroli afirma que "Contratti di questo genere sono forme di interazione verticale che possono porre in condizioni di svantaggio i concorrenti dell'opertore che beneficia dell'esclusiva. Questo è tanto più vero quanto più i soggetti che concedono l'esclusiva hanno un ruolo quantitativamente e qualitativamente rilevante nel proprio campo di attività" (*La Regolamentazione dei Regimi Concorrenziali,* Giuffrè, Milano, 1990, pp. 77-78).

cado brasileiro. Em outras palavras, tomamos como relevante o mercado brasileiro (*mercado relevante geográfico*), de fabricantes de automóveis (*mercado relevante material* ou do produto).

Estamos, ao considerar o *mercado de fabricantes de automóveis*, privilegiando a concorrência entre os fabricantes ou entre as *marcas* (*inter brand competition*), por entendermos que a concorrência entre os distribuidores de uma mesma fabricante (*intra brand competition*) não está sendo afetada pela imposição do fabricante.

Assim, cumpre verificarmos se a hipótese versada na consulta configuraria infração a ordem econômica, determinando a incidência do art. 20, I e do art. 21,[29] incisos IV[30] e VI da Lei Antitruste, na medida em que a imposição restringe a concorrência entre os agentes econômicos.

V – A interpretação da Lei n. 8.884/94 – As particularidades do caso presente

17. Alcançado este ponto de nossa exposição, cumpre dedicarmos detida atenção à restrição que está sendo imposta pelo fabricante de veículos automotores a seus distribuidores, nela apartando dois aspectos distintos:

(i) o fabricante exige, de uma banda, que o distribuidor comercialize apenas veículos novos de sua marca;

(ii) ao mesmo tempo, exige também que a pessoa física participante do capital social da sociedade distribuidora (ou seja, que possui a "bandeira" do fabricante) não participe de outra sociedade que distribua veículos fabricados por seus concorrentes.

A primeira restrição, ao contrário do que poderia parecer em uma análise menos detida, *não consubstancia infração à ordem econômica.*

A segunda, ao contrário, implica a incidência do art. 20, I da Lei n. 8.884/94, como passamos a demonstrar.

18. É certo – vimos acima – que a interpretação do direito não pode ser feita em tiras, aos pedaços. Não se interpreta o texto de lei, isoladamente, mas o direito, lançando-se mão de um processo hermenêutico que considera o ordenamento jurídico como um todo e, conseqüentemente, o sistema de princípios que lhe é subjacente.

Por isso não se pode interpretar isoladamente a Lei n. 8.884/94. Cumpre considerarmos, em conjunto com o seu texto, o texto da Lei n. 6.729, de 28 de novembro de 1979, que "dispõe sobre a concessão comercial entre produtores e distribuidores de veículos automotores de via terrestre".

19. A Lei n. 6.729/79 permanece plena de vigência, não foi revogada pela Lei n. 8.884/94.

Dir-se-á, prontamente, que ambas permanecem em vigor porque a primeira, embora anterior, trata de matéria específica (a concessão comercial entre fabricantes e distribuidores), enquanto que a segunda, que lhe é posterior, "dispõe sobre a prevenção e a repressão às infrações contra a ordem econômica". A Lei Antitruste disciplina a concorrência travada entre *todos* os agentes econômicos, e não apenas aquela que se estabelece entre os fabricantes e/ou distribuidores. Estamos portanto, no caso, diante de uma lei especial (anterior) e uma lei geral (posterior).

29. "Art. 21. As seguintes condutas, além de outras, na medida em que configurem hipótese prevista no art. 20 e seus incisos, caracteriza infração à ordem econômica: (...) IV – limitar ou impedir o acesso de novas empresas ao mercado; (...) VI – impedir o acesso de concorrente (...) aos canais de distribuição".

30. Entendemos que o inciso IV do art. 21 poderá ser invocado no caso em tela se houver grande possibilidade de um fabricante estrangeiro de veículos automotores pretender iniciar suas atividades no mercado brasileiro, não bastando porém a mera "suposição" desprovida de fortes evidências da possível entrada. Sem elementos bem específicos, não se pode formular conclusões a respeito do grau de influência que a concorrência potencial exerce sobre a concorrência atual, ou seja, aquela existente entre os agentes econômicos que já atuem no mercado brasileiro.

Cumpre, pois, considerarmos o impacto, em relação a elas, do aforisma *lex generalis legem specialem non derrogat.*[31]

20. Essa consideração há de ser feita a partir do exame de preceito contido na Lei de Introdução ao Código Civil Brasileiro, o Decreto-lei n. 4.657, de 4 de setembro de 1942, cujo art. 2º e seus §§ 1º e 2º assim dispõem:

"Art. 2º. Não se destinando à vigência temporária, a lei terá vigor até que outra a modifique ou revogue.

"§ 1º. A lei posterior revoga a anterior quando expressamente o declare, quando seja com ela incompatível ou quando regule inteiramente a matéria de que tratava a lei anterior.

"§ 2º. A lei nova, que estabeleça disposições gerais ou especiais a par das já existentes, não revoga nem modifica a lei anterior."

A matéria estava regulada de modo diverso no texto da Introdução que abria o Código Civil, na sua edição, em 1916.

O art. 4º dessa Introdução assim dispunha:

"A lei só se revoga ou derroga por outra lei, mas a disposição especial não revoga a geral nem a geral revoga a especial, senão quando a ela, ou ao seu assunto, se referir, alterando-a explícita ou implicitamente".

21. Tem a doutrina, entre nós, entrado em freqüentes desacordos a respeito da interpretação mais correta a ser conferida ao § 2º do art. 2º da vigente Lei de Introdução ao Código Civil, chegando-se mesmo a afirmar que esta disposição e a do art. 4º da antiga Introdução ao Código Civil reciprocamente se completam[32] – o que soa estranho, em razão da nova lei ter regulado inteiramente a matéria de que tratava o texto de 1916.

Entendemos, de modo diverso, que a complementação do sentido do aludido § 2º há de ser buscada no texto do § 1º do próprio art. 2º do texto em vigência.

O que resultou definido no § 2º do art. 2º da vigente Lei de Introdução ao Código Civil é que a lei nova – qualquer que seja ela: geral ou especial – não revoga nem modifica a lei anterior quando estabelecer disposições *a par* das já existentes.

Logo, em sentido contrário, teremos que a *lex nova* – qualquer que seja ela, repita-se: geral ou especial – revoga ou modifica a lei anterior quando não estabelecer disposições *a par* das já existentes.

22. Disso se deve retirar duas verificações: a) o aforisma *lex generalis legem specialem non derrogat* não foi contemplado no direito positivo brasileiro – Lei de Introdução ao Código Civil; b) para que o sentido do § 2º do art. 2º da Lei de Introdução ao Código Civil possa ser plenamente discernido, cumpre-nos definir a signifcação da expressão *disposições a par das já existentes.*

Disposição a par de outra existente é aquela que com esta convive. A expressão *a par de outra existente* há de ser entendida com o sentido que tem na linguagem natural, da qual se nutre a linguagem jurídica.[33]

Quem está *a par* de outrem convive com o outro, assim como algo que está a par de outra coisa coexiste com a outra coisa. *Estar a par,* pois, é conviver ou coexistir.

A significação da expressão *disposições gerais ou especiais a par das já existentes*, no § 2º, do art. 2º da Lei de Introdução ao Código Civil, portanto, é a seguinte: *disposições gerais ou especiais que coexistem com outras disposições gerais ou especiais.*

31. Vide Eros Roberto Grau, *Correção Monetária: Concordata e Créditos Fiscais*, Ed. RT, São Paulo, 1985, pp. 28-32.

32. Vicente Ráo, *O Direito e a Vida dos Direitos*, v. 1, Max Limonad, São Paulo, 1960, p. 392, nota 273.

33. Vide Eros Roberto Grau, *Direito, Conceitos e Normas Jurídicas*, Ed. RT, São Paulo, 1988, pp. 58 e ss.

Há coexistência de disposições quando mais de uma disposição exista concomitantemente.

As primeiras disposições a considerar, no caso, são as da lei nova, a Lei n. 8.884/94. O citado § 2º do art. 2º menciona: "A lei nova, que estabeleça disposições gerais ou especiais a par...".

As segundas, as que já existiam anteriormente ao advento da lei nova. O mesmo preceito prossegue: "... a par das já existentes, não revoga nem modifica a lei anterior".

A segunda das disposições referidas no § 2º do art. 2º da Lei de Introdução ao Código Civil, assim, é a que já existia em lei anterior, lei esta que não é revogada nem alterada pela lei nova.

Pois bem: se as primeiras disposições coexistentes com outras são as contidas na lei nova, resta saber quando as segundas disposições – preexistentes – conservam existência, perdurando, a par das inscritas na lei nova. Para sabê-lo, é imperiosa a consideração do que define o § 1º do art. 2º da Lei de Introdução ao Código Civil.

23. A norma extraída do § 2º daquele art. 2º dá resposta à seguinte indagação: quando a lei nova não revoga nem modifica a lei anterior?

A do § 1º, à questão que assim se põe: quando a lei nova revoga a anterior?

Para que possamos determinar, portanto, se a disposição preexistente à lei nova perdura, a par desta, é necessário verificarmos se não foi ela revogada pela lei nova.

Isso se verifica mediante a aplicação das regras definidas pelo sempre mencionado § 1º do art. 2º da Lei de Introdução ao Código Civil, que alinha três hipóteses, dentro das quais a lei nova revoga a anterior:

a) quando a lei posterior expressamente o declare;

b) quando a lei posterior – ou disposição dela – seja incompatível com a anterior;

c) quando a lei posterior – ou disposição dela regula inteiramente a matéria de que tratava a anterior.

Visto isso podemos – sem nos perdermos em considerações inócuas, atinentes ao aforisma *lex generalis legem specialem non derrogat*, que o vigente direito positivo brasileiro não acolheu – enunciar, nos termos seguintes, toda a significação da norma contida no § 2º do art. 2º da Lei de Introdução ao Código Civil: a lei nova – geral ou especial, especial ou geral, pouco importa – não revoga nem modifica a lei anterior: a) se não contiver expressa declaração nesse sentido; ou b) se não for incompatível com ela; ou ainda c) se não regular inteiramente a matéria de que tratava a lei anterior.

24. Ora, a Lei n. 8.884/94 não revogou expressamente, nem é incompatível com ela, nem regulou inteiramente a matéria de que trata a Lei n. 6.729/79.

É certo, portanto, que ambas permanecem em vigor.

Detenhamo-nos, pois, sobre o texto do § 1º do art. 3º da Lei n. 6.729, de 1979:

"§ 1º. A concessão poderá, em cada caso:

"(...)

"b) vedar a comercialização de veículos automotores novos fabricados ou fornecidos por outro produtor."

Concessão, para os efeitos da Lei n. 6.729/79,[34] e, nos termos do seu art. 1º, o negócio jurídico, celebrado entre *produtores* e *distribuidores,* que visa a efetivar a "distribuição de veículos automotores de via terrestre". *Produtor* – define o inciso I do art. 2º – é a *empresa* industrial que realiza a fabricação ou montagem de veículos automotores; *distribuidor,* nos termos do inciso II desse mesmo art. 2º, "a empresa comercial pertencente a respectiva catego-

34. Parcialmente alterada pela Lei n. 8.132, de 1990.

ria econômica, que realiza a comercialização de veículos automotores, implementos e componentes novos, presta assistência técnica a esses produtos e exerce outras funções pertinentes à atividade".

O preceito legal, como se vê, faculta ao produtor, na concessão, proibir à *empresa* distribuidora, pertencente a determinada categoria econômica, a distribuição de veículos concorrentes com os por ele produzidos.

Em outras palavras, a Lei n. 6.729/79 *permite que o contrato de concessão contenha cláusula restritiva da concorrência, qual seja, a possibilidade de impedir-se que o distribuidor* (*como tal entendido a empresa*) *comercialize veículos novos fabricados por outrem, prejudicando a concorrência entre as montadoras.*

25. Fazendo-o, o nosso sistema jurídico consagra uma espécie de *isenção* ou *autorização em bloco* para a exclusividade imposta aos distribuidores de veículos automotores, afastando a incidência, sobre essa imposição, do disposto no art. 20, I da Lei n. 8.884/94.

Sucede que essa isenção/autorização contém algumas limitações.

Assim, a proibição decorrente da exclusividade deve restringir-se a *distribuição de veículos novos, fabricados ou fornecidos por outro produtor.* Logo, caso o fabricante decida impor aos seus distribuidores a proibição da comercialização de veículos *usados* de outro produtor, *essa imposição não estará amparada pela autorização concedida pelo art. 3º da Lei n. 6.729/79 e — uma vez que configura restrição à concorrência entre os fabricantes – será considerada infração à ordem econômica, nos exatos e precisos termos do disposto no art. 20, I da Lei n. 8.884/94.*

O mesmo se dá em relação à restrição, referida na consulta, que o produtor pretende impor a seus distribuidores. A Lei n. 6.729/79 apenas permite que o contrato de concessão impeça o *distribuidor* (ou seja, *a empresa; não o empresário, sócio ou acionista*)[35] de comercializar produtos novos concorrentes. Sob seu abrigo, portanto, *não se pode colocar a proibição de o empresário* (*acionista ou sócio*) *participar de outra sociedade* (*ou empresa*), *que exerça sua atividade – esta sim – distribuindo veículos automotores de marca concorrente.*

26. O art. 3º da Lei n. 6.729/79 *não pode ser interpretado extensivamente*, de forma a abranger a restrição pretendida pelo fabricante.

Vimos bem que a imposição da exclusividade é uma *exceção*, uma *restrição à livre concorrência e/ou à livre iniciativa,* cuja possibilidade, limites e fundamentos estão especificadamente delineados no art. 3º da Lei n. 6.729/79. Aí – repita-se – temos uma *isenção* que, fundada na pressuposição de que os prejuízos eventualmente decorrentes da restrição serão suplantados pelos benefícios por ela produzidos, permite uma prática restritiva da concorrência.

Ora, em se tratando de uma *restrição,* o art. 3º da Lei n. 6.729/79 não admite *interpretação extensiva.* Vale reproduzir, aqui, a sempre atual e precisa lição de Carlos Maximiliano, inspirada em Coelho da Rocha:

"Quando um ato dispensa de praticar o estabelecido em lei, regulamento, ou ordem geral, assume o caráter de exceção, interpreta-se em tom limitativo, aplica-se às pessoas e aos casos e tempos expressos, exclusivamente".[36]

A interpretação extensiva do preceito conduziria, inevitavelmente, à violação do princípio da livre iniciativa (e, pois, da livre concorrência).

35. Não será oportuno, neste parecer, o debate a respeito da distinção entre *empresa* e *sociedade,* tema que encanta os comercialistas. Aqui basta enfatizarmos a circunstância de a lei referir-se à *empresa,* não ao *empresário.*

36. *Hermenêutica e Aplicação do Direito*, 6ª ed., Livraria Freitas Bastos, São Paulo, 1957, p. 291.

27. Por fim, cumpre deixarmos bem vincado que a jurisprudência norte-americana, que entende que a exclusividade imposta a alguns distribuidores seria razoável, *não é aplicável ao sistema brasileiro para fins de descaracterizar a infração à ordem econômica.*[37]

No sistema estrangeiro não são considerados ilícitos, em virtude da regra da razão,[38] os atos que restringem a concorrência de forma *razoável,* como explicamos acima. Já a lei brasileira determina que *qualquer ato que implique restrição à concorrência* (como aquele objeto do presente parecer) *deve*, para que não acarrete a aplicação das sanções previstas em lei, *ser submetido à apreciação do CADE*, nos termos do art. 54 da Lei n. 8.884/94.

De resto, pretender aplicar à hipótese a jurisprudência americana, que se embasa na regra da razão, equivaleria, em termos metodológicos, a isentar-se a prática com base no Regulamento Europeu n. 1.475, de 1995!

Aqui, também, é inadmissível a "colonização" do direito brasileiro.

28. Em face do exposto concluímos afirmando que:

a) a restrição pretendida pelo fabricante é ilícita, configurando infração à ordem econômica, o que determina a incidência do disposto no art. 20, inciso I, da Lei n. 8.884/94, bem como no inciso VI do seu art. 21; se a restrição afetar novos fabricantes estrangeiros de veículos automotores, que pretendam ter acesso ao mercado brasileiro, neste caso, desde que efetivamente comprovada essa pretensão, verificar-se-á, também, a hipótese prevista no art. 21, IV da Lei n. 8.884/94;

b) os distribuidores poderão encaminhar representação escrita e fundamentada à Secretaria de Direito Econômico – SDE, nos termos do disposto no art. 30 da Lei n. 8.884/94, comunicando a infração à ordem econômica praticada pelo fabricante;

c) se os agentes econômicos (produtor e distribuidores) vierem a se compor, no sentido de fazer constar aquela imposição restritiva da concorrência do contrato de concessão, neste caso deverão submeter a prática à análise do CADE, nos termos do disposto no art. 54 da Lei n. 8.884/94, sob pena de suportarem as multas previstas no art. 23 da Lei Antitruste e demais sanções aplicáveis.

É o que nos parece.

37. Essa jurisprudência poderia, no máximo, ser invocada para fins meramente argumentativos, se a prática fosse submetida à apreciação do CADE, com o fito de demonstrar o atendimento às *eficiências* colocadas pelo art. 54 da Lei n. 8.884/94.

38. A questão da exclusividade vem também regulada pelo art. 3º do Clayton Act e sua aplicação passa pela valoração típica da *rule of reason.* Dispõe o art. 3º do Clayton Act: *"It shall be unlafull ... that ... the purchaser ... shall not use or deal in the goods ... of a competitor ... of the ... seller ... where the effect of such ... sale ... may be to substantialy lessen competition"* (grifamos).

PREFEITO MUNICIPAL – COMPARECIMENTO FACULTATIVO À CÂMARA – PRINCÍPIO DA SEPARAÇÃO DOS PODERES

João Batista de Oliveira Rocha
Professor da Pontifícia Universidade Católica de Minas Gerais

I – Exposição e Consulta

O Assessor Jurídico da Prefeitura Municipal de Juatuba, MG, submete à nossa consideração a seguinte consulta:

"Conforme entendimentos, encaminho a V. Sa. as questões básicas referentes ao artigo 69 da Lei Orgânica deste Município:

1. Estaria o referido dispositivo legal em conformidade com nossa Constituição Federal?

2. Em caso afirmativo, quais seriam as implicações no caso do não cumprimento da determinação nele contida.

3. Quais seriam as medidas a serem tomadas a fim de que se providencie a supressão do dispositivo em tela?

4. Em caso de resposta negativa para a primeira questão, pergunta-se:

4.1 Estaria o Prefeito Municipal *obrigado* a comparecer em reunião especial, ou o envio à Câmara do relatório sobre "o estado em que se encontram os assuntos municipais" faria cumprir satisfatoriamente a norma?

4.2 Poderia o Sr. Prefeito se fazer representar nessa reunião?

4.3 Em que consistiria a expressão "estado em que se encontram os assuntos municipais"? Ou, o que deveria conter o relatório em questão?

4.4 Quais seriam as implicações administrativas e penais a que estaria submetido o Prefeito Municipal, no caso do descumprimento desse dispositivo?

Assim, são estes os questionamentos básicos sobre a norma contida no artigo objeto da presente consulta."

II – Parecer

Postas as indagações, passamos a fazer algumas considerações básicas que servirão de supedâneo às respostas.

O artigo 69 da Lei Orgânica do Município de Juatuba (LOMJ) estatui:

"Art. 69. Anualmente, dentro de sessenta dias do início da sessão legislativa, a Câmara receberá, em reunião especial, o Prefeito, que informará por meio de relatório, o estado em que se encontram os assuntos municipais.

"Parágrafo único. Sempre que o Prefeito manifestar propósito de expor assunto de interesse público, a Câmara o receberá em reunião previamente designada."

Verifica-se do texto suso transcrito, que o art. 69, da LOMJ, prevê a recepção, uma vez por ano, dentro de sessenta dias do início da sessão legislativa, pela Câmara, do Prefeito Municipal, *não existindo no texto nenhuma cominação, na hipótese do não comparecimento do Chefe do Executivo Municipal*. Saliente-se que o dispositivo legal encontra-se inserido no Capítulo dedicado ao Poder Legislativo, constando como dever deste receber o Prefeito, e não de o Prefeito ter de comparecer.

De outra parte, a LOMJ não prevê, nem no dispositivo sob comento nem alhures, a *convocação* do Prefeito pelos Vereadores, individualmente ou através de seu Presidente, a comparecer à Câmara, o que constituiria, aliás, supina heresia, por malferir de morte o princípio constitucional da separação dos poderes, um dos alicerces da moderna democracia (art. 2º da CF).

Outrossim, não há no elenco das atribuições do Prefeito Municipal a de comparecer perante a Câmara dos Vereadores (art. 76, da LOMJ), que prevê apenas, segundo o modelo constitucional federal e estadual, a atribuição de o Chefe do Executivo Municipal

"IX – remeter mensagem e plano de governo à Câmara, quando da reunião inaugural da sessão legislativa ordinária, expondo a situação do Município, especialmente o estado das obras e dos serviços municipais".

Aliás, esta competência, na verdade, *esvazia* e torna inócua a previsão do art. 69, da LOMJ, pois, neste dispositivo está admitida a presença do Prefeito à Câmara para fazer, ele próprio, *oralmente*, o relatório sobre "o estado em que se encontram os assuntos municipais", e nada impediria que ele o fizesse, através de peça escrita adredemente preparada. Em outras palavras, o que pretenderia o multirreferido art. 69 seria compelir o Prefeito a fazer, *pessoalmente*, a apresentação da mensagem e planos de governo, ao invés de permitir-lhe fazê-lo, como normalmente acontece, através de Secretário Municipal ou de outro agente público.

Cuida-se, à evidência, de dispositivos legais superpostos, de autêntico *bis in idem*, que não se justifica por ângulo algum, prático ou jurídico.

Por outro lado, não existe nenhuma previsão legal de que o não atendimento ao preceito indireto ou oblíquo contido no art. 69, sobre o comparecimento do Prefeito Municipal à Câmara, implique infração político-administrativa, como se infere do art. 78, da LOMJ. Apenas o desatendimento, sem motivo justo, a pedido de informação da Câmara, constitui falta político-administrativa, sujeita, como outras elencadas no aludido artigo, ao julgamento pelo Poder Legislativo Municipal.

O comparecimento ao Congresso Nacional, *mediante convocação*, no sistema presidencialista brasileiro, obriga apenas o Ministro de Estado (art. 50, CF), configurando, por isso mesmo, crime de responsabilidade o não atendimento ao chamamento do Legislativo (art. 13, n. 3, da Lei 1.079/50). Não há, portanto, tal obrigação por parte do Presidente da República, em obséquio ao princípio da independência e separação dos poderes, antes referido.

Por analogia, o Prefeito Municipal igualmente não está sujeito ao comparecimento obrigatório perante a Câmara Municipal, porque haveria nítida e intolerável intromissão do Poder Legislativo no *exercício* da função executiva.

Daí, aliás, a correta e irrepreensível previsão da LOMJ, no sentido de arrolar esta obrigação de comparecimento à Câmara somente entre as atribuições dos Secretários Municipais (art. 79, IV).

Por seu turno, o Decreto-lei n. 201, de 27 de fevereiro de 1967, que dispõe sobre a responsabilidade dos Prefeitos e Vereadores, não tipifica, nem como crime de responsabilidade nem como infração político-administrativa, o não comparecimento de prefeito à Câmara para informar "por meio de relatório, o estado em que se encontram os assuntos municipais" (arts. 1º e 4º).

E, não é de olvidar-se o princípio jurídico de que *nullum crimen, nulla poena, sine lege*. Em outras palavras, se a lei não cataloga como ilícito penal ou político-administrativo o não comparecimento do prefeito, para ser recepcionado pela Câmara, não há como considerar como infração seu não comparecimento.

O inciso III do art. 4º do mencionado DL n. 201/67 considera infração político-administrativa "desatender, sem motivo justo, as *convocações* ou os pedidos de informações da Câmara, quando feitos a tempo e em forma regular".

Contudo, a palavra *convocação* não pode ser entendida, aqui, como chamamento do prefeito a comparecer à Câmara, e sim de seus secretários. Nesta hipótese, configurar-se-á o ilícito político-administrativo, se os secretários, em conluio com o Chefe do Executivo ou cumprindo ordem dele emanada, não responderem à convocação do Poder Legislativo. A infração político-administrativa seria em co-autoria, a justificar o disposto no referido inciso III do art. 4º.

Interpretação diversa do aludido inciso importaria induvidosa inconstitucionalidade do dispositivo, que viola, às escâncaras, o princípio da separação e independência dos poderes, já mencionado (art. 2º da CF).

De todo modo, ainda que se considerasse hígido o referido inciso III do art. 4º do DL 201/67, ele não se aplicaria ao caso em tela, porquanto o art. 69 da LOMJ não alude a *convocação* do prefeito. Diz singelamente que a Câmara *receberá*, em reunião especial, o prefeito.

Trata-se, como já se disse, de dispositivo embutido no capítulo dedicado ao *Poder Legislativo* e não ao Poder Executivo. Se alguma obrigação gerar tal dispositivo será em relação à Câmara que não poderá deixar de receber o prefeito. Não cria, porém, obrigação em relação ao prefeito, que poderia deixar de comparecer e, assim, não ser recepcionado pelos vereadores.

Quanto ao parágrafo único do art. 69, da LOMJ, nenhuma consideração a fazer, porquanto cuida-se de faculdade (não obrigação) do prefeito de expor assunto de interesse público à consideração da Câmara, que designará reunião para tal fim, como acontece, também, a nível federal e estadual, dentro do princípio de colaboração e harmonia entre os poderes.

III – Conclusão

Feitas tais considerações, passamos a responder, pela ordem, aos quesitos formulados pelo eminente consulente:

1. Se entendido o comparecimento como obrigação legal do prefeito, a resposta é negativa, isto é, o dispositivo não está em conformidade com nossa Constituição Federal. Se ao comparecimento se der caráter Facultativo, não haveria atrito à Carta Magna.

2. Prejudicado, em face da resposta anterior.

3. Poder-se-ia propor ação direta de inconstitucionalidade, perante o Eg. Tribunal de Justiça, ou aguardar o caso concreto, para impetrar Mandado de Segurança, quando a Câmara tomasse qualquer medida político-administrativa contra o prefeito.

4.1 O Prefeito Municipal não está *obrigado* a comparecer a reunião especial, pelos motivos suso expostos, e o envio à Câmara do relatório sobre o "estado em que se encontram os assuntos municipais" substituiria seu comparecimento.

4.2 A representação do Prefeito não seria necessária nem conveniente, pois colidiria com o posicionamento perfilhado da não obrigação de comparecimento do Chefe do Executivo. Além disso, o dispositivo legal em pauta não prevê a possibilidade de o Prefeito fazer-se representar.

4.3 A expressão "estado em que se encontram os assuntos municipais" é adaptação da expressão contida na Constituição Federal "situação do país" (art. 84, da CF), que, por sua vez, está visivelmente calcada no art. 2º, seção 2ª, da Constituição Americana, o qual prevê o envio periódico ao Congresso de mensagem sobre o "estado da União".

Cuida-se de balanço e exposição dos problemas municipais, com a apresentação das providências já tomadas ou a tomar, quando necessária a participação ou autorização da Câmara Municipal. O relatório deveria conter, se apresentado facultativamente pelo Prefeito, seu programa e plano de ação para a solução dos assuntos considerados prioritários.

4.4 No nosso entendimento e coerentes com a fundamentação antes exposta, entendemos não haver, para o Prefeito Municipal, nenhuma implicação administrativa ou penal, no caso de negar cumprimento ao dispositivo sob comento.

CONTRATAÇÃO DIRETA POR EMERGÊNCIA: SITUAÇÃO CALAMITOSA – IRRELEVÂNCIA DOS FATORES CAUSADORES DA SITUAÇÃO EMERGENCIAL

FLORIANO P. AZEVEDO MARQUES NETO
Professor da Faculdade de Direito da PUC-SP
e da Universidade São Judas

I – A consulta

Gira a presente Consulta em torno da possibilidade da contratação direta, por Órgão da Administração – de uma série de cometimentos colocados como emergenciais à vista da situação calamitosa em que se coloca hoje sistema de transporte de determinada região metropolitana.

A narrativa histórica da matéria trazida ao nosso exame pode ser assim reproduzida: "Sistema ferroviário começou a se desenvolver no fim do século passado ganhando destaque com a cultura do café e posteriormente com processo de industrialização.

Na década de 20 com a incorporação da eletricidade foi possível um novo salto no desempenho do sistema ferroviário. O processo continuado de melhoria só veio a ser interrompido a partir de fins dos anos 60 quando o modelo de desenvolvimento implantado no país veio privilegiar o transporte rodoviário, face à maior velocidade de implantação e como um incentivo ao desenvolvimento de um mercado para a incipiente indústria automotora.

Aproximadamente 30 anos atrás o Estado assumiu o controle total dos serviços urbanos de transportes sobre trilhos.

A reforma constitucional de 1988 determinou que o transporte metropolitano deve ser responsabilidade dos Estados. Em 1994 foi criada a entidade consulente para receber e operar a rede metropolitana transferida pela União ao Estado.

O estado de conservação do patrimônio recebido pela empresa encontrava-se totalmente degradado pela falta de investimentos ao longo dos últimos 20 anos.

O esgotamento dos recursos do Estado para investimentos públicos tem-se mostrado como uma característica geral de todas as economias de países em desenvolvimento. Para agravar tal situação, a atual gestão encontrou um quadro de extrema gravidade, com pesadas dívidas e uma visível deterioração da infra-estrutura.

Neste contexto de sucateamento é que deve ser compreendida a situação da consulente, levando a uma contínua degradação da qualidade dos serviços prestados aos usuários resultando em um serviço com baixa disponibilidade e pouca confiabilidade.

Este conjunto de razões tem provocado uma série de incidentes. Em primeiro lugar devemos considerar as razões crônicas já descritas acima e que podemos resumir no abandono dos investimentos tanto em expansão quanto em manutenção da rede física assim como uma política de motivação e treinamento do pessoal de operação. A isto se soma uma forte evasão de receita fruto tanto da insuficiência da estrutura de controle nas estações quanto da superlotação dos trens.

Em segundo lugar, há razões circunstanciais de origem sindical que tem determinado ações não colaborativas de maquinistas e controladores de tráfego para com a empresa através de "operação padrão" com o conseqüente aumento da tensão dos usuários criando um clima propenso a reações descontroladas.

A consulente vem tentando através de diversas intervenções reverter o atual quadro de dificuldades que está enfrentando com a adoção de várias iniciativas.

Embora exista a determinação do Governo de realizar estes investimentos no sistema de transporte a conhecida escassez de recursos e prazo de maturação destes programas não asseguram respostas na velocidade que a situação requer.

A todo este quadro já grave acrescentaram-se as ações de vandalismo ocorridas no mês de outubro de 1996 que provocaram a depredação e queima de 7 estações de Linha A e D e na destruição e posterior incêndio de vagões.

A situação relatada levou o Ministério Público de São Paulo a ajuizar Ação Civil Pública em face da consulente para, em linhas gerais, exigir providências imediatas no sentido de sanar, de uma só vez, todos os problemas sucintamente resumidos acima. Tal ação foi julgada recentemente, resultando a condenação da consulente na obrigação de proceder, em prazo exíguo, a uma série de ações corretivas, planejadoras e preventivas nominadas pelo julgador."

Neste quadro é que está colocada a premente e imediata necessidade de contratação, junto a particulares, da seguinte ordem de cometimentos: i) recuperação integral dos carros vandalizados e sucateados; ii) recuperação da via permanente e da rede aérea e recuperação física das estações; iii) intervenções preventivas e corretivas em toda a rede voltadas a evitar o colapsamento do sistema; iv) o gerenciamento deste plano de atividades de modo a produzir um plano de recuperação da rede e coordenar e efetivar as medidas emergenciais relatadas acima.

A consulta é culminada com a formulação dos seguintes quesitos:

1. Pode na situação fática enredada na Consulta, a interessada consulente contratar diretamente, com lastro na emergência, a execução dos serviços necessários à atenuar a situação de colapso hoje verificada na rede de trens metropolitanos?

2. O fato da situação hoje vivenciada ter suas origens em omissões ou falhas ocorridas num passado mais remoto impedem tal hipótese de contratação direta?

3. Se existente tal possibilidade, ela se restringe aos serviços específicos de reparação de linhas, carros e estações ou pode envolver serviços correlatos como o planejamento e a coordenação do enfrentamento destes problemas?

4. Qual seria, em regra, o procedimento a ser adotado pela consulente para efetivar as contratações em apreço?

5. O início da situação emergencial há que se relacionar a um fato específico ou pode decorrer de um contexto fático amplo – vários fatores ensejadores da emergência? Neste caso, qual o marco inicial para fins de contagem do prazo legal de duração dos contratos de emergência?

Vem a solicitação acompanhada de diversos documentos, inclusive aqueles referentes à Ação Civil Pública supradita, ajuizada pelo Ministério Público paulista.

II – Parecer

II.a A exigência e dispensabilidade de licitação pública

1. A primeira questão de enfrentamento indesviável, cerne verdadeiro do presente trabalho, diz respeito à obrigatoriedade – ou, por outro lado, a dispensabilidade – de realização de licitação pública como requisito essencial para que a Administração contrate com os particulares a realização dos cometimentos de que necessita. Ninguém descura de que a regra para a Administração pública é a realização de licitação.

2. É o próprio texto constitucional que estabelece tal exigência, como se depreende do inciso XXI da artigo 37 da Constituição. A licitação, também é remansoso, é um procedimento administrativo mediante o qual a Administração procura selecionar a proposta que melhor atenda a seus interesses, visando à execução de suas obras e serviços, compras de materiais e gêneros e alienações de bens.

Portanto, na seleção dos particulares com quem vai contratar, o órgão público licitante deve obediência aos princípios gerais da administração pública, inseridos no *caput* do artigo 37 da nossa lei maior.

3. A licitação, reconhece a própria lei que a regula (cf. art. 3º da Lei 8.666/93), se presta a atender a dois grandes desideratos, que nada mais são que manifestações para atender aos princípios gerais da Administração quando traduzidos para os procedimentos licitatórios, a saber: a) a proteção ao princípio da isonomia entre os particulares e b) a busca da melhor proposta pelo Poder Público.[1]

4. Em grande medida por força do fato de que estes dois objetivos nem sempre serão de realização possível (ou plausível) através de procedimento licitatório, é que a própria Lei Maior – e por decorrência toda a legislação infraconstitucional – admitem a hipótese de cometimentos serem contratados pelo Poder Público sem que se faça realizar a tal licitação.

5. Ninguém desconhece que o próprio dispositivo constitucional exigidor da licitação já se inicia reconhecendo a existên-

1. Por exemplo, são preciosas as lições do mestre Oswaldo Aranha Bandeira de Mello: "A licitação, como passou a ser chamada a concorrência, no Direito Administrativo pátrio, está informada por determinados princípios fundamentais, a saber: da legitimidade, da isonomia e da utilidade pública. O da legitimidade se refere ao regime jurídico disposto para a licitação, ou seja, das normas e preceitos jurídicos que a regem e que a vinculam, cujo desrespeito acarreta a nulidade do procedimento, no caso de ocorrer dano à A. P. ou aos interessados concorrendo à licitação, pois, segundo a conhecida expressão francesa "pas a nullité sans grief". A nulidade pode ser total ou parcial, considerando-se, então, tão-somente a parte viciada, que padece, realmente, de invalidade. O da isonomia diz respeito ao tratamento igual em situação igual, de todos os interessados em oferecer propostas à A. P. para escolha da melhor, assegurados os seus direitos e deveres. Tal preceito acarreta, como conseqüência, a publicidade do procedimento administrativo nas suas diferentes fases, para igual conhecimento de qualquer possível candidato à licitação, e assim, poder utilizar dos recursos administrativos cabíveis, além da ação judicial. E, ainda, exige absoluto sigilo das respectivas propostas, no desenvolvimento da sua coleta até o dia da divulgação de todas, publicamente na mesma hora, a fim de evitar prejuízos de um em benefício de outro, no oferecer a sua já conhecendo a do competidor. O da utilidade pública consiste em subordinar à apreciação de conveniência e oportunidade, devidamente justificada, a prática dos atos facultativos, e, outrossim, livres relativamente ao seu conteúdo, quando competir à A. P. o exercício de poderes discricionários no procedimento administrativo em referência" (in *Da Licitação,* 1978, pp. 37/39). Mais contemporâneo, este também é o ensinamento de Celso Antônio Bandeira de Mello: "A licitação visa garantir duplo objetivo: proporcionar às entidades governamentais possibilidades de realizarem o negócio mais vantajoso e assegurar aos administrados ensejo de disputarem a participação nos negócios que as pessoas administrativas entendam de realizar com os particulares" (in *Elementos de Direito Administrativo,* 3ª ed., Malheiros Editores, São Paulo, 1992, p. 176).

cia de exceções à regra de licitar. Remete o detalhamento destas hipóteses excepcionais para os casos que a legislação ordinária vier a especificar.[2] Em suma, o legislador constituinte reconhece que hipóteses há em que poder-se-á realizar contratação direta, sem anterior procedimento licitatório.

II.b A hipótese de dispensa por emergência

6. Tais situações típicas são restritas e visam – constituindo-se como exceções – a agasalhar hipóteses em que a exigência de licitação tornar-se-ia contrária ao interesse público. Dentre estas hipóteses[3] encontra-se a contratação direta por se verificar uma *situação emergencial* em que haja urgência na efetivação do cometimento alvitrado. É a controvertida hipótese de *dispensa de licitação por emergência*, hipótese hoje consagrada no art. 24, inc. IV da Lei 8.666/93.[4]

7. Esclarecendo este permissivo de contratação direta, o Conselheiro do Tribunal de Contas do Estado de São Paulo Antonio Roque Citadini consigna que: "O mais comum dos casos de dispensa de licitação é o previsto no inciso IV deste artigo (art. 24 da Lei 8.666/93) que trata de contratação efetuada em situações de emergência ou de calamidade pública. A emergência e a calamidade *são caracterizadas pela necessidade do atendimento imediato à situação, cuja demora possa ocasionar prejuízos ou comprometimento da segurança de pessoas, obras, serviços e bens*. Não se caracteriza apenas pelo desejo do gestor de realizar a obra ou serviço urgente, mas pela comprovada ocorrência de fatos imprevisíveis ao administrador e que dele exigem imediatas providências, sob pena de prejuízos para o cidadão e/ou para a Administração".[5]

8. Embora tal situação sempre tenha sido prescrita no rol dos casos de dispensa,[6] a hipótese de contratação emergencial

2. "Art. 37. (...) XXI – *ressalvados os casos especificados na legislação*, as obras, serviços, compras e alienações serão contratados mediante processo de licitação pública que assegure igualdade de condições a todos os concorrentes, com cláusulas que estabeleçam obrigações de pagamento, mantidas as condições efetivas da proposta, nos termos da lei, a qual somente permitirá as exigências de qualificação técnica e econômica indispensáveis à garantia do cumprimento das obrigações".

3. A contratação direta pode, como é sabido, decorrer ou das hipóteses de dispensa e da situação de inexigibilidade (ver neste sentido Sônia Yuriko Tanaka: "Dispensa e inexigibilidade de licitação", in Márcia Garcia, *Estudos sobre a Lei de Licitações e Contratos*, pp. 17 e ss.). Os dois institutos diferem conceitualmente. Naquele há uma faculdade de não se realizar certame. Nesta há mesmo uma impossibilidade decorrente da situação chave "inexistência de possibilidade de competição". Deste fato advém que os casos de dispensa constituem não só *numero clausus* como tipificações mais precisas, fechadas. Já as hipóteses de inexigência dependerão sempre e muito da análise do caso concreto pelo Administrador. Não é por outro motivo que muitos autores, ao nosso ver com grande razão, sustentam que a situação emergencial impende caso de inexigência e não de dispensa, como adiante aludiremos.

4. O texto legal é o seguinte: "Art. 24. É dispensável a licitação: (...) IV – nos casos de emergência ou de calamidade pública, quando caracterizada urgência de atendimento de situação que possa ocasionar prejuízo ou comprometer a segurança de pessoas, obras, serviços, equipamentos e outros bens, públicos ou particulares, e somente para bens necessários ao atendimento da situação emergencial ou calamitosa e para as parcelas de obras e serviços que possam ser concluídos no prazo máximo de 180 dias consecutivos e ininterruptos, contados da ocorrência da emergência ou calamidade, vedada a prorrogação dos respectivos contratos;"

5. In *Comentários e Jurisprudência sobre a Lei de Licitações Públicas*, Max Limonad, 1996, p. 148.

6. Na história legislativa do país foram-se desenvolvendo as possibilidades de contratação direta com o lastro ora versado. No Código de Contabilidade da União, havia previsão de dispensa para cometimentos que "por circunstâncias imprevistas não permitirem as demoras exigidas pelos prazos das concorrências" (art. 246, *a*, do Decreto federal n. 15.783 de 1922). Já no Decreto-lei 200/67 já se aludia a dispensa para "os casos de emergência caracterizada a urgência de atendimento" (art. 126, *h*). O Decreto-lei 2.300/86 manteve a mesma concepção (art. 22, IV) do seu antecessor, a qual foi preservada na lei vigente, se bem que acrescida de restrições, como se verifica de nota supra.

melhor calharia no dispositivo versante sobre a situação de inexigibilidade.[7] Afinal, se há situação em que a realização de licitação, nos termos da lei "possa ocasionar prejuízo ou comprometer a segurança de pessoas, obras, serviços, equipamentos e outros bens" não se admitiria uma faculdade (ínsita ao instituto da dispensa) de se realizar ou não certame licitatório. Nestes casos, sequer se pode cogitar de exigir licitação, pois que tal formalidade – exporemos adiante – não pode servir para violentar o interesse público tutelado pela Administração.[8]

9. O fato é que, diante de uma situação emergencial, o dever colocado para a Administração é estancar o foco urgencial e não tecer cogitações quanto a se irá ou não adotar procedimentos formais para viabilizar este mister.

Neste sentido é indesviável a colação do ensino de Celso Antônio Bandeira de Mello que em recente e brilhante parecer assevera "o administrador não tem a faculdade de dispensar ou não a licitação. Com efeito, não se compreenderia que em casos de emergência ou calamidade pública em que se propusesse necessidade de urgente atendimento de situação capaz de causar dano ou comprometer a segurança de pessoas, obras, serviços, equipamentos ou bens (inciso IV), tivesse o administrador a faculdade de consumir tempo precioso com as delongas de uma licitação. Ou se dá a situação descrita no inciso ou não se dá. Ocorrida esta, licitação está "ipso facto" dispensada".[9]

E continua o administrativista "Sem dúvida, o administrador não pode resolver que prefere dar causa a prejuízos, pois é seu dever evitá-los. Donde, não faz sentido supor que, ocorrida a hipótese, ainda assim disponha da faculdade de dispensar ou não o certame. Ela já estará dispensada pelo mero fato de configurar-se a previsão normativa".[10]

10. Contudo, a verificação da situação emergencial sempre suscita alguma celeuma. Isto em grande medida porque os conceitos de *emergência* e, em especial, de *urgência* – elemento essencial para a caracterização emergencial – importam sempre em alguma intermediação subjetiva, enredam alguma controvérsia.[11] O fato é que a verificação de situação de emergência apta a impender a contratação direta dependerá, sempre, do caso concreto colocado, ou seja, da situação fática vivenciada.

11. Dito de outro modo, quem deverá analisar a situação para verificar que há ou não a urgência na contratação é justamente o Administrador a quem é conferida a competência de tutelar a segurança ou a integridade das pessoas, coisas, serviços ou equipamentos passíveis de perecimento caso inocorra imediata intervenção pública. Convincente neste passo é a lição de Marcos Jurena Villela Souto: "*As situações de emergência são de valoração subjetiva*

7. Apesar disto, o projeto de alteração da Lei de Licitações gestado pelo Grupo de Trabalho capitaneado pelo Ministério da Administração e Reforma do Estado, ao menos na versão de 19.8.96, mantém a emergência dentre as hipóteses de dispensa de licitação (cf. art. 26, III da citada versão).

8. Compartilhamos, pois, da posição defendida, como soi brilhantemente, por Carlos Ari Sundfeld: "Ao contrário do que normalmente se imagina, não se trata de hipótese de dispensa, pois, nos termos da regulamentação do assunto, a contratação direta só é possível se a exigüidade de tempo inviabilizar o certame. Logo, ou se tem inexigibilidade ou a contratação demandará licitação" (cf. *Licitação e Contrato Administrativo*, p. 49).

9. "Projeto SIVAM – Dispensa de licitação – Contratação direita", in *Revista de Direito Administrativo*, v. 203, jan./mar. 1996, p. 379.

10. Ob. e loc. cits.

11. Eros Roberto Grau nos é útil para elucidar este ponto: "A urgência, pois, no caso, atua como elemento primacial do conceito de emergência. Estaremos, portanto, no caso, em presença do que a doutrina tem, inadequadamente, chamado de conceito indeterminado" (cf. parecer transcrito parcialmente no Aresto do TEC – TC 013134/026/91, in *Revista do Tribunal de Contas do Estado de São Paulo*, v. 77, p. 55).

do administrador, não cabendo tal avaliação nem ao Poder Legislativo (e seu auxiliar técnico, o Tribunal de Contas), nem ao Poder Judiciário".[12]

12. Neste ponto, já cabe firmar uma primeira nota de grande utilidade para o desate da Consulta: se se *verifica* uma *situação* que, de algum modo põe em *risco a segurança e a integridade dos administrados* ou de seus pertences – individuais ou de caráter coletivo – é *imperativo* que a *Administração adote*, com presteza e celeridade, todas as providências para, quando não *zerar tal risco potencial*, ao menos para *atenuá-lo*. E a tais providências, não podem as exigências formais opor resistência.[13]

Dito de outro modo, a *emergência* estará caracterizada se presente a *necessidade de urgência* na promoção de algum cometimento que dependa do concurso de particulares.[14] E esta *urgência* se verificará caso se demonstre estar, de fato, presente uma das situações que o inc. IV do art. 24 se presta a evitar: i) prejuízo ao ente público; ii) risco à segurança das pessoas; ou iii) interrupção de serviços essenciais.[15]

II.c A irrelevância dos motivos causadores da emergência

13. Uma última nota deve ser feita neste primeiro tópico, de abordagem geral. Trata-se da hipótese de emergência gerada por falha ou omissão da Administração. No nosso entender *a dispensa da licitação não é elidida pelo fato da situação emergencial decorrer da inépcia ou da incúria da Administração ou dos administradores.*

Este é o preciso e atualíssimo entendimento de Marçal Justen Filho: "Havendo risco de lesão ao interesse público, a contratação deve ser realizada, punindo-se o agente que não adotou as cautelas necessárias. O que é necessário é verificar se a urgência existe efetivamente e, ademais, a contratação é a melhor possível nas circunstâncias. Comprovando-se que, mediante licitação formal e comum, a Administração obteria melhor resultado, o prejuízo sofrido deverá ser indenizado pelo agente que omitiu as providências necessárias."[16]

12. "Licitação: pontos em debate", in *Revista de Informação Legislativa*, out. a dez. 1992, ano 29, n. 116, pp. 198 e 199. Conclui, ponderadamente, o Autor que: "Entretanto, como adverte Hely Lopes Meirelles, tal situação há que estar bascada em fatos consumados ou iminentes, comprovados ou previstos, que justifiquem a exceção. Sobre esses fatos é que poderá incidir o controle, verificando-se a existência ou não do dano ou ameaça. A discricionariedade do administrador sofre sempre a limitação da razoabilidade e da moralidade administrativas".

13. Na gênese de tal entendimento está, deve-se reconhecer, a sempre presente concepção pela qual a forma do ato administrativo não é um fim em si mesmo, não podendo acarretar a inviabilização ou o esvaziamento das finalidades do ato, em última instância, a consagração do interesse público. Imperiosa é a cita de Héctor Jorge Éscola: "Las formas, en su conjunto, hacen a la preservación del interés público comprometido, y es por eso que hemos sotenido que no existe acto administrativo que no esté sujeto a las exigencias formales, y que si éstas no han sido fijadas por la ley o por los reglamentos, en forma expresa y concreta para cada tipo de acto, deben aplicarse los principios generales del derecho cuando las propias exigencias del interés público lo impusieran, para permitir su logro" (in *El Interés Público como Fundamento del Derecho Administrativo,* Ediciones Depalma, Buenos Aires, 1989, p. 147).

14. "As balizas legais, no atinente ao conceito de emergência, devem ser de tal ordem que impliquem urgência de atendimento da situação, sob pena de se ocasionarem prejuízos ou comprometer-se a segurança de pessoas, obras, serviços, bens ou equipamentos" (Lucia Valle Figueiredo, *Dispensa e Inexigibilidade de Licitação*, p. 49).

15. Eros Grau sustenta posição, com a qual ombreamos, de que a emergência estará presente ocorrendo uma das situações prescritas na lei: "Haverá emergência sempre que manifesta urgência em relação à situação (1) que ocasione prejuízo à empresa ou (2) comprometa a segurança de pessoas, obras, serviços ou bens ou (3) cause a paralisação ou prejuízos à regularidade dos serviços da empresa. Entendimento alinhado em sentido diverso, de modo a postular a cumulatividade da ocorrência desses três requisitos para que a emergência se caracterize, evidentemente não se sustenta" (in ob. e loc. cits.).

16. Filho, Marçal Justen, *Comentários à Lei* de *Licitações* e *Contratos Administrativo*, pp. 153 e 154. No mesmo sentido vem Lucia Valle Figueiredo: "Mais adiante, vai distinguir a emergência "real", re-

14. O entendimento de que a co-responsabilidade da Administração no advento da situação emergencial impede a dispensa de licitação,[17] *venia* concedida, implicaria em transpor para a pessoa do administrado afligido pelo contexto de risco a pena que seria cabível aos administradores ineptos ou omissos.

O pobre administrado já "apenado" por uma situação emergencial ou precária ou por um serviço público interrompido, seria sobreonerado com a espera pela ultimação do procedimento formal de contratação, o que, nestes casos, inegavelmente agravaria sua já grave (porquanto urgente) situação.

A menos que se sustente que tal "dupla punição" decorreria de uma indigitada tradução do instituto da *culpa in eligendo* do administrador público, há que se convir ser um rematado equívoco privar do provimento demandado pela situação o administrado que a ela não deu causa apenas em homenagem ao instituto da licitação.

Para que dúvida não paire sobre tal ponto, vale trazer o suporte de Jorge Ulisses Jacoby Fernandes, Membro do Ministério Público junto ao TCU e autor de afamada monografia sobre o tema das contratações diretas pela Administração Pública. Diz o professor brasiliense: "Relevante questão que se apresenta diz respeito à verificação da conduta do Administrador e se a mesma, quando caracterizada como desidiosa, deve implicar na impossibilidade de a Administração servir-se desse dispositivo que autoriza a dispensa de licitação. A resposta é negativa.

Efetivamente se ficar caracterizada a emergência e todos os outros requisitos estabelecidos nesse dispositivo, que serão estudados a seguir, pouco importa que a emergência esteja relacionada à inércia do agente da administração ou não! *Caracterizada a tipificação legal, não pode a sociedade ser duplamente penalizada pela incompetência dos servidores públicos ou agentes políticos: dispensa-se licitação em qualquer caso*".[18]

E da mesma forma que nós, o autor também propugna que se adotem, neste caso, as providências necessárias para se apurar responsabilidades e punir quem causa deu à situação verificada quando diz que "não deve a situação ficar sem providências acauteladoras ou de caráter didático-pedagógicas sob pena desse dispositivo vir a tornar-se de tal modo permissivo que acabe por anular o princípio da licitação".[19]

15. Firmadas estas, assistemáticas mas necessárias, notas doutrinárias, cremos ser possível passar a enfrentar a questão ao lume do caso concreto. E isso é essencial pois, como nos ensina Hely Lopes Meirelles,[20] a contratação direta por emergência dependerá da análise do caso concreto posto a exame.

II.d A situação emergencial no caso concreto

16. Pelo relatado na Consulta e mesmo pelas notícias que são veiculadas constan-

sultante do imprevisível, daquela resultante da incúria ou inércia administrativa. A ambas dá idêntico tratamento, no que atina à possibilidade de contratação direta. Porém, não exime o responsável pela falha administrativa de sofrer as sanções disciplinares compatíveis. Em nosso entender somente dessa forma ficaria satisfeito o princípio da moralidade administrativa: isto é, se, realmente, responsabilizado for o funcionário que deu causa à situação surgida" (in ob. cit., p. 49).

17. Exemplo de tal posição pode ser verificado no aresto do TCU, TC-347/94, Rel. Min. Carlos Atila, 1.6.94, *RDA*, v. 197, jul./set./94, p. 266.

18. *Contratação Direta Sem Licitação,* Editora Brasília Jurídica, pp. 170 e 171.

19. Ob. e loc cits.

20. "A emergência, em conformidade com o entendimento doutrinário dominante, há que ser reconhecida e declarada em cada caso, para justificar a dispensa do procedimento licitatório adequado às contratações relacionadas com a anormalidade que a Administração pretenda corrigir, ou com o prejuízo a ser evitado" (cf. *Estudos e Pareceres de Direito Público*, v. 11, p. 28).

temente pela imprensa, parece-nos fora de dúvida que o sistema de trens metropolitanos passa por um quadro calamitoso. Freqüentes parecem ser os eventos com vítimas dentre os usuários dos trens – em alguns casos acarretando a morte de passageiros. A precariedade da rede, dos seus equipamentos e da estrutura física tampouco pode ser esquecida.

17. Neste quadro, notório, parece-nos estarem presentes todos os pressupostos ensejadores da urgencia da intervenção da Administração.[21]

17.1 O *prejuízo* fica patente quando se alude à constante e incomensurável evasão de receitas decorrente do total descontrole nas estações de embarque. Mais ainda, tal prejuízo se incrementa na medida em que – premidos pela desumana situação a que são submetidos – os usuários promovem depredações nos carros e nas estações.

17.2 Por outro lado, há *risco à segurança dos usuários* do sistema, na medida em que os trens circulam com portas abertas e com passageiros dependurados, bem como a rede de alimentação se apresente precária. Nenhuma segurança pode ser atribuída a um serviço no qual, freqüentemente, há morte de usuários.

17.3 Por fim, se viola a *continuidade do serviço público* no passo em que os condutores não mais se dispõem a circular com composições sucateadas ou mesmo por conseqüência dos movimentos multitudinários recentemente ocorridos que, vandalizando a rede, empecem o funcionamento do serviço.

18. Ninguém pode, portanto, descurar da gravidade de que se reveste a situação do sistema. Não fosse ela de conhecimento público, já restaria demonstrada pelo fato de que o Ministério Público ajuizou Ação Civil Pública na qual, malgrado revelar um certo açodamento no quanto pleiteado, consignou: "A situação do transporte ferroviário em ... está caótica. Trens em estado precário de conservação e superlotados, violência nas estações de embarque e no interior dos vagões, atrasos constantes, acidentes com usuários dada a absoluta falta de segurança, presteza e eficiência na prestação do serviço".[22]

19. Bem é verdade que o quadro "caótico" – e poder-se-ia dizer até calamitoso – da rede não tem suas causas no passado próximo. É conseqüência de um longo período de problemas, inércia ou falta de investimentos, como nos relata a própria Consulta. Porém, ao nosso ver, pode-se lobrigar que, nos dias de hoje, a situação atingiu um ponto de inflexão que faz o *necessário* se tornar *urgente*.[23]

21. Da simples verificação deste quadro notório já se justificaria a contratação direta. É o que ensina o seguinte aresto do Tribunal de Contas do Estado do Rio de Janeiro: "É dispensável a licitação nos casos de emergência, quando caracterizado urgência de atendimento de situação que possa ocasionar prejuízos ou comprometer a segurança de pessoas, obras, serviços, equipamentos e outros bens" (TCE/RJ, Proc. n. 101.491-0/95, Cons. Humberto Braga. 17.8.95, RTCE/RJ, n. 31, jan./mar./96, p. 92).

22. Inicial da Ação Civil Pública ajuizada pelos promotores integrantes da Promotoria de Justiça da Cidadania da Capital. Proc. 576/96. 7ª Vara da Fazenda Pública.

23. Cármen Lúcia Antunes Rocha, em estudo versando sobre o conceito jurídico de urgência nos traz preciosos ensinamentos: "No Direito Constitucional, bem como no Direito Administrativo, a necessidade que pode caracterizar situação de urgência, vale dizer, em que os prazos de comportamentos estatais são abreviados pela demanda concreta, há que ser sempre pública, vale dizer, voltada ao interesse público concreto e demonstrável. Onde, pois, a Constituição ou a lei determina "em caso de urgência" deve-se ler: "na hipótese de ocorrer situação de necessidade pública que determine comportamento estatal em prazo mais rápido que o previsto para a situação de normalidade...". O sentido a se atribuir à rapidez, aqui, será sempre oferecido pela redução do prazo ou tempo antevisto para a situação de normalidade. Se este puder ser cumprido sem o comprometimento do bem público que se pretende proteger e realizar não se terá situação de urgência no domínio do Direito Público. Não se terá, então, nem a necessidade pública, nem a condição de sua imperiosa realização pelo encurtamento do prazo previsto para o comportamento estatal legítimo" in "Conceito de urgên-

20. O fato é que as medidas de reparação e de prevenção aptas a pelo menos atenuar a situação, reduzindo os riscos a que estão submetidos os usuários e os bens públicos e evitando novas interrupções na prestação dos serviços devem ser tomadas imediatamente. Qualquer delonga nestas providências seria inadmissível à luz do interesse público. A necessidade de imediação nas providências foi consagrada pelo *parquet* na já citada peça vestibular, ao defender o *periculum in mora* na adoção de medidas pela consulente.

"A medida cautelar (*para obrigar a adoção de providências reparatórias*) se impõe desde logo, porque o provimento da pretensão ao final, poderá ser inócuo com relação aos acidentes, quase diários, comumente graves, quando não fatais, que vierem a ocorrer até lá, levando-se também em conta a irreversibilidade do dano físico à pessoa humana, sem falar na ofensa à sua dignidade. Manifesto, portanto, o *periculum in mora*. (...)

"Estando em perigo bens de altíssimo valor com danos irreversíveis, como a vida e a saúde, manifesta-se o justo receio na demora da prestação jurisdicional".[24]

Ora, se havia *periculum in mora* para a prestação jurisdicional – que se requeria antecipada pelo "justo receio" de perecimento dos bens jurídicos tutelados – tanto mais existe para ensejar o mesmo perigo de demora na prestação das providências administrativas, *v.g.* contratação dos cometimentos necessários a afastar ou minorar a gravidade da situação.

21. Deste *periculum in mora* já deflui a caracterização da contratação por emergência. "A emergência caracteriza-se pela urgência de atendimento de situação que possa ocasionar prejuízos ou comprometer a incolumidade ou a segurança de pessoas, obras, serviços, equipamentos e outros bens, públicos ou particulares, exigindo rápidas providências da Administração para debelar ou minorar suas conseqüências lesivas à coletividade".[25]

Parece-nos que a mesma situação que requeria *urgência na prestação jurisdicional* enseja *urgência na prestação administrativa.*

22. Acrescente-se a isto que, diante da gravidade do quadro colocado, qualquer tempo gasto com procedimentos formais, qualquer delonga no início efetivo da execução das atividades inadiáveis de recuperação do sistema e prevenção de acidentes e falhas implicaria em desrespeito ao interesse público. É aí que a *licitação* se mostra não dispensável, mas *inoportuna e inconveniente*, além de se tornar um meio ineficaz para o que se presta.[26]

23. É que, todos sabemos, um procedimento licitatório implica, sempre, no respeito a prazos e atos prescritos em lei. O fluxo normal do procedimento já implica num prazo considerável.[27] A isto se agrega

cia no Direito público brasileiro", *Revista Trimestral de Direito Público*, v. 1, 1993, p. 235.

24. Fls. 34 e 35 da inicial. Proc. 576/96, 7ª Vara da Fazenda Pública.

25. Hely Lopes Meirelles, *Direito Administrativo Brasileiro*, 21ª ed., p. 254.

26. "Mais ainda: quanto à eficiência administrativa, é questionável a afirmação de que a licitação pública seja instrumento adequado para melhorá-la. Diz Quancard, citado por Mairal, que a Administração Pública é prejudicada pela rigidez do procedimento, que não permite modificações no edital, bem como pela lentidão que caracteriza a realização da licitação. Quero apenas acentuar duas noções que me parecem básicas: a) no direito brasileiro, as contratações de obras e serviços, bem como a aquisição ou alienação de bens, devem, em regra, ser procedidas de licitação; e b) somente a ingenuidade, ou o desconhecimento total da matéria, permite que se afirme ser a licitação pública, pelo simples fato de adotada, garantidora da isonomia, do melhor resultado econômico-financeiro e da moralidade e eficiência administrativas" (Antônio Carlos Cintra do Amaral, in "Dispensa de licitação por emergência", *Revista Trimestral de Direito Público*, v. 1, 1993, Malheiros Editores, pp.188 e 189).

27. Carlos Ari Sundfeld: "*O procedimento licitatório requer um tempo mínimo para desenvolver-*

o fato de que, hodiernamente, raras são as licitações que não emperram em recursos administrativos ou judiciais.[28]

24. Pois bem, diante de uma situação calamitosa, que está a impender providências urgentes a fim de evitar que se continue a por em risco pessoas, bens e a continuidade de serviço essencial, é inadmissível que se procrastine a adoção de soluções apenas para atender ao requisito formal previsto na lei, a qual, ela mesma, prescreve a hipótese excepcional.

E não se pode fazê-lo em grande medida porque, se isto ocorresse, estaria a Administração descurando do interesse público primário, na acepção que nos ofereceu Alessi. É isso que extrai do ensino de Antônio Carlos Cintra do Amaral:

"A decisão de não licitar decorre de uma valoração subjetiva da situação e do interesse social envolvido. Quando a norma menciona prejuízo, este deve ser interpretado em sentido amplo. Não me parece existir dúvida de que prejudicada fica a parcela da sociedade envolvida, direta ou indiretamente, quando, por exemplo, uma obra pública não posta à sua disposição no prazo adequado. O conceito de prazo adequado comporta um certo grau de subjetividade e é determinável em cada caso.

"Não pretendo dizer que o juízo sobre a urgência seja arbitrário. *O interesse determinante da não realização da licitação é o interesse social (interesse coletivo primário, na concepção de Alessi) e não o da Administração (interesse público secundário ...)*".[29]

25. Há a urgência na adoção de providências. Negar tal fato, implicaria indiretamente em afirmar que os usuários do sistema de trens metropolitanos podem permanecer por doze ou mais meses correndo risco de perder a hora, os parcos bens, o emprego ou até, quem sabe, a vida. Só por isto já nos parece estaria colocada a hipótese de contratação direta. Mas não é só.

26. Por força da já noticiada Ação Civil Pública, foi a consulente condenada a tomar imediatamente uma série de providências voltadas a abrandar a precária situação do sistema. É este o teor do tópico final da r. sentença do MM. Juiz de Direito da Fazenda Pública: "Ante o exposto, julgo *procedente em parte* a presente ação, para condenar a ré no cumprimento das seguintes obrigações de fazer: a) *apresentar plano de execução de atividades* em prazo

se. Se não há tempo disponível, impossível licitar. Daí estar autorizada a contratação direta nos casos de emergência ou calamidade pública (art. 24-IV). Em outros termos, tem-se a urgência, justificadora da contratação direta, quando a passagem do prazo necessário à licitação puder colocar em risco a segurança das pessoas ou bens materiais" (*Licitação e Contrato Administrativo*, p. 49).

28. Não fosse fato notório, valeria a cita do depoimento do Min. Bresser Pereira: "No entanto, as normas atuais vêm dificultando, de acordo com Bresser Pereira, a contratação de bens e serviços na administração pública. (...) Além disso, a atual legislação (Lei federal n. 8.666/93) permite intensa contestação judicial que pode interromper uma licitação e até anulá-la. Praticamente 50% das licitações são interrompidas por participantes do processo que tentam impugná-las na Justiça" (in *Gazeta Mercantil,* 19.11.96, p. A-10).

29. In *Revista Trimestral* de *Direito Público,* ob. e loc. cits. O citado Renato Alessi (*Principi di Diritto Amministrativo*, Milão, Giuffrè, 1974, v. I, p. 226) por seu turno assevera: "In particulare, va anzitutto ritevato che la determinazione dell'interesse pubblico necessario a legitimare l'uso della potesta de azione da parte dell'Administrazione può essere precisa od imprecisa. Nel caso di determinazione precisa dell' interesse pubblico, alla Amministrazione non rimane alcuna potestà di valutazi one dell'interesse pubblico in ordine all'opportunità di agire, o meno, onde la sua attività dicesi vincolata. Nel caso, invece di determinazione soltanto imprecisa, all'Administratione rimane, in qualche modo, la potestà di valotare l'opportunità di agire o meno potestà che è più o meno amplia a seconda dei casi, e precisamente sempre più amplia mano che si passa dalle prime alle ultime ipotesi. Tale potestà di apprezzamento delle'interesse pubblico ai fini di decidere la convenienza o meno dell'azione amministrativa, dicesi potestà discrezionale o discrezionalità, mentre attività discrezionale à l'attività rispetto alla cui posizione in essere la sfera di discrezionalità sussiste".

razoável e suficiente, para que possa transportar passageiros, com segurança, sem estarem dependurados ou sobre vagões, *fixando o limite para que isto se implante em seis (06) meses*; b) que no *mesmo prazo* de seis (06) meses, *somente trafeguem trens que tenham* suas *portas adequadamente fechadas*, enquanto em trânsito, vedada a saída da composição que tenha uma porta aberta sequer, diligenciando para isto que o equipamento disponha de dispositivo em tal sentido; c) *providenciar*, no prazo *máximo de três (03) meses*, o *impedimento* de todo e qualquer tipo de *comércio não autorizado* por lei, no interior das estações e das composições ferroviárias; d) *o não cumprimento dos itens supra possibilitará a extinção da concessão*, pela autoridade competente, por infringência do artigo 31, inciso I, da Lei n. 8.987/95, c.c. artigo 35, inciso IV, da mesma lei, além do artigo 14, § 1º, do Código do Consumidor. Arcará a ré com as custas do processo, pela metade, além das despesas processuais comprovadas descabido condenação em honorária. P.R.I."

27. Vê-se, portanto, que o Judiciário está a compelir a consulente a adotar uma série de providências fixando para tanto prazos não superiores a seis meses. Ora, se dúvida restasse quanto à caracterização da situação emergencial para fins de dispensa de licitação, tal dúvida seria afastada pelo simples fato de que a citada *decisão judicial compele a Administração a realizar tais cometimentos em no máximo 180 dias*, por coincidência o prazo dimensionado na lei para conclusão dos objetos de contratação emergencial.[30]

Neste passo, vale consignar que em hipótese semelhante, nossas Cortes de Contas já se manifestaram afirmando que a existência de prazo fixado externamente para conclusão de cometimentos autoriza a dispensa por emergência. Assim foi quanto o E. Tribunal de Contas da União respondeu afirmativamente Consulta da Presidência do Senado Federal para contratar diretamente serviços de assessoria a Comissão Parlamentar de Inquérito. É o aresto relatado pelo Min. Luciano Brandão: "No que concerne ao "segundo quesito", é de ver que as comissões parlamentares de inquérito estão, por princípios legais e regimentais, submetidas a prazos fatais para a conclusão de seus trabalhos, definidos nos atos de sua constituição.

A nosso ver, a "urgência" exigida para prestação do serviço em tempo limitado, adequado ao cronograma das tarefas das CPIs, *desde que devidamente justificada, poderá caracterizar a situação de "dispensa de licitação"*, a que se refere o art. 22, inciso IV, do Decreto-lei n. 2.300/86. *Tem-se presente no caso a possibilidade de prejuízos ou de sérias inconveniências para o eficaz desempenho do instituto parlamentar que, com sua ação, busca resguardar o interesse público. Nestes termos, a realização de certame não atenderia seu objetivo precípuo, que é proporcionar maior vantagem à administração*."[31]

28. Há portanto uma sobreposição de fatores de urgência: a) o quadro caótico em que se encontram os serviços torna contrário ao interesse público a delonga em adotar procedimento licitatório prévio à execu-

30. Lendo a íntegra da decisão, até parece que o culto magistrado anteviu a hipótese de contratação direta. Veja-se o que afirma no que tange a necessidade de imediata adoção de providências: "De conseguinte, incumbirá a ré obrigações, as quais apenas refletem o encargo legal inerente a concessão do serviço de transporte ferroviário, cujas maneiras de executá-lo são aqui estabelecidas nos moldes de princípios básicos, *não interferindo no âmbito discricionário de sua administração, mas consignando um prazo limite para sua efetiva consecução, considerando-o dentro de uma razoabilidade material, comparativamente aos graves reflexos que insere o não adequado serviço prestado*" (cf. p. 13 da sentença, fls. 612 dos autos).

31. TCU, Proc. 14.350/92, in *Revista de Direito Administrativo*, jul./set. 1992, pp. 365 e 366).

ção dos serviços imprescindíveis; e b) para cumprimento dos prazos fixados pela decisão judicial não se põe possível a realização de licitação, sendo a mesma dispensável. Quer para não permitir que se continue a pôr em risco os interesses dos administrados,[32] quer para perfeita obediência do mandamento judicial, é imperativo o início imediato das providências. Para tanto é de rigor dispensar a licitação.[33]

29. Não se diga – e aqui repetimos o que já antes foi dito – que a hipótese cogitada estaria afastada pelo fato de que a situação do sistema de trens metropolitanos já de há muito é crítica e vem se agravando. Tal argumento não se sustenta.

29.1 A uma, porque ele não seria suficiente para elidir a obrigação de atender à determinação judicial, fato novo e superveniente que altera o quadro fático, colocando um termo para consecução de várias providências.

29.2 A duas, porque há uma diferença entre má qualidade dos serviços prestados e uma situação de caos completo. O marco de passagem de um para outro estágio pode ser caracterizado pela própria manifestação dos órgãos jurisdicionais. O quadro de contínua degradação e aviltamento do serviço, quando acrescido de um caso fortuito, pode se transmutar em uma situação emergencial autorizadora da contratação direita, como já decidiu o E. Tribunal de Contas do Estado de São Paulo.[34]

29.3 A três, porque como já se demonstrou, o fato de emergência decorrer do desmazelo ou da incúria do Administrador não faz desaparecer a emergência ou o risco decorrente da gravidade da situação fática. Como já ensinava o mestre Hely Lopes Meirelles "é irrelevante, para a tipificação da emergência justificadora da dispensa e licitação, que tais fatos tenham resultado da inércia ou incúria da própria Administração".[35] Ou seja, mesmo que fosse ficta a emergência,[36] isso não impediria a contratação direta.

32. "Potencialmente, portanto, é imprescindível que a falta de providências determine lesão ou exponha a perigo pessoas e bens. É sobre essa caracterização que cabe o *decisum* da autoridade que pode invocá-la. Inquestionável que o interesse coletivo primário é a continuidade do serviço público, o alvo a atingir é o interesse da sociedade. (Carlos Borges de Castro, *Desvios na Licitação,* IMESP, pp. 74 e 75).

33. "A emergência é, a nosso ver, caracterizada pela inadequação do procedimento formal licitatório ao caso concreto. Mais especificamente: *um caso é de emergência quando reclama solução imediata, de tal modo que a realização da licitação, com os prazos e formalidades que exige, pode* causar prejuízo a empresa (obviamente prejuízo relevante) ou *comprometer a segurança de pessoas, obras, serviços ou bens, ou ainda, provocar a paralisação ou prejudicar a regularidade de suas atividades específicas.* Quando a realização de licitação não é incompatível com a solução necessária, no momento preconizado, não se caracteriza a emergência" (Antonio Carlos Cintra do Amaral, *Dispensa e Inexigibilidade de Licitação,* cit., p. 49).

34. Em julgado em que se apreciava a compra direta pela Eletropaulo de empresa para fornecimento de sistema de computador, o então Cons. Antonio Carlos Mesquita consignou: "Como observou o Presidente da Eletropaulo, a situação imprevisível (cite-se, por exemplo, o incêndio em prédio da CESP); o risco no faturamento e controle das contas da contratante; a compatibilidade de equipamentos e a sua localização, são pressupostos que justificam a dispensa da licitação" (in *Revista do Tribunal de Contas do Estado de São Paulo*, p. 172). Neste caso, o que se discutia era uma situação permanentemente limite que se transformava em situação emergencial por um fator imprevisível. Tal como o incêndio da sede da empresa de eletricidade, parece-nos caracterizar este ponto de inflexão os movimentos multitudinários vivenciados na rede.

35. *Estudos e Pareceres de Direito Público,* v. 11, p. 28.

36. Diógenes Gasparini: "Assim, não é de emergência real a situação que deve ser resolvida de imediato (compra de distintivos, hoje, para com eles serem agraciados amanhã os funcionários que completaram 20 anos de serviço público), quando dela já se tinha conhecimento muito tempo antes. Nessa hipótese, diz-se que a emergência é ficta ou fabricada. Em tais casos, há negligência, não urgência. Apesar disso, contrata-se, e pela negligência responderá a autoridade omissa, depois de devidamente apurados todos os fatos" (in *Direito Administrativo,* 4ª ed., 1995, Saraiva, pp. 306 e 307).

II.e Os cometimentos que podem ser diretamente contratados

30. Outra questão pertinente é aquela que se refere a quais os cometimentos que são atingidos pela dispensabilidade acima demonstrada. Certo deve estar que somente ficam autorizadas as contratações diretas daqueles cometimentos que se façam imprescindíveis para superar a situação urgencial.[37]

31. Contudo, a delimitação de quais atividades podem – ou devem – ser iniciadas de imediato, afastando-se a licitação e quais aquelas que admitem a contratação precedida das formalidades licitatórias é algo que fica sempre a critério do Administrador. O balizamento para tal decisão reside exatamente na existência ou não de vínculo[38] entre as atividades contratadas diretamente e a superação da situação emergencial.

32. Porém, no caso concreto, já se pode antever alguns destes cometimentos que são de urgência indesviável. Citemos alguns.

32.1 A reparação dos carros sucateados ou vandalizados, com execução de serviços de recuperação aptos a permitir que as composições trafeguem com condições mínimas de segurança.

32.2 Em igual sentido, a reforma básica da rede de alimentação das composições e da via permanente de molde a reduzir a níveis de segurança adequados a incidência de acidentes que ponham em risco a integridade física dos usuários ou a continuidade dos serviços.

32.3 O assessoramento e consultoria que sejam necessários à coordenação deste plano de atividades e à elaboração de um programa mais amplo de recuperação e operação da rede, nos termos que exigiu a sentença do MM. juízo da Vara da Fazenda.[39]

32.4 Por fim, a contratação dos serviços de segurança das vias e das estações – até que se providencie a realização de concurso para cargos de agentes de segurança ou de licitação para contratação de empresa especializada – ensejando-se coibir as práticas reprovadas por todos (comércio ilegal nas estações, transporte de passageiros no teto das composições etc.).[40]

37. "A contratação que venha a ser feita necessariamente vinculada ao atendimento daquela situação emergencial ou calamitosa, que permitiu a dispensa dos procedimentos normais de licitação. Não se pode, assim, contratar diretamente, com dispensa de licitação, obras, compras e serviços e alienação, sem relação com a situação excepcional surgida" (Antonio Roque Citadini, *Comentários e Jurisprudência sobre a Lei de Licitações Públicas,* Max Limonad, p. 149).

38. "A aplicação do dispositivo exige vários requisitos: (...) c) que haja uma correlação entre, de um lado, a aquisição de bens ou a execução de serviços ou obras e, de outro lado, a situação de urgência a atender" (Cf. Maria Sylvia Zanella Di Pietro, Dora Maria de Oliveira Ramos, Márcia Walquiria Batista dos Santos, Vera Lúcia Machado D'Avila, *Temas Polêmicos sobre Licitações e Contratos,* 2ª ed. revista e ampliada, p. 30).

39. Não se diga que dado o caráter acessório destes serviços, não poderiam os mesmos ser contratados por emergência. Não fosse o imperativo decorrente da sentença judicial, valeria trazer o escólio de José Roberto Dromi, célebre administrativista argentino e ex-ministro de obras públicas do seu país: "La urgencia de una obra o suministro principal, comprende también a las accesorias? – *Si la emergencia invocada y probada para las obras principales autoriza la contratación directa, en principio no hay razón jurídica para negarla respecto de las obras o servicios accesorios.* Decinos en principio, toda vez que ello depende de un ponderación particular ante el caso conoreto. En consecuencia, creemos viable la contratación directa de las obras accesorias, siempre que existan los siguientes presupuestos: a) que persista la urgencia justificava de la excepción a la licitación pública, para las obras principales; b) que las obra accesorias sean, en virtud del recaudo anterior, también de urgencia; c) que las obras accesorias sean realmente accesorias, es decir, que constituyan y representen un conjunto orgánico e inseparable de las obras principales, y sean por tanto un complemento necesario de ellas, con arreglo al proyecto concebido" (in *La Licitación Pública*, 4ª reimpresión, Astrea, pp. 169 e 170).

40. "Materializa-se a emergência em hipóteses, por exemplo, de epidemias; terremotos; maremotos; ciclones; greves de servidores, ou sua demissão cole-

32.5 Certo deve estar que a enumeração supra não implica, por óbvio, rol exaustivo, podendo outros cometimentos serem contratados diretamente caso isto se mostre ajustável ao quadro emergencial que acima tentamos delimitar.

II.f O marco inicial da situação emergencial

33. Outra questão tópica de enfrentamento solicitado se refere à forma de se definir o início da fluência do prazo máximo de execução dos contratos firmados com lastro na emergência. A lei vigente alude a 180 dias contados da ocorrência da emergência. Tal definição é singela quando estamos diante de um evento escoteiro ensejador da situação emergencial. No caso em análise esta situação se mostra um pouco mais complexa.

34. Sérgio Ferraz aduz que o momento da aferição da emergência é o da contratação e não o da dispensa.[41] No caso em tela, parece-nos que o termo inicial deverá ser contado da decretação, pela direção da empresa, da situação emergencial. Explico nosso ponto de vista.

35. A emergência está a ser determinada, inicialmente, por um conjunto de fatores que, somados, atingiram um ponto crítico. Impende pois, reconhecer tal situação calamitosa, delimitando-se qual a estratégia de enfrentamento da situação, inclusive com a definição de quais os cometimentos serão adotados desde logo.

36. De outro lado, a necessidade de providências imediatas é ditada por decisão judicial aqui referida. Por conta disto, deve a consulente, por seus órgãos dirigentes, aceitar a determinação judicial, fazendo cessar a lide em referência e providenciando o cumprimento do ali decidido. Deste instante é que dever-se-á contar o início do prazo fixado tanto na sentença quanto na lei, os quais inclusive são coincidentes.

II.g Providências necessárias para as contratações

37. Em arremate, cabe referir quais providências deverão ser adotadas pela Administração no curso das contratações cogitadas.

38. Em primeiro lugar, nos termos do aqui arrazoado, deve imediatamente a consulente, por sua direção, declarar a situação de emergência do sistema, decidindo-se pelo imediato início das atividades urgenciais. Em tal ato deverão estar encartados todos os fatos caracterizadores da emergência, inclusive aqueles referentes ao atual colapsamento do sistema.

39. Via de conseqüência, deverão ser enumerados todos os serviços, obras e aquisições que se colocam necessários para transpor a situação, justificando-se em cada caso a importância do cometimento para a atenuação do quadro atual.

40. Deverá também ser elaborada fundamentação jurídica apta a lastrear as contratações diretas, servindo os argumentos acima divisados como um norte para tal intento.

41. Em cada processo de contratação deverá constar não só a justificativa da escolha do contratado como os elementos que demonstrem que os preços da contratação são compatíveis com os praticados no mercado. Tais providências formais, no entanto, não poderão obstar o início da

tiva e inesperada (afetando serviços importantes); enchentes, desabamentos de prédios, pontes, casas, edificações; *necessidade emergente de redobrar serviços de segurança (o que é sempre temporário)*; contratação de serviços outros impostergáveis, com ameaça iminente a pessoas, serviços ou bens públicos" (Ivan Barbosa Rigolin, Marco Tullio Bottino, *Manual Prático das Licitações*, Ed. Saraiva, 1995, p. 260).

41. *Apud* Marcos Jurena Villela Souto, ob. cit., p. cit.

execução dos serviços ou das obras, sob pena de descaracterização da emergência.

42. Paralelamente, deverá a Administração instaurar procedimento para apurar e imputar a responsabilidade pela situação a que se chegou.

Imaginamos assim já estarem suficientemente abordados todos os pontos envolvidos na questão. É chegada a hora de responder objetivamente aos quesitos adrede formulados.

III – Conclusão e resposta objetiva aos quesitos

43. De todo o exposto, restamos tranqüilos em afirmar que a situação hoje vivida pelo sistema de trens metropolitanos está a justificar as contratações pretendidas com lastro na emergência. Dentro deste talhe, respondemos da seguinte forma aos quesitos:

1. *SIM.* Sem dúvida a situação colocada é bastante para caracterizar a hipótese de contratação direta dos serviços que sejam necessários para atenuar de imediato a situação de colapso hoje verificada na rede de trens metropolitanos. A especificação dos serviços a serem assim contratados deverá ser feita, justificadamente pela Administração, sendo certo que a sentença judicial que determinou tais providências já prenuncia algumas destas contratações.

2. *NÃO.* Como demonstrado, o fato da situação emergencial decorrer de fatores pretéritos ou advir da inépcia de administradores não pode impedir a contratação emergencial. Pode sim, implicar na responsabilização de quem a ela deu causa, mas não impedir que se sane o problema verificado.

3. Segundo asseveramos, deverão ser contratados diretamente todos os cometimentos que se façam necessários ou para atender às determinações judiciais ou para superar o quadro emergencial hoje verificado. Isto envolverá as contratações dos serviços de reparação dos carros, das vias e da rede, os serviços de segurança, entre outros. Envolverá também o planejamento e a coordenação deste plano de atividades não só por ser tal intento essencial para otimizar e viabilizar a recuperação, como também porque esta foi uma determinação judicial.

4. Como exposto nos §§ 38 a 42 supra, deverá a consulente declarar o estado de emergência, definir e justificar os serviços a serem de imediato ajustados, proceder à justificação da pessoa dos contratados e dos preços praticados além de promover a apuração de responsabilidade por este estado de coisas.

5. *SIM.* O advento da situação emergencial pode decorrer do concurso de uma série cumulativa de fatores. Neste caso, deverá a Administração caracterizar a emergência através de um ato, do qual contarão os dias em que devem se circunscrever a execução dos cometimentos.

PARECERES

INELEGIBILIDADE: INTERPRETAÇÃO DO ART. 14, § 7º, DA CF

CARLOS EDUARDO THOMPSON FLORES LENZ
Procurador Regional da República e Procurador Regional Eleitoral (substituto) no Estado do Rio Grande do Sul

Exmo. Sr. Dr. Juiz Relator:

Ref.: Processo n. 01/96

Classe VII

Protocolo n. 32.723

Obj.: Parecer do Ministério Público Eleitoral

PARECER

1. Trata-se de consulta formulada pelo Presidente do PMPB em Ibirubá, nos seguintes termos, *verbis*: "Cidadão eleito Vereador pela segunda vez é, no momento, Secretário Municipal de Obras, Viação e Urbanismo. Em janeiro/96 assumirá o Legislativo. É esposo da atual Vice-Prefeita e, em função disto pergunta-se:

– Existe algum impedimento legal para que o mesmo seja candidato a cargo eletivo nas próximas eleições?

– Quais os cargos que pode se candidatar?

– Demais considerações pertinentes ao caso a serem analisadas."

2. A consulta merece ser conhecida, pois formulada por partido político, atendendo-se, assim, ao disposto no art. 30, VIII, do Código Eleitoral.

3. Versa a presente consulta relevante questão constitucional, ou seja, fixar o exato alcance do preceito insculpido no § 7º do art. 14 da Carta da República.

4. Com efeito, dispõe o art. 14, § 7º, da Lei Maior, *verbis*: "São inelegíveis, no território de jurisdição do titular, o cônjuge e os parentes consangüíneos ou afins, até o segundo grau ou por adoção, do Presidente da República, de Governador de Estado ou Território, do Distrito Federal, de Prefeito ou de quem os haja substituído dentro dos 6 (seis) meses anteriores ao pleito, salvo se já titular de mandato eletivo e candidato à reeleição".

5. Ora, no caso dos autos, como se depreende dos termos da consulta formulada ao Tribunal, trata-se de Vereador, casado com a atual Vice-Prefeita, pretendendo concorrer às próximas eleições.

6. Em março de 1958, ao julgar processo de grande repercussão na época, deliberou esta Corte *verbis*: "(...) No mérito, por maioria de votos, vencido o Des. Sisínio Bastos, pelos motivos constantes de seu voto, em separado, determinam o registro da candidatura em causa, por terem sido preenchidas as formalidades legais e estatutárias, pois que julgam não ser, até o momento, inelegível, o registrando, *não bastando a simples circunstância de ser parente afim, ate 2º grau, do Vice-Presidente da República, para tornar o candidato incompatível, sendo necessário que aquele haja assumido a Presidência da República dentro do decurso do prazo de um ano, anterior à eleição, para que a inelegibilidade se opere*" (in *Três Casos Constitucionais*, Ed. Revista Jurídica, Porto Alegre, p. 67).

7. Em seu voto, fundamentou o então Desembargador Carlos Thompson Flores, *verbis*: "Realmente. Que razões teriam ditado ao constituinte a adoção das restrições impostas? A resposta é encontrada em todos os autores: a influência do cargo, para proveito próprio e de seus parentes mais próximos. Em regra, essa influência, no regime presidencialista, emerge das funções do executivo; por exceção do judiciário, e jamais do legislativo, como tal.

"Mas que funções desempenha o vice-presidente da República? A resposta está no art. 61, do Estatuto Maior.

"Aí, de clareza solar, está posta a função do vice-presidente.

"É certo que lhe compete substituir o Presidente nos casos de licença e sucedê-lo nas hipóteses de vaga. Não se trata, evidentemente, de forma de exercitar a vice-presidência, como tal.

"Mas o certo e cumpre destacar é que, embora não integre o Poder Legislativo, o vice tem muito mais de comum àquele Poder que a qualquer outro. Tanto é assim que o desempenho efetivo se realiza na Câmara Alta, sem outra repercussão que presidi-la e apenas com o voto de qualidade.

"*Não há, pois, nenhuma razão séria que justifique a restrição que se lhe pretende atribuir, pelo desempenho mesmo do cargo específico para o qual foi guindado, conseqüentemente, por via obliqua ou reflexa de seus parentes.*

"Sem função de mando. Sem possibilidades de influir na vida administrativa da Nação. Sem alcance para atribuir favores, distribuir cargos ou proporcionar vantagens.

"*Sem a mínima oportunidade de exercer pressão – o substituto imediato do mais alto mandatário, pela simples função potencial, está afastado de inelegibilidades.*

"Assim também o é na Constituição Americana a função que exerce. E ali, também, nenhuma restrição sofre.

"Finalmente, quando se quisesse examinar a matéria das inelegibilidades em seu conteúdo inteiro meditando preceito a preceito, norma a norma, realizando o que se costuma chamar interpretação sistemática, ainda aqui a solução não seria diversa. As razões que ditaram a restrição comentada foram sempre as mesmas e alimentaram, sem hiatos, a totalidade das disposições: *o desempenho (tença ou exercício, conforme o caso) de cargo ou função que proporcione o móvel que justifica a adoção das inelegibilidades, como antes ficou ressaltado, para si, e parentes próximos, no período de tempo precisado na Constituição.*

"(...)

"Coerente com a exposição feita, para mim *é bastante que não exerça, um instante sequer, no lapso condenado, as funções de presidente. O retorno ao desempenho das atribuições de vice para mim é de todo admissível*, pelas razões que deduzi" (in ob. cit., pp. 112/3).

8. Em seus comentários à Carta de 1967, com a Emenda Constitucional n. 1, de 1969, assinalou o insuperável Mestre Pontes de Miranda, *verbis*: "Três conceitos estão na Constituição de 1967 que merecem ser precisados para bem se entender o art. 151, parágrafo único, *a*, *c* e *d*, da Constituição de 1967: posse, assunção de cargo e *exercício*. Pode alguém ser eleito, ou nomeado, e não tomar posse; pode ser eleito, ou nomeado, tomar posse, e não assumir; pode ser eleito, ou nomeado, tomar posse, e assumir; pode o cargo ser de substituto (Presidente da Câmara dos Deputados, Vice-

Presidente do Senado, Presidente do Supremo Tribunal Federal), ser eleito ou nomeado a substituto e assumir o cargo de substituto, sem assumir o cargo em que se daria a substituição. O presidente da República, que assumiu, entrou em exercício, ainda que imediatamente deixe o *exercício*. *Donde a diferença entre posse, assunção e exercício*. Quem assume o cargo de Presidente da República entra em *exercício*, ainda que imediatamente renuncie, ou peça licença. *Quem assume o cargo de Vice-Presidente da República entra em exercício da Vice-Presidência; para que exerça a presidência é preciso que substitua. Se sucede, deixa de ser Vice-Presidente, tornando-se Presidente.*

Em alguns sistemas jurídicos, empossar-se no cargo e assumir são o mesmo. Quem se empossa assume e começa a exercer. *No sistema jurídico brasileiro, quem se empossa tem prazo para assumir, isto é, para entrar em exercício. Distinguem-se, precisamente, a posse e a assunção ou entrada em exercício.*

Em duas situações diferentes assume o Vice-Presidente da República a presidência: a) sucedendo ao Presidente da República e, pois, tornando-se Presidente da República, no lugar de quem o deixou de ser; b) substituindo-o (interinidade)."

E, mais adiante, acrescenta o notável jurista, *verbis*: "O cônjuge, ou parente consangüíneo, ou afim, até o terceiro grau, ou adotivo, do Prefeito não é elegível no território municipal. *Dá-se o mesmo com o cônjuge*, ou parente consangüíneo, ou afim, até o terceiro grau, ou adotivo *de quem substituiu, nos seis meses anteriores ao pleito*, o Presidente da República, o Governador do Estado-membro, ou de Território, ou *o Prefeito*" (in *Comentários à Constituição de 1967 com a Emenda n. 1/69*, 3ª ed., Forense, Rio de Janeiro, 1987, t. IV, pp. 597/8 e 601, respectivamente).

9. Deve-se, portanto, distinguir, nitidamente, entre sucessão e substituição: a sucessão acarreta, de imediato, a inelegibilidade, mas a substituição pode se verificar, exceto nos seis meses anteriores à eleição.

10. Assim, no caso dos autos, pode o Vereador, esposo de Vice-Preifeita, candidatar-se à reeleição, mesmo que a esposa venha a substituir o Prefeito dentro do prazo de 06 meses que antecede o pleito, face à ressalva constante no § 7º do art. 14, "in fine", da CF.

11. Nesse sentido, o magistério de Pinto Ferreira, *verbis*: "O texto atual apresenta mudança de redação. Preceitua a inelegibilidade, para qualquer cargo no território de jurisdição do titular, do cônjuge e dos parentes por consangüinidade ou afinidade, até o segundo grau, ou por adoção, do Presidente da República, do Governador do Estado, do Distrito Federal e do Prefeito que tenham exercido mais da metade do mandato.

Tornou-se destarte permitida a elegibilidade, em tais casos, para os que já exerciam mandato eletivo, nos casos de elegibilidade por parentesco" (in *Comentários à Constituição Brasileira*, Ed. Saraiva, 1989, v. 1, p. 311).

12. Por outro lado, nada obsta a que o Vereador concorra ao cargo de Prefeito, ou de Vice-Prefeito, desde que a sua esposa, como já longamente referido neste parecer, não exerça um instante sequer, no prazo referido na carta da República (art. 14, § 7º), as funções de Prefeito.

13. Realmente, o intérprete, em matéria constitucional, notadamente em matéria de inelegibilidade, deve obedecer a uma orientação estrita, eis que, com a inelegibilidade, limita-se o campo de escolha ao eleitorado livre, o que em nada beneficia o regime democrático.

14. Pertinente, a respeito, o ensinamento de Maurice Duverger quando, em obra clássica, assinala, *verbis*: "Les conditions d'éligibilité doivent être aussi peu restrictives que possible, afin de laisser les électeurs libres de leur choix. Toute restriction de l'éligibilité est une restriction du droit des électeurs, une atténuation de la démocratie" (in *Manuel de Droit Constitutionnel et de Science Politique*, 5ª ed., Presses Universitaires de France, Paris, 1948, p. 94, I).

15. O direito constitucional, já o dizia Henry Campbell Black, no século passado, deverá ser interpretado liberalmente, de modo a serem alcançadas as suas finalidades, *verbis*: "A constitution is not to be interpreted on narrow or technical principles, but liberally and on broad general lines, in order that it may accomplish the objects of its establishment and carry out the great principles of government" (in *Handbook of American Constitutional Law*, 2ª ed., West Publishing Co., St. Paul, Minn., 1897, p. 67, n. 47).

16. Ao versar a interpretação das normas sobre inelegibilidades conclui Gianni Long, *verbis*: "Le norme sull'ineleggibilità costituiscono infatti una restrizione dei diritti costituzionali del cittadino e, nel silenzio della legge, deve essere adottata la soluzione più favorevole, anziché ricorrere ad un'analogia in pejus" ("Ineleggibilità e incompatibilità", in *Digesto delle Discipline Pubblicistiche*, UTET, t. VIII, p. 276).

17. Ante o exposto, opina o Ministério Público Eleitoral que a Corte responda à consulta formulada nos seguintes termos: I) pode o Vereador, esposo de Vice-Prefeita, candidatar-se à reeleição, mesmo que a esposa venha a substituir o Prefeito dentro do prazo de 06 meses que antecede o pleito, face à expressa ressalva constante do § 7º do art. 14, "in fine", da CF; II) por outro lado, nada obsta a que o Vereador concorra ao cargo de Prefeito, ou de Vice-Prefeito, desde que a sua esposa, como já longamente enfatizado no parecer, não exerça um instante sequer, no prazo estipulado na Lei Maior (art. 14, § 7º), as funções de Prefeito.

É o parecer.

Porto Alegre, 12 de fevereiro de 1996

ESTUDOS & COMENTÁRIOS

CONSIDERAÇÕES SOBRE O PAPEL DO PROCURADOR-GERAL DA REPÚBLICA NO CONTROLE ABSTRATO DE NORMAS SOB A CONSTITUIÇÃO DE 1967/69: PROPOSTA DE RELEITURA

GILMAR FERREIRA MENDES

Procurador da República – Subchefe para Assuntos Jurídicos da Casa Civil da Presidência da República – Professor Adjunto da Universidade de Brasília-UnB – Mestre em Direito pela Universidade de Brasília-UnB – Doutor em Direito pela Universidade de Münster – República Federal da Alemanha-RFA

I – Introdução

Em 1970, o MDB, único partido da oposição representado no Congresso Nacional, solicitou ao Procurador-Geral da República a instauração do controle abstrato de normas contra o decreto-lei que legitimava a censura prévia de livros, jornais e periódicos. Este negou-se a submeter a questão ao Supremo Tribunal Federal, uma vez que, na sua opinião, não estava constitucionalmente obrigado a fazê-lo.

A propósito, devem-se registrar as razões expendidas pelo então Procurador-Geral da República, Ministro Xavier de Albuquerque, em defesa de sua decisão: "ora, sendo a representação do Procurador-Geral, o ato que transforma em função dinâmica o poder estático de jurisdição do Supremo Tribunal, e sendo a competência, como ninguém discute, uma parcela ou medida desse poder, é curial não se poder falar em usurpação ou frustração de competência antes que haja representação. A reclamação é, pois, um *non sense.*

Dir-se-á essa evidência lógica e jurídica transformará o Procurador-Geral em árbitro da instauração da única forma de controle abstrato de constitucionalidade das leis, conhecida em nosso direito. Ele o é, de fato, não porque não caiba a reclamação. Se o Procurador-Geral estivesse obrigado a representar ao Supremo Tribunal sempre que o provocasse qualquer interessado (prescindo, neste momento, de examinar o interesse do reclamante, reservando-me para fazê-lo se e quando necessário), a sua negativa ofenderia direito subjetivo do interessado e essa ofensa encontraria nos meios processuais próprios o instrumento adequado à devida correção.

Nunca o seria, porém, a reclamação regimental destinada a preservar a integridade da competência do Supremo Tribunal, porque essa forma de avocatória pressupõe, em primeiro lugar, causa posta em juízo (*ubi, non est actio...*) e, em segundo lugar, o conhecimento dela por autoridade judiciária diversa e incompetente.

O primeiro pressuposto resulta de quanto articulei linhas atrás e está confortado pela orientação da Suprema Corte. Quanto ao segundo, comprova-o a própria justificativa, de autoria do saudoso Ministro Ribeiro da Costa, da emenda regimental que consagrou a reclamação no âmbito do Supremo Tribunal Federal, como instrumento apto ao exercício da "faculdade cometida aos órgãos do Poder Judiciário para, em processo especial, corrigir excessos, abusos e irregularidades derivados de atos de autoridades judiciárias ou de serventuários que lhe sejam subordinados" (transcrição recolhida no voto do eminente Ministro Pedro Chaves na Rcl. 624, *RTJ* 35/103, 106).

No julgamento de que retirei esse excerto, o eminente Ministro Pedro Chaves não conhecia da reclamação por entender que não cabia o remédio, em qualquer caso, contra ato de autoridade que não fosse judiciária. Ponderou então, apoiando-se, em parte, precisamente naquela que aqui tem pertinência, o eminente Ministro Victor Nunes:

"Nosso Regimento deu à reclamação dois objetivos: além de resguardar nossa competência, garante a execução dos nossos julgados (art. 2º do capítulo V-A).

"De pouco valeria resguardar nossa competência, pela reclamação, se ela também não fosse um meio eficaz de fazer cumprir nossas decisões.

"Ora, no primeiro caso, quando se tratar do resguardo, digamos, da nossa competência cognitiva, parece-me que o eminente Ministro Relator tem toda razão. A possível violação dessa competência parte de autoridade judiciária, porque juízes ou tribunais é que podem pretender, de má ou de boa-fé, usurpar a competência jurisdicional do Supremo Tribunal (*RTJ* 35/107-8).

"Não pode ser conhecida, portanto, a representação. Se pudesse sê-lo, porém, seria manifestamente improcedente".[1]

Em seguida, concluía o eminente Procurador-Geral da República, *verbis:*

"Neste ponto, em que abordo a segunda das questões de início referidas e que constitui o mérito da reclamação, começo por examinar os argumentos de que se vale o reclamante para chegar à conclusão da obrigatoriedade da representação ao Supremo Tribunal, sempre que o Procurador-Geral seja provocado por qualquer interessado.

"O primeiro deles é um argumento bifronte, servindo – na intenção do reclamante – tanto para justificar o cabimento, quanto para demonstrar a procedência da reclamação: o de que "ninguém pode se sobrepor à função jurisdicional do eg. Supremo Tribunal Federal", "frustrando a instância constitucional", "para decidir, sozinho e de forma irrecorrível, uma relevante questão constitucional". E está complementado por dois argumentos ancilares: 1º, nem mesmo os órgãos que integram o Supremo Tribunal podem atuar, por delegação, no exercício da competência deferida pela Carta Política à sua composição plena, tanto que as Turmas julgadoras abstêm-se de fazê-lo e submetem ao Plenário o julgamento de qualquer relevante argüição incidental da inconstitucionalidade, 2º, na opinião do eminente Ministro Themístocles Cavalcanti, o Procurador-Geral da República apenas opina quando não concorda com o pedido que lhe dirige qualquer interessado, mas não pode subtrair ao conhecimento do Tribunal a apreciação da representação, porque quem a julga é o Tribunal e não o Procurador.

1. Transcrito in: Reclamação n. 849, Relator: Ministro Adalício Nogueira, *RTJ*, n. 59, p. 336.

"Esse argumento padece do vício lógico-jurídico que já salientei nas considerações preliminares, porque considera o fato da usurpação da competência antes de que da própria competência se possa falar. Não reclama, pois, em si mesmo, mais ampla contestação.

"Quanto aos adminículos que o coadjuvam, ao primeiro observo que não é por não poderem "usurpar" a competência do Tribunal Pleno que as Turmas lhe remetem o julgamento das questões constitucionais, mas por não poderem julgá-las elas próprias em virtude de que sua estrutura não alcança a maioria absoluta dos membros do Tribunal e não permite, em conseqüência, a observância da regra contida no atual art. 116 da Constituição. Não é essa, como se sabe, uma regra de competência, mas de eficácia do julgado. De resto, o raciocínio descuidado que se contém nesse argumento levaria ao extremo de se considerarem inválidos os milhares de julgados das Turmas do Supremo Tribunal Federal, proferidas durante muitos anos sobre matéria da competência deste, em obediência à repartição regimental dos encargos globais da Corte e no plano do conceito que a doutrina designou como de competência interna, antes de que o Ato Institucional n. 2 sufragasse a divisão do Tribunal em Turmas e a incorporasse ao nosso direito constitucional legislado.

"Ao segundo adminículo, que se resolve na respeitável opinião pessoal, isolada, do eminente Ministro Themistocles Cavalcanti, digo, com as mais respeitosas vênias, que não só incide no mesmo vício lógico antes apontado, como também não procede e, tal qual demonstrarei, não corresponde ao entendimento predominante nesse eg. Supremo Tribunal Federal.

"Um segundo argumento do reclamante cifra-se em que, no caso, por mais respeitáveis que fossem as razões do meu convencimento contrário ao seu pedido, cumpria-me "encaminhar" a representação ao Supremo Tribunal, mesmo porque, como leciona Buzaid, nesse tipo de ação o Procurador-Geral da República "opera como substituto processual propugna precisamente mas por interesse alheio".

"Não me ocorre o dever de demonstrar, que V. Excia. e o eg. Tribunal o sabem de sobejo que o fenômeno da substituição processual nada tem que ver com a obrigatoriedade da ação, propugnada pelo reclamante. Mas não posso deixar de observar que o reclamante chegou sozinho, e arbitrariamente, às conclusões que pretendeu retirar do ensinamento doutrinário (...)

"Um exame superficial pode levar a crer que o Procurador, havendo representação da parte interessada, deva sempre e necessariamente argüir a inconstitucionalidade. Mas essa interpretação não se compadece com a natureza de sua função. O Procurador-Geral da República só deve argüir a inconstitucionalidade, quando disso estiver convencido. Sua missão não é a de mero veículo de representação.

"Recebendo a manifestação do interessado, o Procurador-Geral da República a estudará, apreciando se tem ou não procedência. Convencendo-se de que o ato argüido é inconstitucional, proporá a ação, em caso contrário, determinará o arquivamento" (Alfredo Buzaid, *Da Ação Direta de Declaração de Inconstitucionalidade no Direito Brasileiro*, pp. 109-110).[2]

2. *RTJ* 59, pp. 336-337. Evidentemente, o texto de Buzaid referia-se à representação interventiva, na qual o Procurador-Geral da República, como tive oportunidade de demonstrar alhures (*Controle de Constitucionalidade*, São Paulo, 1990, pp. 22 e ss.) atuava como representante judicial da União (e não como substituto processual, como pretendeu Buzaid!). A propósito, registre-se observação que fiz sobre o tema, *verbis:* "Entre nós, a questão relativa à natureza do processo de controle de normas se colocou logo no julgamento das primeiras representações, ainda que de forma tópica, não-sistemática. Nas Rp. 95 e 96, de 1947, esboçou-se controvérsia quanto à possibilidade de o Supremo Tribunal apreciar a argüição de inconstitucionalidade, não obstante o pronunciamento do Procurador-Geral da República pela

O Supremo Tribunal Federal rejeitou a reclamação proposta com o argumento de que apenas o Procurador-Geral poderia decidir *se e quando* deveria ser oferecida representação. E a Excelsa Corte, por maioria, firmou, inicialmente, orientação no sentido afirmativo, entendendo bastante o encaminhamento do pedido pelo órgão constitucionalmente legitimado.

improcedência do pedido. E a Excelsa Corte, por maioria, firmou, inicialmente, orientação no sentido afirmativo, entendendo bastante o encaminhamento do pedido pelo órgão constitucionalmente legitimado.

"Assentou-se, igualmente, que o fundamento da inconstitucionalidade, atribuído pelo Procurador-Geral da República, não se afigurava relevante para a resolução do Tribunal. "O que importa – dizia o Ministro Hahnemann Guimarães – é que seja apresentado ao Tribunal fato que possa caracterizar a argüição de inconstitucionalidade", não sendo necessário que "o Sr. Dr. Procurador-Geral da República haja dado uma classificação à argüida inconstitucionalidade".

"No tocante à possibilidade de desistência, o Tribunal considerou-a inicialmente cabível. Na Rp. 466-GB, colocou-se novamente a indagação, tendo o relator, Ministro Ari Franco, asseverado que "ao Ministério Público não é lícito, em regra, a desistência do que pleiteia". Esse entendimento foi incorporado ao Regimento Interno do Supremo Tribunal Federal, que consagra, desde 1970, vedação expressa à desistência da representação.

"O desenvolvimento da ação direta de controle de constitucionalidade demonstra que jurisprudência e doutrina não lograram diferençar, de imediato, a representação interventiva do controle abstrato de normas. Como ressaltado, o eminente Professor Themístocles Cavalcanti, Procurador-Geral da República do governo democrático que sucedeu à ditadura Vargas, considerava que o chefe do Ministério Público deveria submeter a argüição de inconstitucionalidade ao Supremo Tribunal, ainda quando a tivesse por descabida. Reputava-se suficiente, pois, a presença de um interesse jurídico para encaminhar o tema ao Supremo Tribunal Federal. E, não raro, essa postura colhida referendo na Excelsa Corte, como se depreende de voto proferido pelo Ministro Goulart de Oliveira, na Rp. 96, no qual se afirmou, expressamente, que:

"Se não fosse lícita a solicitação estranha, só ao Procurador-Geral ficaria a iniciativa que o impugnante exige não provocada... Só ele podia ver inconstitucionalidade nesses textos.

"E só ele seria juiz... naqueles que entendesse constitucionais...

"A sua atribuição nesta emergência é dupla: quando veicula a Representação, submete ao Tribunal, na técnica da Constituição, e quando opina como dever de 'ofício'. Não há confundir as duas funções."

Converter-se-ia, assim, a representação interventiva, destinada à defesa de princípios basilares da ordem federativa e de índole nitidamente contraditória, em um processo objetivo, na qual o Procurador-Geral da República veiculava, tão-somente, o interesse público na decisão da questão constitucional.

Também no tocante à natureza e à eficácia da decisão, parecia dominar o sentimento de que, diferentemente da pronúncia no caso concreto, a declaração de inconstitucionalidade resolvia-se "por uma fórmula legislativa ou quase legislativa, que vem a ser não-vigência, virtualmente decretada, de uma dada lei". Convém reiterar, a propósito, a lição de Castro Nunes:

"Atribuição nova, que o Supremo Tribunal é chamado a exercer pela primeira vez e cuja eficácia está confiada, pela Constituição, em primeira mão, ao patriotismo do próprio legislador estadual no cumprir, de pronto, a decisão e, se necessário, ao Congresso Nacional, na compreensão esclarecida da sua função coordenada com a do Tribunal, não será inútil o exame desses aspectos, visando delimitar a extensão, a executoriedade e a conclusividade do julgado.

"Na declaração em espécie, o Judiciário arreda a lei, decide o caso por inaplicação dela, e executa, ele mesmo, o seu aresto.

"Trata-se, aqui, porém, de inconstitucionalidade em tese, e nisso consiste a inovação desconhecida entre nós na prática judicial, porquanto até então não permitida pela Constituição.

"Em tais casos a inconstitucionalidade declarada não se resolve na inaplicação da lei ao caso ou no julgamento do direito questionado por abstração do texto legal comprometido; resolve-se por uma fórmula legislativa ou quase legislativa que vem a ser a não-vigência, virtualmente decretada, de uma dada lei (...).

"Na declaração em tese, a suspensão redunda na ab-rogação da lei ou na derrogação dos dispositivos alcançados, não cabendo ao órgão legiferante censurado senão a atribuição meramente formal de modificá-la ou regê-la, segundo as diretivas do pré-julgado; é uma inconstitucionalidade declarada *erga omnes*, e não somente entre as partes; a lei não foi arredada apenas em concreto; foi cessada para todos os efeitos".

Evidentemente, a declaração de inconstitucionalidade proferida na representação interventiva não era dotada dessa eficácia genérica. Tanto é assim que, mesmo sob o regime constitucional de 1946, previa-se a suspensão de execução do ato argüido de inconstitucionalidade, se essa medida se afigurasse suficiente para o restabelecimento da normalidade no Estado (CF de 1946, art. 13).

Essa assimilação entre instrumentos jurídicos diversos se identifica, igualmente, no clássico estudo de Buzaid, que qualificou a posição do Procurador-Geral da República, na ação direta, para fins de intervenção, como substituto processual, representando "toda a coletividade empenhada em expurgar a ordem jurídica de atos políticos, manifestamente inconstitucionais e capazes de pôr em risco a estrutura do Estado".

presentação para a aferição da constitucionalidade de lei.[3] Esse entendimento foi reiterado pelo Tribunal em diversos arestos.[4]

Poucas questões suscitaram tantas e tão intensas discussões quanto a da eventual discricionariedade do Procurador-Geral da República para oferecer ou não a representação de inconstitucionalidade ao Supremo Tribunal Federal.

Autores de renome, como Pontes de Miranda (*Comentários à Constituição de 1967, com a Emenda n. 1, de 1969*, p. 44), Josaphat Marinho ("Inconstitucionalidade de lei – representação ao STF", *RDP* 12:150), Caio Mário da Silva Pereira (voto proferido no Conselho Federal da OAB, *Arquivos*, 118:25), Themístocles Cavalcanti ("Arquivamento de representação por inconstitucionalidade da lei", *RDP* 16:169) e Adaucto Lúcio Cardoso ("Voto da Recl. 849", *RTJ* 50:347-8), manifestaram-se pela obrigatoriedade de o Procurador-Geral da República submeter a questão constitucional ao Supremo Tribunal Federal, ressaltando-se, univocamente, a impossibilidade de se alçar o chefe do Ministério Público à posição de juiz último da constitucionalidade das leis.[5]

Outros, não menos ilustres, como Celso Agrícola Barbi ("Evolução do controle de constitucionalidade das leis no Brasil", *RDP* 4:40), José Carlos Barbosa Moreira ("As partes na ação declaratória de inconstitucionalidade", *Revista de Direito da Procuradoria-Geral do Estado da Guanabara* 13:67), José Luiz de Anhaia Mello (*Os Princípios Constitucionais e sua Proteção*, p. 24), Sérgio Ferraz ("Contencioso constitucional, comentário a acórdão", *Revista de Direito* 20:218) e Raimundo Faoro ("Voto no Conselho Federal da OAB", *Arquivos* 118:47), reconheceram a faculdade do exercício da ação pelo Procurador-Geral da República.

Alguns juristas procuraram deslocar a controvérsia para o plano legal, tendo Arnoldo Wald propugnado por fórmula que emprestava a seguinte redação ao art. 2º da Lei 4.337, de 1964:

"Art. 2º. Se o conhecimento da inconstitucionalidade resultar de representação que lhe seja dirigida por qualquer interessado, o Procurador-Geral da República terá o prazo de trinta dias, a contar do recebimento da representação, para apresentar a argüição perante o Supremo Tribunal Federal.

"§ 1º. Se a representação for oriunda de pessoa jurídica de direito público, não poderá o Procurador-Geral deixar de encaminhá-la, sob pena de responsabilidade.

"§ 2º. Se a representação for oriunda de pessoa física ou de pessoa jurídica de direito privado, o Procurador-Geral deverá, no prazo de trinta dias, encaminhá-la com parecer ao Supremo Tribunal Federal ou arquivá-la. No caso de arquivamento, caberá reclamação ao plenário do Supremo Tribunal Federal, que deverá conhecer da mesma se a representação tiver fundamentação jurídica válida, avocando, em tal hipótese, o processo para julgamento na forma da presente lei."[6]

Enquanto importantes vozes na doutrina reconheceram o direito de o Procurador-Geral submeter ou não a questão ao Supremo Tribunal Federal, consoante a sua própria avaliação e discricionariedade, uma vez que somente ele dispunha de competência constitucional para propor essa ação,[7]

3. Reclamação n. 849, Relator Ministro Adalício Nogueira, *RTJ*, n. 59, p. 336.

4. Reclamação n. 121, Relator Ministro Djaci Falcão, *RTJ*, n. 100, p. 955; Reclamação n. 128, Relator Ministro Cordeiro Guerra, *RTJ* n. 98, pp. 3 e ss.; Reclamação n. 152, Relator Ministro Djaci Falcão, *DJ* 11.5.83, p. 6.292.

5. Bastos, Celso Ribeiro, *Curso de Direito Constitucional*, São Paulo, 1982, p. 68. Cf., no mesmo sentido, voto do Min. Goulart de Oliveira, Rp. 96, de 3.10.1947, *Aj.* 85:100-1.

6. Wald, Arnoldo. Voto. *Arquivos do Ministério da Justiça*, n. 118, p. 46.

7. Barbi, Celso A., "Evolução do controle de constitucionalidade das leis no Brasil", *RDP* n. 4,

sustentavam outros a opinião de que estaria obrigado a oferecer a argüição ao Supremo Tribunal Federal se houvesse pelo menos sérias dúvidas sobre a constitucionalidade de lei.[8]

Uma posição intermediária foi sustentada por Celso Bastos, segundo a qual o Procurador-Geral da República não poderia negar-se a formular a representação se o requerimento lhe fosse encaminhado por algum órgão público, uma vez que, nesse caso, não se poderia ter dúvida quanto ao interesse público na aferição da constitucionalidade da lei ou do ato normativo.[9]

II – O caráter dúplice ou ambivalente da "representação de inconstitucionalidade"

Deve-se registrar que, a despeito do esforço despendido, o incidente não contribuiu – infelizmente, ressalte-se – para que a doutrina constitucional brasileira precisasse a natureza jurídica do instituto.

Não restou assente sequer a distinção necessária e adequada entre o controle abstrato de normas (representação de inconstitucionalidade) e a representação interventiva. Alguns doutrinadores chegaram mesmo a recomendar a alteração da Lei 4.337, de 1964, que disciplina a representação interventiva, para que se explicitasse a obrigatoriedade da propositura da ação pelo Procurador-Geral, desde que isso lhe fosse requerido por determinados entes.

Não se percebeu, igualmente, que, tal como concebida, a chamada representação de inconstitucionalidade tinha, em verdade, *caráter dúplice* ou *natureza ambivalente,* permitindo ao Procurador-Geral submeter a questão constitucional ao Supremo Tribunal quando estivesse convencido da inconstitucionalidade da norma ou, mesmo quando convencido da higidez da situação jurídica, surgissem controvérsias relevantes sobre sua legitimidade.

A Emenda n. 16, de 26 de novembro de 1965, instituiu, ao lado da representação interventiva, e nos mesmos moldes, o controle abstrato de normas estaduais e federais. A reforma realizada, fruto dos estudos desenvolvidos na Comissão composta por Orozimbo Nonato, Prado Kelly (Relator), Dario de Almeida Magalhães, Frederico Marques e Colombo de Souza, visava a imprimir novos rumos à estrutura do Poder Judiciário. Parte das mudanças recomendadas já havia sido introduzida pelo Ato Institucional n. 2, de 27 de outubro de 1965. A Exposição de Motivos encaminhada pelo Ministro da Justiça, Dr. Juracy Magalhães, ao Presidente da República, ressalta que "*a atenção dos reformadores tem-se detido enfaticamente na sobrecarga imposta ao Supremo Tribunal e ao Tribunal de Recursos*". Não obstante, o próprio Supremo Tribunal Federal houve por bem sugerir a adoção de dois novos institutos de legitimidade constitucional, tal como descrito na referida Exposição de Motivos:

"a) uma representação de inconstitucionalidade de lei federal, em tese, de exclusiva iniciativa do Procurador-Geral da República, à semelhança do que existe para o direito estadual (art. 8º, parágrafo único, da Constituição Federal);

"b) uma prejudicial de inconstitucionalidade, a ser suscitada, exclusivamente, pelo próprio Supremo Tribunal Federal ou

1968, p. 40; Mello, J. L. de Anhaia. *Os Princípios Constitucionais e sua Proteção*, São Paulo, 1966, p. 24.

8. Miranda, Pontes de, *Comentários à Constituição de 1967, com a Emenda n. 1, de 1969*, Rio de Janeiro, 1987, v. IV, p. 44; Marinho, Josaphat. "Inconstitucionalidade de Lei: representação ao STF", *RDP* n. 12, pp. 50 e ss.; Pereira, Caio Mário da Silva. Voto. *Arquivos do Ministério da Justiça n.* 118, p. 25; Cavalcanti, *Themístocles. Do Controle de Constitucionalidade*, Rio de Janeiro, Forense, 1966; Cardoso, Adaucto Lúcio. Voto Vencido, Reclamação n. 849, *RTJ* n. 59, pp. 347-8; cf., também, Embargos na *RP* n. 1092, Relator Djaci Falcão, *RTJ* n. 117, p. 921 (951-952).

9. Bastos, Celso Ribeiro, *Curso de Direito Constitucional*, São Paulo, 1982, pp. 74-75.

pelo Procurador-Geral da República, em qualquer processo em curso perante outro juízo."

"A representação, limitada em sua iniciativa, tem o mérito de facultar desde logo a definição da 'controvérsia constitucional sobre leis novas, com economia para as partes, formando precedente que orientará o julgamento dos processos congêneres'.

"Afeiçoa-se, no rito, às representações de que cuida o citado preceito constitucional para forçar o cumprimento, pelos Estados, dos princípios que integram a lista do inciso VII do art. 7º. De algum modo, a inovação, estendendo a vigilância às 'leis federais em tese', completa o sistema de pronto resguardo da lei básica, se ameaçada em seus mandamentos."[10]

Nos termos do Projeto de Emenda à Constituição, o art. 101, I, *k*, passava a ter a seguinte redação:

"k) a representação de inconstitucionalidade de lei ou ato de natureza normativa, federal ou estadual, encaminhada pelo Procurador-Geral da República".

O parecer aprovado pela Comissão Mista, da lavra do Deputado Tarso Dutra, referiu-se, especificamente, ao novo instituto de controle de constitucionalidade:

"A letra 'k', propondo a representação a cargo da Procuradoria-Geral da República, contra a inconstitucionalidade em tese da lei, constitui uma ampliação da faculdade consignada no parágrafo único do art. 8º, para tornar igualmente vulneráveis as leis federais por essa medida. Ao anotar-se a conveniência da modificação alvitrada na espécie, que assegurará, com a rapidez dos julgamentos sumários, uma maior inspeção jurisdicional da constitucionalidade das leis, não será inútil configurar o impróprio de uma redação, que devia conferir à representação a idéia nítida de oposição à inconstitucionalidade e o impreciso de uma referência a atos de natureza normativa de que o nosso sistema de poderes indelegáveis (art. 36, §§ 1º e 2º) conhece apenas uma exceção no § 2º do art. 123 da Constituição.[11]

A imprecisão da fórmula adotada na Emenda n. 16 – *representação contra inconstitucionalidade de lei ou ato de natureza normativa, federal ou estadual, encaminhada pelo Procurador-Geral* – não consegue esconder o propósito inequívoco do legislador constituinte, que era o de permitir "desde logo, a definição da 'controvérsia constitucional' sobre leis novas".

Não se pretendia, pois, que o Procurador-Geral instaurasse o processo de controle abstrato com o propósito exclusivo de ver declarada a inconstitucionalidade da lei, até porque ele poderia não tomar parte na controvérsia constitucional ou, se dela participasse, estar entre aqueles que consideravam válida a lei.

Não se fazia mister, portanto, que o Procurador-Geral estivesse convencido da inconstitucionalidade da norma. Era suficiente o requisito objetivo relativo à existência de *"controvérsia constitucional"*. Daí ter o constituinte utilizado a fórmula equívoca – *representação contra a inconstitucionalidade da lei, encaminhada pelo Procurador-Geral da República* – que explicitava, pelo menos, que a dúvida ou a eventual convicção sobre a inconstitucionalidade não precisava ser por ele perfilhada.

Se correta essa orientação, parece legítimo admitir que o Procurador-Geral da República tanto poderia instaurar o controle abstrato de normas, com o objetivo precípuo de ver declarada a inconstitucionalidade da lei ou ato normativo *(ação declaratória de inconstitucionalidade ou representação de inconstitucionalidade)*, como poderia postular, expressa ou tacitamente,

10. Brasil. *Constituição* (1946): Emendas. Emendas à Constituição de 1946, n. 16: Reforma do Poder Judiciário, Brasília, Câmara dos Deputados, 1968, p. 24.

11. Brasil. *Constituição* (1946), cit., p. 67.

a declaração de constitucionalidade da norma questionada *(ação declaratória de constitucionalidade)*.

A cláusula sofreu pequena alteração na Constituição de 1967 e de 1967/69 (*representação do Procurador-Geral da República, por inconstitucionalidade de lei ou ato normativo federal ou estadual* – CF 1967, art. 115, I, "1"; CF 1967/69, art. 119, I, "1").

O Regimento Interno do Supremo Tribunal Federal, na versão de 1970,[12] consagrou expressamente essa idéia:

"Art. 174. (...)

"§ 1º. Provocado por autoridade ou por terceiro para exercitar a iniciativa prevista neste artigo, o Procurador-Geral, entendendo improcedente a fundamentação da súplica, poderá encaminhá-la com parecer contrário."

Essa disposição, que, como visto, consolidava tradição já velha no Tribunal, permitia ao titular da ação encaminhar a postulação que lhe fora dirigida por terceiros, manifestando-se, porém, em sentido contrário.

Não é preciso maior esforço de argumentação para demonstrar que, do ponto de vista dogmático, nada mais fez o Regimento Interno do que positivar, no plano processual, a orientação que balizara a instituição da representação de inconstitucionalidade (controle abstrato) entre nós.

Ela destinava-se não apenas a eliminar a lei declarada inconstitucional da ordem jurídica (*pedido de declaração de inconstitucionalidade*), mas também a elidir controvérsias que se instaurassem sobre a legitimidade de determinada norma (*pedido de declaração de constitucionalidade)*.

Assim, se o Procurador-Geral encaminhava súplica ou representação de autoridade ou de terceiro, com parecer contrário, estava simplesmente a postular uma declaração (*positiva*) de constitucionalidade. O pedido de representação, formulado por terceiro e encaminhado ao Supremo, materializava, apenas, a existência da *controvérsia constitucional,* apta a fundamentar uma *necessidade pública de controle.*

Essa cláusula foi alterada em 1980, passando o Regimento Interno a conter as seguintes disposições:

"Art. 169. O Procurador-Geral da República poderá submeter ao Tribunal, mediante representação, o exame de lei ou ato normativo federal ou estadual, para que seja declarada a sua inconstitucionalidade.

"§ 1º. Proposta a representação, não se admitirá desistência, ainda que afinal o Procurador-Geral se manifeste pela sua improcedência."

Parece legítimo supor que essa modificação não alterou, substancialmente, a idéia básica que norteava a aplicação desse instituto. Se o titular da iniciativa manifestava-se, afinal, pela constitucionalidade da norma impugnada, é porque estava a defender a declaração de constitucionalidade.

Na prática, continuou o Procurador-Geral a oferecer *representações de inconstitucionalidade,* ressaltando a relevância da questão e opinando, muitas vezes, em favor da constitucionalidade da norma.

A falta de maior desenvolvimento doutrinário e a própria balbúrdia conceitual instaurada em torno da *representação interventiva*[13] – confusão essa que contaminou os estudos do novo instituto – não permitiram que essas idéias fossem formuladas com a necessária clareza.

A própria disposição regimental é equívoca, pois, se interpretada literalmente, re-

12. *DJ* 4.9.70, pp. 3.971 e ss.

13. Buzaid, Alfredo, *Da Ação Direta de Declaração de Inconstitucionalidade no Direito Brasileiro*, São Paulo, 1958, p. 107; Moreira, José Carlos Barbosa, "As partes na ação declaratória de inconstitucionalidade", *Revista de Direito da Procuradoria-Geral do Estado da Guanabara* n. 13 (1964), p. 67 (75-76); Cavalcanti, Themístocles, *Do Controle de Constitucionalidade*, Rio de Janeiro, Forense, 1966, p. 115 e ss.

duziria o papel do titular da iniciativa, o Procurador-Geral da República, a de um *despachante autorizado*, que poderia encaminhar os pleitos que lhe fossem dirigidos, ainda que com parecer contrário.

Entendida a *representação de inconstitucionalidade* como instituto de *conteúdo dúplice* ou de *caráter ambivalente,* mediante o qual o Procurador-Geral da República tanto poderia postular a declaração de inconstitucionalidade da norma, como defender a declaração de sua constitucionalidade, afigurar-se-ia legítimo sustentar, com maior ênfase e razoabilidade, a tese relativa à obrigatoriedade de o Procurador-Geral submeter a questão constitucional ao Supremo Tribunal Federal, quando isto lhe fosse solicitado.

A controvérsia instaurada em torno da recusa do Procurador-Geral da República de encaminhar ao Supremo Tribunal Federal representação de inconstitucionalidade contra o Decreto-lei 1.077, de 1970, que instituiu a censura prévia sobre livros e periódicos,[14] não serviu – infelizmente – para realçar esse *outro lado* da representação de inconstitucionalidade.[15]

De qualquer sorte, todos aqueles que sustentaram obrigatoriedade de o Procurador-Geral da República submeter a representação ao Supremo Tribunal Federal, ainda quando estivesse convencido da constitucionalidade da norma,[16] somente podem ter partido da idéia de que, nesse caso, o Chefe do Ministério Público deveria, necessária e inevitavelmente, formular uma ação declaratória – positiva – de constitucionalidade.

Na Representação 1.092, relativa à constitucionalidade do instituto da reclamação, contido no Regimento Interno do antigo Tribunal Federal de Recursos, viu-se o Procurador-Geral da República, que instaurou o processo de controle abstrato de normas e se manifestou, no mérito, pela improcedência do pedido, na contingência de ter de opor embargos infringentes da decisão proferida, que julgava procedente a ação proposta, declarando inconstitucional a norma impugnada.[17]

O Supremo Tribunal Federal considerou admissíveis os embargos pelos fundamentos contidos no voto do eminente Relator, Ministro Néri da Silveira:

"Se os embargos constituem um recurso e este é meio de provocar, na mesma ou na superior instância, a reforma ou a modificação de uma sentença desfavorável, seria, em princípio de entender que, procedente a ação, ao autor não caberia opor-se ao resultado, que pleiteou vestibularmente. Porque não sucumbente, não estaria legitimado a recorrer.

"Sucede, porém, que, na ação direta de inconstitucionalidade de lei ou ato normativo federal ou estadual, por sua natureza, enquanto instrumento especial de controle jurisdicional de constitucionalidade, não é, desde logo, de invocar os princípios regentes da teoria do processo civil, senão na medida em que os consagrou o Regimento do STF, onde se regula a representação de competência originária e exclusiva desta Corte (Constituição, art. 119, I, letra "l"). Assim, já se tornou assente o descabimento da assistência no processo de representação para a declaração de inconstituciona-

14. Reclamação n. 849, Relator Ministro Adalício Nogueira, *RTJ* 59, p. 333.

15. Cf., sobre o assunto, registros da discussão travada no Conselho Federal da Ordem dos Advogados do Brasil, em março de 1971: *Arquivos do Ministério da Justiça* n. 118 (1971), pp. 23 e ss.

16. Cf., a propósito, Marinho, Josaphat, "Inconstitucionalidade de lei: representação ao STF", *RDP* 12, p. 150; Pereira, Caio Mário da Silva, Voto proferido no Conselho Federal da OAB, *Arquivos do Ministério da Justiça* n. 118, p. 25; Cavalcanti, Themístocles, *Do Controle de Constitucionalidade*, Rio de Janeiro, Forense, 1966; Cardoso, Adaucto Lucio, voto na Reclamação n. 849, *RTJ* 50, pp. 347-8; Bastos, Celso Ribeiro, *Curso de Direito Constitucional*, 1982, p. 69.

17. Embargos na Representação n. 1.092, Relator Ministro Néri da Silveira, *RTJ* n. 117, pp. 921 e ss.

lidade de lei ou ato normativo federal ou estadual ou para interpretação de lei (Representações ns. 1.161-5-GO, 1.155-1-DF e 972-DF). Por igual, não se afirma impedimento de membro da Corte para o julgamento da ação direta de inconstitucionalidade ou de interpretação de lei ou ato normativo federal (Sessão de 13.9.1983). Ao Procurador-Geral da República, a quem a Constituição reserva, com exclusividade, aforar a ação, não se lhe reconhece, todavia, a faculdade de desistir da representação. Instrumento por via do qual se exerce função política do Judiciário, no controle dos atos dos outros Poderes, e dele próprio, o procedimento de ação direta se reveste de especialidade com sua destinação. O julgamento, na representação, refere-se à lei ou ato normativo, em tese, e decisão que os tem como inconstitucionais encerra, em si mesma, o efeito de excluir-lhes a eficácia, *erga omnes*, dispensada, assim, qualquer posterior manifestação do Senado Federal, para suspender a execução da lei ou ato normativo, tidos como inválidos, a teor do art. 42, VII, da Constituição. De outra parte, está no parágrafo único do art. 169 do Regimento Interno do STF, que o Procurador-Geral da República, inobstante autor da ação direta, pode, em sua manifestação final pedir a improcedência da representação, tal como na espécie aconteceu (fls. 141/151). Pontes de Miranda, de referência à posição do Chefe do Ministério Público federal, diante da norma do art. 119, I, letra "l", da Constituição, observa: "A legitimidade ativa, que tem o Procurador-Geral da República, estende-se à oposição de embargos de nulidade ou infringentes do julgado ou dos embargos declaratórios. É órgão da União: não só a representa, como órgão que é" (in *Comentários à Constituição de 1967, com a Emenda n. 1, de 1969*, t. IV, 2ª ed., p. 44). Em face da especialidade do processo da ação direta de inconstitucionalidade, compreendo que o Procurador-Geral pode, inobstante julgada procedente a representação, notadamente, se pedir em sua manifestação final a improcedência da demanda constitucional, interpor embargos infringentes ao acórdão do STF."[18]

Ora, ao admitir o cabimento dos embargos infringentes opostos pelo Procurador-Geral da República contra decisão que acolheu representação de inconstitucionalidade de sua própria iniciativa, o Supremo Tribunal Federal contribuiu para realçar esse *caráter ambivalente* da representação de inconstitucionalidade, reconhecendo implicitamente, pelo menos, que ao titular da ação era legítimo tanto postular a declaração de inconstitucionalidade da lei, se disso estivesse convencido, como pedir a declaração de sua constitucionalidade, se, não obstante convencido de sua constitucionalidade, houvesse dúvidas ou controvérsias sobre sua legitimidade que reclamassem um pronunciamento definitivo do Supremo Tribunal Federal.

É verdade que a Corte restringiu significativamente essa orientação no acórdão de 8 de setembro de 1988 (Rp n. 1349, Relator Ministro Aldir Passarinho, *RTJ* 129, pp. 41 e ss.). O Procurador-Geral da República encaminhou ao Tribunal petição formulada por grupo de parlamentares que sustentava a inconstitucionalidade de determinadas disposições da Lei de Informática (Lei n. 7.232, de 29 de outubro de 1984).

O Tribunal considerou inepta a representação, entendendo que, como a Constituição previa uma ação de inconstitucionalidade, não poderia o titular da ação demonstrar, de maneira insofismável, que perseguia outros desideratos.[19]

Embora o Supremo Tribunal Federal tenha considerado inadmissível representação na qual o Procurador-Geral da Repú-

18. Embargos na Representação n. 1092, Relator Ministro Néri da Silveira, *RTJ* 117, p. 921 (944-945).

19. Rp n. 1349, Relator Ministro Aldir Passarinho, *RTJ* n. 129, p. 41.

blica afirma, de plano, a constitucionalidade da norma,[20] é certo que essa orientação, calcada numa interpretação literal do texto constitucional, não parece condizente, tal como demonstrado com a natureza do instituto e com a sua práxis desde a sua adoção pela Emenda n. 16, de 1965.

Todavia, a Corte continuou a admitir as representações e, mesmo após o advento da Constituição de 1988, as ações diretas de inconstitucionalidade nas quais o Procurador-Geral limitava-se a ressaltar a relevância da questão constitucional, pronunciando-se, a final, pela sua improcedência.[21]

Em substância, era indiferente, tal como percebido por Victor Nunes, que o Procurador-Geral sustentasse, desde logo, a constitucionalidade da norma, ou que encaminhasse o pedido, para, posteriormente, manifestar-se pela sua improcedência.

Essa análise demonstra claramente que, a despeito da utilização do termo *representação de inconstitucionalidade,* o controle abstrato de normas foi concebido e desenvolvido como processo de *natureza dúplice ou ambivalente.*

Se o Procurador-Geral estivesse convencido da inconstitucionalidade, poderia provocar o Supremo Tribunal Federal para a declaração de inconstitucionalidade.

Se, ao revés, estivesse convicto da legitimidade da norma, então poderia instaurar o controle abstrato com finalidade de ver confirmada a orientação questionada.

III – Conclusão

Ressalte-se, pois, que a idéia subjacente à fórmula regimental imperfeita (RISTF, art. 169) – concepção que já havia presidido a própria elaboração da Emenda Constitucional n. 16 –, era a de que o Procurador-Geral da República poderia instaurar o controle abstrato de normas quando surgissem *controvérsias constitucionais.*

Ser-lhe-ia legítimo, pois, tanto pedir a declaração de inconstitucionalidade, como advogar a pronúncia de uma declaração de constitucionalidade. A *"controvérsia constitucional" ou a dúvida fundada sobre a constitucionalidade* da norma representava, assim, um *pressuposto processual implícito do controle abstrato de normas – objetivo,* porém –, que legitimava a instauração do controle, seja com o propósito de ver afirmada a sua constitucionalidade.

Daí ter o saudoso Victor Nunes Leal observado em palestra proferida na Conferência Nacional da OAB de 1978 (Curitiba) que, "em caso de representação com parecer contrário, o que se tem, na realidade, sendo privativa a iniciativa do Procurador-Geral, é uma representação de constitucionalidade".[22]

A propósito, acrescentou, ainda, o notável jurisconsulto:

"Relembro, aliás, que o ilustre Professor Haroldo Valladão, quando Procurador-Geral da República,[23] sugeriu ao signatário (não sei se chegou a registrá-lo por escrito) a conveniência de deixar expressa no Regimento a representação destinada a afirmar a constitucionalidade, para solver dúvidas, ainda que não houvesse pedido formal de terceiros no sentido da inconstitucionalidade".[24]

A identificação da natureza dúplice do instituto retiraria um dos fortes argumentos

20. Representação n. 1349, Relator Ministro Aldir Passarinho, *RTJ* n. 129, p. 41. O Tribunal considerou inepta a representação, entendendo que, como a Constituição previa uma ação de inconstitucionalidade, não poderia o titular da ação demonstrar, de maneira insofismável, que perseguia outros desideratos.

21. Cf., dentre outras, ADIn n. 716-5, Relator Ministro Marco Aurélio, *DJ* 29.4.92, p. 5.606.

22. Leal, Víctor Nunes. "Representação de Inconstitucionalidade perante o Supremo Tribunal Federal: um aspecto inexplorado", *RDP* 53/54, p. 25 (33).

23. O Professor Haroldo Valladão exerceu o cargo de Procurador-Geral da República no período de 19.4.1967 a 13.11.1967.

24. Leal, Víctor Nunes. Ob. cit., *RDP* 53/54, p. 25 (33).

do Procurador-Geral, que se referia à sua condição de titular da ação para fazer atuar a jurisdição constitucional com o escopo de ver declarada a inconstitucionalidade da norma. A possibilidade de pedir a declaração de constitucionalidade deitaria por terra essa assertiva, convertendo o pretenso *direito* de propor a ação de inconstitucionalidade num *poder-dever* de submeter a questão constitucional relevante ao Supremo, seja sob a forma de representação de inconstitucionalidade ou de constitucionalidade.

A existência de controvérsia constitucional relevante configurava a objetivação a necessidade de o Procurador-Geral da República submeter a argüição ao Supremo Tribunal, ainda quando estivesse convencido sobre a sua improcedência. Em outros termos, configurada controvérsia constitucional relevante, não poderia o Procurador-Geral da República furtar-se ao dever de submetê-la ao Supremo Tribunal Federal, ainda que se manifestando pela improcedência do requerimento (pedido de declaração de constitucionalidade).

Portanto, uma análise mais detida da natureza do instituto da representação de inconstitucionalidade permite reforçar a censura ao entendimento dominante na doutrina e na jurisprudência do Supremo Tribunal Federal, propiciando-se, assim, uma nova leitura – ainda que apenas com valor de crítica histórica – da orientação sustentada pela Procuradoria-Geral da República e avalizada pelo Supremo Tribunal Federal.

Bibliografia

BARBI, Celso A. "Evolução do controle de constitucionalidade das leis no Brasil". *Revista de Direito Público*, n. 4, 1968, p. 40.

MOREIRA, José Carlos Barbosa. "As partes na ação declaratória de inconstitucionalidade". *Revista de Direito da Procuradoria-Geral do Estado da Guanabara*, n. 13, 1964, pp. 67-80.

BASTOS, Celso Ribeiro. *Curso de Direito Constitucional*. São Paulo, 1982.

BUZAID, Alfredo. *Da Ação Direta de Declaração de Inconstitucionalidade no Direito Brasileiro*. São Paulo, 1958.

CAVALCANTI, Themístocles. *Do Controle de Constitucionalidade*. Rio de Janeiro, 1966.

LEAL, Víctor Nunes. "Representação de inconstitucionalidade perante o Supremo Tribunal Federal: um aspecto inexplorado". *Revista de Direito Público*, 53/54, p. 25.

MARINHO, Josaphat. "Inconstitucionalidade de Lei – Representação ao STF". *Revista de Direito Público*, n. 12, pp. 150-152.

MELLO, J. L. de Anhaia. *Os Princípios Constitucionais e sua Proteção*. São Paulo, 1966.

MIRANDA, Pontes de. *Comentários à Constituição de 1967, com a Emenda n. 1, de 1969*. Rio de Janeiro, 1987, v. IV.

PEREIRA, Caio Mário da Silva. Voto. *Arquivos do Ministério da Justiça*, n. 118, p. 25.

WALD, Arnoldo. Voto. *Arquivos do Ministério da Justiça*, n. 118, pp. 46-7.

SALÁRIO MÍNIMO INCONSTITUCIONAL

ANTÔNIO SOUZA PRUDENTE
Juiz Federal e Professor da Universidade Católica de Brasília-DF

– *Comemoração do Dia do Trabalho.*
– *O Trabalhador assalariado não tem dia, porque ainda é noite, no Estado neoliberal.*

A Constituição da República Federativa do Brasil, que garante instalar, neste País, um Estado Democrático de Direito, com fundamento na cidadania, na dignidade da pessoa humana, nos valores sociais do trabalho e da livre iniciativa, dentre outros, visando construir, no território nacional, uma sociedade livre, justa e solidária, como garantia do desenvolvimento nacional, erradicando a pobreza e a marginalização e reduzindo as desigualdades sociais e regionais, com a finalidade de promover o bem de todos, sem preconceitos de origem, raça, sexo, cor, idade e quaisquer outras formas de discriminação (CF, art. 1º, *caput* e incisos II, III e IV; art. 3º, *caput* e incisos I a IV), assegura, ainda, como garantia fundamental dos brasileiros e estrangeiros residentes no País, a inviolabilidade do direito à vida, à liberdade, à igualdade, à segurança e à propriedade (CF, art. 5º, *caput*), garantindo, finalmente, aos trabalhadores urbanos e rurais, além de outros direitos sociais que visem à melhoria de sua condição social, *o direito fundamental a um salário mínimo, fixado em lei, nacionalmente unificado, capaz de atender a suas necessidades vitais básicas e as de sua família com moradia, alimentação, educação, saúde, lazer, vestuário, higiene, transporte e previdência social, com reajustes periódicos que lhe preservem o poder aquisitivo, sendo vedada sua vinculação para qualquer fim* (CF, art. 7º, IV).

A Constituição cidadã, pelo visto, garante ao trabalhador, no Brasil, não apenas um *salário mínimo individual*, para atender suas necessidades normais com alimentação, habitação, vestuário, higiene e transporte, como assim, estabelece, ainda, no plano da legislação ordinária, a Consolidação das Leis do Trabalho-CLT (arts. 76 e 81, *caput*), mas determina, expressamente, ao legislador comum, a fixação de um *salário mínimo familiar e socialmente digno*, que atenda, também, às necessidades vitais básicas com educação, saúde, lazer e previdência social do trabalhador e de sua família.

A legislação consolidada, por sua omissão parcialmente agressora do salário-mínimo do trabalhador, não fora recepcionada, no ponto, pelo Texto de nossa Lei Fundamental, em vigor, como, assim, não o foram os atos normativos, até hoje editados, com conteúdo material insuficiente a atender o comando dirigente da Lei Maior, para a fixação de um salário mínimo com dignidade familiar e social.

Sob o aspecto de sua instrumentalidade formal, o *salário mínimo*, no Brasil, há de ser *fixado por lei*, que não deve omitir, em sua quantificação material, os ingredientes vitais do comando constitucional, que preordena a garantia legal da moradia, alimentação, educação, saúde, lazer, vestuário, higiene, transporte e previdência social ao trabalhador e a sua família.

Caracterizado, constitucionalmente, como direito social e garantia fundamental do trabalhador urbano e rural, o salário-mínimo familiar deve ser fixado pelo Congresso Nacional (CF, arts. 22, I e XXIII e 48, *caput*), *através de lei em sentido estrito*, sendo vedado, nessa seara normativa, a edição de medida provisória (CF, art. 62 e parágrafo único), uma vez *ser proibida*, nessa matéria, a instrumentalidade de *lei delegada* (CF, art. 68, § 1º, II), a não correr o risco de arranhar o princípio sensível dos direitos e garantias individuais, posto a salvo, pelo legislador constituinte, no rótulo das cláusulas pétreas, contra possíveis ameaças do poder reformador (CF, art. 60, § 4º, IV).

No entanto, o histórico jurídico do salário mínimo, no País, sob o ângulo formal e material, é de manifesta agressão ao comando constitucional, desde a edição de seu primeiro diploma normativo, o Decreto n. 2.162, de 1º.5.1940, que o quantificara em Cr$ 0,22 (vinte e dois centavos) até a publicação de Medida Provisória que, hoje, pretende fixá-lo em, apenas, R$ 130,00 (cento e trinta reais).

Tal salário mínimo, desgarrado do conteúdo sócio-econômico do texto constitucional, não garante, sequer, o mínimo existencial do trabalhador individual, agredindo-lhe a sobrevivência, a cidadania e sua dignidade de pessoa humana, enquanto aumenta os espaços da pobreza e da miséria no cenário nacional, multiplicando os focos de marginalização e de exclusão social.

O salário mínimo constitucional, enquanto garantia de sobrevivência digna da entidade familiar, caracteriza-se como direito humano, conforme assim fora considerado, pela primeira vez, no tratado de Versalhes, e, ainda, assim o é formalmente garantido nas relações internas e internacionais da República Federativa do Brasil (CF, arts. 1º, IV e 4º, II), como nas relações dos demais povos livres.

A Constituição Federal não somente determinou de modo vinculante, o conteúdo material da lei do salário mínimo, no País, mas, também, estabeleceu comandos normativos de proteção ao salário do trabalhador, tais como, reajustes periódicos que lhe preservem o poder aquisitivo, sendo vedada sua vinculação para qualquer fim; piso salarial proporcional à extensão e à complexidade do trabalho; irredutibilidade do salário, salvo o disposto em convenção ou acordo coletivo; garantia de salário, nunca inferior ao mínimo para os que percebem remuneração variável; décimo terceiro salário com base na remuneração integral ou no valor da aposentadoria; remuneração do trabalho noturno superior à do diurno; proteção do salário na forma da lei (CLT, arts. 449, 455, 462, 464 e 468), constituindo crime sua retenção dolosa; participação nos lucros, ou resultados, desvinculada da remuneração, e, excepcionalmente, participação na gestão da empresa, conforme definido em lei; salário família para os seus dependentes; repouso semanal remunerado, preferencialmente aos domingos; remuneração do serviço extraordinário superior, no mínimo, em cinqüenta por cento à do normal; gozo de férias anuais remuneradas com, pelo menos, um terço a mais do que o salário normal; adicional de remuneração para as atividades penosas, insalubres ou perigosas, na forma da lei; licença à gestante, sem prejuízo do emprego e do salário, com a duração de cento e vinte dias; proteção em face da automação, na forma da lei; seguro contra acidentes de trabalho, a cargo do empregador, sem excluir a indenização a que este está obrigado, quando incorrer em dolo ou culpa; ação, quanto a créditos resultantes das relações de trabalho, com prazo prescricional de cinco anos para o trabalhador urbano, até o limite de dois anos após a extinção do contrato, e até dois anos após a extinção do contrato, para o trabalhador rural; proibição de diferença de salários, de exercício de funções e de critério de admissão por motivo de sexo, idade, cor ou estado civil; proibição de qualquer discriminação no tocante a salário e critérios de admissão do trabalhador portador de deficiência; proibição de distinção entre trabalho manual, técnico e intelectual ou entre os profissionais respectivos e, ainda, igualdade de direitos entre o trabalhador com vínculo empregatício permanente e o trabalhador avulso (CF, art. 7º, IV a XXXIV), tanto que a *ordem econômica*, neste País, há de fundar-se na *valorização do trabalho humano* e na livre iniciativa, tendo por fim *assegurar a todos existência digna*, conforme os ditames da justiça social, observando, dentre outros, os princípios da função social da propriedade, da redução das desigualdades regionais e sociais e da busca do pleno emprego (CF, art. 170, *caput*, incisos III, VII e VIII).

Nessa linha de entendimento, o Supremo Tribunal Federal, no julgamento de Medida Cautelar na Ação Direta de Inconstitucionalidade n. 1.458-DF, de que foi relator o Ministro Celso de Mello, destacou a relevância a ser atribuída ao tema, no sentido de ser preservada a garantia do salário mínimo, nos seguintes termos: “Salário mínimo – Satisfação das necessidades vitais básicas – Garantia de preservação de seu poder aquisitivo. – A cláusula constitucional inscrita no art. 7º, IV, da Carta Política – para além da proclamação da garantia social do salário mínimo – consubstancia verdadeira imposição legiferante, que, dirigida ao Poder Público, tem por finalidade vinculá-lo à efetivação de uma prestação positiva destinada (a) a satisfazer as necessidades essenciais do trabalhador e de sua família e (b) a preservar, mediante reajustes periódicos, o valor intrínseco dessa remuneração básica, conservando-lhe o poder aquisitivo. O legislador constituinte brasileiro delineou, no preceito consubstanciado no art. 7º, IV, da Carta Política, um nítido programa social destinado a ser desenvolvido pelo Estado, mediante atividade legislativa vinculada. Ao dever de legislar imposto ao Poder Público – e de legislar com estrita observância dos parâmetros constitucionais de índole jurídico-social e de caráter econômico-financeiro (CF, art. 7º, IV) –, corresponde o direito público subjetivo do trabalhador a uma legislação que lhe assegure, efetivamente, as necessidades vitais básicas individuais e familiares e que lhe garanta a revisão periódica do valor salarial mínimo, em ordem a preservar, em caráter permanente, o poder aquisitivo desse piso remuneratório” (*DJU* de 20.9.96, p. 34.531).

Esse quadro formal de garantias constitucionais do trabalhador, em solo brasileiro, incomoda, sobremodo, as elites privilegiadas do mercado financeiro e empresarial, que, sob a inspiração egoísta e gananciosa do ideário neoliberal, provoca, a cada dia, efeitos catastróficos, em nosso meio social, a gerar o desemprego em círculos crescentes, a fome e o desespero das classes trabalhadoras, ante o olhar insensível dos órgãos governamentais.

A utopia capitalista deste final de século adquire dimensões globalizadas, sob o domínio das superpotências, responsáveis pelo genocídio social, no planeta, aumentando, assustadoramente, a fome, a violência e a criminalidade, nos campos gerais do desemprego e da exclusão social.

Nesse contexto de miséria global, o Brasil bate *record* de fome, no limiar do Terceiro Milênio, onde os jornais de abril deste ano já noticiam, em melancólico exemplo, que “cerca de 700 pessoas famintas saquearam a Central de Abastecimento de Pernambuco (CEAGEPE) e o depósito de merenda escolar em Afogados da Ingazeira, no sertão pernambucano, a 380 Km do

Recife",[1] amparados, certamente, pelo estado de sobrevivência (excludente de criminalidade) a somar fileiras com os Sem-terra, os Sem-teto e os Sem-tudo, desesperançados.

O salário mínimo de R$ 130,00 (cento e trinta reais), por determinação das forças governistas-neoliberais, só patrocina e difunde o cenário de miséria, no País, a não mais permitir, na visão do poeta "que o pão encontre na boca o abraço de uma canção inventada no trabalho, mas a fome fatigada de um suor que corre em vão".[2]

O salário mínimo, no Brasil, em trágico paradoxo aos que ainda têm emprego, nesse drama social, não pode "comprar um sonho", com tudo aquilo que fica daquilo que não ficou no bolso sempre cativo do pobre trabalhador, em flagrante agressão à alma do povo, à Constituição e aos princípios da Justiça social.

Brasília (DF), em 1º de maio de 1998

1. *Correio Braziliense*, edição de 17 de abril de 1998, p. 11.

2. Thiago de Mello, *Canto do Amor Armado*, Moraes Editores, Lisboa, 1974, p. 62. Poema: "O pão de cada dia".

ESTUDOS & COMENTÁRIOS

AS AUDIÊNCIAS PÚBLICAS E O PROCESSO ADMINISTRATIVO BRASILEIRO*

GUSTAVO HENRIQUE JUSTINO DE OLIVEIRA

Procurador do Estado do Paraná e Mestrando em Direito do Estado na Faculdade de Direito da USP

1. Considerações preliminares. 2. Estado de direito democrático. 3. Administração pública democrática. 4. Participação popular na Administração pública. 5. Processo administrativo. 6. Audiência pública como instrumento de participação popular. 7. Audiência pública e processo administrativo. 8. Audiência pública e decisão administrativa. 9. Previsões legais. 9.1 O projeto de lei de processo administrativo. 10. Conclusões. Referências Bibliográficas.

1. *Considerações preliminares*

É conhecida a busca mundial de redefinição do papel do Estado, com profundas mudanças nas bases, nos elementos nucleares do modelo estatal conhecido como Estado-providência ou do bem-estar social (*Welfare State)*. Cogita-se de crise ou mesmo esgotamento do modelo apontado, fator propulsor da procura incessante por fórmulas destinadas a precisar os novos contornos político-institucionais do Estado contemporâneo.[1]

Como não poderia deixar de ser, essas políticas públicas de reforma e reestruturação têm reflexo direto no campo da Administração Pública, impondo sua modernização e reordenação, seja sob o aspecto orgânico, seja sob o funcional.

Nesse contexto, uma das principais tarefas do direito administrativo é a de viabilizar, através de mecanismos institucionais, a efetivação de direitos, não somente individuais, mas sociais, coletivos e difusos, ou seja, centralizar-se na figura do *cidadão-administrado* como indivíduo detentor de direitos perante o Estado-administração.

Portanto, impõe-se a institucionalização de canais destinados a permitir que os cidadãos, individualmente ou mediante entidades representativas, expressem suas razões e opiniões acerca dos assuntos públicos, mas com reflexos na atuação administrativa.

No Brasil, uma dessas formas de participação popular na gestão e no controle da

* Prêmio *Oswaldo Aranha Bandeira de Mello* outorgado pelo Instituto Brasileiro de Direito Administrativo no concurso de monografias referente ao I Congresso Sul-americano de Direito Administrativo. Foz do Iguaçu, 18 a 20.6.97.

1 A propósito das transformações do Estado contemporâneo consultar Ramón Capella, Juan, *Los Ciudadanos Siervos*, pp. 93-135.

Administração pública é a realização de audiências públicas, as quais encontram-se relacionadas com o processo administrativo brasileiro.

2. *Estado de direito democrático*

Uma vez decretada no campo constitucional, a concomitante submissão do Estado à lei e ao direito – ou ao princípio do Estado de direito – e à democracia – ou ao princípio democrático – acarreta implicações de grande relevância, com reflexos (i) no âmbito da legitimação e exercício do poder do Estado, (ii) em suas organizações político-institucionais e, principalmente (iii) na outorga de direitos e garantias fundamentais, de ordem individual e coletiva.

A consagração da noção de *Estado de direito* por um Texto Constitucional teria, em linhas gerais, dupla finalidade: a imposição de limites ao exercício do poder estatal e a criação de uma autêntica garantia constitucional aos cidadãos. Como bem assinala Giannini, a idéia de *Estado de direito,* em sua origem, "pretendia introduzir uma garantia aos cidadãos contra os arbítrios do poder público".[2]

Karl Larenz entende que a configuração do Estado de direito visa a impedir que "aqueles a quem eventualmente é confiado o exercício do poder estatal o utilizem de um modo distinto do sentido que impõe o Direito".[3]

No que tange à *democracia,* mesmo sendo difícil conquistar a unanimidade na determinação precisa de seus contornos elementares, Norberto Bobbio alude à existência de uma *definição mínima.* O autor assinala a possibilidade de caracterizá-la como "um conjunto de *regras (primárias ou fundamentais) que estabelecem quem está autorizado a tomar as decisões coletivas e com quais procedimentos*".[4] A democracia estaria, assim, essencialmente relacionada à formação e atuação do governo.

Por outro lado, em decorrência da clássica noção concebida por Lincoln – "governo do povo, pelo povo e para o povo" – torna-se claro que a titularidade do poder estatal, em um regime democrático, é conferida ao povo; é a idéia de *soberania popular.*

Em razão disso, da concepção de democracia extrai-se uma outra noção: a de *legitimidade,* concebida por Diogo de Figueiredo Moreira Neto como "*submissão do poder estatal à percepção das necessidades e dos interesses do grupo nacional que lhe dá existência*".[5]

Explicita o autor que o controle de *legalidade* advém da configuração do *Estado de direito.* Por sua vez, o *Estado de direito democrático* institucionaliza o controle de *legitimidade.*

Logo, a legitimidade pressupõe a legalidade, e por isso o uso, neste trabalho, da locução *Estado de direito democrático,* ao invés daquela expressa no art. 1º da Constituição da República.

3. *Administração pública democrática*

Canotilho aduz que a consagração constitucional da noção de democracia tem a finalidade de erigi-la a um autêntico *princípio informador* do Estado e da sociedade. Assevera o jurista português que o sentido constitucional desse princípio é a *democratização da democracia*, ou seja, a condução e a propagação do ideal democrático para além das fronteiras do território político.[6]

2. *Il Pubblico Potere: Stati e Amministrazioni Pubbliche*, p. 95.

3. *Derecho Justo*, p. 151.

4. *O Futuro da Democracia: Uma Defesa das Regras do Jogo*, p. 18. Consultar, igualmente, Bobbio, Norberto *et alii. Crisis de la Democracia*, 1985.

5. *Direito da Participação Política: Legislativa, Administrativa, Judicial: (Fundamentos e Técnicas Constitucionais de Legitimidade)*, p. 65.

6. *Direito Constitucional*, p. 421.

Insta salientar que o quadro institucional referente ao aparato administrativo brasileiro, o qual se reputava refratário a toda e qualquer investida direcionada a reduzir o seu monolitismo, foi bastante modificado com a promulgação da Carta Constitucional de 1988.

Em estudo publicado em 1986, ressaltava Odete Medauar que "a preocupação com a democracia política leva, muitas vezes, ao esquecimento da democracia administrativa, quando, na verdade, esta deveria ser o reflexo necessário da primeira".[7]

Pondera Ada Pellegrini Grinover que "a Constituição pátria de 1988 trata de parte considerável da atividade administrativa, no pressuposto de que o caráter democrático do Estado deve influir na configuração da Administração, pois os princípios da democracia não podem se limitar a reger as funções legislativa e jurisdicional, mas devem também informar a função administrativa".[8]

Com efeito, a configuração da República Federativa do Brasil como um *Estado Democrático de Direito* (art. 1º, *caput*) e o tratamento meticuloso conferido à Administração pública pelo legislador constituinte (arts. 37 a 42, principalmente), são fatores que, aliados a outros não menos importantes, vêm contribuir, e muito, para uma maior democratização da Administração pública brasileira.

Não é possível deixar de notar que o Texto Constitucional, em diversos momentos, pautou o caminho para uma maior participação dos cidadãos na esfera administrativa.

Em face disso, teve início no Brasil a real *democratização administrativa*, a ser implementada por intermédio da participação popular na Administração pública e, principalmente, através da *democracia pelo processo*.[9]

Entretanto, forçoso é admitir que *processo* e *participação* são institutos indissociáveis. Na feliz colocação do argentino Roberto Dromi, processo administrativo é o instrumento jurídico que viabiliza o exercício efetivo da participação dos cidadãos; é "a ferramenta jurídica idônea a regular as relações entre governantes e governados".[10]

No mesmo sentido Cândido Dinamarco, para quem "essa participação constitui postulado inafastável da democracia e o processo é em si mesmo democrático e portanto participativo, sob pena de não ser legítimo".[11]

Assim, torna-se indeclinável analisar as noções de *participação administrativa* e *processo administrativo,* para depois confrontá-las com as audiências públicas.

4. *Participação popular na Administração pública*

Tema essencial à apreciação dos contornos conceituais da *participação popular na Administração pública* é o sentido contemporâneo de *cidadania.*

Em ensaio intitulado *A nova cidadania*, Fábio Konder Comparato traça uma rápida evolução histórica de seu conceito, distinguindo três etapas: (i) a cidadania na civilização greco-romana, (ii) a cidadania individualista do Estado liberal e (iii) a nova

7. "Administração pública ainda sem democracia", *Revista Problemas Brasileiros* 256, p. 38.

8. "Do direito de defesa em inquérito administrativo", *Revista de Direito Administrativo* 183, p. 11.

9. Elio Fazzalari afirma que o esquema processual *"seria a forma em que se realiza também, no plano técnico-jurídico, o jogo da democracia"* ("Processo: teoria generale", in *Novissimo Digesto Italiano*, p. 1.074).

10. Prefácio à obra coletiva *Procedimiento Administrativo*, pp. 11-13.

11. *A Instrumentalidade do Processo*, p. 132. É a noção de "legitimação pelo procedimento", defendida pelo Professor Titular de Direito Processual da Faculdade de Direito da USP. A propósito conferir Luhmann, Niklas, *Legitimação pelo Procedimento*, (trad. de Maria da Conceição Côrte-Real).

cidadania no Estado social, cuja noção elementar reside "em fazer com que o povo se torne parte principal do processo de seu desenvolvimento e promoção: é a idéia de participação".[12]

Eis a noção do cidadão colaborador, atuante, cooperador na gestão da coisa pública, pregada também por Roberto Dromi, idéia que se coaduna perfeitamente com a noção de *participação administrativa.*

Giannini aponta a participação popular na esfera administrativa como uma das características da Administração pública contemporânea.[13]

Com propriedade, salienta Odete Medauar que "no âmbito das matrizes clássicas do direito administrativo, a participação liga-se à identificação do interesse público de modo compartilhado com a população".[14]

No que tange à realidade institucional brasileira, a junção da noção de *democracia* à de *Estado de direito,* levada a efeito pela atual Constituição, muito mais que estabelecer um qualificativo do modo de ser do nosso Estado Federal, foi responsável pela atribuição aos cidadãos de um direito de primeiríssima grandeza, de importância inquestionável: o *direito de participação nas decisões estatais.*

Bem por isso, Maria Sylvia Zanella Di Pietro afirma ser a participação popular na Administração Pública "uma característica essencial do Estado de Direito Democrático, porque ela aproxima mais o particular da Administração, diminuindo ainda mais as barreiras entre o Estado e a sociedade".[15]

Concebida como a *possibilidade de intervenção direta ou indireta do cidadão na gestão da Administração Pública, de caráter consultivo ou deliberativo,* a participação popular na Administração Pública – ou *participação administrativa* – é considerada um dos principais meios para tornar efetiva a *democracia administrativa.*

Sobre as finalidades da participação administrativa, denota Diogo de Figueiredo Moreira Neto que a mesma "visa principalmente à legitimidade dos atos da Administração Pública, embora, incidentemente, possa servir a seu controle de legalidade".[16]

O lusitano Baptista Machado sustenta que a participação teria uma dupla função: uma função legitimadora, que pretende assegurar uma maior legitimidade político-democrática às decisões da Administração Pública e ao exercício da função administrativa; e uma função corretiva, cujo objetivo se traduz em aumentar a correção das decisões administrativas, quer sob o ponto de vista técnico-funcional, quer sob o prisma da sua justiça interna.[17]

De acordo com o grau de intensidade da participação dos cidadãos – "desde a simples influência do administrado na decisão do Poder Público até a vinculação decisional" – aponta-se, com suporte na doutrina de Agustín Gordillo, quatro espécies de participação administrativa: informativa, na execução, pela consulta e na decisão.[18]

Sobre as práticas participativas no direito comparado, é importante enumerar a lei norte-americana de 1946, o conhecido *Federal Administrative Procedure Act*, bem como o *Código do Procedimento Adminis-*

12. In *Direito Público: Estudos e Pareceres*, p. 10.

13. Ob. cit., pp. 139-140, nota n. 3.

14. *O Direito Administrativo em Evolução*, p. 216.

15. "Participação popular na administração pública", in *Revista de Direito Administrativo* 191, p. 32. Elencando formas de atuação direta (direito de ser ouvido, enquete) e indireta (participação popular em órgãos de consulta e de decisão, por meio do *ombudsman* e por via do Poder Judiciário), a autora aduz que a atuação dos cidadãos deve ocorrer diretamente na gestão e no controle da Administração pública.

16. Ob. cit., p. 87.

17. *Apud* Ribeiro, Maria Teresa de Melo, *O Princípio da Imparcialidade na Administração Pública*, p. 301, nota de rodapé n. 17.

18. *Apud* Moreira Neto, Diogo de Figueiredo, ob. cit., pp. 88 e 125.

trativo português (Decreto-lei n. 442, de 15.11.91) e a *Lei Espanhola do Regime Jurídico das Administrações Públicas e do Procedimento Administrativo Comum* (Lei n. 30, de 26.11.92) entre os diplomas que favorecem a intervenção regulada dos cidadãos na Administração pública.

Agustín Gordillo afirma que a América Latina é pouco propícia a institucionalização de mecanismos de participação popular na Administração pública.[19]

Um dado a ser colocado em relevo é a incipiente consolidação democrática dos governos latinos, fator essencial à recepção de formas cooperativas na gestão da coisa pública. Bem por isso a timidez dos ordenamentos jurídicos no que se refere à matéria.

Com essas ressalvas, a Lei Boliviana de Participação Popular (Lei n. 1.551, de 20.4.94), com suas detalhadas disposições é, na América do Sul, o melhor exemplo de normatização de mecanismos participativos à disposição da população.

5. *Processo administrativo*

Com a chancela de Karl Larenz, é possível sustentar que os órgãos integrantes do aparato estatal administrativo encontram-se mais fortemente subordinados ao Direito, uma vez que estão estritamente vinculados à lei.[20]

Por seu turno, Marcello Caetano assevera que, relacionada a esta concepção da legalidade está o direito processual, pois mediante o processo, "se traçam as regras que há de seguir a formação, a manifestação e a execução da vontade dos órgãos administrativos assegurando-se a participação conveniente e justa dos membros da coletividade".[21]

Assim, em respeito às noções de Estado de direito e legalidade, pretende-se ter regulada, normatizada, a fase precedente à edição dos atos, não somente administrativos, mas de todos aqueles correspondentes às funções estatais típicas.

Com o regramento do trâmite das decisões estatais – e em particular daquelas atinentes à função administrativa – afastada está a "imposição de provimentos sem prévia preparação mediante um procedimento e sem que o procedimento preparador se desenvolva em contraditório".[22]

Em outras palavras, pronunciamentos estatais que interfiram, sob qualquer forma, na esfera dos indivíduos e da coletividade em geral, não coadunar-se-ão com o Estado de direito democrático, caso emitidos na ausência de prévia realização de um *processo*.[23]

Na acertada definição de Carlos Ari Sundfeld, processo é "o modo normal de agir do Estado, sendo conseqüência direta da idéia de função".[24] O traço marcante desse estágio anterior é a *dinamicidade*, em oposição ao caráter estático dos atos dele resultantes.

Especificamente na esfera administrativa, opera-se uma grande revolução, uma vez que "a garantia formal da justeza da decisão a tomar reveste maior importância do que a discussão jurisdicional da legalidade da decisão já tomada".[25]

19. "Ideas sobre participación en América Latina", *Revista de Direito Público* 57-58, p. 32.

20. "La Administración interviene com más fuerza em la esfera vital de los ciudadanos singulares mediante órdenes individualizadas, mediante la concesión o la denegación de autorizaciones y en algún caso mediante la coacción directa. El ciudadano es especialmente sensible hacia cualquier clase de 'arbitrio', de trato desigual de uno respecto de otro o de la real o supuesta utilización de puntos de vista personales en las decisiones" (ob. cit., p. 165).

21. "Tendências do direito administrativo europeu", *Revista de Direito Público* 1, pp. 32-33.

22. Dinamarco, Cândido R. Idem, ibidem, p. 133.

23. É óbvio que a afirmação comporta exceções pois, em razão de sua própria natureza, alguns atos administrativos prescindem de uma prévia elaboração processualizada.

24. "A importância do procedimento administrativo", *Revista de Direito Público* 84, p. 67.

25. Caetano, Marcello. Idem, ibidem, pp. 32-33.

Por isso Roberto Dromi registra que "o procedimento administrativo estabelece para o administrado o direito-dever de participação e colaboração na preparação, impugnação e fiscalização da vontade administrativa".[26]

Nesses termos, admite-se visualizar uma autêntica *teoria do processo administrativo*.

Embora assinalando que a questão terminológica envolvendo *processo* e *procedimento* não será enfrentada nessa oportunidade, é importante registrar que será adotada a expressão *processo administrativo* para designar a atividade processualizada referente à função administrativa.

Contudo, insta deixar consignado que, com supedâneo na lição de Cândido Dinamarco, procedimento é "um sistema de atos interligados numa relação de dependência sucessiva e unificados pela finalidade comum de preparar o ato final de consumação do exercício do poder".[27] Haverá *processo administrativo* desde que esse *procedimento* seja realizado em contraditório e em harmonia com outras garantias processuais, atreladas originariamente ao processo judicial, porém incidentes – por expressa determinação constitucional – na processualidade administrativa (art. 5º, inc. LV).

A existência do processo administrativo, no ordenamento jurídico brasileiro, restou evidente após a promulgação da Constituição de 1988. É sobretudo da conjugação dos incisos LIV e LV do art. 5º da Lei Maior que é retirada essa afirmação.

Em primeiro lugar, a cláusula constitucional do *devido processo legal*, seja sob seu aspecto substantivo, seja sob seu aspecto processual, abrange a atividade administrativa.[28] Por seu turno, *contraditório* e *ampla defesa*, desdobramentos ou derivações da cláusula do *devido processo legal*, aplicam-se ao processo administrativo, nos termos do inciso LV do art. 5º da Lei Maior, ou seja, sempre que haja litigantes[29] ou acusados.

Todavia, se a concepção do processo administrativo traz em si um atributo primordialmente garantista, suas finalidades não se restringem unicamente à outorga de uma garantia.

Menor distância entre Administração e cidadãos, legitimação do poder, sistematização das atuações administrativas, melhor desempenho e controle das atividades, além de justiça nas decisões, são alguns dos muitos objetivos arrolados pelos estudiosos para ressaltar a importância do processo administrativo.

Portanto, partindo-se da constatação de *multiplicidade de interesses*, transparência e publicidade no atuar da Administração, é no *processo administrativo* que os vários interesses – individuais, coletivos e difusos – vão convergir e emergir. Desde que amplamente considerados, é por intermédio do mesmo *processo administrativo* que será obtido um melhor conteúdo e uma maior justiça nas decisões administrativas.

26. *El Procedimiento Administrativo*, p. 112. Nota o mesmo autor que é preciso ponderar *"prerrogativas públicas e garantias individuais, liberdade da autoridade e autoridade da liberdade"*, pois *"é o equilíbrio destes dois pontos que, em um Estado de direito moderno, leva à paz e a justiça na sociedade"* (Prefácio à obra coletiva *Procedimiento Administrativo*, p. 13).

27. *A Instrumentalidade* ..., p. 131.

28. Ada Pellegrini Grinover chega a mencionar um *devido processo legal administrativo* ("Garantias do contraditório e ampla defesa", *Jornal do Advogado* 175, p. 9).

29. Doutrina e jurisprudência vêm conferindo amplo significado ao termo *litigantes*. Exemplificando, vale mencionar aresto do Supremo Tribunal Federal, segundo o qual "tratando-se da anulação de ato administrativo cuja formalização haja repercutido no campo de interesses individuais, a anulação não prescinde da observância do contraditório, ou seja, da instauração de processo administrativo que enseje a audição daqueles que terão modificada situação já alcançada" (Recurso Extraordinário n. 158.543-9, Rel. Min. Marco Aurélio, *DJU* de 6.10.95).

6. *Audiência pública como instrumento de participação popular*

Ao lado da coleta de opinião, debates e consultas públicas, colegiado público e diversas formas de co-gestão, a *audiência pública* está inserida no rol dos mecanismos ou instrumentos de participação dos cidadãos na esfera administrativa.

A audiência pública é definida por Diogo de Figueiredo Moreira Neto, como "um instituto de participação administrativa aberta a indivíduos e a grupos sociais determinados, visando à legitimidade da ação administrativa, formalmente disciplinada em lei, pela qual se exerce o direito de expor tendências, preferências e opções que possam conduzir o Poder Público a uma decisão de maior aceitação consensual".[30]

É mediante a realização dessas audiências que se garante um direito fundamental dos cidadãos, que é o direito de ser ouvido, o direito de poder opinar, de modo eficaz, notadamente a respeito daqueles assuntos que interessam à coletividade.

A própria Constituição da República sinaliza o caminho da colaboração entre Administração e população.

Cabe destacar o art. 29, inc. X, em que se admite "a cooperação das associações representativas no planejamento municipal", concretizando-se, por exemplo, na idealização do *plano diretor* (arts. 182 e seguintes). O art. 194, § único, inc. VII, possibilita uma gestão democrática e descentralizada da seguridade social, "com a participação da comunidade, em especial de trabalhadores, empresários e aposentados".

Gestões similares estão previstas no art. 198, inc. III (serviços de saúde), art. 204, inc. II (assistência social) e art. 206, inc. IV (ensino público). A conservação do patrimônio cultural brasileiro deve ser promovida, igualmente, com a cooperação da comunidade (art. 216, § 1º). Por seu turno, a tutela do meio ambiente, *bem de uso comum do povo,* também há de ser levada a efeito com a participação da comunidade (art. 225, *caput*), sendo dever do Estado a promoção da educação ambiental e da conscientização pública para o fim aludido (art. 225, inc. VI).

Do conjunto das disposições mencionadas, depreende-se o caráter coletivo das atividades integradas no âmbito das gestões constitucionais democráticas ou simplesmente *participativas.*

Sem prejuízo da diferenciação conceitual entre interesses (ou direitos) coletivo e difusos,[31] prefere-se empregar, nesse trabalho, o termo *direito coletivo* para qualificar o campo de atuação em que a realização de audiências públicas é pertinente, pois "se alguém o usufruir, todos os que estão numa mesma situação o usufruem também".[32]

Logo, sempre que *direitos coletivos* estiverem em jogo, haverá espaço para a realização de audiências públicas. Por via de conseqüência, o território da atuação colaboradora dos cidadãos é vastíssimo, sendo as disposições constitucionais elencadas simplesmente exemplificativas.

Deve ser salientado o caráter pedagógico dessas audiências, pois estabelece-se uma real oportunidade de conscientização e educação da população sobre as diretrizes e políticas públicas.

30. *Direito da participação política:...*, cit., p. 129.

31. Ada Pellegrini Grinover manifesta predileção pelo termo *direitos coletivos e difusos,* e não *interesses,* aduzindo não existir razão, no Brasil, para a diferenciação terminológica, *"pois nem mesmo a justifica o critério de competências estabelecido nos países que adotam o contencioso administrativo"*, in "Mandado de segurança coletivo: legitimação, objeto e coisa julgada", *Revista de Processo* 58, p. 79. Sobre o tema, consultar Mancuso, Rodolfo de Camargo, *Interesses Difusos: Conceito e Legitimação para Agir*, 1991.

32. Sundfeld, Carlos Ari. "*Habeas data* e mandado de segurança coletivo", *Revista de Direito Público* 95, p. 197.

Entretanto, para ser considerado um mecanismo cooperativo útil, tudo aquilo que foi discutido em sede de audiência pública deve ser considerado pelo órgão administrativo "decididor".

A concordância dos cidadãos com os provimentos emitidos pelos centros administrativos competentes – pois seus pleitos, opiniões e sugestões foram ao menos apreciados – acarretará uma maior eficácia das decisões administrativas, bem como uma maior legitimidade do poder estatal.

7. *Audiência pública e processo administrativo*

Conforme foi assinalado, é por intermédio do processo que se concretiza a colaboração dos sujeitos interessados em um provimento administrativo.

Para efetivar esta atuação, aos cidadãos interventores são outorgadas garantias de caráter processual, derivadas da cláusula constitucional do *devido processo legal:* contraditório e ampla defesa.

Os princípios constitucionais – explícitos e implícitos – que orientam e restringem o atuar administrativo, incidem igualmente no processo administrativo, devendo ser diligentemente observados: legalidade, publicidade, impessoalidade (entendida aqui como imparcialidade do órgão "decididor"), moralidade, razoabilidade, proporcionalidade e motivação.

Visando um melhor conteúdo e eficácia das decisões administrativas cujos efeitos recaiam sobre a população, ao Poder público impende dignificar a fase instrutória dos processos correspondentes, ampliando as possibilidades de fornecer e angariar informações úteis, necessárias, inclusive, para o correto desempenho da função administrativa.

Um primeiro ponto a ser considerado é que a discussão travada em sede de audiências organizadas pela Administração enseja uma maior publicidade e transparência no que tange à condução dos assuntos que envolvem a coletividade, aplicação concreta do princípio da publicidade, insculpido no art. 37, *caput*, da Lei Maior.

Em segundo lugar, possibilita aos cidadãos maior e melhor informação e conhecimento sobre as diretrizes dos órgãos administrativos, harmonizando-se com o preconizado no art. 5º, inc. XXXIII, da Constituição da República.

Este caráter informativo integra, ainda, as garantias constitucionais do contraditório e ampla defesa, previstas no art. 5º, inc. LV.

Contudo, possível é afirmar que as audiências públicas exercem um *duplo papel informativo.* De um lado, propiciam a obtenção de dados por parte dos cidadãos; de outro, habilitam o órgão administrativo "decididor", tornando-o apto a emitir um provimento mais acertado e mais justo, pois estabelece um maior conhecimento acerca da situação subjacente à decisão administrativa.

Para sua efetividade, as audiências devem ser realizadas antes da edição de decisões gerais, ou anteriormente à aprovação de um projeto de grandes proporções (*v.g.* alteração no plano urbanístico de um município, construção de um aeroporto).

8. *Audiência pública e decisão administrativa*

A doutrina distingue vários *graus de intensidade ou níveis de profundidade* dos mecanismos participativos, cujos resultados poderão ser *vinculantes ou não-vinculantes* para a Administração pública.

As audiências públicas podem ter lugar na fase instrutória (preparatória ou pré-decisional) ou na fase decisória do processo administrativo, sem prejuízo da realização em ambas as fases processuais.

Realizada na fase preparatória, o objetivo perseguido é o de possibilitar uma ampla instrução do feito. Logo, tem um forte sentido *informativo,* tanto para Administração, quanto para os cidadãos. No que concerne aos órgãos públicos, invoca-se ainda o sentido de *consulta,* decorrente do fato de poder a Administração ouvir os interessados, e isso previamente à tomada da decisão.

Salvo disposição legal em contrário, o resultado da audiência pública inserida nesta fase processual não vincula os órgãos públicos. É que a participação popular levada a efeito teve a finalidade de possibilitar a manifestação de opiniões, propostas e, sobretudo, informar Administração e cidadãos.

Todavia, constatando que os institutos participativos têm lugar, notadamente, no âmbito da atividade administrativa discricionária, eventual posicionamento da população firmado em sede de audiência pública é mais um elemento na limitação da liberdade de atuação da Administração. Ainda que não vinculante, as exposições dos interessados devem ser minunciosamente consideradas pelo órgão "decididor", podendo inclusive constituir-se na motivação expressa de sua decisão.

Por outro lado, se inserida na fase processual de decisão, o resultado da audiência pública será vinculante para a Administração.

Concorda-se com Diogo de Figueiredo Moreira Neto, pois "quando a eficácia pretendida for constitutiva de vontade, gerando uma condição vinculatória, estar-se-á introduzindo um órgão popular de decisão e uma nova função orgânica no sistema existente da administração pública, comprometendo-se, em conseqüência, o exercício de função similar por órgão regular da estrutura do Poder Executivo".[33]

Ainda segundo o autor, a instituição de audiências públicas com essa finalidade deve ser feita por lei, "de competência privativa do Poder Executivo que pretender, dessa forma, valer-se da participação do administrado (art. 61, § 1º, *e*, da Constituição)".[34]

Um último ponto a enfrentar. Cumpre esclarecer que os órgãos públicos estarão compelidos à realização de audiência pública, se a lei assim estipular. Entretanto, a Administração poderá estar simplesmente facultada a implementá-la. Os efeitos advindos de sua não realização, em uma e outra hipótese, serão distintos.

Assim, desde que obrigatória, a realização da audiência pública será condição de validade do processo administrativo em que está inserida. Caso não implementada, ao arrepio da determinação legal, o processo estará viciado, e a decisão administrativa correspondente será inválida.

Por outro lado, estando a Administração meramente facultada a promover a audiência pública, com as ressalvas de previsões legislativas em contrário, nenhuma implicação haverá de sua não realização.

No entanto, deve ser apreciado os casos em que é conferida legitimidade a interessados (entidades associativas ou mesmo cidadãos) para solicitar a realização de audiências, prévias à emissão da decisão. Se formulado e deferido, pela Administração, o pedido de organização de uma audiência pública, a mesma torna-se obrigatória. Em não sendo realizada por responsabilidade da Administração, defende-se que o processo encontrar-se-á maculado, sendo nulo o provimento final.

9. *Previsões legais*

Raras são as referências, nos diplomas legislativos brasileiros, às audiências públicas,[35] mormente no que tange aos processos administrativos.

33. Ob. cit., p. 126.

34. Idem, ibidem.

35. Na esfera legislativa, a Constituição da República, no art. 58, § 2º, inc. II, outorga legitimidade às Comissões do Congresso Nacional, *"para reali-*

Com relação ao *processo licitatório*, a Lei n. 8.666/93 estabelece, em seu art. 39, *caput*, que o mesmo será obrigatoriamente iniciado por audiência pública, "sempre que o valor estimado para uma licitação ou para um conjunto de licitações simultâneas ou sucessivas for superior a 100 (cem) vezes o limite previsto no art. 23, inciso I, alínea 'c'" da mesma lei.

O legislador privilegiou uma ampla publicidade dos processos licitatórios envolvendo contratações vultosas, ensejando um efetivo controle de legalidade por parte da população.[36]

Entretanto, a doutrina diverge quanto aos efeitos da não realização dessa audiência. Lucia Valle Figueiredo, muito embora sustente o caráter não vinculatório da audiência, afirma que se não implementada, o processo será inválido.[37] Entendimento diverso tem Marçal Justen Filho, para quem "a omissão pode funcionar como indício de irregularidade, mas não acarreta, por si só, vício do procedimento".[38]

A previsão regulamenta uma situação específica, e visa a resguardar o interesse público, com a participação dos cidadãos. Assim, entende-se que a opinião mais consentânea com a finalidade aludida, decorrente inclusive de seu caráter obrigatório, é a nulidade do processo licitatório, caso não se promova a audiência pública.

Uma outra hipótese legal de realização de audiências públicas, e agora bastante detalhada, é aquela referente aos *processos de licenciamento ambiental,* envolvendo a publicidade do *estudo de impacto ambiental.* Como bem denota José Afonso da Silva, se o patrimônio ambiental "é um bem de uso comum do povo, como diz o art. 225 da Constituição, nada mais coerente do que esse povo ter acesso a um instrumento da política de preservação, melhoria e recuperação da qualidade do meio ambiente".[39]

Sem adentrar em minúcias sobre o procedimento referente ao EIA/RIMA, a matéria vem regulada na Resolução CONAMA n. 009/87 (*DOU* de 5.7.90).[40]

Nos termos do art. 2º, *caput*, "sempre que julgar necessário, ou quando for solicitado por entidade civil, pelo Ministério Público, ou por 50 (cinqüenta) ou mais cidadãos, o órgão de meio ambiente promoverá a realização de audiência pública". No caso de haver solicitação e o órgão competente não realizar a audiência, a licença concedida não terá validade (art. 2º, § 2º). O art. 5º prescreve que a ata correspondente à audiência, bem como seus anexos, servirão de base, em conjunto com o relatório de impacto ambiental (RIMA), "para análise e parecer final do licenciador quanto à aprovação ou não do projeto".

De *lege lata*, são estas as hipóteses que admitem a promoção de audiências públicas no âmbito da Administração.

9.1 O projeto de lei de processo administrativo

As audiências vêm previstas no Projeto de lei de processo administrativo (Projeto n. 2.464/96, em trâmite no Congresso Nacional), elaborado por uma comissão de juristas presidida pelo eminente administrativista Caio Tácito.

zar audiências públicas com entidades da sociedade civil", em razão da matéria de sua competência.

36. Convém ressaltar que no Antoprojeto de Nova Lei de Licitações, elaborado no âmbito da Administração Pública federal, não consta disposição similar (*DOU* de 19.2.97).

37. *Direito dos Licitantes*, p. 95.

38. *Comentários à Lei de Licitações e Contratos Administrativos*, p. 236.

39. *Direito Ambiental Constitucional*, p. 206.

40. A audiência pública em matéria de licenciamento ambiental encontra-se no art. 55 do Anteprojeto da Consolidação das Leis do Meio Ambiente (*DOU* de 17.2.92, suplemento especial). As Constituições dos Estados de São Paulo e Pernambuco estabelecem a obrigatoriedade de realização de audiências públicas nessas hipóteses (art. 192, § 2º e art. 215, respectivamente).

O projeto privilegia a consulta pública (art. 31) e outros meios de cooperação administrativa (art. 33), prescrevendo, em seu art. 32, que "antes da tomada de decisão, a juízo da autoridade, diante da relevância da questão, poderá ser realizada audiência pública para debates sobre a matéria do processo".

Contudo, a única ressalva a ser feita é que, a exemplo do que ocorre em matéria ambiental, poderia ter sido outorgada legitimidade a entidades associativas ou mesmo a grupos de cidadãos para *formular* requerimento de realização de audiências públicas, o que conferiria maior amplitude ao direito de participação popular.

Considerando que a função administrativa contemporânea caracteriza-se por sua complexidade e multiplicidade, o campo para a realização dessas audiências é bastante fértil.

Cumpre exemplificar com dispositivos da Lei de Concessões e Permissões (Lei federal n. 8.987, de 13.2.95). O art. 3º estipula que "as concessões e permissões sujeitar-se-ão à fiscalização pelo poder concedente responsável pela delegação, *com a cooperação dos usuários*",[41] abrindo margem para a implementação de audiências públicas.

10. Conclusões

O estreitamento dos laços da sociedade civil com o Estado, a ser alcançado sobretudo através do aprimoramento dos vínculos mantidos por esse com os cidadãos, tende a tornar mais efetiva a finalidade primeira do atuar dinâmico da Administração Pública: *o agir a serviço da comunidade.*

Bem por isso, é preciso empreender tentativas de "fazer coincidir o mais possível realidade social e centros de decisão política e administrativa, em uma expansão progressiva e 'quotidiana' do princípio da soberania popular".[42]

Reconhecida uma *ampla processualidade* no desenvolvimento das funções estatais, torna-se imprescindível destacar a consolidação e valorização do *processo administrativo brasileiro,* principalmente em razão da combinação dos incisos LIV e LV, ambos do art. 5º da Lei Maior.

A realização de audiências públicas nos processos administrativos vem de encontro com o postulado de legitimidade do poder, inerente ao Estado de direito democrático. Está relacionada com a aplicação dos princípios previstos no art. 37, *caput*, da Constituição da República.

Inseridas na fase de instrução dos processos administrativos, podendo ocorrer também na fase decisória, as audiências públicas têm por escopo tornar efetivo o direito de defesa dos cidadãos, o direito de opinar e ser ouvido, quando a situação envolva *direitos coletivos e difusos.*

Portanto, toda vez que esses direitos estiverem em discussão, as audiências públicas possibilitam a real observância do direito de informação (art. 5º, inc. XXXIII), bem como das garantias constitucionais do contraditório e ampla defesa (art. 5º, inc. LV), integrantes da cláusula constitucional que fundamenta o processo administrativo: o devido processo legal.

Referências bibliográficas

BOBBIO, Norberto. *O Futuro da Democracia: Uma Defesa das Regras do Jogo*, trad. Marco Aurélio Nogueira. 5ª ed. Rio de Janeiro: Paz e Terra, 1992.

CAETANO, Marcello. "Tendências do direito administrativo europeu". *Revista de Direito Público.* São Paulo, n. 1, jul./set. 1967, pp. 25-39.

41. Conferir, igualmente, os seguintes dispositivos da lei de concessões: art. 7º, incs. I e II; art. 21, art. 22, art. 29, inc. XII e art. 30, § único.

42. Nigro, Mario. "Il nodo della partecipazione". *Rivista Trimestrale di Diritto e Procedura Civile* 1, p. 228.

CANOTILHO, J. J. Gomes. *Direito Constitucional.* 5ª ed. totalmente ref. e aum., 2ª reimp., Coimbra: Almedina, 1992.

COMPARATO, Fábio Konder. "A nova cidadania". In: *Direito Público: Estudos e Pareceres.* São Paulo: Saraiva, 1996, pp. 3-24.

DI PIETRO, Maria Sylvia Zanella. "Participação popular na administração pública". *Revista de Direito Administrativo,* Rio de Janeiro, v. 191, jan./mar. 1993.

DINAMARCO, Cândido Rangel. *A Instrumentalidade do Processo.* 5ª ed., São Paulo: Malheiros Editores, 1996.

DROMI, Roberto. *El Procedimiento Administrativo.* 1ª reimp., Buenos Aires: Ediciones Ciudad Argentina, 1996.

_______. *Procedimento Administrativo.* Prefácio. Tucuman, Argentina: Ediciones UNSTA, 1982, pp. 11-13

FIGUEIREDO, Lucia Valle. *Direito dos Licitantes.* 4ª ed. rev. e amp., São Paulo: Malheiros Editores, 1994.

GIANNINI, Massimo Severo. *Il Pubblico Potere: Stati e Amministrazioni Pubbliche.* Bologna: Il Mulino, 1986.

GORDILLO, Agustín A. "Ideas sobre participación en América Latina". *Revista de Direito Público,* São Paulo, ns. 57-58, jan./jun. 1981, pp. 29-38.

GRINOVER, Ada Pellegrini. "Do direito de defesa em inquérito administrativo". *Revista de Direito Administrativo,* Rio de Janeiro, v. 183, jan./mar. 1991, pp. 9-18.

_______. "Garantias do contraditório e ampla defesa". *Jornal do advogado,* Seção de São Paulo, n. 175, nov. 1990, p. 9

JUSTEN FILHO, Marçal. *Comentários à Lei de Licitações e Contratos Administrativos.* 4ª ed., Rio de Janeiro: Aide, 1996.

LARENZ, Karl. *Derecho Justo.* Madrid: Civitas, 1985.

MEDAUAR, Odete. "Administração pública ainda sem democracia". *Revista Problemas Brasileiros,* São Paulo, a. 23, n. 256, mar./abr. 1986, pp. 37-53.

_______. *A Processualidade no Direito Administrativo.* São Paulo: Ed. RT, 1993.

_______. *O Direito Administrativo em Evolução.* São Paulo: Ed. RT, 1992.

MOREIRA NETO, Diogo de Figueiredo. *Direito de Participação Política: Legislativa, Administrativa, Judicial (Fundamentos e Técnicas Constitucionais de Legitimidade).* Rio de Janeiro: Renovar, 1992.

NIGRO, Mario. "Il nodo della partecipazione". *Rivista Trimestrale di Diritto e Procedura Civile,* Milano, a. 34, n. 1, mar. 1980, pp. 225-236.

RIBEIRO, Maria Teresa de Melo. *O Princípio da Imparcialidade na Administração Pública.* Coimbra: Almedina, 1996.

SILVA, José Afonso da. *Direito Ambiental Constitucional.* 2ª ed. rev., São Paulo: Malheiros Editores, 1995.

SUNDFELD, Carlos Ari. "A importância do procedimento administrativo". *Revista de Direito Público.* São Paulo, n. 84, out./dez. 1987, pp. 64-74.

_______. "*Habeas data* e mandado de segurança coletivo". *Revista de Direito Público,* São Paulo, n. 95, jul./set. 1990, pp. 190-199.

ESTUDOS & COMENTÁRIOS

ALGUNS ASPECTOS DA QUALIFICAÇÃO REGISTRÁRIA NO REGISTRO DE PARCELAMENTO DO SOLO URBANO E O CÓDIGO DE DEFESA DO CONSUMIDOR

KIOITSI CHICUTA

Juiz de Direito Auxiliar da Corregedoria-Geral da Justiça de São Paulo,
do II Tribunal de Alçada Cível de São Paulo

ARY JOSÉ DE LIMA

Registrador do 2º Registro de Imóveis de Santos

SÉRGIO JACOMINO

Registrador do Cartório de Registro de Imóveis de Cardoso
– Doutorando em Direito Civil da Universidade Estadual Paulista

"A los consumidores, esos nuevos terceros de la sociedad de masas, con quienes está indisolublemente unida la función registral calificadora diariamente."

J. M. García García

1. Introdução

O exame e registro de parcelamentos do solo urbano sempre suscitaram perplexidade entre os profissionais envolvidos em atividades relacionadas com o planejamento, aprovação, execução e registro, no ofício imobiliário competente, de loteamentos e desmembramentos. A literatura produzida a respeito do tema (tirante alguma produção doutrinária divulgada escassamente em encontros e palestras, além do corpo jurisprudencial que se constitui, hoje, no caso de São Paulo, em fonte preciosa de pesquisa) parece bem traduzir as dificuldades de uma matéria que envolve múltiplas áreas do direito e do conhecimento – direito urbanístico, administrativo, penal, civil, proteção ao consumidor, urbanismo, planejamento, administração pública, sociologia etc.

Assim é que os registradores, formados sob a inspiração do zeloso manto civilista, signo de uma cultura prevalentemente privatista, são surpreendidos, cada vez mais, com o acercamento de temas de direito público, a lançar novos e instigantes desafios à nossa atividade intelectual e profissional – proteção ao meio ambiente, restrições à propriedade privada, a função social da propriedade consagrada na Constituição Federal, a extensão das garantias registrais aos chamados bens de domínio público, o controle urbanístico da propriedade, a proteção e a defesa dos direitos dos consumidores – enfim, há um descortino de um novo e complexo panorama para a atuação do profissional do direito registral, repleto de possibilidades, de releituras e também de ciladas...

Um dos aspectos mais interessantes e importantes para o direito, nas chamadas sociedades de consumo, é justamente o fenômeno do consumo em massa, no qual se integram indiscutivelmente as relações de venda, compra e arrendamento de bens imóveis – tais aquelas oriundas de parcelamentos do solo urbano, de incorporações imobiliárias, locação de imóveis urbanos etc. Pois bem. Até que ponto o advento da Lei 8.078, de 11 de setembro de 1990, interferiu com a rotina dos registradores na qualificação dos títulos que lhes são endereçados a registro? Até que ponto o oficial do registro imobiliário deve se pautar pelo Código de Defesa do Consumidor no exame de legalidade dos contratos de compromisso de venda e compra de imóveis loteados? Qual o limite da atuação do registrador em face de contratos-padrão que contenham disposições que vulneram as normas e princípios de ordem pública consagrados no supracitado diploma legal? Há manifesta e indevida interferência do Estado – por meio da atuação do registrador, profissional do direito delegado pelo poder público – na liberdade de contratar? É possível um controle *administrativo,* prévio e extrajudicial, das cláusulas de contratos-padrão depositados no Cartório de Registro de Imóveis por ocasião do registro do parcelamento? Qual a repercussão e valoração que devem merecer, no âmbito da atividade do registrador, os princípios e normas de ordem pública que consubstanciam a defesa do consumidor?

A vigente Lei 8.935/94, regulamentando o art. 236 da Constituição Federal e disciplinando o exercício dos serviços notariais e de registro, qualificou o profissional encarregado dos serviços delegados de registro de *profissional do direito,* i.e., jurista imobiliário, que exerce uma *função pública,* embora não integrado de forma direta na administração pública, cuja atividade, assemelhando-se na sua natureza à jurisdição voluntária, é exercida com *profissionalidade* e *independência* (cf. art. 28 da citada lei). Já não se concebe que esta importante e indelegável atividade se reduza a simples e automática subordinação hierárquica; melhor, porém – consentaneamente com a orientação que a nova lei inspira – impende que o jurista imobiliário, como executor de uma tutela jurídica preventiva, atue com eficácia *pro societate,* saneando irregularidades formais, como ocorre, especificamente, nos contratos-padrão de parcelamentos do solo urbano, assunto que vamos aqui superficialmente abordar, esperando que os mais doutos completem e aperfeiçoem, com suas melhores qualidades, o que aqui se vai expender.

O contrato-padrão que a vigente Lei de Parcelamento do Solo Urbano impõe seja previamente depositado no registro público pelo parcelador, é o protótipo do instrumento que vai regular as futuras relações jurídicas entabuladas entre o parcelador-empreendedor e o adquirente do lote. A Lei 6.766/79 estabelece em seu art. 18, inc. VI que, por ocasião do registro do parcelamento, deva ser depositado no registro imobiliário competente exemplar do *contrato-padrão* de promessa de venda, ou de cessão ou de promessa de cessão, devendo dele constar, obrigatoriamente, as indicações previstas no art. 26 do citado diploma legal. Logo adiante afirma a lei, no mesmo artigo, que os compromissos de venda e compra de lotes deverão ser celebrados por escritura pública ou por instrumento particular, "de acordo com o modelo depositado na forma do inciso VI do art. 18".

Logo se vê o vínculo estreitíssimo que existe entre o padrão depositado no registro imobiliário por ocasião do registro do parcelamento e o compromisso de venda e compra do imóvel, que efetivamente será celebrado com o adquirente – o que permitiria, desde logo, um acercamento às conhecidas figuras das *cláusulas gerais dos contratos* e dos *contratos de adesão*. A respeito das *cláusulas gerais dos contratos* e sobre ser o compromisso de venda e compra de lotes urbanos um *contrato de adesão* – e as conseqüências que se poderão daí deduzir – logo adiante se tratará.

2. *Contrato-padrão e contrato-tipo do Decreto-lei 58/37*

O depósito de contratos-padrão no registro imobiliário já era previsto anteriormente à vigência da atual Lei do Parcelamento do Solo Urbano, desde o advento do Decreto-lei 58/37, e seu decreto regulamentador n. 3.079, de 15 de setembro de 1938, que disciplinavam o depósito dos chamados "contrato-tipo" no registro imobiliário. Não houve, desde então, grandes dissensões acerca do fato de que fossem regulados por princípios e dispositivos de ordem pública,[1] nem de que se tratassem de *contratos de adesão* – muito embora as expressões "contrato-tipo" e "contrato de adesão" revelassem – como ainda hoje revelam – traços singulares (e a doutrina já os distinguia com seus caracteres inconfundíveis), podendo variar as conseqüências e efeitos jurídicos que decorrem de um ou outro.

Serpa Lopes[2] não hesitou, a seu tempo, em inscrevê-los na categoria de contratos de *adesão,* baseando suas conclusões em duas principais razões: a) de acordo com o artigo primeiro da então vigente lei de loteamentos, a venda de lotes deveria se dar por *oferta pública;* b) entre os requisitos para inscrição do loteamento figura o da apresentação de um exemplar da caderneta ou contrato-tipo (art. 1º, III, "c"). O tratadista, baseando-se na formulação pioneira de Saleilles,[3] chega então a conceber como contratos de adesão os chamados "contratos-tipo" referidos nos citados diplomas legais.[4] Desenvolvendo esta idéia básica, afirma que o compromissário-comprador deve aceitar as condições que foram previamente estabelecidas pelo loteador, não se lhe deferindo, no momento em que o subscreva, modificar suas cláusulas ou disposições. Obviamente que nem tampouco ao loteador se lhe outorga essa faculdade. Em suma – conclui nosso tratadista – o contrato de promessa de venda e compra de terrenos loteados e a prestação é regido por normas e princípios de ordem pública, classificando-se como típico contrato de adesão – do que decorre a inalterabilidade de suas disposições e condições.[5]

3. *Contratos de adesão e contratos-tipo – Distinção*

É bem verdade que a definição e classificação dos contratos de adesão e contra-

1. Miguel Maria de Serpa Lopes, in *Tratado dos Registros Públicos*, 5ª ed., Freitas Bastos, 1962, v. IV, p. 212, "d". Cf. ainda do mesmo autor, mesma obra, v. III, p. 50; cf. tb. Sylvio Pereira, in *Imóveis a Prestações*, São Paulo Editora, 1938, pp. 43-46 e Wilson de Souza Campos Batalha, in *Loteamentos e Condomínios*, t. I, 2ª ed., 1959, Freitas Bastos, n. 94, pp. 237-243. Jurisprudencialmente, *brevitatis causa: RT* 267/557.

2. Ob. e loc. cits.

3. Saleilles, in *Déclaration de Volonté*, n. 89, pp. 229-230.

4. Miguel Maria de Serpa Lopes, ob. cit., p. 211: "Essa denominação de contrato de adesão, como é sabido, foi criação de M. Saleilles. O que caracteriza este tipo de contrato é haver uma proposição de contrato-tipo em número ilimitado, quer pelos estabelecimentos privados, quer pelas administrações públicas". Mais adiante, acrescenta: "Nesse contrato-tipo devem estar fixadas as condições, à vista das quais e sem que possam ser modificadas, o compromissário deve aceitar o contrato. Não desconhecemos que o mecanismo dessa aceitação difere, em alguns pontos, do contrato de adesão que se processa entre empresas ferroviárias ou de diversões e ainda dos contratos de seguro, mas não vacilamos em reconhecer esse aspecto especial do contrato de compromisso de compra e venda de lotes a prestação, atentas às circunstâncias especiais de que se reveste".

5. Miguel Maria de Serpa Lopes, ob. cit., p. 211. A propósito da inalterabilidade das cláusulas e con-

tos-tipo nem sempre foi precisa, sendo suas diferenças bastante sutis. No contrato de adesão, uma das partes tem que aceitar as condições previamente estabelecidas pela outra, em bloco, *aderindo* às disposições que encontra já anteriormente fixadas. Portanto, nesse caso, o consentimento manifesta-se como simples adesão ao conteúdo preestabelecido do contrato. Já no contrato-tipo, o conteúdo resulta do acordo de vontade das partes, distinguindo-se do contrato de adesão sob duplo aspecto – funcional e estrutural. Funcionalmente – pontifica Orlando Gomes, baseado na doutrina de Messineo – "o contrato-tipo se emprega quando os futuros contratantes pertencem a categorias contrapostas e organizadas de interessados. Assim, o contrato estipulado entre um grupo de industriais e diversos fornecedores de matéria-prima. Quando, porém, uma das categorias de interessados não constitui grupo identificável, recorre-se ao contrato de adesão, dada a impossibilidade de predeterminação convencional".[6] Já no aspecto estrutural, os contratos diferenciam-se precisamente porque, no contrato de adesão, há a predefinição do conteúdo do contrato, estabelecido por uma das partes, o que não ocorre necessariamente no contrato-tipo, que pode ser o resultado de elaboração da qual participem, em igualdade de condições, todos os interessados. Para Messineo[7] o contrato-tipo (ou por formulário) é a predisposição genérica de um esquema contratual integral e auto-suficiente, exceto no que tange às cláusulas particulares, que se agregam pelo preenchimento dos espaços em branco.

Para Caio Mario da Silva Pereira, o contrato-tipo não resultaria de cláusulas impostas, "mas simplesmente pré-redigidas, a que a outra parte não se limita a aderir, mas que efetivamente aceita, conhecendo-as, as quais, por isso mesmo, são suscetíveis de alteração ou cancelamento, por via de outras cláusulas substitutivas, que venham manuscritas, datilografadas ou carimbadas".[8]

Após reconhecer a espinhosa tarefa de estabelecer o nítido discrímen diferencial das categorias contratuais em exame, Juan Carlos Rezzónico[9] afirma que no contrato-tipo (ou contrato-formulário, ou ainda *"formularizado"*) predomina a finalidade de determinar a *forma,* típica, e não precipuamente o seu *conteúdo.* Aqui interessa mais a "uniformidade da disciplina, e não o submetimento do interessado", coincidindo com a noção que lhe empresta Garcia Amigo,[10] para quem os contratos-tipo nada mais são do que a expressão de uma fórmula externa e puramente formal da técnica contratual.

4. Contratos-padrão e cláusulas gerais de contratos

Nas modernas sociedades industriais e especialmente pós-industriais desse fim de milênio, a contratação em massa é fenômeno conseqüente da racionalização e organização empresarial decorrente da produção e consumo em escala e se manifesta na

dições dos contratos de compromisso de compra e venda, a opinião do ilustre tratadista é secundada pela de Wilson de Souza Campos Batalha, ob. cit., p. 276.

6. Orlando Gomes, in *Contratos*, 12ª ed., Forense, 1993, pp. 129, 139-140.

7. Francesco Messineo, in *Il contratto in Genere*, t. I, p. 471, Milano, Giuffrè, 1973, *apud* Juan Carlos Rezzónico, in *Contratos con Cláusulas Predispuestas – Condiciones Negociales Generales*, Editorial Astrea, Buenos Aires, 1987, p. 217.

8. Caio Mario da Silva Pereira, *Instituições*, v. III, 9ª ed., Forense, p. 53. Cf. recente artigo publicado pelo autor na *RT* 712/102, em que reitera seu ponto de vista, concluindo, ademais, que o contrato de compromisso de venda e compra de imóveis decorrentes de incorporações imobiliárias é um contrato *tipo,* não contrato de adesão.

9. Juan Carlos Rezzónico, in *Contratos con Cláusulas Predispuestas – Condiciones Negociales Generales*, Editorial Astrea, Buenos Aires, 1987, p. 217.

10. Manuel Garcia Amigo, in "Condiciones generales de los contratos", Madrid, *Revista de Derecho Privado*, 1969, p. 139.

necessidade de estabelecimento e imposição de um contrato único, previamente elaborado por uma das partes (predisponente), para servir de instrumento e regulação dos interesses envolvidos nas relações com um número indeterminado de adquirentes-consumidores (aderentes). Portanto, a implementação da contratação serializada, através do contrato de adesão, se dá pelo prévio estabelecimento das *cláusulas gerais dos contratos,* reguladas e estabelecidas, sistematicamente, no direito positivo brasileiro, pelo Código de Defesa do Consumidor, que propiciou ainda o reconhecimento (e conseqüente fulminação de nulidade) das cláusulas abusivas e sistematizou os chamados contratos de adesão.

Duas são as premissas que os juristas estabelecem para o estudo das *cláusulas gerais dos contratos*: primeiro, as cláusulas gerais constituem um importante instrumento de racionalização, consistente em técnicas das quais já não podem prescindir as modernas empresas na atividade contratual massiva; a segunda, que mais de perto nos interessa, diz respeito à necessidade de que haja um controle para impedir que os que se utilizam de técnicas de contratação massiva melhorem sua posição contratual às custas da contraparte. Sob este aspecto, analisado da perspectiva do tráfico jurídico, o estabelecimento de cláusulas gerais de contratação promove a *segurança jurídica,* no sentido de fazer previsíveis as conseqüências da atuação, tanto do predisponente, quanto do aderente. No capítulo da segurança jurídica, merece menção que, coincidentemente com a atividade mais típica e singular do registro imobiliário – que é mesmo a sua natureza e elemento finalístico – com Paz-Ares se pode afirmar que a contratação serializada, à parte a necessária racionalização sobredita, acarreta o estabelecimento de relações mais analíticas, exaustivas e claras, com o que "se remueven... Los motivos de incertidumbre y con ellos las razones de muchas controversias en lo que toca a una correcta administración del contrato previniéndo-se así, indirectamente, la litis y los costes a ella asociados".[11] Desnecessário reafirmar, neste passo, que é da natureza do direito imobiliário registral ordenar a segurança estática e dinâmica dos direitos reais imobiliários,[12] desempenhando, portanto, uma tutela jurídico-preventiva imobiliária.

A partir do que preleciona Nelson Nery Jr.[13] podemos reelaborar os conceitos e fixar as seguintes características e atributos das *cláusulas gerais de contratos,* especificamente no contexto das relações entre o parcelador empreendedor (predisponente ou estipulante) e o adquirente comprador (aderente) de lote urbano:

a) *unilateralidade e preestabelecimento* – são formulações e disposições previamente estabelecidas pelo predisponente ou estipulante (parcelador) antes do início das tratativas contratuais, arquivadas no registro imobiliário competente.

b) *uniformidade* – os contratos hão-de regular uniformemente os negócios relativos ao parcelamento;

c) *rigidez* – aceitação em bloco dos termos e disposições contratuais pelo aderente compromissário comprador;

d) *abstração* – que essa forma de contratação possa atingir indistintamente o contratante que quiser aderir às cláusulas gerais.

Se já não havia qualquer dúvida acerca do caráter de ordem pública dos antigos re-

11. Paz-Ares, ADC (1981), p. 677 *apud* Jesus Alfaro Aguila-Real, *Las Condiciones Generales de la Contratacion*, 1ª ed., 1991, p. 33, Civitas.

12. Cf. entre nós Ricardo Henry Marques Dip, in "Do conceito de Direito Imobiliário Registral", *RDI* 27/57, 1991. Cf. tb. Roca Sastre e Roca-Sastre Muncunil, in *Derecho Hipotecário*, 1979, I, p. 21; Angel Cristobal Montes, in *Introducción al Derecho Imobiliário Registral*, 1986, p. 120; Francisco Hernández Gil, in *Introducción al Derecho Hipotecário*, 1970, p. 118 *apud* Ricardo Henry Marques Dip.

13. Nelson Nery Jr. *et alii.* in *Código Brasileiro de Defesa do Consumidor*, Forense Universitária, 3ª ed., 1993, pp. 290-291.

gulamentos sobre loteamentos no que disciplinavam os requisitos dos contratos-tipos, na vigente Lei do Parcelamento do Solo Urbano não há discordância de que se trate de legislação que compreende normas de ordem pública, de caráter imperativo, cogente – e os autores registram tal fato.[14] Ademais, ampliou-se, notavelmente, com a nova lei, o espectro de interesses tutelados pela legislação antecessora, estabelecendo-se uma necessária e adequada conjugação de aspectos civis, urbanísticos, administrativos e até penais para regulação do ato de parcelamento do solo urbano. Afastou-se, portanto, a vigente LPSU, daquela angulação estritamente privatista, reguladora e tuteladora das relações civis, para alcançar e conjugar aspectos urbanísticos e administrativos, conferindo novo caráter às relações civis do loteamento e desmembramento.[15] Em suma: uma maior preponderância do interesse público.

No caso concreto do parcelamento do solo para fins urbanos, é preciso assinalar, *en passant,* que o ato de *urbanizar, ou urbanificar*, *é uma função tipicamente pública,* não mais um atributo do proprietário. Por conseguinte, quando se fala de operação de parcelamento do solo urbano levada a efeito por particulares, deve-se entender que se trata de um exercício de uma função pública por particulares.[16] Portanto, também sob este ponto de vista, sobeja o interesse público sobre todos os outros aspectos relacionados com o parcelamento do solo e a aquisição do lote, inclusive a contratação, que encontra seus limites no interesse público.

De outra parte, poder-se-ia indagar: o contrato de compromisso de venda e compra a que se refere a vigente Lei 6.766/79, seria igualmente um contrato de adesão? Encerraria o contrato *tipo* padrão, referido no art. 18 da citada lei, as mesmas características detectadas pelos autores na descrição dos elementos consubstanciais das chamadas *cláusulas gerais dos contratos*?

Não parece haver qualquer dúvida a esse respeito. A Lei utiliza-se de *elipse* na expressão consagrada *contrato* tipo-padrão, resultando na sintética *contrato-padrão.* Padrão, segundo definem os dicionários, é tudo aquilo que serve de base ou norma para a avaliação de qualidade ou quantidade; portanto: medida, estalão, craveira. É o modelo, a que a própria lei se refere no seu art. 26, in *fine.* Por extensão, entendamos *contrato-padrão* como o escrito que serve de paradigma à feitura do contrato. Esse contrato-padrão, portanto, é o antecedente lógico da formação do contrato de adesão, *i.e.* a formulação abstrata, concebida pelo empresário loteador, das cláusulas e disposições contratuais que tomarão corpo no mundo da validade e eficácia jurídicas quando o compromissário-comprador, *aderindo* a esse esquema, concretiza a relação negocial que entre eles se estabelece. Portanto, o *contrato-padrão* nada mais seria do que a expressão que define o momento lógico (e cronológico) antecedente à formação daquele negócio jurídico, mas que, como se verá, encerra significados jurídicos quando depositado no registro imobiliário. É, pois, necessário que exista o depósito dessas cláusulas gerais dos contratos no registro de imóveis, com as minúcias que a lei impõe, e que servirão de *padrão* para os contratos celebrados com os futuros adquirentes de lotes oriundos de parcelamento do solo regidos pela Lei 6.766/79;[17] mas, especialmente neces-

14. Cf. Toshio Mukai *et. al.* In *Loteamentos e Desmembramentos Urbanos*, Sugestões Literárias, 1ª ed., 2ª tiragem, 1987, p. X. Sérgio A. Frazão do Couto, in *Manual Teórico e Prático do Parcelamento Urbano*, 1ª ed., Forense, 1981, pp. 50-51.

15. Toshio Mukai *et. al.* In ob. cit.

16. José Afonso da Silva, in *Direito Urbanístico Brasileiro*, 2ª ed., 1995, Malheiros Editores, p. 291.

17. "Os contratos de adesão são a concretização das cláusulas contratuais gerais, que enquanto não aceitas pelo aderente são abstratas e estáticas, e, portanto, não se configuram ainda como contrato. As cláusulas gerais de contratação tornar-se-ão contrato de adesão, dinâmicas, portanto, se e quando forem

sário, é que haja uma prévia e percuciente averiguação de tais documentos pelo oficial registrador, quando de sua apresentação a registro, enfeixando o extenso rol de documentos elencados na lei. Essa verificação caracteriza um controle administrativo, prévio e extrajudicial, executado pelo oficial registrador e visa, no sentido mais amplo e próprio de sua atividade, a colimação da segurança jurídica, concretizando, assim, a propalada tutela pública dos interesses privados.

5. Contratos-padrão e contratos de adesão

Muito embora a doutrina sempre tenha assinalado a lacuna legislativa acerca dos *contratos de adesão*,[18] o Código de Defesa do Consumidor veio preencher esse vazio, estabelecendo, em seu art. 54, que o contrato de adesão "é aquele cujas cláusulas tenham sido aprovadas pela autoridade competente ou estabelecidas unilateralmente pelo fornecedor de produtos ou serviços, sem que o consumidor possa discutir ou modificar substancialmente seu conteúdo". De um modo geral, pode-se afirmar que a relação que se estabelece entre o adquirente do lote urbano e o loteador que implanta e lança o empreendimento de parcelamento do solo urbano, é tipicamente uma *relação de consumo:* o loteador é fornecedor (art. 3º, CDC), o adquirente é consumidor (art. 2º do CDC) e o lote urbano é produto (art. 3º, § 1º, CDC).

Diferentemente à contratação ordinária – *contrat de gré à gré* – o contrato de adesão é apropriado para um mercado de relações em massa e se volta às exigências de uma economia de escala. É o instrumento comumente utilizado para a compra e venda de imóveis loteados. A importância da distinção reside justamente no fato de que, estabelecido que seja um típico *contrato de adesão* os compromissos de venda e compra, celebrados a partir do *contrato-padrão* a que se refere a Lei 6.766/79, sujeitar-se-iam à verificação de suas cláusulas e condições pelo oficial do registro, em decorrência de típica e própria atividade na qualificação dos títulos que lhe são apresentados a registro. Em outras palavras: em decorrência do *princípio de legalidade*, que impõe a verificação *prévia* daquelas cláusulas contratuais gerais, vedando o registro de compromissos de venda e compra que não preencham os requisitos formais mínimos estabelecidos no art. 26 do citado diploma legal e que contenham, eventualmente, infringência às disposições gerais do Código de Defesa do Consumidor, especialmente no que concerne às chamadas cláusulas abusivas, nos termos do art. 51 do CDC. Portanto, não só aquelas disposições genéricas do art. 26 da LPSU hão-de merecer o crivo do controle do registrador, mas igualmente aqueles dispositivos que, figurando no contrato-padrão, possam colidir com as normas imperativas de ordem pública que regulam as relações de consumo tutelando a parte mais vulnerável – o consumidor – geralmente o modesto adquirente de lote cuja proteção a lei não olvidou, criando mecanismos de defesa que antecederam, até, a vigência do CDC, como vimos com a figura do contrato-tipo do Decreto-lei 58/37.

6. Compromisso de venda e compra de imóvel loteado e cláusulas abusivas

Um dos direitos básicos do consumidor é o de proteção contra cláusulas abusivas ou que lhes sejam impostas nos compromissos de venda e compra de imóveis loteados, consoante dispõe, em sentido genéri-

aceitas pelo aderente". Nelson Nery Jr., in *Código Brasileiro de Defesa do Consumidor*, 3ª ed., Forense Universitária, 1993, p. 292. Aqui se verifica o nítido vinco que estabelece os limites das *cláusulas gerais dos contratos* e os *contratos de adesão,* que não se confundem, malgrado opinião contrária (cf., a propósito, Orlando Gomes, ob. cit.)

18. Cf. Orlando Gomes in *Contrato de Adesão*, Ed. RT, São Paulo, 1972, p. 149.

co, o art. 6º, inc. IV do CDC. Mais importante ainda, releva o fato de que o constituinte de 1988 inscreveu os direitos dos consumidores no rol dos direitos constitucionais fundamentais (art. 5º, XXXII), e a conjugação desse fato, com outro, constitucionalmente relevante – arg. do art. 170, V, da CF/88, que eleva a defesa do consumidor ao princípio da ordem econômica – tudo isso conjugado acarreta o efeito de legitimar todas as medidas de intervenção pública necessárias à defesa do consumidor.[19]

O CDC enumerou uma série (meramente exemplificativa, não exaustiva) de cláusulas consideradas abusivas, concedendo-lhe o regime da nulidade de pleno direito (art. 51). Pois bem. É possível o controle das cláusulas consideradas abusivas, nos termos do art. 51 do CDC, constantes dos contratos-padrão? Se afirmativo, segue-se, como consectário lógico, que o controle se estende aos compromissos de venda e compra de imóvel loteado, já que este contrato se amolda e afeiçoa àquele estereotipado no chamado contrato-*padrão*.

Em primeiro lugar é preciso assinalar que o controle administrativo das cláusulas gerais dos contratos de adesão – e nunca é demais lembrar que o compromisso de venda e compra de imóvel loteado o é – se dá pela qualificação registral, *i.e.*, "juízo prudencial, positivo ou negativo, da potência de um título em ordem a sua inscrição predial, importando no império de seu registro ou de sua irregistração".[20] A qualificação registral encontra seu fundamento no princípio de legalidade, que, como se verá abaixo, estabelece que a validade do registro é dependente da validade do negócio jurídico que lhe dá suporte.

Conquanto a doutrina civilista tradicional tenha estabelecido que os atos e negócios nulos *pleno iure* são aqueles praticados por pessoa absolutamente incapaz, ou tenham objeto ilícito ou impossível, que se não revistam da forma prescrita na lei, em que for preterida alguma formalidade essencial à sua validade ou ainda aqueles taxativamente assim declarados na lei, o fato é que o Código de Defesa do Consumidor afastou-se do sistema de invalidades do Código Civil, do CPC e do Direito Administrativo, estabelecendo que as cláusulas abusivas são consideradas inquinadas de *nulidade absoluta*, tão-só por contrariarem a ordem pública de proteção ao consumidor (cf. art. 1º do CDC). Já não há lugar, no microssistema da defesa do consumidor, para as chamadas anulabilidades.[21]

Ora, o negócio jurídico nulo é de suporte fático deficiente, portanto ineficaz; o anulável é de suporte fático deficiente, contudo é plenamente eficaz, enquanto não se admite, em sentença judicial, que não tenha eficácia.[22] Afranio de Carvalho já assinalava que sendo a nulidade um efeito que se produz *ipso jure,* o registrador, ao proceder ao exame do título, em processo *semelhante* ao de jurisdição voluntária, deve

19. Cf. José Afonso da Silva, in *Curso de Direito Constitucional Positivo*, Malheiros Editores, 10ª ed., 1995, p. 255. Cf. tb. J. J. Gomes Canotilho e Vital Moreira, in *Constituição Portuguesa Anotada*, pp. 323-325.

20. Ricardo Henry Marques Dip, in "Sobre a qualificação no registro de imóveis", *RDI* 29/40.

21. O sistema de nulidades no direito brasileiro não se apresenta de forma uniforme, quer no âmbito civil, quer no administrativo ou comercial: "As invalidades, modernamente, reclamam tratamento microssistêmico, o que foi feito pelo CDC, a fim de poderem atender as peculiaridades existentes no microssistema. O CDC afastou-se do sistema de nulidades do Código Civil, restando, pois, superado o entendimento de que as nulidades *pleno iure* independem de declaração judicial para se fazerem atuar, e de que as nulidades absolutas precisam de sentença judicial para produzirem seus efeitos no ato ou negócio jurídico. Abandonou-se, no sistema do CDC, a dicotomia existente entre as nulidades do direito civil (nulidades absolutas e relativas), pois o Código só reconhece as nulidades de pleno direito quando enumera as cláusulas abusivas, porque ofendem a ordem pública de proteção ao consumidor (...)", Nelson Nery Jr. *et. alii.* in *Código Brasileiro de Defesa do Consumidor*, Forense Universitária, 3ª ed., 1993, pp. 335-336.

22. Pontes de Miranda, *Tratado*, v. 4, p. 3.

vetar o seu ingresso no registro, negando a inscrição rogada.[23] Contrariamente, no caso de anulabilidades, estas não se pronunciam de ofício e não têm efeito antes de julgadas por sentença (art. 152, CC); portanto, é inviável o seu reconhecimento no âmbito do exame e qualificação registrais. Como assinala precisamente Marques Dip, as nulidades e anulabilidades se apóiam no critério da prevalência do interesse público; não seria razoável que o registrador, ao desqualificar um título pelo reconhecimento de uma anulabilidade, se pusesse em custódia de um interesse parcelar, rompendo a imparcialidade de sua atribuição.[24]

23. Afranio de Carvalho, in *Registro de Imóveis*, 3ª ed., Forense, 1982, p. 276. Cf. igualmente Tito Fulgêncio, in *Direito Real de Hipoteca*, Forense, 2ª ed., 1960, p. 360, que, comentando o art. 834 do Código Civil assim se manifestou: "Mas o oficial pode ter dúvida sobre a legalidade da medida, e o interesse público exige que a propriedade imóvel não fique exposta a embaraços ruinosos com a multiplicação de demandas de cancelamento de inscrições tomadas sem direito. (...) Não é qualquer dúvida que autoriza o retardamento da inscrição definitiva, senão a que versa sobre a conformidade dela com a lei sobre sua legalidade. São casos deste os em que ao oficial parece: a) que o título é nulo(...)". Vide também Carvalho Santos, *Cod. Civ. int.*, 9ª ed., Freitas Bastos, p. 453, Pontes de Miranda, *Tratado*, Borsói, § 1.233, n. 4: "A dúvida do oficial do registro somente pode ser, portanto, quanto às nulidades: a) se o escrito está assinado por pessoa absolutamente incapaz; b) se é ilícito ou impossível o seu objeto; c) se foi infringida regra cogente de forma; d) se foi preterida alguma solenidade que a lei considere essencial para a sua validade; e) se a lei diz que é nulo o ato ou lhe nega efeito". Cf. a doutrina alienígena: Carlos Ferreira de Almeida, in *Publicidade e Teoria dos Registros*, ed. 1966, p. 239, *apud* Ricardo Henry Marques Dip: "Se o acto registrado for nulo, nulo será o respectivo registro. É esta a lógica conseqüência de a apreciação da legalidade abranger, em princípio, como vimos, todos os aspectos do acto registrado (quer formais, quer substanciais), reflectindo-se, pois, no registro, os vícios que o acto possua". Roca Sastre e Roca Sastre Muncunill, in *Derecho Hipotecário*, ed. 1979, t. II, p. 270: "El Registrador ha de comprobar si el acto jurídico em sí, o sea, el contenido de la escritura pública, és válido o nulo, tanto como tal como en sus condiciones". Vide tb. Ricardo Henry Marques Dip, ob. e loc. cits.

24. Ob. cit., pp. 58-59.

Portanto, deparando-se o registrador com estipulações ou disposições contratuais em compromissos de venda e compra eivadas de nulidades – como, por exemplo, a convenção de cláusula de decaimento ou que subtraia ao consumidor a opção de reembolso das quantias pagas (cf. art. 51, II e art. 53 do CDC c/c art. 35 da LPSU), ou estabelecimento, pelo proponente, de cláusula de renúncia de direito de indenização por benfeitorias úteis ou necessárias (art. 34 da Lei 6.766/79 c/c art. 51, XVI, do CDC) ou outras que possam afrontar aqueles princípios de ordem pública – deve recusar o título nessas condições e suscitar dúvida, se o caso. Cresce, portanto, em importância, a vigilante atuação do registrador, impendendo-lhe o exame percuciente e atento dos contratos que lhe são apresentados a exame.

7. *Contrato-padrão e a verificação e exame de legalidade das cláusulas gerais de contratos*

Sobre o controle administrativo de cláusulas gerais dos contratos que antecedem a formação e concretização dos contratos de adesão gerou alguma controvérsia o veto presidencial aposto sobre os §§ 3º do art. 51 e 5º do art. 54 do CDC. Tais dispositivos visavam ao controle administrativo e abstrato, pelo Ministério Público, das cláusulas gerais nos contratos de consumo. O fato é que o veto presidencial não resultou em qualquer efeito prático,[25] pois já existiam os meios legais,[26] e permanecem plena-

25. Cf. Nelson Nery Jr. *et. alii.* In *Código Brasileiro de Defesa do Consumidor*, Forense Universitária, 3ª ed., 1993, pp. 299-302.

26. Cf. art. 8º, § 1º da Lei 7.347/85, aplicável às ações fundadas no CDC por incidência do art. 90 do Código de Defesa do Consumidor. A instauração do inquérito civil é prerrogativa institucional do Ministério Público (art. 129, III, CF/88). Cf. nesse sentido, Nelson Nery Jr, ob. e loc. cits. O autor relata a experiência bastante positiva no controle administrativo de cláusulas de contratos de consumo, via inquérito

mente em vigor, os dispositivos sobre inquérito civil – instrumento poderoso na prevenção e composição de conflitos de consumo.[27]

O controle das cláusulas abusivas pode se dar repressivamente pela via judicial ou preventivamente, pela via administrativa. O controle *administrativo* de que aqui se trata, é de natureza singular, e funda-se, como já afirmado, no princípio de legalidade, em primeiro lugar – já que a administração pública, em linhas gerais (e a atividade delegada não se descaracteriza da função pública com a delegação) não pode agir senão *secundum legem,* nunca *contra* ou *praeter legem.* Sob esse aspecto, não seria lógico que o ofício registral pudesse dar guarida a documentos que padecessem de nulidades, assim definido em lei.

O controle pela via administrativa pode se dar pelo Ministério Público ou pela adoção de medidas no âmbito da própria Administração Pública, através de atos administrativos tendentes a estabelecer padrões com o fito de vedar o acesso de cláusulas consideradas abusivas e nulas *pleno jure* no jogo das relações contratuais de consumo. Exemplo encontramos no setor de seguros, que deve obedecer às regras e normas impostas pela Superintendência de Seguros Privados – SUSEP, ou no de consórcios de automóveis, em relação às normas fixadas pelo Ministério da Economia.[28]

Mas, especialmente no caso dos registros imobiliários paulistas, é através do controle exercido pela atividade coordenativa-correcional, tipicamente administrativa, exercida pela E. Corregedoria-Geral da Justiça, assim definido na legislação paulista (Resolução do Tribunal de Justiça), e ainda nos termos da recente Lei 8.935/94 (cf. arts. 35, II, 36, I, 37, 38, 39, § 2º, 46, parágrafo único), que há expressa determinação de verificação dessas cláusulas, além de deliberações normativas que disciplinam e regulamentam a correta aplicação das leis – no caso do Estado de São Paulo, as Normas de Serviço das Serventias Extrajudiciais.

Muito embora um *certo* e difuso controle das cláusulas gerais de contratos insertas nos contratos-padrão se faça pelos cartórios, em atenção às referidas Normas de Serviço da eg. Corregedoria-Geral da Justiça[29] – controle esse, aliás, bastante enfatizado nas sucessivas correições gerais[30]

civil, colimando a pacificação social na tutela dos interesses e direitos difusos e coletivos. Assim, a partir da instauração do inquérito civil, algumas escolas de idiomas em São Paulo, concordando com a abusividade de algumas cláusulas constantes de seus formulários-padrão, e ainda a fim de evitarem a propositura de ação civil pública, propuseram uma alteração dos referidos formulários, e os alunos que já haviam subscrito o contrato de adesão, foram chamados para que pactuassem o respectivo aditivo contratual.

27. Cf. a propósito dos inquéritos civis Hugo Nigro Mazzilli, in *A Defesa dos Interesses Difusos em Juízo*, Ed. RT, 6ª ed., 1995, pp. 269-291.

28. Cf. Nelson Nery Jr. *et. alii.* In *Código Brasileiro de Defesa do Consumidor*, Forense Universitária, 3ª ed., 1993, p. 301. Cf. tb. Walter Löwe, *Instrumente der Abstrakten Kontrolle*, in Zehn Jahre AGB-Gesetz, org. Helmut Heinrichs, Walter Löwe e Peter Ulmer, Köln, Verlag Kommunikationsforum, 1987, pp. 99-120 *apud* Nelson Nery Jr., ob. e loc. cits.

29. Estabelece o item 171, Cap. XX das NSCGJSP: "É dever do oficial proceder a exame cuidadoso do teor de todas as cláusulas do contrato-padrão, a fim de se evitar contenham estipulações frontalmente contrárias aos dispositivos, a esse respeito, contidos na Lei n. 6.766, de 19 de dezembro de 1979 (arts. 26, 31, §§ 1º e 2º, 34 e 35)". Referindo-se ao caráter normativo das decisões da Colenda Corregedoria Geral da Justiça, o magistrado Ricardo Henry Marques Dip consignou em sentença proferida no Proc. 993/88, em 5.1.89, que: "as deliberações normativas, não sendo embora leis em sentido próprio, participam, de algum modo, de seus atributos de generalidade e ulterioridade, nisso que as complementam – ou regulamentando-lhes a execução ou disciplinando situações que são nas mesmas leis lacunares. Assim, pode dizer-se que as deliberações normativas são quase leis (*omissis*). A normatividade administrativa é característica – de comum – do atributo hierárquico, incumbindo, no Estado de São Paulo, seja mediante competência conjunta, seja por meio de competência separada, à Egrégia Corregedoria-Geral da Justiça e aos diversos Juízos de Corregedoria Permanente".

30. Basta um pequeno sumário das atas de correições gerais realizadas pela Eg. Corregedoria-Geral da Justiça do Estado nos registros imobiliários pau-

– o fato é que nunca se definiu, com a clareza e precisão necessárias, os fundamentos – e especialmente os limites – de tal aferição pelo registrador.

Já se afirmou *supra* que enquanto não ingressa no mundo da plena eficácia jurídica, com a efetiva celebração do contrato de compromisso de venda e compra, o *padrão* que acompanha o rol de documentos previstos no art. 18 da Lei 6.766/79 nada mais seria do que cláusulas gerais de contratação, *i.e.*, disposições uniformes e abstratas elaboradas pelo predisponente (loteador) e que hão-de regular e percutir nas contratações que futuramente serão celebradas com os aderentes (compromissários compradores). Pois bem. Se entendermos diversamente, ou seja, se de *contrato* propriamente não se trata – com o que se concorda plenamente – estamos diante de quê? Serão pura e simplesmente *desprezíveis para o mundo jurídico* as cláusulas gerais insertas no contrato-padrão enquanto ausente a adesão? Por não constituir, modificar ou extinguir direitos ou obrigações, não têm relevância jurídica?[31]

Se bem que em linhas gerais não se possa discordar que as condições gerais consubstanciadas nas chamadas cláusulas gerais de contratação não possam regular a relação entre as partes *antes* da efetiva contratação[32] – permanecendo elaboração abstrata e estática – o fato é que o depósito do contrato-padrão no ofício imobiliário haverá de produzir uma repercussão no mundo jurídico; por conseguinte, ou se submete tais cláusulas gerais de contratação ao prévio exame de legalidade pelo registrador, ou estamos diante de um simples *papel*, sem qualquer transcendência jurídica, enfim sem qualquer finalidade prática...[33]

listas, e Portarias do Exmo. Sr. Corregedor-Geral, para se ter uma rápida idéia de como o depósito prévio do contrato-padrão deve merecer um exame criterioso pelo oficial registrador: Proc. CG 90067/90, *DOJ*, 12.9.90, pp. 35-36: "No referente ao loteamento 'Residencial Cerconi', não observou o oficial a regra do item 171, do Cap. XX, das Normas de Serviço da Corregedoria Geral da Justiça, permitindo que o contrato padrão contivesse estipulação contrária à lei". Portaria CG 54/90, *DOJ*, de 3.7.90, p. 18: "(m)... não examinar adequadamente o contrato-padrão pertinente ao Loteamento 'Bambi – Parque Residencial', permitindo a inclusão de cláusula contrária à lei, exigindo a anuência da loteadora para a transferência dos direitos decorrentes do contrato de aquisição do lote e estipulando a cobrança de taxa de expediente para esse fim, como anotado na Ata (item 14, 'a')". Portaria CG 33/90, *DOJ*, 9.4.90, p. 15: "2. No Loteamento denominado (*omissis*) não se fiscalizou as cláusulas do contrato padrão, já que aquela de número 10 prevê multas excessivas e a de número 19 infringe o disposto nos artigos 34 e 35 da Lei 6.766/79; (*omissis*) 3. No loteamento denominado (*omissis*) não se examinou a cláusula penal relativa ao débito constante do contrato padrão (20% ao invés do máximo legal)". Portaria CG 3/90, *DOJ*, 5.1.90, pp. 11-12: "10. proceder irregularmente a registro de loteamento sem que os documentos apresentados atendam aos requisitos da Lei n. 6.766, de 19.12.79, bem como, por exemplo, falta de certidões de ações pessoais contra o loteador, exemplar de contrato-padrão de promessa de venda que atenta contra o artigo 26 da lei especial". Proc. CG 91.974/91, *DOJ*, 9.9.91, p. 32: "j. irregularidades nos procedimentos relativos ao parcelamento do solo urbano, seja por omissão de certidões, seja por não se controlar especialidade e disponibilidade quantitativa nos registros, além de irregularidades nos contratos-padrão". Portaria CG 37/91, *DOJ*, de 15.5.91, pp. 35-36: "(20) ... seja por constar do contrato padrão cláusulas que vulneram a legislação específica (...)".

31. Cf. Orlando Gomes, in *Contratos*, 12ª ed., 7ª tir., Forense, RJ, 1993, p. 119: "Enquanto não ingressam no comércio jurídico, tais condições não passam, para empregar expressões alemãs, de simples *Stückpapier* ou de mero *Musterformulare,* sem interesse prático ou dogmático. Por sua vez, o comportamento do cliente que provoca a formação de uma relação concreta só adquire significação particular se implica adesão às condições gerais previamente estatuídas pelo empresário". Cf. ainda a opinião de Guilherme Fernandes Neto, in *Os Contratos de Adesão e o Controle de Cláusulas Abusivas*, Carlos Alberto Bittar, coord., Saraiva, 1991, p. 63. Referido autor sustenta a opinião de que as cláusulas gerais de contratação, que antecedem a celebração do contrato bilateral, não passam de predisposição genérica e abstrata que, para poderem gerar efeitos, e assim ingressar no mundo jurídico, necessitam de aceitação tácita ou expressa, vincando, dessa forma, o nascimento do negócio jurídico.

32. Nesse sentido, cf. Luiz Diez-Picazo, in *Fundamentos del Derecho Civil Patrimonial*, v. I, Civitas, 4ª ed., 1993, p. 351.

33. A respeito do exame do contrato-padrão pelo registrador, verificamos as seguintes manifestações

Mas, e principalmente, gostaríamos de consignar que o depósito desses contratos-padrão no registro imobiliário justamente *interpõe* uma instância que vai mediar aquela formulação abstrata dos dispositivos contratuais (cláusulas gerais de contratação predispostas pelo proponente) e a efetiva celebração do contrato de adesão (compromisso de venda e compra) intermediação que há de ser a colimação dos efeitos de congnoscibilidade ínsitos na atividade registral que impõe, entre outras providências, e antecedentemente, a verificação de sua adequação às normas legais de regência – pois que a lei exige que os futuros contratos, a par de que possam ser celebrados por escritura pública ou particular, devam, obrigatoriamente, conter as indicações do art. 26 da LPSU e não infringência das normas que regulam as relações de consumo. De resto nem seria razoável imaginar que o registro imobiliário pudesse dar publicidade a cláusulas gerais de contratação que pudessem estar acoimadas de vistosas nulidades...

Por outro lado, a exigência de exibição de exemplar do contrato-padrão de promessa de venda, ou de cessão ou de promessa de cessão, não pode ser analisada sob a ótica estrita de mera formalidade burocrática. Ela há de ultrapassar também cuidadosa análise de seu conteúdo, conforme Afranio de Carvalho: "o título que, no nosso direito, tem tanto o sentido causal, de causa ou fundamento do direito *(negotium)*, como o sentido documental, de escrito ou instrumento probatório do direito *(instrumentum)*, há de ser examinado em um e outro sentido, conquanto o exame se atenha ao que aparece em sua face". Tanto assim, que o próprio legislador anota a necessidade de observância das indicações previstas no art. 26 da Lei 6.766/79, buscando sempre a segurança jurídica e a proteção do comércio e, conseqüentemente, também do consumidor. A publicidade decorrente do parcelamento torna positivo o princípio de inscrição (esfera do ser) e produz efeitos especiais em relação ao terceiro (valer), o que torna certa a assertiva de que a escrituração do registro imobiliário requerer entrosamento com disposições de direito material e de direito formal.

Outrossim, não se pode olvidar o fenômeno da aparência e que, segundo Laudelino Freire, deriva do latim *apparentia*, significando, dentre outros, o aspecto exterior de alguma coisa. A aparência deve corresponder a uma necessidade jurídico-econômico-social, ou seja, a expressão de um ideal de justiça e a consagração do princípio de eqüidade. Esse anseio deve ser alcançado de forma objetiva e eficaz, bus-

de dois magistrados paulistas – ambos, reconhecidamente, conhecedores da matéria de parcelamento do solo urbano: (1) "Intuitivo, portanto, que, tivesse em mente o legislador deixar ao inteiro alvedrio das partes o conteúdo dos contratos de promessa de venda ou de cessão relativos a imóveis integrantes de parcelamentos registrados, nenhuma razão haveria para estabelecer a obrigatoriedade do arquivamento de contrato-paradigma, e de fixar requisitos mínimos para as cláusulas do negócio jurídico. Trata-se, com efeito, de intervenção do Estado no primado da liberdade contratual, com vistas à proteção dos interesses dos adquirentes e à segurança das relações jurídicas.(...). Tais normas da lei sobre parcelamento, que fixam diretrizes acerca do próprio conteúdo dos contratos a ela sujeitos, são de ordem pública e cogentes, importando seu descumprimento, em princípio, em nulidade do ato (Cód. Civil, arts. 145, II, 82 e 130)". Tal sentença é de lavra do magistrado Aroldo Mendes Viotti, datada de 9.4.86, Proc. 43/86 – Primeira Vara de Registros Públicos da Capital de São Paulo. (2) "A verificação do contrato-padrão e suas cláusulas tem grande importância quando do registro do loteamento ou desmembramento. Nesse momento, deve o Oficial cuidar para que o exemplar não contenha cláusulas que contrariem as normas de ordem pública da legislação que regula o parcelamento do solo urbano. Ao assim agir o Oficial procurará depurar o contrato apresentado das estipulações contrárias à lei, de molde a estabelecer um parâmetro aos demais. Essa atribuição anômala que lhe foi cometida pelas Normas de Serviço da Corregedoria Geral da Justiça (Capítulo XX, item 172), visa, precipuamente, à proteção do adquirente, que, na maioria das vezes, por ser leigo e não possuir condições de ter uma assessoria jurídica adequada, fica sujeito à sanha de empreendedores ou intermediários inescrupulosos". Sentença proferida em 8.10.86, Proc. 552/86, pelo magistrado Hélio Lobo Júnior, mesmo órgão administrativo-jurisdicional.

cando-se, evidentemente, providência com fins à segurança jurídica, abrindo uma brecha nesse primado ao admitir que a qualificação também do contrato-padrão se torne saneadora pró consumidor e que, confiando nele, adquira o direito.

A agilidade e complexidade cada vez maior e mais intensas das relações jurídicas e sociais dificultam o exame adequado das coisas e dos problemas, condicionando-nos a todos, de forma geral, a acreditar na feição externa da realidade. A rapidez e a segurança do comércio, a quantidade dos negócios comuns que se avolumam diariamente, o condicionamento da vida a uma dependência cada vez maior das relações contratuais, são causas que levam o homem a não dar importância ao conteúdo dos atos que realiza, cingindo-se, quase que exclusivamente, aos aspectos exteriores dos eventos, ou seja, a aparência substitui a necessidade de eqüidade que deve imperar entre as partes contratantes.

De outro modo, embora não adotado expressamente pelo Código Civil, caminhamos a passos firmes para a adoção entre nós do chamado *princípio da fé pública registral.* Os óbices anteriormente existentes (ausência de fólio real individual para cada imóvel, não submissão de todos os imóveis ao sistema registrário, deficiência dos indicadores real e pessoal etc.) estão sendo superados, e hoje há, pelo menos em boa parte dos ofícios registrais, execução eficiente dos serviços, com controle adequado dos atos a eles submetidos. Não há lugar para retrocesso nessa evolução e cabe aos registradores a difícil, porém honrosa, missão de executar a função da tutela jurídica preventiva. "Tal área preventiva, cautelar, anticipativa o 'segura' encaja en el árbol frondoso de la seguridade jurídica, como princípio. Y és una manifestación, como decíamos anteriormente, de una publicidad exterior de normas que se plasman en los asientos registrales, en los que con frecuencia se corroboran efectos o limitaciones de carácter social".[34] É nova ótica que se estabelece ao sistema registral por razões de ordem pública, estabelecendo-se a tutela jurídica não contenciosa na dinâmica e no tráfico dos negócios jurídicos.

É possível, portanto, compreender as cláusulas gerais dos contratos integrantes do padrão como fonte de integração do contrato de compromisso de venda e compra por *imperativo legal,* querendo isto significar que, cumpridas as formalidades legais que a própria lei de regência impõe – requisitos formais do art. 26, *v.g* e prescrições genéricas do CDC – possam integrar o contrato por decisão da Lei, que, como se viu, se consubstancia em normas de ordem pública, imperativas e cogentes. A tese contratualista, a partir dessa perspectiva, não pode prevalecer *tout court* pelo simples fato de que esses dispositivos e condições contratuais *não* nascem de regras bilateralmente acordadas e procedentes da autonomia privada, mas decorrem da própria lei, razão pela qual nem se pode afirmar que haja indevida interferência do registrador (Estado) na liberdade de contratar, e de resto nem se poderia propriamente falar de cláusulas "abusivas".[35]

Por outro lado, não seria lógico que se não fizesse um prévio controle dessas cláusulas insertas no contrato-padrão, sob pena

34. Jesús López Medel, in *Propriedad Inmobiliaria y Seguridad Jurídica – Estudios de Derecho y Sociologia Registral*, CRPM – Centro de Estudios Registrales, 1995, p. 62, Madrid.

35. Cf. Luis Diez-Picazo, in *Fundamentos del Derecho Civil Patrimonial*, Civitas, 4ª ed., Madrid, 1993, pp. 348-349: "La tesis contractualista sostenía que las condiciones generales sólo valen como lo que nosotros llamamos más arriba reglas acordadas o reglas directamente procedentes de la autonomía privada. Cosa muy distinta es considerarlas como fuente de integración del contrato, porque ello excluye su genuino carácter de reglas acordadas. Esta diversidad de consideración es la que justifica una diversidad en las reglas de interpretación (*omissis*) e justifica igualmente el juicio sobre validez o invalidez del contenido de las que llamaremos cláusulas abusivas, muy difícil de establecer si se tratara de genuinas reglas acordadas".

de, subseqüentemente, na efetiva contratação, o ofício imobiliário quedar-se impossibilitado de obstar o ingresso dos títulos celebrados em estrita concordância com o modelo já ali depositado e que contivesse cláusulas ou dispositivos contrários à lei; por outro lado, também, nada justificaria que se impedisse o ingresso de contratos em *desacordo* com as disposições contratuais do padrão. Convém acrescentar que seria um contra-senso absurdo, a desprestigiar a instituição registral, obstaculizar o acesso de títulos que padecessem de nulidades, mas que se perfizeram e se concretizaram em consonância com o modelo arquivado em cartório. Ou vice-versa.[36]

O fato é que, nos sistemas registrais como o nosso – sistema de registro *eclético,* que combina o *título* com o *modo* de adquirir – em que o registro, ao menos como presunção *juris tantum,* é considerado ou se reputa exato, parece muito lógico e bastante razoável que haja um filtro depurador da titulação apresentada, sob pena de converter o ofício imobiliário em fonte de assentos que serviriam para enganar o público, favorecendo o tráfico ilícito e provocando sucessivos conflitos.[37] Portanto, a qualificação registral é o meio, ou instrumento, na expressão de Roca Sastre, para fazer efetivo o princípio de legalidade,[38] e deve se estender naturalmente àqueles documentos que são partes integrantes dos títulos submetidos a registro.

Ademais, considerando que o contrato-padrão poderá dispor sobre restrições urbanísticas convencionais supletivas da legislação municipal (art. 26, VII da Lei 6.766/79) como negar transcendência jurídica a esses documentos-padrão sabendo-se, já de antemão, que tais restrições hão de vincular todos os futuros adquirentes dos lotes, sujeitando-os àquelas restrições que não encontram outro meio para serem expressas no processo de aprovação e registro do parcelamento senão, justamente, no contrato-padrão? Se admitimos que não tem qualquer valor jurídico o contrato-padrão, como poderia o adquirente (ou mesmo o loteador, até com todos os lotes vendidos) exercer o direito consagrado no art. 45 da LPSU – que garante legitimidade para promoção de ação destinada a impedir construção em desacordo com as restrições legais ou convencionais – se não há notícia alguma da restrição, salvo naquele padrão? E mesmo que se admita, *ad argumentandum,* que tais restrições hão de estar expressas no registro, o fato é que ou têm como fonte a própria legislação municipal que aprovou o empreendimento, ou estão previstas no contrato-padrão, *ex-vi* do art. 26, VII da citada lei, o que motivaria, desde logo, um exame atento daquele documento.

Se não parece duvidoso que um dos direitos básicos do consumidor adquirente de lotes urbanos é sua proteção contra cláusulas abusivas – às quais o CDC impôs o regime da *nulidade absoluta*, nos termos do seu art. 51, restaria-nos analisar, uma vez mais, a tormentosa questão do fundamento legal e a natureza jurídica da qualificação registral dos contratos de compromisso de

36. A propósito, bastante elucidativa a sentença a que acima se aludiu, de lavra do magistrado Aroldo Mendes Viotti, que bem analisou a questão de apresentação de contrato de compromisso de compra e venda de imóvel loteado *desconforme* com o padrão depositado no cartório, e ainda trazendo em seu bojo cláusulas vistosamente contrárias à sistemática da Lei 6.766/79. Vedando o ingresso do título, o juiz deixou consignado que "Não se ignora que a inscrição do compromisso gera direitos (e correspectivas obrigações) para ambas as partes intervenientes no contrato; mas, a se entender que as possíveis vantagens advindas às partes, e igualmente ao compromissário comprador, em virtude do registro do contrato, seriam bastantes para que se fizesse 'tabula rasa' de cláusulas ilegais, não se poderia afastar a absurda conclusão de que todo o sistema protetivo introduzido pela Lei n. 6.766/79 seria inócuo, e de que o registro mesmo dos parcelamentos cederia lugar aos eventuais benefícios decorrentes da inscrição do contrato".

37. Cf. Jerónimo González *apud* Jose Maria Chico y Ortiz in *Estudios Sobre Derecho Hipotecario,* t. I, 3ª ed., Marcial Pons, 1994, p. 589.

38. Cf. Roca Sastre *apud* Jose Maria Chico y Ortiz, ob. e loc. cits.

venda e compra como via reflexa do exame do contrato-padrão, e o alcance do princípio de legalidade a pautar a atividade do registrador imobiliário nos registros de parcelamentos do solo urbano – especialmente no exame e controle de cláusulas contratuais abusivas.

O princípio de legalidade, como nos doutrina Afranio de Carvalho, estabelece que a validade da inscrição depende da validade do negócio jurídico que lhe dá origem e suporte; visa, portanto, a estabelecer a correspondência constante entre a situação jurídica e a situação registral, "de modo que o público possa confiar plenamente no registro".[39]

Com Nuñez Lagos[40] se pode dizer que o princípio de legalidade supõe que o título deva chegar ao registro imobiliário *perfeito* – caso contrário, se pudesse aperfeiçoar-se no seio do próprio registro, tem-se que a eficácia deste decorreria da própria atividade registral, e o princípio de legalidade seria substituído, como ocorre na Alemanha, pelo consentimento.[41]

Mas, qual o limite desse exame de legalidade? Especificamente com relação aos títulos complexos – aqueles compostos de vários documentos, encontradiços, *v.g.* nas incorporações imobiliárias e loteamentos – cada documento integrante de memoriais deve merecer um exame detido do oficial registrador?

Não há dúvida que sim. Em primeiro lugar cumpre assinalar, com Ricardo Henry Marques Dip,[42] que a qualificação do título principal não afasta a necessidade de exame de cada documento adjunto e necessário ao aperfeiçoamento da inscrição. Além disso, os chamados "títulos complexos", compostos de várias partes, a par de que eventualmente não dêem ingresso imediato no registro imobiliário, pressupõe todavia esse ingresso, razão pela qual, inescapavelmente, devem ser submetidos à apreciação discricionária do oficial registrador.[43] Assim, não se forrariam a esse exame tanto as cláusulas das convenções de condomínio, quanto as cláusulas dos contratos-padrão de parcelamento do solo urbano.

É sabido que a nulidade de algumas cláusulas não invalida o contrato. Quando a nulidade não atinge um ponto substancial, ou quando fulmina uma só parte, sendo possível distinguir inequivocamente aquela válida, a declaração de nulidade somente fulminará a parte defeituosa – *utile per inutile non vitiatur* – (CC art. 153). O mesmo aproveitamento existe quando faltem as condições de validade de um dado negócio jurídico, mas acham-se presentes as necessárias para um tipo diferente.[44] Ele será nulo e não produzirá os efeitos relativamente àquele negócio que exigia os requisitos faltantes, mas aproveita-se quanto ao que os dispensava. Se bem que em sede extra-registrária tudo isso possa ser verdadeiro, o fato é que o quadro muda de figura diante do *dever-poder* do oficial registrador de controlar a legalidade dos títulos

39. Afranio de Carvalho, in *Registro de Imóveis*, 3ª ed., Forense, 1982, p. 270.

40. *Apud* Jose Maria Chico y Ortiz, ob. e loc. cits.

41. Cf. Hedemann, *apud* Jose Maria Chico y Ortiz, ob. e loc. cits.: "(*omissis*) o pesado princípio de legalidade foi superado, elegendo-se, como base para a inscrição, o consenso abstrato das partes, liberando-se de todo aparato da causa *praecedens*". Não se ignora que, no sistema brasileiro, o registro é constitutivo do direito real, diferentemente do sistema espanhol – onde, por óbvio, a questão do aperfeiçoamento do título antes do registro tem uma maior relevância, conforme registram os autores, inclusive os aqui citados. Feita a ressalva, reafirma-se, contudo, as conclusões acima expendidas.

42 Ob. cit., p. 54: "Tampouco se restringe o juízo qualificador ao título ordinário (ou principal), estendendo-se aos acessórios (ou complementares)". Cf. ainda Jose Maria Chico y Ortiz *et. al.*, *Temas de Derecho Notarial y Calificación Registral del Instrumento Público*, Montecorvo, 1972, p. 193, *apud* Ricardo Henry Marques Dip, loc. cit.

43. A propósito, cf. a doutrina precisa de Afranio de Carvalho, ob. cit. p. 275.

44. Caio Mario da Silva Pereira, *Instituições*.

que lhe são submetidos à apreciação – mormente em face do compromisso de venda e compra, "preconcebido e acionado precisamente para transformá-lo em verdadeira cidadela, de onde o adquirente defenderá comodamente seus direitos, sem se expor a azares judiciais comuns".[45] Ademais, nunca é demais lembrar que à parte os elementos pessoais e obrigacionais de um título, além dos formais, encontramos os reais, que são, nomeadamente, numa compra e venda, o preço e a coisa,[46] e quanto ao primeiro, induvidoso que deva ser certo e determinado. Os maiores problemas que cercam os contratos-padrão relacionam-se com o preço, conforme se verá amiúde logo abaixo. Não se mantém, portanto, o argumento de que a parte dispositiva do contrato, quando relacionada especificamente com o preço avençado no negócio, deva passar ao largo das preocupações e atenções do registrador em face da legislação protetiva do consumidor.

Mais concretamente, vamos analisar alguns aspectos polêmicos do exame, pelo registrador, do contrato-padrão.

Muito se tem discutido acerca da viabilidade de rateio dos valores utilizados na urbanização de parcelamentos do solo urbano.[47] Em síntese, argumenta-se com a inexistência de qualquer vedação da Lei 6.766/79 que pudesse impedir os loteadores de consignar, nos contratos de compromisso de venda e compra, cláusula estabelecendo o rateio, entre os adquirentes dos lotes, dos custos de obras de infra-estrutura que forem obrigados a executar por força da legislação municipal e federal. Não havendo qualquer dispositivo que proíba o repasse do custo de tais obras, não caberia ao registro imobiliário recusar o contrato-padrão que contivesse cláusula específica nesse sentido. A tese foi reafirmada na representação datada de 13.7.94, formulada pela ARISP – Associação dos Registradores Imobiliários de São Paulo,[48] ampliando-se, ali, o rol dos excelentes argumentos que dão arrimo àquela tese básica. Sumariando-as, temos:

a) Não há qualquer dispositivo legal na legislação federal do parcelamento do solo urbano que proíba o repasse do preço das obras de infra-estrutura e outras que o loteador introduzir no loteamento.

b) O art. 40 da Lei 6.766/79 estabelece que a Prefeitura Municipal ou o Distrito Federal, quando for o caso, que promover a regularização de parcelamentos, obterá judicialmente o levantamento das prestações depositadas, a título de ressarcimento das importâncias dispendidas com equipamentos urbanos necessários para regularizar o loteamento ou desmembramento. Se os custos das obras de infra-estrutura não estiverem previstos no contrato (para serem pagas pelos adquirentes), como a Prefeitura Municipal haverá de cobrá-las? O recebimento, pura e simples, do preço dos terrenos não possibilitará o ressarcimento do custo das obras.

c) A cobrança das obras de benfeitorias podem ser cobradas no caso das incorporações e condomínios, por que não haveria de valer a regra para os loteamentos?

d) O registro imobiliário é instrumental. Não cabe aos registradores o exame de legalidade de cláusulas contratuais, o que compete ao Poder Judiciário. O registrador não é agente credenciado para a proteção do consumidor.

45. Afranio de Carvalho, in "Loteamento e seu Registro", *RDI* n. 8.

46. Jesús López Medel, in *Propriedad Inmobiliaria y Seguridad Jurídica – Estudios de Derecho y Sociologia Registral*, CRPM – Centro de Estudios Registrales, 1995, p. 35, Madrid.

47. Diógenes Gasparini, in *O Município e o Parcelamento do Solo*, 2ª ed., Saraiva, 1988, pp. 97-98. Cf. ainda Gilberto Valente da Silva, em artigo publicado no *Boletim do IRIB* n. 89, de outubro de 1994, "Obras de infra-estrutura do loteamento – possibilidade de cobrança de seu custo dos compromissários compradores de lotes".

48. *DOJ*, de 4.4.95

8. Nulidade "pleno iure" das disposições contratuais que estabeleçam o rateio dos valores utilizados para urbanização apurados "a posteriori"

Uma primeira distinção é necessária para enfrentar as bem fundadas razões acima expostas: *nunca* se cogitou de impedir que o custo das obras de infra-estrutura fosse repassado aos futuros adquirentes. Impedir o repasse desses custos, ou mesmo sustentar a impossibilidade de fazê-lo, soa desarrazoado, mesmo aberração, e não mereceria maiores considerações não fosse a insistente reiteração de um argumento que peca pela origem – ao deslocar a questão realmente importante, consistente na *forma* em que se dará dito repasse, e na *determinação* do valor devido a cada tempo. O problema não reside, portanto, no repasse – numa economia capitalista não se imagina que uma empresa loteadora possa atuar no mercado, colocando à venda lotes *urbanizados*, e não possa auferir com isso o maior lucro possível, obedecidas as regras do jogo.

O que importa aqui, na verdade, é que o custo dessas obras de infra-estrutura deverão integrar, indissociavelmente, o preço do lote – a uma porque a lei exige no art. 26, IV, da Lei 6.766/79 *preço certo e determinado*. Ademais, insista-se, o comprador está adquirindo um lote urbanizado (apenas que a lei consente que as obras de infra-estrutura se completem em até dois anos após o lançamento do empreendimento) e essa pretensa dissociação (lote-terra bruta X obras de urbanização), a ensejar a cobrança separada, não se coaduna com a sistemática da lei que, rendendo-se aos objetivos de proteção ao adquirente, reforça as garantias necessárias para o cumprimento das obrigações do loteador justamente na realização e execução das obras exigidas pela lei municipal. Acaso seria possível adquirir somente o lote de terreno, se o quisesse, abrindo mão o adquirente das obras de infra-estrutura? E o adquirente que quisesse adquirir o lote à vista?

As despesas com as obras de infra-estrutura deverão, sim, ser repassadas aos adquirentes, e a forma prevista pela lei é através da sua integração e composição no preço do lote urbanizado.

Amiúde se encontra a afirmação e o entendimento de que as obras mínimas exigidas pela lei federal (art. 18, V, da Lei 6.766/79 – vias de circulação, demarcação de lotes, quadras e logradouros, escoamento de águas pluviais) são *obrigatórias* e de inteira responsabilidade do loteador-empreendedor, porque realizadas necessariamente *antes* do lançamento do empreendimento, razão pela qual não poderia repassar os custos aos adquirentes, e outras, que pudessem ser suplementarmente exigidas pela municipalidade, não cabendo àqueles empreendedores senão a responsabilidade pela execução, repassando os seus custos aos adquirentes. Contudo, nada há na lei, rigorosamente, que permita vincar que, em ocorrendo a primeira hipótese, a responsabilidade financeira pela execução de sobreditas obras seria exclusiva do loteador, ao passo que na segunda deveria, ou poderia, ser dos adquirentes. A Lei não distingue as hipóteses sob esse aspecto. Trata, tão-somente, da execução das obras no tempo, vale dizer: *antes ou depois* do registro. Em ambos os casos estamos diante de uma única e mesma exigência de cunho legal e urbanística, dirigida à própria administração pública municipal na aprovação do empreendimento de parcelamento do solo urbano. São, portanto, legais e obrigatórias *todas* as obras exigidas pela legislação municipal sancionadora do projeto, normas municipais estas que incluirão, *no mínimo*, aquelas já referidas – sem o que não se pode propriamente falar em loteamento. O que a lei visou obviar é a prática, que foi comum antes do advento do Decreto-lei 58/37 – e mesmo após, e ainda na vigência da atual LPSU encontramos deploráveis exemplos disso – de lançamento de empreendimentos no mercado sem as mínimas condições de habitabilidade e higidez de integração na trama urbana. Se admitirmos que as obras que a Lei 6.766/79 define como mínimas e *obrigatórias* (vias de circulação, demarcação de lotes, quadras e logradouros, escoamento de águas pluviais) sejam de exclusiva responsabilidade do loteador, sob o argumento de que são ônus a ele impostos expressamente pela lei – razão pela qual não se admitiria o repasse aos adquirentes – de onde se tira a ilação de que as outras obras e melhoramentos (desde que exigidas pelo ato de aprovação do parcelamento pela administração pública) não o sejam? O preço do lote, em ambos os casos, deve ser *certo e determinado,* previamente definido pelo loteador empreendedor, pouco importando o fato de que possa lançar no mercado o empreendimento pronto, com todas as obras concluídas, ou que possa realizá-las no prazo máximo de dois anos.

Em abono da tese da possibilidade de repasse[49] argumenta-se com a imprevisibilidade de uma economia instável e inflacionária como foi a nossa ao longo dos últimos anos, tornando extremamente complexo o planejamento do empreendimento e a apuração dos custos reais do parcelamento – mormente se as obras exigidas realizam-se no prazo máximo de dois anos. Contudo, é possível argumentar: se empresários especializados no ramo imobiliário não puderem operar no mercado com previsibilidade, garantindo-se contra as desvalorizações monetárias (utilizando-se de mecanismos que o próprio mercado engendra) quem haverá de fazê-lo? Com certeza, *não* os adquirentes dos lotes... Repassar a estes os custos das obras de infra-estrutura, como amiúde se preconiza, é também repassar o ônus e o risco de um eventual insucesso empresarial – isto na melhor das hipóteses.

O fato é que a inflação renitente criou mecanismos para apuração e determinação dos valores todos que serão dispendidos na consecução de um empreendimento imobiliário dessa natureza, cujo montante pode perfeitamente ser repassado aos adquirentes, que terão suas prestações corrigidas segundo critérios previamente estabelecidos no contrato, atingindo o equilíbrio entre as partes contratantes. De outra forma, estamos diante daquela funesta criação genuinamente brasileira: o capitalismo sem risco.

Concluindo, podemos afirmar que o repasse dos custos das obras de infra-estrutura é perfeitamente legal e admissível – desde que integrem, de forma certa e determinada, o preço do lote. Admite-se, até mesmo, que o preço possa ser certo e *determinável,* pois nas dívidas indexadas, a prestação devida não é determinada, porém *determinável* a cada tempo, segundo os critérios que hão de ser previamente definidos no contrato.

Aqui se coloca precisamente a questão: pode o registrador recusar a registro parcelamentos do solo urbano cujos contratos-padrão prevejam o repasse do custo das obras de infra-estrutura aos adquirentes sem que esses valores integrem a prestação? Pode avaliar serem abusivas, portanto *nulas pleno iure*, as cláusulas assim redigidas, recusando-as?

Concretamente essa questão tem sido enfrentada pelo registradores paulistas. Já em setembro de 1993, houve no Segundo Registro Imobiliário de Franca,[50] São Paulo, a recusa de registro de loteamento cujo contrato-padrão feria não só dispositivos legais da Lei 6.766/79, sua própria sistemática, e ainda – e principalmente – o Código de Defesa do Consumidor. À parte a novidade de colocar a problemática da defesa do consumidor no contexto das preocupações do registrador – o que já se torna corriqueiro e pauta obrigatória nas discussões da unificação européia, e demais países desenvolvidos, conforme brevemente

49. Cf. Gilberto Valente da Silva, loc. cit. e Diógenes Gasparini, in *O Município e o Parcelamento do Solo*, 2ª ed., Saraiva, 1988, pp. 97-98.

50. Cf. consulta formulada pelo Registrador Interventor em 3.9.93, Proc. CP 165/93.

se verá *infra* – o fato é que os juízes paulistas, em sua atividade atípica, no âmbito de cognição administrativa, têm estimado perfeitamente coerente e admissível o controle de cláusulas abusivas no contrato padrão, nos termos do Código de Defesa do Consumidor – ao menos no que toca ao repasse dos custos de obras de infra-estrutura aos futuros adquirentes de lotes urbanos e à cobrança de taxa de administração pela implantação das obras e serviços exigidos pela legislação municipal sancionadora do projeto.

Assim, decidindo a provocação feita pelo registrador de Franca, já referida, o ilustre magistrado Élcio Trujillo, corregedor permanente daquele registro predial, fixou que o CDC é compatível com a Lei de Parcelamento do Solo Urbano, e que a relação que se estabelece entre o adquirente de lote urbano e o loteador-empreendedor é tipicamente uma relação de consumo, razão pela qual entende que devam as cláusulas do contrato-padrão ser analisadas pelo registrador, tendo afinal concluído pela irregistrabilidade do loteamento naquelas condições.[51]

Posteriormente, respondendo à consulta formulada pela ilustre e mui representativa Associação dos Registradores Imobiliários de São Paulo, a Egrégia Corregedoria-Geral da Justiça de São Paulo, em decisão à qual se imprimiu caráter normativo para todo o Estado,[52] decidiu que "não é de ser registrado o parcelamento quando o contrato-padrão referido no artigo 18, VI, da Lei Federal 6.766 de 19 de dezembro de 1979, contiver cláusula que repasse para os futuros adquirentes dos lotes o custo com as obras de infra-estrutura que devem ser obrigatoriamente realizadas pelo loteador, ficando ainda claro que o preço dos lotes deve ser certo e determinado, cumprindo que o adquirente possa conhecê-lo previamente, assim como a importância devida em moeda corrente nacional, ou ainda o prazo, forma e local de pagamento".[53]

51. O ilustre magistrado, em extensa e bem fundamentada decisão, onde inclusive tece interessantes considerações sobre o caráter de serviço público do registro imobiliário, deixou consignado a incidência do CDC nas relações de consumo que têm por objeto lotes urbanos oriundos de parcelamentos regulares do solo, no contrato-padrão e no controle das cláusulas abusivas que vistosamente contrariem a legislação de ordem pública – inclusive como fator impediente de pretensão a registro de loteamentos. No tópico do repasse dos custos aos adquirentes, deixou registrado: "Isto porque, conforme já indicado no início, sendo o contrato regido por regras de ordem pública e, conseqüentemente, dentro do interesse público, fato que ficou mais seguro com o advento do Código de Defesa do Consumidor, todas as condições devem ficar certas em contrato, podendo, inclusive, sofrer a declaração de parte da autoridade pública no sentido de restabelecer a igualdade no tratamento das condições (*omissis*). Se o loteador-empreendedor resolve lotear determinada área e colocar à venda aquilo que lhe pertence, logicamente que pretende ser ressarcido dos valores todos utilizados – preço da terra e serviços realizados ou implantados e, portanto, realizados antes ou depois do registro, pouco importa, posto que serão efetivamente incluídos na composição do preço, que incluirá, naturalmente, o correspondente lucro no negócio. Portanto, não se discute aqui com tal cláusula, se pode ou não cobrar, sendo entendida pertinente a cobrança, vindo, portanto, embutida no preço e com a correção na forma também contratada e já disciplinada na presente decisão. Discute-se, sim, sobre a forma errônea de lançamento, onde todo o ônus surge ao comprador-consumidor.... (*omissis*)". Élcio Trujillo, sentença proferida em 18.11.93, Proc. CP. 165/93.

52. Proc. CG 1816/94, Capital, *DOJ*, 4.4.95, Parecer do Dr. Marcelo Martins Berthe aprovado pelo Exmo. Sr. Dr. Des. Antonio Carlos Alves Braga.

53. Os argumentos desenvolvidos pelo ilustre parecerista podem ser assim resumidos: 1) o preço deve ser certo e determinado, cumprindo seja prévia e inteiramente conhecido do adquirente, nos termos do art. 26 da LPSU; 2) Reconhece a inteira aplicação à espécie do CDC: "De outra parte o *Código de Defesa do Consumidor* tratou dos contratos de venda e compra de imóveis, mediante pagamento em prestações, reconhecendo configurada *relação de consumo* quando, *v.g,* o vendedor for o loteador e o adquirente o destinatário final do imóvel adquirido. Neste caso o loteador é considerado *fornecedor* e o adquirente *consumidor*, ambos como definido em lei. Esse referido diploma legal, que como visto tem plena aplicação à espécie (*omissis*). Decorre que atualmente, não bastasse a lei do parcelamento do solo urbano, também o *Código de Defesa do Consumidor* apresenta-se como um óbice intransponível à pretensão de repassar os custos das obras de infra-estrutura aos ad-

Essas decisões administrativo-registrais espelham uma mudança de orientação e enfoque nos registros imobiliários, mais consentânea com as crescentes preocupações protetivo-sociais dos adquirentes em mercados em constante expansão, mercados que se irradiam e já transcendem, até, os limites nacionais, vencendo todas as barreiras, quer culturais, religiosas e econômicas, superando conceitos caros à própria teoria política, como é o caso da *soberania* – vide, p. ex., a Comunidade Européia, sua legislação comunitária, o Nafta, o próprio Mercosul etc. *Pari passu* com essas transformações, nossos tribunais já espelham essa realidade, multiplicando-se as decisões jurisdicionais perfeitamente sincronizadas com os novos tempos, onde a prevalência do interesse público, a proteção ao consumidor, aos interesses difusos, ao meio ambiente etc. passam a ter o merecido destaque. No nosso caso concreto – repasse dos custos de obras de infra-estrutura em loteamentos – vamos verificar algumas decisões que se orientam pelo mesmo diapasão:

O Eminente Desembargador José Osório, da 18ª Câmara Cível do Egrégio Tribunal de Justiça de São Paulo, relatando a Ap. Civ. 108.252-2, de Jundiaí, que guarda bastante similitude com o caso aqui tratado, consignou: "A disposição da cláusula 9ª é francamente genérica e incompatível com o rigorismo e precisão exigidos pela lei (artigo 26) nesse tipo de contrato, sob a forma de oferta pública. Com efeito, inconcebível que a lei exigisse tantos pormenores expressos no contrato quanto ao preço (forma e local de pagamento, valor do sinal, limite da multa, taxa de juros etc.) e deixasse em aberto a possibilidade de o loteador se reembolsar de despesas com obras elementares do loteamento, como é o caso de guias e sarjetas. Seria dar um cheque em branco ao loteador".[54]

No mesmo sentido, há o julgado da 9ª Câmara Cível do eg. Tribunal de Justiça de São Paulo, da lavra do Eminente Desembargador Ricardo Brancato, assim ementado: "Repasse do custo das obras de infraestrutura aos futuros adquirentes – Inadmissibilidade – Direito Urbanístico – Despesas inerentes ao loteamento – Recurso não provido".[55]

Ainda recentemente, em novembro de 1994, o Eminente relator da Ap. Civ. 244.190-2/3, de Ituverava, Ruy Coppola, registrou o expressivo entendimento de que o custo das obras de infra-estrutura, realizadas pelo loteador, não pode ser repassado ao adquirente, embora nem se cogite aqui da aplicação do CDC, que não tem efeito retrooperante (o contrato é anterior à vigência daquele diploma legal). *In verbis:* "Se a Lei 6.766/79 obriga o loteador a executar obras mínimas de infra-estrutura, imprescindíveis mesmo à tipificação de um loteamento, se a legislação municipal tem o poder de acrescer outras obras que serão suportadas pelo loteador, não se vislumbra como o custo delas pode ser repassado ao adquirente do lote posteriormente, pois o que se vende, o que se transmite é um lote, urbanizado. Se essa transferência de custos é admitida, só o pode ser desde que incluída no preço do lote, sabendo o adquirente qual o valor da prestação (lote + benfeito-

quirentes de lotes". 3) O limite do que pode ser objeto de livre disposição de vontade nos contratos que tais é a observância dos preceitos de ordem pública editados para a defesa dos consumidores. "A propalada liberdade para contratar, portanto, no caso, deve estar subordinada às avultantes regras de ordem pública". 4) Afasta o paralelo proposto pela entidade consulente entre os princípios e disposições legais que regem o parcelamento do solo urbano (Lei 6.766/79) e o condomínio em edificação (Lei 4.591/64), por inteira inaplicabilidade recíproca (cf. *RJTJESP* 104/181); 5) Por fim, estima que embora o registrador deva preocupar-se precipuamente com os princípios que informam o direito registrário, não deve deixar de buscar a *segurança jurídica*, não lhe escapando, por conseguinte, "quaisquer atos que sejam perante ele praticados, ou que se lhe submetam ao exame".

54. *RJTJESP* 104/181. V. tb. *RT* 613/77 e Wilson Bussada, in *Loteamento e Parcelamento do Solo Urbano*, Liber Juris, 1989, pp. 40-43.

55. Ap. Civ. 213.023-2, Marília, *JTJ* 160/151.

rias + lucro), (*omissis*). Tampouco se argumente com a livre disposição das partes em negociarem as cláusulas contratuais. O contrato é regido por regras de ordem pública e dentro do interesse público deve ser examinado. Se o loteador é um empresário, alguém que visa lucro, o que se admite em regimes capitalistas, está vendendo algo de sua propriedade, buscando, por certo, receber o valor do que é transmitido e um lucro pelo empreendimento, por ele entendendo-se tudo aquilo que o integra (valor da terra, custos, obras e serviços). É com a fixação do preço que se constatará o lucro do empreendedor. O que se não pode admitir é que todo o encargo de algo que onere o empreendedor seja transferido ao adquirente do lote, ficando o primeiro isento de qualquer responsabilidade e sem risco, aliás o que é de preferência daqueles investidores brasileiros, acostumados ao ombro governamental amigo, pronto a receber e suportar as lágrimas da decepção pelo empreendimento malsucedido".[56] Aliás, é de se anotar que esta importante decisão sustenta o relevante entendimento de que, independentemente da aplicação do Código de Defesa do Consumidor, e mesmo anteriormente à sua vigência, o repasse dos custos de obras de infra-estrutura em loteamentos seria írrito, ferindo a Lei 6.766/79, contrariando a sua sistemática, além de afrontar os princípios de ordem pública que informam e consubstanciam as relações jurídicas de consumo. Uma aplicação sensata de regras de hermenêutica permitiria essa mesma conclusão.

Não é outro o entendimento esposado pela colenda 19ª Câmara Cível do egrégio Tribunal de Justiça de São Paulo na Apelação Cível 246.554-2/0, de Ituverava, que pelo seu eminente relator, Pereira da Silva, assim se manifestou: "Ademais, se a obrigação da loteadora de executar as obras de equipamentos urbanos é de cunho legal, em primeiro plano, não pode ela a título de invocar a solidariedade vislumbrada na lei municipal, transferir a responsabilidade, originariamente sua, aos solidariamente obrigados. Impunha-se-lhe a realização das obras a custa própria e isto porque, ao programar, projetar, registrar e realizar o empreendimento, já tinha pleno conhecimento de suas obrigações a respeito de tais obras de modo que, no preço dos lotes, já deveria ter embutido o preço das obras que estava obrigada a realizar. (*omissis*) Ora, o que se entendeu naquele julgamento de primeiro grau, foi permissão para o loteador embutir no preço do lote o valor das obras a serem realizadas. Equivale dizer, é permitido ao loteador repassar no preço dos lotes o custo da realização da infra-estrutura a que está obrigado o loteador e nem poderia ser de outra maneira. No entanto, isto não quer dizer que além do preço convencionado para o lote de terreno, possa o loteador transferir aos adquirentes a obrigação de pagar as futuras obras de implantação dos equipamentos urbanos. Por outras palavras, no preço do lote já devem estar incluídas as despesas com sua urbanização. (*omissis*) Por outro lado, assenta-se a r. sentença recorrida nos princípios norteadores da celebração dos contratos. Dentre eles se deu ênfase à autonomia da vontade e à obrigatoriedade dos contratos. Contudo, em sede de parcelamento do solo urbano, assume especial relevância o princípio da supremacia da ordem pública e isto porque a Lei n. 6.766/79 é de ordem pública o que retira do particular parcela considerável da autonomia da vontade porque as partes não são tão livres para contratar devendo ser observadas as restrições legais sobre as quais as partes não podem dispor. E as normas da Lei 6.766/79 são de ordem pública e, portanto, cogentes e sobre elas não podem prevalecer ajustes contratuais que com ela conflitem. (*omissis*) O contrato que impõe a transferência da obrigação legal do parcelador do solo aos adquirentes, além do preço do lote, viola a Lei n.

56. Ap. Cível 244.190-2/3, Ituverava, SP, 29.11.94, Rel. Ruy Coppola.

6.766/79, de ordem pública e, portanto, cogente, prevalecendo o imperativo legal sobre o princípio da autonomia e liberdade de contratar. Ainda que o contrato preveja tal obrigação de custear as obras enfocadas, a cláusula é nula por ser *contra legem* o que torna inexigível a obrigação assumida pelos adquirentes e se traduz em burla aos preceitos legais".[57]

Os tribunais gaúchos têm marcado essa posição firmemente. Vale a transcrição de um pequeno trecho da decisão proferida pela egrégia 5ª Câmara Cível do Tribunal de Justiça do Rio Grande do Sul, no julgamento da Apelação Cível 585031552,[58] de Porto Alegre, relatada pelo então Desembargador, hoje Ministro do E. Superior Tribunal de Justiça, Ruy Rosado de Aguiar Júnior: "A Lei n. 6.766/79 foi editada exatamente para evitar a proliferação de loteamentos efetuados sem a menor preocupação com os equipamentos urbanos indispensáveis, propiciando a localização de moradias em glebas desprovidas das mínimas condições de habitabilidade, forçando depois os municípios a construírem por conta do erário aquilo que o loteador deixou de fazer, apesar de ter lucrado na venda e ainda auferindo vantagens pela execução das obras públicas que valorizam os lotes remanescentes. Por isso, este diploma determina que o loteador apresente um projeto de urbanização e lhe impõe o dever de fielmente executá-lo, permitindo ao comprador não efetuar o pagamento das prestações quando verificar que não está sendo regularmente executado (art. 38) e garantindo ao município o ressarcimento daquilo que depender para implantar os equipamentos urbanos necessários à regularização do loteamento (art. 40, § 1º). No momento em que o loteador repassa ao comprador a primeira das suas obrigações, que é a abertura e o calçamento das novas vias públicas, está indevidamente transferindo obrigação que é só sua, violando os motivos, os princípios inspiradores e todo o sistema legal introduzido pela nova legislação que procura proteger não apenas o comprador contra a aventura dos loteamentos que sequer existem materialmente no solo, mas defender também o interesse público de que não se formem aglomerados populacionais antes de oferecidas condições mínimas de habitabilidade, isto é, antes de urbanizadas. A nova lei condiciona a ação de lotear ao prévio atendimento de exigências de interesse público e por isso mesmo estreita o âmbito de liberdade, o que faz exatamente para evitar os abusos tão conhecidos. Não vale argumentar, pois, com a cláusula contratual que permite a transferência de tal encargo ao comprador pela razão singela de que essa disposição colide com o sistema legal vigente ao tempo em que foi lavrado o contrato. Admitir o contrário, seria oportunizar, via Judiciário, a frustração de todo o esforço legislativo e administrativo feito para sanear essa complexa questão social e econômica, seria permitir a continuidade do retalhamento irregular do solo urbano a benefício exclusivo do lucro. Assim, é nula a cláusula XI do contrato porque demonstra que o loteador não está executando o loteamento, nem sequer na mais mínima porção, que é a de abrir e calçar as vias públicas".

A partir da decisão referida, e com base no voto vencido do Desembargador Sérgio Pila da Silva, sobrevieram embargos infringentes,[59] que restaram rejeitados, figurando como relator o Desembargador Luiz Fernando Koch, com a seguinte argumentação no voto condutor: "A indagação está em saber se o preço dessas obras pode ser repassado ao comprador do lote ou não. Em tese, porque as partes podem dispor livremente em torno do preço dos lotes em venda, a resposta seria afirmativa. Há a considerar, entretanto, o caráter de ordem

57. Ap. Cível 246.554-2/0, Ituverava, Rel. Pereira da Silva, v.u., publ. *BDI* 18/15-17.

58. *RJTJRGS*, v. 115, pp. 373-376.

59. *RJTJRGS*, v. 116, pp. 169-174.

pública da Lei 6.766/79. Isso porque, além de disciplinar o parcelamento do solo para fins urbanos, visa, de certa forma, por uniformização de normas, a proteger os adquirentes dos lotes, a mais das vezes pessoas de baixo poder aquisitivo. Decorre daí que o compromisso de compra e venda deve, segundo o art. 26, conter requisitos mínimos. Entre eles, está o preço, que deverá encerrar especificações de prazo, forma e local de pagamento, bem como a importância do sinal (inc. IV). As obras de circulação, e é isto que se está exigindo da autora (fl. 33), podem integrar o preço do imóvel vendido. No entanto, tal como se apresenta a pretensão da loteadora, o preço tornou-se incerto ou indeterminado, pois que não especificado desde logo no contrato. Pelo contrário, vem a ser exigido mais de ano após sua assinatura. Afronta-se, desse modo, o art. 26, que exige preço certo e determinado, quando, então, poderia ser incluída a parcela atinente às obras de infra-estrutura. O comprador estaria, assim, capacitado a avaliar, desde logo, em torno da conveniência ou não do negócio. Não ficaria sujeito a acréscimos praticamente aleatórios para sua compreensão e fiscalização. Contra isso opõe-se o citado preceito. E, por tal razão, relevando-se, ainda, que nos contratos de adesão, como no caso, a interpretação, na dúvida, favorece o aderente, impõe-se reconhecer a nulidade da cláusula contratual".

Tal decisão, à parte de reconhecer a nulidade vistosa do repasse dos custos das obras de infra-estrutura aos adquirentes, registra que o contrato de compromisso de compra e venda é um contrato de adesão, e, independentemente do CDC, sua interpretação, em caso de dúvida, há de favorecer o aderente.

No tópico do repasse dos custos de obras de infra-estrutura, recolhem-se outras decisões, basicamente com a mesma orientação – afronta ao art. 26 da LPSU, que exige preço certo e determinado; depressão do princípio da autonomia da vontade em face das normas e princípios de ordem pública, consubstanciados nos dispositivos legais que tratam do parcelamento do solo urbano e da defesa do consumidor, além de outras razões que se justificam teleologicamente pelo sentido protetivo-social da legislação aplicável etc. – razão pela qual não há por que se estender demasiadamente sobre o tema.[60]

9. *A cobrança pela Prefeitura Municipal para regularização dos parcelamentos*

Afirmou-se que o art. 40 da Lei 6.766/79 estabelece que a Prefeitura Municipal ou o Distrito Federal, quando for o caso, que promover a regularização de parcelamentos, obterá judicialmente o levantamento das prestações depositadas, a título de ressarcimento das importâncias despendidas com equipamentos urbanos necessários para regularizar o loteamento ou desmembramento. Se os custos das obras de infra-estrutura não estiverem previstos no contrato (para serem pagas pelos adquirentes), como a Prefeitura Municipal haverá de cobrá-las? O recebimento, pura e simples, do preço dos terrenos não possibilitará o ressarcimento do custo das obras.

A questão poderia ser enfocada sob outro prisma, aliás coerentemente com as de-

60. Cf. Ap. Civ. 190069245, 2ª Câmara do TARS, Rel. Juiz Paulo Heerdt, v.u., publ. na *Rev. Direito do Consumidor*, v. 9, p. 144. Cf. ainda Agravos 589030998, TJRGS, Rel. Des. Ruy Rosado de Aguiar Jr. e 589036565, do mesmo Tribunal, Rel. Des. Elias Manssour. Ap. Civ. 190014498, 4ª Câmara Cível do Tribunal de Alçada do R.G.Sul: "Loteamento. Vias Públicas. Responsabilidade do loteador, que não pode ser transferida para o comprador. A Lei 6.766/79, ao dispor no art. 26, V, que o preço do lote há de ser certo e determinado, *ipso facto* veda a transferência ao comprador das despesas para implantação do arruamento, que sequer são conhecidas quando da aquisição do lote. Bem por isso é nula a cláusula do contrato que isso estabelece, mesmo porque leonina, ao deixar ao arbítrio de uma das partes, exatamente a mais forte no contrato de adesão, o poder de fixar ao seu talante o valor cobrado dos adquirentes a tal título".

mais conclusões aqui expendidas, já que se parte da premissa de que as despesas com obras de infra-estrutura *podem* e *devem* ser cobradas do adquirente, somente que deverão estar embutidas no valor das prestações, conforme já demonstrado. A partir dessa premissa – aliás a única perfeitamente aceitável em face da sistemática da própria Lei 6.766/79 para a regularização de parcelamentos pela prefeitura – clarifica-se a *mens legislatoris*. Senão, vejamos. Nos termos do art. 40 da Lei 6.766/79, para a regularização de parcelamentos a prefeitura poderá:

a) obter o levantamento das *prestações* depositadas, com correção monetária e juros (art. 38, § 1º cc. art. 40, § 1º);

b) caso não seja integralmente ressarcido, o município poderá exigir a parte faltante do loteador;

c) caso o loteador não cumpra, a prefeitura poderá receber as *prestações* dos adquirentes, até o valor devido.

Parece lógico que a lei falando em *prestações,* com o significado preciso e determinado que lhe empresta, não se há de confundir com outros valores – *v.g.* aqueles relativos a melhoramentos e obras de infra-estrutura. Assim, decidindo acerca da pretensão da municipalidade de ver depositadas, nos termos do art. 38, § 1º da Lei 6.766/79, as parcelas relativas a preço dos melhoramentos e obras de infra-estrutura de determinado loteamento, a Egrégia Corregedoria Geral da Justiça de São Paulo, a partir de parecer oferecido pelo magistrado Vito José Guglielmi, decidiu que tais valores *não podem ser considerados como prestações* em sentido estrito, a autorizar, assim, o depósito nos termos do citado dispositivo legal. Decidiu mais, avaliando cláusulas que estabelecem cobrança de valores indeterminados e taxa de administração – que pela inteira pertinência ao tema deste trabalho, transcrevemos: "Pretende a municipalidade – face à não execução das obras sejam os pagamentos efetuados perante o oficial na forma do art. 38, § 1º, da Lei 6.766/79. Recusou o oficial o pagamento sob o fundamento de que a parcela cujo pagamento se pretende fazer não se refere ao preço do lote, mas ao dos melhoramentos, o que lhe é vedado, já que a tanto a lei não permitiu. (*omissis*) Ora, se essas obras lhe são obrigatórias por força da legislação federal – e somente assim viabilizada a aprovação do projeto – força convir que se trata de ônus a ele imposto e, portanto, incluídos no preço de aquisição do lote. Por tais obras não poderá nada cobrar o loteador dos adquirentes, ou deverão nele estar incluídas, sem fixação de custo ou variação. Pelo termo de compromisso, todavia, a mais se obrigou o loteador (*omissis*). E para tanto determinado valor cobrou dos compromissários compradores, acrescido de taxa de administração (cláusulas...), meramente estimativo, sujeitando-os à variação dos custos. Sem embargo da manifesta ilegalidade da cláusula (verdadeiramente leonina, ao obrigar ao pagamento por valor indeterminado, e com cominação em caso de inadimplemento, condicionando outorga da escritura), não há como se admitir a subsunção do dispositivo legal (art. 38, § 1º, do referido diploma), pois como acertadamente sustenta o *Diário Oficial* – não se referem elas ao pagamento do preço do lote".[61]

10. Similitude com as obras do condomínio

A cobrança das obras de benfeitorias podem ser cobradas no caso das incorporações e condomínios, por que não haveria de valer a regra para os loteamentos?

Não há qualquer semelhança no repasse dos custos de implantação de obras de infra-estrutura do parcelamento do solo urbano e a cobrança feita nas incorporações

61. Parecer do magistrado Vito José Guglielmi, Proc. CG 148/90, *DOJ*, de 6.9.90.

decorrentes da Lei 4.591/64. Naquela, como já anotado, o preço deve ser certo e determinado, e o próprio legislador enumera os requisitos mínimos de todo e qualquer parcelamento (art. 4º da Lei 6.766/79). Nas incorporações, ao contrário, há expressa previsão do sistema do preço de custo e a obra é construída com recursos dos condôminos, havendo, inclusive, comissão de representantes para a fiscalização, que pode acompanhar as obras e contratações feitas pelo incorporador, controlando balancetes, fiscalizando concorrências, contratando em nome do condomínio, fiscalizando arrecadação etc. (cf. art. 61 da Lei 4.591/64).

Frazão do Couto,[62] ao comentar a aziaga tramitação do projeto do Prof. Hely Lopes Meirelles pelo Congresso Nacional – que redundou no texto falho do Decreto-lei 271/67 – assinala a inexeqüibilidade da equiparação dos promitentes-adquirentes de lotes urbanos aos condôminos de edifícios em incorporações imobiliárias. Nesse mesmo sentido Toshio Mukai *et. al.*[63]

Aliás, a R. decisão da Eg. Corregedoria Geral da Justiça de São Paulo que dirimiu a questão relativa ao repasse dos custos de obras de infra-estrutura, afastou a inadequada aproximação com a lei de condomínios, fazendo remissão, inclusive, de decisão, igualmente referida aqui, da 18ª Câmara Cível do Tribunal de Justiça, relatada pelo Desembargador José Osório: "É de se lembrar que a problemática do loteamento difere muito da incorporação imobiliária. Nesta permite-se o custeio das obras. Mas com maior cautela; as obras e respectivos orçamentos são especificados, o andamento das obras é comunicado, etc. etc. (artigos 32, *h* e § 10º, 35, § 6º, 39, 43, I/VI, 48 e seguintes da Lei n. 4.591, de 1964 etc.). Na Lei de Loteamentos nada disso se vê, exatamente porque não há que se falar em reembolso de despesas".[64]

62. Sérgio A. Frazão do Couto, ob. cit. pp. 16-17.

63. Ob. e loc. cits.

64. Proc. CG 1816/94, já referido. Vide tb. Ap. Civ. 108.252-2, Jundiaí, *RJTJESP* 104/181.

11. O registro imobiliário é meramente instrumental? A defesa do consumidor e o registro imobiliário

Sobre ser ou não ser o registrador agente credenciado para a proteção do consumidor, merece um capítulo à parte. Não se pode ter a pretensão de esgotar o tema, que encerra dificuldades reconhecidas. Contudo, vão aqui algumas notas, sempre centradas no tema do contrato-padrão do parcelamento do solo para fins urbanos.

Em 28 de maio de 1992, reuniram-se em Málaga, Espanha, os registradores de várias partes do mundo, inclusive representantes do Brasil, para o IX Congresso Internacional de Direito Registral, cujo temário incluía a proteção registral dos consumidores nos negócios imobiliários. As conclusões a que chegaram acham-se publicadas no volume editado pelo Colégio de Registradores da Propriedade da Espanha, por seu Centro de Estudos Registrais,[65] destacando-se, para os efeitos deste trabalho, a primeira delas, que reflete a crescente preocupação com a tutela dos interesses dos consumidores na compra e venda de bens imóveis.[66]

65. Ponencias y Comunicaciones presentadas al IX Congresso Internacional de Derecho Registral, Colegio de Registradores de la Propriedad y Mercantiles de España – Centro de Estudios Registrales, 2 tomos, 1993.

66. "El acceso a la propiedad inmobiliaria de las clases medias y la libre circulación de personas entre diferentes países conduce a la consideración de los inmuebles como uno de los objetos de tráfico en que el adquirente debe tener la consideracíon de consumidor y, por tanto, ser protegido como tal. Por ello, el Registro Inmobiliario, en cuanto institucíon cuya finalidad es dotar seguridad a los negocios jurídicos sobre los bienes inmuebles, debe tener en cuenta esta nueva realidad social. En tal sentido, el IX Congresso Internacional de Derecho Registral ha llegado a las siguientes.

Conclusiones – Primera. – El Registro Jurídico Inmobiliario, como institucíon específicamente destinada a dotar de publicidad al tráfico de inmuebles, tiene especial importancia en la protección jurídica del consumidor, en cuanto a adquirente de dichos bienes y de derechos reales sobre los mismos.

Já assinalamos anteriormente que um dos direitos básicos do consumidor é o de proteção contra cláusulas abusivas (art. 6º, inc. IV do CDC). Mais importante ainda, os direitos dos consumidores acham-se inscritos no rol dos direitos constitucionais fundamentais (art. 5º, XXXII, CF/88), e a conjugação desse fato, com outro, constitucionalmente relevante – arg. do art. 170, V, da CF/88, que eleva a defesa do consumidor a princípio da ordem econômica – tudo isso conjugado acarreta o efeito de legitimar todas as medidas de intervenção pública necessárias à sua defesa. Dissemos "intervenção pública" propositadamente, ao invés de "intervenção estatal", que nos parece limitadora do amplo conceito de cidadania, não olvidando que, na atualidade, *consumidor* e *cidadão* são termos sinônimos.[67] Somente nesse sentido, pode-se compreender a atuação do registrador no atingimento da segurança jurídica, que é o elemento finalístico do sistema registral.

Ainda sob esse aspecto de ordem pública na aquisição da propriedade imobiliária, em especial no caso dos lotes oriundos de loteamento, é importante a *informação* adequada e clara sobre o produto, inclusive com especificação das características (especialidade) e obviamente o preço. A correta informação é direito do consumidor, e encontra seu fundamento no art. 6º, inc. III do CDC e de tão importante que é para a proteção do adquirente de imóveis, tem merecido o estudo dos hipotecaristas espanhóis no sentido de incluí-la entre os princípios registrais, pelo que se tem escrito sobre o "princípio registral" de informação.[68]

Por tanto, los principios contenidos en la Carta de Buenos Aires y las recomendaciones del VIII Congreso Internacional sobre información y orientación registral sirven también para la tutela jurídica de los consumidores. En este sentido, la calificación de tales aspectos la validez del negocio inscribible, cuando aquélla corresponda al Registrador según cada legislación nacional, debe tener en cuenta las normas imperativas sobre derechos de los consumidores.

Segunda. – Es conveniente superar la tradicional concepción de que solamente deben tener acceso al Registro los derechos reales ya formados y, en tal sentido, la publicidad registral debe ampliarse a los derechos reales en fase de formación y a las relaciones jurídicas de contenido obligacional a las que cada legislación nacional estime oportuno dotarlas de eficacia y trascendencia real.

Tercera. – El IX Congreso cree conveniente reiterar la necesidad de coordinación del contenido jurídico del Registro inmobiliario con los datos descriptivos de las fincas resultantes de los catastros, en los términos que ya declaró el IV Congreso Internacional en las conclusiones correspondientes a su Comisión Segunda.

Cuarta. – Es conveniente que el deudor pueda justificar, com plena seguridad, la existencia y la titurilidad de los bienes y derechos que contituyen su patrimonio, que éste pueda ser conocido, con la misma fiabilidad y exactitud por el acreedor que legítimamente pretenda hacer efectivo su crédito y, en este sentido, que tales necesidades, esenciales en una comunidad moderna, se atiendan por una eficaz organización de la publicidad formal de los Registros Jurídicos de Inmuebles, mediante la utilización de técnicas informáticas.

Quinta. – Es conveniente que el contenido del Registro pueda incluir datos que, sin resultar esenciales el punto de vista de la eficacia legitimadora de sus asientos, son útiles para una mejor información de quien acude el contenido y la titularidad de los derechos inscritos.

Es este sentido, la técnica del Derecho registral debe intentar conseguir, cuando ello fuere conveniente, la distinción entre la publicidad registral con eficacia legitimadora y la publicidad con efectos de simple información. Jorge Horacio Alterini (Argentina) – Manuel Amorós (España) – Rafael Arnaiz (España) – Eleonora Casabé (Argentina) – Gabriel Gracera (España) – José Augusto Mourteira Guerreiro (Portugal) – Lima Frederico Viegas (Brasil) – Mario Saborio (Costa Rica) – Oscar Salas Marrero (Estados Unidos).

67. Cf. Martínez de Aguirre, que equiparava a Europa dos cidadãos a dos consumidores, citado por Luis Mª Cabello de los Cobos y Mancha, in *La Protección Inmobiliaria del Consumidor en la Comunidad Europea*, CRPM de Espanha, Centro de Estudios Registrales, p. 169.

68. Cf. Luis Mª Cabello de los Cobos y Mancha, in *La Protección Inmobiliaria del Consumidor en la Comunidad Europea*, CRPM de Espanha, Centro de Estudios Registrales, p. 169: "Ahora bien, si, como hemos dicho, siguiendo a Chico y Ortiz, la publicidad formal 'hace efectiva la publicidad material', conscientes de que publicidad formal e la publicidad material son dos aspectos de un mismo principio, en cuanto la forma es el aspecto externo de la materia, requiere éste de un nuevo complemento, cual es el de la apreciación técnica del contenido que la publici-

Em recente estudo publicado pelo *Colegio de Registradores de la Propriedad y Mercantiles de España,* por seu *Centro de Estudios Registrales,* Luis Mª Cabello de los Cobos y Mancha[69] sustenta que o princípio de segurança jurídica imobiliária e a tutela efetiva dos interesses sociais e privados em jogo, fazem necessário, sempre por razões de ordem pública, que se adotem medidas suficientes para que, ao lado da jurisdição contenciosa, se atinjam plenamente a segurança jurídica e a tutela dos interesses sociais por meio de adequada informação aos consumidores. Como não é em todos os casos que essa segurança e tutela se concretizam – e nem é por ausência de meios legais – o registrador de Las Palmas sustenta que uma das chaves para a realização e eficácia desses princípios e fins, é precisamente a informação: "La información, pues, ayuda a erradicar de nuestro sistema inmobiliario los supuestos de fraude, y de fraude de la más distinta naturaleza. El consumidor y usuário, cuando pretenda adquirir una finca rústica o urbana – solar, piso, garaje... – debe conocer de una forma sencilla y clara cuáles son los instrumentos jurídicos que previenen el fraude y cuáles son los riesgos que voluntaria y conscientemente asume; debe conocer, en definitiva, la situación física, jurídica y fiscal del inmueble. (*omissis*). Esa información, en definitiva, nos la prestan, comulativa o alternativamente, distintas personas y entidades: vendedor o transmitente, Abogado, Agente de la Propriedad Inmobiliaria, Gestor Administrativo, Oficina de Información al Consumidor, Notario, Registrador de la Propriedad, Tradutor Oficial de Idiomas, Cónsul... Y la seguridad jurídica, una vez materializada la adquisición, nos la brinda de manera conjunta e indisolubre la escritura pública y su inscripción en el Registro de la Propriedad".[70]

No Brasil, vários órgãos têm sido criados com o fim específico de defesa ou proteção ao consumidor (PROCONS, CEDECONS, SEDECONS etc.). A atividade registrária, à evidência, embora não se enquadre nessa área de atuação, desempenha, cumulativa ou alternativamente, um papel importante no fornecimento da precisa informação ao consumidor – inclusive para garantia de seu direito de acesso aos órgãos administrativos (além dos judiciais) com vistas à prevenção de danos patrimoniais, consoante prevê o art. 6º, inc. VII do CDC. Aqui se patenteia, claramente, a função protetiva, além de antecipativa e cautelar, do registro imobiliário no arquivamento e subseqüente publicidade dos atos e fatos

dad expresa. Y ese complemento lo presta el proprio Registrador a través del dictamen o informe no vinculante, mediante el que cuantifica la transcedencia jurídico-registral del contenido de esa información, a requerimiento del consumidor o usuario. Servicio profesional, pues, que pone al alcance de cualquier interesado la intelección de la publicidad material y formal, potenciando a un tiempo lo que Chico y Ortiz denomina 'precalificación', que presupone la valoración anticipada de los aspectos registrales de la contratación civil, una vez más, en fase cautelar". Fazendo a necessária crítica de uma leitura apressada da doutrina alienígena acerca da publicidade registral, calcada naturalmente em supostos legais – à parte as dificuidades de se estabelecer com precisão a distinção entre publicidade formal e material do registro, fato já assinalado por Marques Dip – o fato é que esta informação, no caso concreto do contrato-padrão, ganha especial relevo. Também a prestação dos serviços públicos notariais e registrais se integram nas relações de consumo, reguladas pelo CDC. É direito do consumidor a informação precisa do registro imobiliário. Fiado na informação do registro, e celebrando o contrato de compromisso de compra e venda, acaso não poderia o adquirente-consumidor responsabilizar o registrador por permitir o ingresso de padrão eivado de nulidades – assim declaradas judicialmente, p. ex.? Cf. tb. do mesmo autor "Circunstancias Generales de la Protección del Consumidor en Materia de Vivienda", in *Ponencias y Comunicaciones presentadas al IX Congreso Internacional de Derecho Registral*, I, p. 81, Madrid, CER.

69. *La Protección Inmobiliaria del Consumidor en la Comunidade Europea*, 1995. Cf. tb. do mesmo autor *La Seguridad del Consumidor en la Adquisición de Inmuebles*, Ed. Civitas, 28ª ed., 1993.

70. Cf. Luis Mª Cabello de los Cobos y Mancha, in *La Protección Inmobiliaria del Consumidor en la Comunidad Europea*, CRPM de Espanha, Centro de Estudios Registrales, p. 169.

jurídicos, gerando os efeitos de cognoscibilidade e publicidade formal dos seus assentos. O registro do parcelamento, e especificamente o depósito do contrato padrão, instaura, desde logo a *potência de conhecimento,* como registra Marques Dip[71] com sua costumeira precisão, disponibilizando aos interessados – potenciais consumidores – as precisas informações que cercam o bem imóvel, além das condições gerais de sua aquisição por meio do seu instrumento mais comum: o compromisso de compra e venda.

Bem a propósito do tema *informação,* vem a calhar algumas considerações acerca da publicidade no registro imobiliário. A publicidade registral em si mesma considerada é um dos pilares básicos do Direito Registral (o outro é o próprio registro imobiliário, seu instrumento, conforme doutrina García García).[72] Aproveitando a definição que nos dá García García, com alguma adequação, se pode dizer que a publicidade registral é a exteriorização continuada e organizada de situações jurídicas de transcendência real para produzir cognoscibilidade legal e geral *erga omnes* e com efeitos jurídicos substantivos sobre a situação publicada.[73] Para o autor são fins da publicidade registral, entre outros: a segurança jurídica dos direitos e do tráfico de bens imóveis e a solução de conflitos de interesses em via cautelar não contenciosa. Já para Roca Sastre,[74] a publicidade registral poderia ser sintetizada em distintas direções: a) a publicidade como instrumento protetor dos terceiros adquirentes; b) a publicidade como instrumento de cognoscibilidade legal dos assentos registrais; c) a publicidade como instrumento de valor constitutivo da existência do direito ou ato registrável; d) a publicidade como instrumento de informação do conteúdo do registro. Como se vê, a publicidade é a razão de ser e fundamento do sistema registral imobiliário, que tende a fazer efetivo o princípio de segurança jurídica.[75] Esta concepção ampla, moderna, cautelar, progressista e social da função registral encontra sua mais contemporânea expressão na tutela e defesa dos interesses dos consumidores – "esses novos terceiros da sociedade de massas, com quem está indissoluvelmente unida a função registral qualificadora diariamente", como registra García García.[76]

Como já destacado, a qualificação registrária se pauta pelo princípio da legalidade, que impõe a observância às regras jurídicas em vigor, da mesma forma que se recusa, por exemplo, o usufruto sucessivo. Há expressa vedação legal e, no limite desse raciocínio, poder-se-ia dizer que o registrador, não sendo fiscal das relações entre as partes do ato jurídico, poderia descerrar todas as portas do registro às variegadas disposições contratuais que estejam eventualmente eivadas de nulidades. O registrador exerce atividade acautelatória para a segurança do tráfico imobiliário, atividade essa de natureza preventiva e purificadora, sem caráter contencioso, com base nas normas legais pertinentes. Nesse mister, opera com duas ferramentas básicas: as leis e os

71. Ricardo Henry Marques Dip, in "Do conceito de Registro Imobiliário Registral", *RDI* 27/53

72. J. M. García García in *Derecho Inmobiliario Registral o Hipotecario*, I, Civitas, Madrid, 1988, pp. 41 e ss.

73. *Verbis*: "la exteriorización continuada y organizada de situaciones jurídicas de transcedencia real para producir cognicibilidad general "erga omnes" y con ciertos efectos jurídicos sustantivos sobre a situación publicada". Id. Ib.

74. R. M. Roca Sastre, in *Derecho Hipotecário*, I, pp. 297 e ss., Bosch, Barcelona, 1979.

75. Luis Mª Cabello de los Cobos y Mancha, in *La Protección Inmobiliaria del Consumidor en la Comunidad Europea*, CRPM de Espanha, Centro de Estudios Registrales, p. 169.

76. Cf. a excelente exposição de Jose Manuel García García intitulada "La función registral calificadora, la protección de los consumidores y la clausula penal en los autos del Presidente del Tribunal Superior de Justicia de Cataluña", no IX Congresso Internacional de Direito Registral, publicada na íntegra no v. I das *Comunicações*, editado pelo CER.

assentamos registrários, e é através delas que o registrador toma suas decisões em caráter independente e responsável. Sua atribuição não é rígida como a administrativa, nem soberanamente independente como a judicial, constituindo-se em função *sui generis,* tanto assim que, atuando de forma isenta, faz com que os erros sejam evitados, cumprindo, assim, o registro, sua plena missão.

O princípio da legalidade deve ser utilizado com maior intensidade e profundidade do que usualmente vem-se admitindo. A legalidade não se limita tão-somente a alguns atos que compõem o procedimento de registro de parcelamento, mas a todos aqueles que o legislador reputa como essenciais para obtenção da chancela registrária. Na mente do registrador deve estar incorporado não apenas o acesso dos títulos ao sistema registrário, mas algo mais dinâmico e que atinge inclusive preocupação com atos futuros. É a previsão e prevenção de futuros litígios e que só tem a engrandecer o profissional do direito.

Em um sistema como o nosso, em que os assentos do registro têm fundamental importância para a configuração do direito real, sua presunção de exatidão e validade, não se justificaria que não houvesse, antecedentemente, o controle de legalidade. García García resume magistralmente esse aspecto do registro imobiliário: "Por otra parte, la necesidad de seguridad jurídica de los ciudadanos en el ámbito extrajudicial, como bien jurídico en si mismo, exige la existencia del principio de legalidad que la calificación registral implica, para que los ciudadanos, ateniéndose a los asientos del Registro, se sientan seguros de la legalidad de sua adquisiciones, sin necesidad de acudir a un procedimiento judicial ficticio o in iure cessio pues no existe en estos casos contención, y no hay por qué esperar a la lentitud de la usucapión. Para dar esa seguridad jurídica, está el control de la legalidad y dos asientos del Registro. A tal efecto, la legislación hipotecaria ha desarrollado un órgano especializado en ese control de legalidad extrajudicial: el Registrador de la Propriedad..."[77]

María Purificación García Herguedas explica muito bem essa função de segurança jurídica da instituição registral para os cidadãos. Segundo a autora, antigamente os povos primitivos "fingiam um pleito" (*in iure cessio*) para que, desta forma, o "juiz", ditando a sentença em favor da parte, consagrava o seu direito como plenamente válido. "Así, sucedía que las partes, para estar seguras de la compra o la adquisición, fingían un pleito, la adquirente demandaba a la vendedora, ésta se allanaba y el Juez dictaba sentencia, y entonces ya estaba la seguridad jurídica". Prossegue a autora afirmando que neste "sistema mínimo de segurança jurídica" só havia propriamente segurança quando se obtivesse uma sentença; em outras palavras, só o que tivesse sido submetido ao controle judicial tinha garantia de estar coberto pela legalidade. "La vida jurídica ordinaria es así una vida jurídica 'insegura', claudicante. De ahí la extensión de la actividad 'judicial' a supuestos no litigiosos, de jurisdicción voluntaria, con el fin de obtener seguridad jurídica, en donde se provoca la intervención del Juez sin litigio para asegurar el derecho. Una 'seguridad jurídica' con únicamente el Juez es muy pequeña y precaria, a no ser que el Juez, rebasando los límites del proceso, sirva como instituición de la seguridad jurídica para toda clase de necesidades sociales". Finalizando, arremata afirmando que a segurança jurídica prévia, a segurança jurídica que afirma o direito, sem necessidade de juízo, a chamada segurança voluntária, da qual não pode prescindir a sociedade, não é um tema *a posteriori* – quando explode o conflito – senão uma garantia de exame de legalidade para que este não surja.[78]

77. Jose Manuel García García, ib.

78. María Purificación García Herguedas in *El Registro de la Propriedad en el Sistema de Seguri-*

Nas complexas sociedades industriais, e mormente em sociedades em profunda transformação social como é o caso da sociedade brasileira nos últimos trinta anos,[79] experimenta-se um notável crescimento da litigiosidade, a que os autores têm apropriadamente chamado de "explosão de litigiosidade" em conflitos de caráter coletivo (movimento sindical, invasões urbanas e rurais sobre imóveis públicos ou particulares etc.), acarretando dilemas profundos para o judiciário que opera entre a racionalidade jurídica e essa crescente conflituosidade social.[80] A qualificação registral, neste contexto, adquire especial relevo em face dos atos jurídicos concretizados no âmbito extrajudicial – que oferece, naturalmente, muito maior amplitude do que aqueles que são submetidos, já como patologia, à apreciação jurisdicional – litígios de potencial de contenciosidade considerável. O serviço registral oferece, assim, um inestimável serviço à cidadania na prevenção e antecipação da litigiosidade decorrente dos negócios jurídicos imobiliários.[81]

dad Jurídica de España, 1988, *apud* Jose Manuel García García, ib.

79. Cf. Kioitsi Chicuta, Ary José de Lima *et alii*. *Regularização de Parcelamentos Ilegais do Solo Urbano*, 1994, contribuição apresentada no XXI Encontro dos Oficiais de R.I. do Brasil, São Luís.

80. Cf. José Eduardo Faria, in *Justiça e Conflito*, RT, 2ª ed., 1992, pp. 11 e ss. Cf. ainda Joaquim de Arruda Falcão, artigo "Justiça social e justiça legal: conflitos de propriedade no Recife", *Conflito de Direito de Propriedade – Invasões Urbanas*, Forense, 1984, p. 79

81. A respeito, cf. a excelente contribuição do Des. Décio Antônio Erpen no XXI Encontro dos Oficiais de Registro de Imóveis do Brasil, São Luís, 1994, intitulada "A atividade notarial e registral: uma organização social pré-jurídica". *Verbis:* "Em época de multiplicação constante das relações negociais, em razão da própria dinâmica da vida em sociedade, cada vez mais efervescente e em modificação e evolução, imprescindível a segurança das relações, obtida pela atuação dos serviços notariais e registrais, que, sem dúvida, desempenham importante papel preventivo quanto a conflitos de diversas ordens. E a independência no desempenho das tarefas próprias serve exatamente para assegurar à comunidade a boa prestação, isenta, desvinculada da atividade do governo e de qualquer Poder".

Em face de todo o exposto, consideramos que o tema do exame de legalidade e a função do registrador ganha um novo e especial alento com o advento da novel Lei 8.935/94 – que impõe, como imperativo inescapável, a retomada da discussão sobre a natureza e o fundamento jurídicos da atividade registral qualificadora.[82]

"O registro imobiliário é instrumental". Não cabe aos registradores o exame de legalidade de cláusulas contratuais, o que compete ao Poder Judiciário. A afirmação, após o que se desenvolveu acima, bem merece ser temperada, *cum grano salis,* como diria Plínio, o Velho... O registro imobiliário não pode estar desvinculado da publicidade que decorre de sua prática, visando o binômio segurança jurídica e proteção do comércio.

Não mais se concebe no mundo moderno do tráfico jurídico-imobiliário atividade meramente passiva e que desvaloriza o profissional do direito dedicado ao exercício da prática registrária. Criam-se mecanismos de purificação, sanando ou afastando os defeitos que possam macular os atos jurídicos próprios, ou seja, cabe ao *jurista imobiliário* impedir a fraude imobiliária sob as suas múltiplas e variegadas formas, opondo-se energicamente a cláusulas que, por necessidade e conveniência social, ofendem a ordem pública e, portanto, acoimadas de nulas. A purificação de possíveis contendas, através do mecanismo registral, é uma realidade positiva e que deve ser ao mesmo tempo exigência e estímulo na nossa complexa sociedade. A prevenção também é inerente à função registrária.[83]

12. Conclusão. Problemas mais comuns nos contratos-padrão

Concluindo, sustentamos a viabilidade do controle, pelo registrador, das cláusulas

82. A partir da excelente monografia que nos brindou a todos Ricardo Henry Marques Dip, "Sobre a qualificação no registro de imóveis", *RDI* 29/33.

83. Cf. Jesús López Medel, in *Propriedad Inmobiliária y Seguridad Jurídica*, já citada.

de contratos-padrão depositados no cartório por ocasião do registro do parcelamento. Apresentamos, a seguir, algumas indicações, meramente exemplificativas, dos problemas mais comuns relacionados com o contrato-padrão da Lei 6.766/79.

12.1 Não deve conter cláusula de arrependimento.

12.2 O contrato poderá ser livremente transferido, independentemente da anuência do loteador.[84]

12.3 Em qualquer caso de rescisão por inadimplemento do adquirente, as benfeitorias necessárias ou úteis por ele levadas a efeito no imóvel deverão ser indenizadas.[85]

12.4 Ocorrendo o cancelamento do registro por inadimplemento do contrato, e tendo havido *qualquer* pagamento (a Lei 6.766/79 falava "em mais de 1/3 do preço ajustado", no que foi alterada pelo Código de Defesa do Consumidor, Lei 8.078/90, art. 53) deverá haver a restituição de que falava a Lei 6.766/79 no art. 35.[86]

12.5 É vedado o repasse dos custos de obras de infra-estrutura aos futuros adquirentes. O preço há de ser certo e determinado, nos termos do art. 26, VI da Lei 6.766/79.[87]

12.6 É vedada a cobrança de "taxa de administração" para a implantação do loteamento. Compete, exclusivamente, ao loteador, o encargo de concluir as obras de infra-estrutura no aprazado. Os custos hão de estar embutidos no preço do lote.[88]

12.7 É vedada estipulação de cláusula que imponha representantes para concluir ou realizar outro negócio jurídico pelo adquirente do lote, conforme estatui o art. 51, VII do Código de Defesa do Consumidor. P. ex., não é possível a estipulação de cláusula que autoriza a loteadora (ou administradora), na condição de mandatária, a concluir negócios com terceiros para a realização de obras, repassando os custos dos ad-

84. Lei 6.766/79, art. 31.

85. Lei 6.766/79, art. 34.

86. Lei 8.078/90, art. 53: "Nos contratos de compra e venda de móveis ou imóveis mediante pagamento em prestações, bem como nas alienações fiduciárias em garantia, consideram-se nulas de pleno direito as cláusulas que estabeleçam a perda total das prestações pagas em benefício do credor que, em razão do inadimplemento, pleitear a resolução do contrato e a retomada do produto alienado". O artigo 35 da Lei 6.766/90 rezava: "Ocorrendo o cancelamento do registro por inadimplemento do contrato e tendo havido o pagamento de mais de um terço do preço ajustado, o oficial do registro de imóveis mencionará este fato no ato do cancelamento e a quantia paga; somente será efetuado novo registro relativo ao mesmo lote, se for comprovada a restituição do valor pago pelo vendedor ao titular do registro cancelado, ou mediante depósito em dinheiro à sua disposição junto ao registro de imóveis". Comentando o referido dispositivo do CDC, José Osório de Azevedo Jr., in *Compromisso de Compra e Venda*, Malheiros Editores, 3ª ed., 1992, p. 176, assim se expressou: "O Código de Defesa do Consumidor aplica-se aos compromissos de compra e venda relativos às incorporações imobiliárias e aos loteamentos, consoante se vê dos termos amplos do art. 3º. A expressão 'contratos de compra e venda' envolve, por certo, o compromisso que é a forma usual utilizada pelo consumidor naquelas operações, ou seja, na aquisição, por oferta pública, de unidades autônomas ou de lotes de terreno. Cremos que o limite de um terço previsto no art. 35 da Lei 6.766/79 já não vigora, incompatível que é com a nova disposição legal". Todavia, cremos que o referido art. 35 da Lei 6.766/79 não foi revogado pelo citado dispositivo do CDC, no sentido em que a LPSU prevê a devolução *total* dos valores pagos, ao passo que o CDC veda a perda total, implícito aí, portanto, que a devolução poderá não ser na sua totalidade, descontados, eventualmente, os danos que o adquirente puder causar. Nesse sentido, cf. Alberto do Amaral Jr., in *Comentário ao Código de Proteção ao Consumidor*, São Paulo, 1991, p. 202. O mais razoável é aceitar que, havendo o pagamento de mais de um terço do preço ajustado, a devolução há de ser total, nos termos do referido dispositivo legal; outrossim, havendo o pagamento de *menos de 1/3* das parcelas, a devolução é devida, acrescida de juros e corrigida monetariamente, nos termos do art. 53 do CDC, podendo haver disposição contratual fixando previamente a perda e o *quantum* devido a título de ressarcimento dos prejuízos causados ao loteador.

87. Cf. decisão administrativa, *com caráter normativo*, da Corregedoria Permanente da Comarca de Franca, decisão do Exmo. Sr. Dr. Élcio Trujillo. E decisão do Exmo. Sr. Dr. Corregedor Geral da Justiça, Antonio Carlos Alves Braga, já referidas.

88. Idem, ibidem.

quirentes. Não é possível que, como mandatária, a loteadora (ou administradora) possa emitir cambiais em nome do consumidor. Portanto, tal disposição contratual é írrita, não podendo figurar no contrato-padrão.[89]

12.8 É vedada a estipulação de indexação múltipla concorrente por ferir o *princípio da adequação do índice*. Nas dívidas indexadas, a prestação devida não é determinada, porém *determinável*. Isto quer dizer que a variação do índice acarreta a *determinação* do valor, não a *correção*. A multiplicação dos índices concomitantemente aplicáveis amplia abusivamente os critérios de determinação da dívida, aniquilando o já referido princípio da adequação do índice.[90]

89. Cf. Ap. civ. 190069245, 2ª Câmara, TARS, Rel. Juiz Paulo Heerdt, v.u.

90. Cf. Alcides Tomasetti Jr., in "Aspectos da proteção contratual do consumidor no mercado imobiliário urbano. Rejeição das cláusulas abusivas pelo Direito comum", *Direito do Consumidor* 2.

CONFERÊNCIAS & DEBATES

A REFORMA DO PODER JUDICIÁRIO*

GERALDO BRINDEIRO
Doutor em Direito pela Universidade de Yale (EUA)
e Professor da Universidade de Brasília, é o Procurador-Geral da República

A primeira pergunta que se impõe quando se pensa no tema é *por que* realizar uma reforma do Poder Judiciário. A segunda questão – se tal reforma deve realmente ser realizada – é *para que*. E, finalmente, uma última pergunta é *como* deve ser realizada.

Penso que efetivamente deve ser realizada uma reforma constitucional do Poder Judiciário. E, não apenas no campo constitucional – quanto à "estrutura do sistema" – mas também relativamente aos "instrumentos" de que dispõe o Judiciário para realizar a prestação jurisdicional: vale dizer as normas substantivas e processuais, estas especialmente em matéria de recursos. Além disso, é preciso ainda aprimorar e fornecer novos meios materiais e humanos ao Judiciário, modernizando-o por meio do crescente uso da tecnologia, da informática, da contínua profissionalização das assessorias e dos técnicos, bem como mediante a realização de concursos públicos ampliando-se o quadro de magistrados no País.

Mas podemos insistir na pergunta *por que* realizar a reforma do Poder Judiciário. Vivemos uma época neste País onde há uma grande preocupação dos responsáveis pelo funcionamento do sistema jurídico, com sua maior credibilidade, maior eficiência, tendo em vista o acúmulo de processos no Judiciário, o excessivo formalismo das regras processuais e a quantidade às vezes abusiva de recursos e procedimentos protelatórios ou impeditivos da prestação jurisdicional. As dificuldades no acesso à Justiça e a lentidão nos julgamentos definitivos têm sido objeto de críticas e preocupações não só dos principais protagonistas dos processos – os juízes, os advogados e os membros do Ministério Público – mas também e sobretudo dos seus destinatários: as partes e os cidadãos e cidadãs brasileiros. O Estado Democrático de Direito não se realiza plenamente sem um Judiciário independente mas também e sobretudo eficaz, que promova efetivamente o cumprimento da Constituição e das leis do País, assegurando a credibilidade do sistema jurídico. Há, assim, a necessidade premente de modernizar o Poder

* Conferência proferida no Salão Nobre da Faculdade de Direito da Universidade de São Paulo, por ocasião do 6º Encontro Nacional de Direito Constitucional promovido pela Associação Brasileira de Constitucionalistas – Instituto Pimenta Bueno, no período de 18 a 20 de setembro de 1997.

Judiciário, aparelhando-o com os meios materiais e os recursos humanos necessários e eliminando-se anacronismos legislativos e administrativos que geram a lentidão na prestação jurisdicional e o acúmulo de processos. Por outro lado, os princípios constitucionais da legalidade e da isonomia – essenciais ao Estado Democrático de Direito – não fariam qualquer sentido sem um poder capaz de fazer cumprir e pôr em prática, para todos, com a necessária presteza, a Constituição e as leis do País. Dentre as causas que justificam a realização de uma reforma do Judiciário, estão ainda a necessidade de controle dos abusos de natureza administrativa – revelados, em alguns setores, pela prática de nepotismo, contratações irregulares, desídia etc. Estas são, em síntese, a meu ver, as razões pelas quais deve ser realizada uma reforma do Poder Judiciário.

Podemos refletir, em seguida, sobre a questão *para que* realizar uma reforma do Poder Judiciário. E a finalidade óbvia é: para aprimorar e melhorar o funcionamento do Judiciário e garantir maior credibilidade do sistema jurídico no País. Pelas causas, pelo porquê da necessidade de realização das reformas chega-se às soluções. É evidente que os mais graves problemas existentes no funcionamento do Judiciário não têm qualquer ligação com o princípio da independência do Poder Judiciário, que é uma das garantias fundamentais da cidadania e do Estado Democrático de Direito. Nesse sentido, pois, não há lugar para "controle externo" que implique violação deste princípio constitucional. Creio que as soluções para os problemas da morosidade e de abusos administrativos no Judiciário dependem de reformulações legislativas e constitucionais e de limites para a autonomia dos Tribunais, segundo o modelo do Supremo Tribunal Federal. Note-se que já existe o controle externo quanto à fiscalização financeira e orçamentária exercido pelo Congresso Nacional com o auxílio do Tribunal de Contas da União. E, coerentemente com o princípio da separação dos poderes, dentro do sistema de *checks and balances* (freios e contrapesos) estabelecido pela Constituição, há a realização dos concursos públicos, o controle das nomeações, em muitos casos, pelo Senado Federal e ainda a possibilidade de processos por crimes comuns e de responsabilidade. Penso que para contribuir para as soluções destes problemas deve ser proposta a criação, por emenda constitucional, de um Conselho Nacional da Magistratura, composto de representantes dos órgãos de cúpula do Judiciário, dos Advogados e do Ministério Público, que são os protagonistas da Justiça, os dois últimos definidos na própria Constituição, como órgãos a ela essenciais.

A proposição de pseudo-soluções que nada têm a ver com as causas dos problemas – como, por exemplo, a politização ou a eleição de juízes, a mudança na forma de escolha dos Ministros do STF e dos Tribunais Superiores etc. sob a denominação genérica de "controle externo" – além de não ajudarem a resolver efetivamente os problemas do Judiciário, ainda contribuem, a meu ver, para o seu agravamento, desvirtuando sua filosofia na ordem jurídica democrática.

O papel do Judiciário como guardião da Constituição e das leis e das liberdades civis e políticas é uma tradição de mais de duzentos anos. Antes mesmo da Convenção de Filadélfia que aprovou a Constituição dos Estados Unidos da América de 1787, Alexander Hamilton, num dos famosos *Federalist Papers* (o de n. 78), já afirmava que o Judiciário, pela natureza de suas funções, é o menos perigoso dos ramos do Poder – *The Least Dangerous Branch* – porque não detém a bolsa como o Legislativo, nem a espada como o Executivo, i.e., não controla nem as finanças públicas nem a administração do Estado. E, para assegurar a independência e a imparcialidade do Poder Judiciário, já preconizavam os Federalistas que aos seus membros fossem conferidas certas garantias para o exercício de suas funções. Assim é que surgiram as garantias da vitaliciedade, da inamovibilidade e da irredutibilidade de vencimentos com o objetivo de preservar a independência dos juízes. Estes passaram a poder julgar as causas com independência, sem receio de perda do cargo, remoção para comarcas distantes ou diminuição de vencimentos por pressões do Legislativo e do Executivo. Surgiram ainda, já naquela época, para preservar a imparcialidade dos juízes, as vedações para exercer qualquer outra função, salvo a de magistério, receber custas ou participação em processo e dedicar-se a atividade político-partidária. Tais garantias e vedações, instituídas para assegurar a independência e a imparcialidade dos juízes, foram adotadas nos Estados Unidos da América desde o início, com a Constituição de 1787, e no Brasil, desde a República, com a Constituição de 1891.

Na verdade, as garantias constitucionais da magistratura enquanto asseguradoras da independência dos juízes visam a tornar efetivo o princípio constitucional da separação e independência dos Poderes, igualmente um baluarte do Estado Democrático de Direito. O chamado "controle externo" do Poder Judiciário, se instituído em qualquer de suas versões desvirtuadoras, envolvendo como órgão controlador outro Poder da República, ou setores da sociedade civil, revelar-se-á de uma forma ou de outra, como "controle político" incompatível com a independência e a imparcialidade dos juízes no exercício da prestação jurisdicional. O Direito Comparado demonstra que foi isso o que ocorreu em outros países, nenhum deles sob o regime presidencialista de governo. Na verdade, nesses países a confiança da população no Judiciário, como guardião dos direitos e liberdades dos cidadãos, decresceu na medida em que o Judiciário deixou de ser efetivamente um Poder para submeter-se às influências do Parlamento e de outros órgãos de natureza nitidamente político-partidária.

Como, então, deve ser realizada a reforma do Poder Judiciário? Os caminhos foram indicados, em linhas gerais, no início desta palestra, relativamente a reformas constitucionais na "estrutura do sistema", para permitir o seu melhor funcionamento, maior eficácia e, sobretudo, o cumprimento efetivo dos princípios constitucionais do acesso ao Judiciário, da legalidade e da isonomia. Foram indicadas também como necessárias reformas legislativas quanto aos "instrumentos" de que dispõe o Judiciário, nos campos substantivo e processual, especialmente quanto a recursos, e a modernização e a ampliação dos meios materiais e humanos.

A garantia da prestação jurisdicional, com a devida presteza e sem procrastinações, é corolário do devido processo legal. No Direito Constitucional americano, onde se inspira este princípio introduzido no Brasil na Constituição de 1988, as cláusulas do *due process of law* e da *equal protection of the laws* (igual proteção das leis) complementam-se reciprocamente. Na ordem constitucional brasileira os princípios da legalidade e da isonomia – baluartes do regime democrático – também, por razões óbvias, implicam-se reciprocamente e são complementares entre si. Há anos tenho defendido a tese da adoção do efeito vinculante das súmulas dos Tribunais Superiores, especialmente do Supremo Tribunal Federal, não apenas para evitar o acúmulo absurdo de processos repetidos onde as questões jurídicas já foram anteriormente decididas inúmeras vezes, prejudicando o acesso ao Judiciário e a qualidade da prestação jurisdicional, mas também e sobretudo em respeito ao princípio constitucional da isonomia. Parece-me inaceitável conferir tratamento diferenciado, com fundamento na mesma norma legal, a pessoas em situações jurídicas absolutamente idênticas.

Há anos vem se agravando a situação de acúmulo inaceitável de processos nos

Tribunais Superiores, especialmente no Superior Tribunal de Justiça e no Supremo Tribunal Federal. Quem conhece bem estes Tribunais sabe que a maioria das questões submetidas a julgamento já foram decididas anteriormente em casos análogos, mas valendo apenas para "as partes". A *res judicata* beneficia apenas a parte vencedora da causa. Assim, mais da metade dos processos em andamento nos Tribunais diz respeito a questões já decididas que não podem ser "estendidas" aos interessados em situação absolutamente idêntica em todo o País. E, o que é mais grave, a maioria envolve o próprio Estado como sucumbente, do qual o Judiciário faz parte como um dos Poderes, sendo que aqui os interessados devem ainda aguardar anos, nas filas dos precatórios judiciais, para cumprimento das decisões. Se isso aos olhos do jurista parece inaceitável, para o leigo é uma estupidez, um absurdo.

Tal situação, além de produzir grande acúmulo de processos (não apenas nos Tribunais Superiores mas no Judiciário em todo o País), gera obviamente a instabilidade jurídica, com alguns sendo beneficiados por decisões judiciais e outros não, mesmo após decidida em última instância a questão. E o problema torna-se mais grave diante das peculiaridades históricas da federação brasileira. Todas as matérias relevantes são reguladas por lei federal. E a Constituição Federal, excessivamente analítica, inclui muitas normas apenas formalmente constitucionais. As questões jurídicas, pois, na sua maioria, passam a ser federais, quando não constitucionais, e tendem a chegar ao Superior Tribunal de Justiça e ao Supremo Tribunal Federal. Assim, ao lado da necessidade de "desconstitucionalização" de matérias que devem realmente ser reguladas por lei ordinária e da descentralização legislativa, pelo menos parcial, para os Estados, deve-se conferir o "efeito vinculante" às decisões dos Tribunais Superiores, especialmente do STJ e do STF. Não é possível que as decisões dos Tribunais mais importantes do País tenham eficácia tão limitada, após amplamente discutidas as questões na Justiça Federal ou Estadual de 1ª instância e nos Tribunais Regionais Federais ou nos Tribunais de Justiça dos Estados.

Por outro lado, o acesso ao Judiciário e o *due process of law* garantidos pela Constituição, asseguram o "duplo grau de jurisdição", mas não o direito a quatro instâncias judiciais. As instâncias extraordinárias ou especiais existem para as questões nacionais no campo da interpretação das leis federais e da Constituição. Na prática, todavia, os recursos extraordinários no STF têm se tornado os mais comuns e de "extraordinários" só têm mesmo o nome. O mesmo ocorre em relação aos recursos especiais no STJ.

Ao conferir "efeito vinculante" às decisões dos Tribunais Superiores, ou pelo menos do STF, proferidas por três quintos dos seus membros, que aprovem "súmulas" de sua orientação jurisprudencial – vinculando a tal orientação todo o Judiciário e a administração pública, nas áreas federal, estadual e municipal – a proposta de reforma constitucional, se aprovada pelo Congresso Nacional, permitirá, sem novos processos, a realização da Justiça para os interessados em situação idêntica e reduzirá significativamente a quantidade de processos em tramitação no Judiciário, o que contribuirá para a melhor qualidade da prestação jurisdicional. Além disso, como as súmulas podem ser revistas ou canceladas, permitindo-se a flexibilidade necessária para adaptar a jurisprudência a novas situações surgidas no contexto social, não haverá risco de danos pela cristalização. A reforma, pois, será extremamente salutar para a eficácia da Justiça e a credibilidade do sistema jurídico.

As medidas propostas, na verdade, encontram fundamento na experiência bem-sucedida no Direito Comparado. Não é preciso citar a prática mais recente do Direito Continental Europeu, por intermédio das Cortes Constitucionais. Nos Estados Unidos da América, de acordo com a doutrina do *stare decisis,* que estabelece o primado do precedente judicial, o problema nem mesmo chega a existir. Decisões da Suprema Corte (*US Supreme Court*) vinculam o Judiciário e valem para todo o País e para todos, podendo ser reformuladas para adaptar a aplicação dos princípios a novos tempos. O mesmo ocorre relativamente à Corte Federal de Apelação (*Federal Court of Appeals*). No Brasil, inexistente tal doutrina – a despeito da inspiração da primeira república no direito constitucional americano – criou-se, a partir da Constituição de 1934, o papel do Senado de suspender a execução de leis declaradas inconstitucionais, dando caráter *erga omnes* às decisões judiciais, posteriormente em relação apenas às decisões do Supremo Tribunal Federal. Este caráter, no entanto, não se confunde com o "efeito vinculante", nem a missão pôde ter pleno êxito pela conotação subalterna que assumiu no controle difuso e a desnecessidade no controle concentrado.

A experiência americana, cujo Judiciário sempre esteve mais próximo da população, de acordo com a tradição do *common law,* demonstra, finalmente, o espírito democrático no qual se inspiram tais propostas de reforma constitucional do Judiciário brasileiro.

A reforma constitucional do Judiciário, pois, é necessária para evitar a lentidão na prestação jurisdicional, o acúmulo de processos repetitivos e o abuso de recursos protelatórios. Vale repetir a afirmativa de que a garantia da prestação jurisdicional, com a devida presteza e sem procrastinações, é corolário do devido processo legal. O acesso ao Judiciário e o *due process of law*, garantidos pela Constituição (CF, art. 5º, incisos XXXV, LIV e LV), asseguram o duplo grau de jurisdição mas não recursos intermináveis. Os recursos extraordinários ou especiais nos Tribunais Superiores – que não tratam de questões de fato mas apenas de questões hermenêuticas de direito no campo constitucional e infraconstitucional – têm, no entanto, se tornado os mais comuns – como observado anteriormente – e de "extraordinários" ou "especiais" só têm mesmo o nome. Penso, assim, que a adoção de Súmulas vinculantes do Supremo Tribunal Federal e outras medidas poderão trazer importantes benefícios para a maior credibilidade do sistema jurídico. Sugiro ainda, como alternativas na reforma constitucional, a fixação do duplo grau de jurisdição como regra inerente ao devido processo legal, e o não cabimento de recursos extraordinários ou especiais se a decisão recorrida for baseada em Súmula de Tribunal Superior. E proponho, finalmente, a adoção de norma expressa na Constituição da República sobre a admissibilidade de tais Recursos somente se acolhida argüição de relevância da questão federal no STF e STJ, segundo o modelo do *writ of certiorari* da Suprema Corte dos EUA, que decide sobre o que julgar.

A missão constitucional do Judiciário não se realiza sem atender às peculiaridades históricas, políticas e culturais de cada País e considerando as raízes dos seus sistemas jurídicos. Nesse sentido, é importante ter em mente as lúcidas observações do Professor René David na sua obra *Les Grands Systèmes de Droit Contemporains,* especialmente quanto aos sistemas do *common law*, originário da Inglaterra, de que fazem parte os Estados Unidos da América e os Países da *Commonwealth*, e do *civil law* ou de tradição romanística, de que fazem parte os Países da Europa Continental e da América Latina, entre os quais o Brasil. O Direito Comparado como método de comparação de sistemas jurídicos, todavia, tem utilidade, enquanto método, na medida em que permite a cada País usufruir das experiências bem-sucedidas de outros Países nas soluções de seus problemas jurídicos análogos, com as adaptações necessárias à sua cultura e às suas tradições, preservando a identidade do sistema jurídico nacional.

As peculiaridades da Federação brasileira, fruto das contingências históricas de sua formação, partindo da descentralização de um Estado unitário, revelam a existência – ao contrário do que ocorre nos Estados Unidos da América – de uma Constituição Federal analítica e de leis federais que regulam todas as matérias relevantes, como observado anteriormente. Os sistemas jurídicos, no entanto, interagem e há cada vez mais influências recíprocas. E, assim como cada vez mais se enfatizam os códigos e as leis escritas como fontes do Direito nos Países de *common law*, nos Países de tradição romanística adotam-se cada vez com maior ênfase os precedentes judiciais e a jurisprudência como fontes do Direito, destacando-se a importância das Súmulas. No Brasil, a experiência bem-sucedida das Súmulas, iniciada há quase quarenta anos no Supremo Tribunal Federal, introduzida pelo Saudoso Ministro Victor Nunes Leal, e inspirada na Doutrina do *stare decisis* e nos *restatements of laws* do Direito Norte-Americano, demonstra a necessidade de lhes dar caráter vinculante a fim de assegurar maior credibilidade ao sistema jurídico pátrio, em consonância com os princípios constitucionais da legalidade e da isonomia.

Finalmente, como sugerido anteriormente, devem ser realizadas ainda reformas legislativas quanto aos "instrumentos" de que dispõe o Judiciário visando a alcançar os seus fins constitucionais da prestação jurisdicional: reformas das normas processuais e substantivas, para a agilização dos processos e o combate à impunidade.

Os interessados em número crescente, descrentes da presteza e da eficácia da máquina judiciária, no campo civil e comercial, buscam soluções alternativas, como a arbitragem e os acordos extrajudiciais. No campo trabalhista, tentam-se soluções negociadas entre trabalhadores e empregadores sem interveniência da Justiça do Trabalho. No campo penal, há reclamações generalizadas sobre a insegurança e a impunidade, tendo sido introduzidos os juizados especiais visando à agilização dos julgamentos dos processos relativos a crimes menores.

As modernas teorias do processo demonstram seu caráter instrumental, aproximando os mecanismos processuais dos anseios práticos da sociedade. Não se podem aceitar hodiernamente velhos procedimentos formais, por mero apego a oneroso e complicado tecnicismo, em detrimento do exame da substância do direito. É preciso que, ao lado das garantias da forma, disponha o processo judicial de eficiência e funcionalidade. Nesse sentido, os processualistas brasileiros têm dado significativas contribuições à moderna Doutrina.

Devo enfatizar, portanto, a necessidade de reformas a fim de tornar o processo moderno e funcional, atendendo aos anseios da sociedade. É preciso também modernizar a legislação para maior eficiência no combate à corrupção e à criminalidade, especialmente em relação à ameaça do tráfico internacional de drogas, ao crime organizado e aos crimes do colarinho branco (denominação usada pelos criminalistas americanos já na década de 50, a partir da publicação do livro *The White Collar Crime*, em 1949, por Edwin H. Sutherland). Não se devem, porém, esquecer jamais as lições do passado para não cometer os mesmos erros dos julgamentos sumários e tribunais de exceção nos regimes autoritários. A história constitucional brasileira e de sua democracia demonstram a necessidade de superar as dificuldades tradicionais da cultura política, realizando mudanças para a consolidação do regime democrático no País. E o Estado Democrático de Direito não pode prescindir do respeito à Constituição, aos princípios constitucionais da legalidade, da isonomia e do devido processo legal.

Todavia, no combate ao crime organizado – especialmente o tráfico de drogas, os crimes contra o patrimônio público e os crimes do colarinho branco, meras cruzadas moralizadoras periódicas são insuficientes. É preciso realizar reformas. É necessário modernizar a legislação penal e processual penal para maior eficiência na persecução criminal. É preciso modernizar a Justiça, fornecendo-lhe os instrumentos legais e os meios materiais necessários.

O crime organizado é realmente organizado, como os crimes do colarinho branco, praticados no curso da ocupação dos próprios criminosos na administração pública, nos bancos, no mercado financeiro e na indústria, dentre outros, em prejuízo da população em geral. O Judiciário, o Ministério Público e a polícia não dispõem de organização e instrumentos suficientes, sejam meios materiais ou legais, para combater com maior eficiência a prática de tais crimes, cujo planejamento inclui muitas vezes moderna tecnologia, informática e outros meios ágeis e científicos, com conexões internacionais. Os fatos falam por si mesmos.

A definição legal de tais crimes, muito recentemente adotada no Brasil, nem sempre é adequada e as sanções quase sempre são excessivamente leves. Muitos fatos graves, como a conhecida "lavagem de dinheiro" *(money laundry*, na expressão do Direito Penal Comparado há décadas), não são definidos como crimes no Brasil. Há projeto de lei em tramitação no Congresso Nacional. *Nullum crimen nulla pena, sine praevia lege.* Não há crime, nem pena, sem lei anterior que os defina, conforme a Constituição (CF, art. 5º, inciso XXXIX).

Mudanças se impõem também, a nosso ver, nos conceitos de sigilo fiscal e bancário, segundo modelos de países da maior tradição constitucionalista e de respeito à privacidade, como os EUA, sem que isso implique prejuízo às investigações criminais e ao combate aos parasitas e impostores. E é preciso ainda introduzir no processo penal brasileiro o instituto do *plea bargaining,* do Direito anglo-americano – como o fizeram inúmeros países da Europa Continental – para permitir maior eficiência no combate ao crime organizado. O acordo e o programa de proteção de testemunhas permitem obter a cooperação dos criminosos menores em troca de informações que poderão levar à condenação dos grandes criminosos, evitando-se a impunidade.

Concluindo, observo finalmente que o novo Judiciário – o Judiciário do 3º Milênio – deve estar devidamente estruturado e preparado para exercer sua missão constitucional – não apenas em relação aos problemas e questões já mencionados – mas também relativamente a questões novas e importantes – num mundo globalizado e onde há a formação de blocos como a CEE, o NAFTA e o Mercosul – concernentes à proteção ambiental, à defesa do consumidor, do patrimônio público, cultural e social e outros interesses difusos e coletivos. Por tudo o que foi dito, é preciso realizar reformas. Cruzadas são insuficientes.

Muito obrigado.

JURISPRUDÊNCIA

SUPREMO TRIBUNAL FEDERAL

Ação Direta de Inconstitucionalidade n. 1.098-1 – São Paulo – Pleno
Relator: Min. Marco Aurélio
Requerente: Governador do Estado de São Paulo
Advogado: Márcio Sotelo Felippe
Requerido: Tribunal de Justiça do Estado de São Paulo
Advogado: Manuel Alceu Affonso Ferreira e outros
DJ 21.10.96

Precatório – Objeto. Os preceitos constitucionais direcionam à liquidação dos débitos da Fazenda. O sistema de execução revelado pelos precatórios longe fica de implicar a perpetuação da relação jurídica devedor-credor.

Precatório – Tramitação – Regência. Observadas as balizas constitucionais e legais, cabe ao Tribunal, mediante dispositivos do Regimento, disciplinar a tramitação dos precatórios, a fim de que possam ser cumpridos.

Precatório – Tramitação – Cumprimento – Ato do Presidente do Tribunal – Natureza. A ordem judicial de pagamento (§ 2º do art. 100 da Constituição Federal), bem como os demais atos necessários a tal finalidade, concernem ao campo administrativo e não jurisdicional. A respaldá-la tem-se sempre uma sentença exeqüenda.

Precatório – Valor real – Distinção de tratamento. A Carta da República homenageia a igualação dos credores. Com ela colide norma no sentido da satisfação total do débito apenas quando situado em certa faixa quantitativa.

Precatório – Atualização de valores – Erros materiais – Inexatidões – Correção – Competência. Constatado erro material ou inexatidão nos cálculos, compete ao Presidente do Tribunal determinar as correções, fazendo-o a partir dos parâmetros do título executivo judicial, ou seja, da sentença exeqüenda.

Precatório – Atualização – Substituição de índice. Ocorrendo a extinção do índice inicialmente previsto, o Tribunal deve observar aquele que, sob o ângulo legal, vier a substituí-lo.

Precatório – Satisfação – Consignação – Depósito. Não se há de confundir a consignação de créditos, a ser feita ao Poder Judiciário, com o depósito do valor do precatório, de responsabilidade da pessoa jurídica devedora à qual são recolhidas, materialmente, "as importâncias respectivas" (§ 2º do art. 100 da Constituição Federal).

ACÓRDÃO

Vistos, relatados e discutidos estes autos, acordam os Ministros do Supremo

Tribunal Federal, em sessão plenária, na conformidade da ata do julgamento e das notas taquigráficas, em: 1) julgar procedente, em parte, a ação direta, nos seguintes termos: a) quanto ao parágrafo único do art. 333 do Regimento Interno do Tribunal de Justiça do Estado de São Paulo, para declarar a inconstitucionalidade do trecho "de valor inferior a trinta e seis mil Unidades Fiscais do Estado de São Paulo e os"; b) no parágrafo único do art. 334 do mesmo Diploma legal, para declarar a inconstitucionalidade do trecho "de natureza não alimentar inferiores a trinta e seis mil Unidades Fiscais do Estado de São Paulo e os"; 2) julgar improcedente a ação direta, com relação aos incisos I, III e IV do art. 336, do mesmo Regimento Interno, restando vencido, quanto ao inciso IV, o Ministro Ilmar Galvão, que declarava a inconstitucionalidade das expressões "sob a direta responsabilidade das entidades devedoras"; 3) julgar improcedente a ação direta quanto aos incisos I e X do art. 337; 4) julgar procedente, em parte, a ação, quanto ao inciso III do art. 337 para, sem redução do texto, excluir outras interpretações que não a de que as inexatidões materiais e as retificações por erro de cálculo, a que se refere o dispositivo, são aquelas originariamente decorrentes da atualização; 5) julgar procedente, em parte, quanto ao inciso VI do mesmo artigo (337) para, sem redução do texto, declarar inconstitucionais outras interpretações que não reduzam as questões relativas ao cumprimento de precatórios, da competência do Presidente do Tribunal, às de natureza administrativa e sem prejuízo da competência do Juízo da execução para o respectivo processo, inclusive para sua extinção; 6) julgar procedente, em parte, com relação ao inciso VII do art. 337, para excluir outras interpretações que não sejam a de que a requisição a título de complementação dos depósitos insuficientes, a ser feita no prazo de noventa dias, somente deve referir-se a diferenças resultantes de erros materiais ou aritméticos ou de inexatidões dos cálculos dos precatórios, não podendo dizer respeito ao critério adotado para a elaboração do cálculo ou a índices de atualização diversos dos que foram atualizados em primeira instância, salvo na hipótese de substituição, por força de lei, do índice aplicado; 7) finalmente, julgar improcedente a ação, com relação ao art. 339 do mesmo Regimento Interno. Decisão unânime, exceto com relação ao inciso IV do art. 336. Ausente, justificadamente, na votação do art. 339, o Ministro Carlos Velloso. Falou pelo requerente o Dr. Márcio Sotelo Felippe. Ausentes, justificadamente, os Ministros Sydney Sanches e Francisco Rezek.

Brasília, 11 de setembro de 1996. Sepúlveda Pertence, Presidente. Marco Aurélio, Relator.

RELATÓRIO

O Senhor Ministro Marco Aurélio: ao submeter a este Plenário o pedido de concessão de liminar, assim sintetizei a espécie:

> Esta ação direta de inconstitucionalidade é ajuizada visando a fulminar os parágrafos únicos dos artigos 333 e 334, os incisos I, III e IV do art. 336, os incisos I, III, VI, VII e X do art. 337 e o art. 339 do Regimento Interno do Tribunal de Justiça do Estado de São Paulo, no que versam sobre procedimentos referentes à satisfação dos débitos da Fazenda Pública e autarquias do Estado de São Paulo. Aponta-se a transgressão aos arts. 2º, 22, 100, *caput* e § 1º, 165, § 8º, e 167, inciso II, da Constituição Federal. Consoante o sustentado, a complementação dos valores dos precatórios, a ser feita no prazo de noventa dias, discrepa dos aspectos organizacionais ditados pelo orçamento, havendo a Corte de Justiça paulista adentrado em campo no qual inexistente a competência para legislar. Alude-se à circunstância de os dispositivos atacados encerrarem a transferência do Juízo da execução para o Presidente da Corte quanto a atos a ele inerentes, sendo cer-

to, ainda, que este Tribunal, apreciando a ação direta de inconstitucionalidade n. 446-9, suspendeu a vigência do § 4º do art. 57 da Constituição do Estado de São Paulo, que versa sobre o mesmo tema. Sob o ângulo do *periculum in mora*, articula-se com o fato de estarem pendentes, já encaminhados, dois mil ofícios visando à complementação dos valores de precatórios, alcançando a quantia de R$ 986.032.076,00, avizinhando-se a remessa de outros setecentos e quarenta ofícios. Os recursos interpostos para o reexame da matéria não têm, segundo o asseverado, efeito suspensivo – agravo regimental, recurso especial e recurso extraordinário. Daí o pleito de liminar no sentido da suspensão dos dispositivos citados, cujo teor analisarei a seguir.

À folha 223, anverso e verso, tem-se despacho da lavra do Ministro Carlos Velloso, no exercício da Presidência, instando o setor competente desta Corte a esclarecer sobre as ações diretas de inconstitucionalidade pendentes que cuidam do tema – ações diretas de inconstitucionalidade ns. 187-6, 446-8, 565-1. Aos autos vieram as informações de folhas 224 a 230. À folha 237, o Ministro Celso de Mello, também no exercício da Presidência, despachou determinando fossem solicitadas informações ao Tribunal de Justiça do Estado de São Paulo. Cerca de seis dias após, já iniciado o segundo semestre do ano judiciário de 1994, o requerente peticionou ressaltando a urgência da apreciação do pedido de concessão de medida liminar. Na mesma data procedeu à juntada aos autos de quatrocentos e seis ofícios remetidos pelo Tribunal de Justiça do Estado de São Paulo à Procuradoria-Geral do Estado para pagamento de diferenças, a título de complementação, em noventa dias (folhas 2.103 a 2.105).

Conforme depreende-se do acórdão de folhas 2.103 a 2.160, decidiu o Plenário:

Vistos, relatados e discutidos estes autos, acordam os Ministros do Supremo Tribunal Federal, em sessão plenária, na conformidade da ata do julgamento e das notas taquigráficas, por unanimidade de votos, em deferir o pedido de medida liminar para suspender, até a decisão final da ação, a eficácia da expressão "de natureza alimentar inferiores a trinta e seis mil Unidades Fiscais do Estado de São Paulo e os", contida no parágrafo único do art. 334 do Regimento Interno do Tribunal de Justiça do Estado de São Paulo. E, por maioria de votos, em deferir o pedido de medida liminar para suspender, até a decisão final da ação, a eficácia da expressão "de valor inferior a trinta e seis mil Unidades Fiscais do Estado de São Paulo e os", contida no parágrafo único do art. 333 da mesma norma impugnada, vencido o Ministro Paulo Brossard, que indeferia a medida liminar. Em seguida, por unanimidade de votos, em indeferir o pedido de liminar para suspender a aplicação dos preceitos dos incisos I, III, IV do art. 336; dos incisos I, VI e X do art. 337, bem como do art. 339, todos do Regimento Interno. Quanto ao inciso III do art. 337, o Tribunal também indeferiu o pedido de medida liminar de suspensão, com a interpretação de que as inexatidões materiais e as retificações por erro de cálculo, a que se referem o dispositivo, são aquelas originariamente decorrentes da atualização, vencidos, em parte, os Ministros Relator, Carlos Velloso, Sepúlveda Pertence e Paulo Brossard, que indeferiam a medida liminar, mas não adotavam tal entendimento. E, com relação ao inciso XII do mesmo artigo (337) o Tribunal também indeferiu o pedido de medida liminar de suspensão, dando-lhe interpretação conforme a Constituição, segundo a qual a requisição, a título de complementação de depósitos insuficientes, a ser feita no prazo de noventa dias, somente deve referir-se a diferenças resultantes de erros materiais ou aritméticos ou de inexatidões dos cálculos dos precatórios, não podendo, porém, dizer respeito ao critério adotado para a elaboração do cálculo ou a índices de atualização diversos dos que foram utilizados em primeira instância, vencido o Ministro Ilmar Galvão, que deferia o pedido (folhas 2.159 e 2.170).

Seguiram-se os declaratórios de folhas 2.163 a 2.168. O julgamento restou assim sintetizado:

> Vistos, relatados e discutidos estes autos, acordam os Ministros do Supremo Tribunal Federal, em sessão plenária, na conformidade da ata do julgamento e das notas taquigráficas, por unanimidade de votos, em receber parcialmente os embargos de declaração, nos termos do voto do Relator.

O voto, então prolatado, consignou competir ao Tribunal a elaboração dos cálculos objetivando a atualização do valor devido em moeda corrente, considerado o fator de indexação, previsto na sentença de liquidação, ou aquele que, por força de lei, o substituiu (folhas 2.182 a 2.194).

Às folhas 1.015 a 1.034 estão as informações prestadas pelo Presidente do Tribunal de Justiça do Estado de São Paulo, o Desembargador José Alberto Weise de Andrade. Podem assim ser resumidas:

a) a Fazenda do Estado vale-se desta ação para obstaculizar o pagamento de saldos de precatórios antigos;

b) a Fazenda jamais argüiu, em processos em curso, a inconstitucionalidade dos dispositivos, salvo quanto à satisfação de débitos de natureza não alimentar inferiores a trinta e seis mil UFESPs;

c) o sistema é adotado não apenas em relação à Fazenda do Estado, mas a precatórios provenientes de mais de quinhentos municípios e autarquias, bem como nas ações referentes a acidente do trabalho, alusivas ao Instituto Nacional do Seguro Social;

d) a pretensão acabaria por paralisar cerca de setenta mil precatórios;

e) o processamento dos precatórios vem funcionando com alguma eficiência há muitos anos, somente agora se rebelando o Estado;

f) a alegação de virem as atualizações a ser feitas com base em tabela de índices extravagantes é inverossímil, implicando desprezo à realidade;

g) os índices utilizados são os consagrados em inúmeros julgados, especialmente nos originários do Superior Tribunal de Justiça;

h) o inciso IV do art. 4º do Assento Regimental n. 195/91 reproduz, literalmente, o inciso IV do art. 189 do antigo Regimento, com a redação que lhe foi dada pela Resolução n. 6/84, tendo sido incluído, também, sem qualquer alteração, no atual Regimento (inciso IV do art. 336). A disciplina foi considerada constitucional quando do julgamento da representação n. 1.332/SP;

i) a atividade desenvolvida pelo Presidente da Corte em relação aos precatórios é jurisdicional, importando no deslinde de incidentes;

j) o Presidente do Tribunal é o Juízo da execução do precatório;

l) a atualização do débito não implica modificar o critério da liquidação homologado pelo juiz, sempre preservado por abranger questão decidida, apenas dando a medida certa do valor no momento em que exigível;

m) o procedimento em nada prejudica o direito de defesa das partes, ouvidas no incidente;

n) a atualização prevista no § 1º do art. 100 da Carta Política da República fica submetida ao crivo do juízo da execução do precatório;

o) a devolução dos autos ao juízo da execução resultaria em atraso no pagamento, repetindo-se atos processuais a ponto de ter-se o desprestígio do Poder Judiciário, além de quebrar a ordem cronológica dos precatórios, impossível de ser restabelecida, tendo em conta o volume anual, situado entre cinco e dez mil novos precatórios;

p) os precatórios são satisfeitos, após atualização em 1º de julho, no décimo oitavo mês que se lhe segue, não se podendo agasalhar procedimento revelador da insuficiência dos valores depositados;

q) a liquidação dos precatórios não pode ficar ao sabor da vontade da Administração Pública, sob pena de fraudar-se o próprio sistema;

r) a quitação dos débitos alimentares de uma só vez guarda respeito à própria natureza por eles revelada;

s) a nova sistemática acabou por transformar a satisfação dos precatórios em processo ágil, evitando-se vários "cumpra-se"

t) erros materiais podem ser corrigidos a qualquer momento, valendo notar-lhes a existência, quer em um sentido, quer em outro, em grande monta, ora a favorecerem o credor, ora ao devedor.

A Advocacia-Geral da União, pronunciando-se às folhas 2.201 a 2.213, ratificou as informações prestadas pelo Tribunal de Justiça do Estado de São Paulo. No fecho da peça, consigna que:

> Salta à evidência a impropriedade e o descabimento das alegações colacionadas pelo autor como suporte jurídico para o seu pedido, razão pela qual requer o Advogado-Geral da União seja declarada a improcedência da presente ação direta de inconstitucionalidade.

Por sua vez, a Procuradoria-Geral da República pronunciou-se na forma da peça de folhas 2.215 a 2.231, ressaltando que a pecha de inconstitucionalidade deve ficar restrita a expressões contidas nos parágrafos únicos dos artigos 333 e 334 do Regimento Interno do Tribunal de Justiça do Estado de São Paulo, tal como sinalizado quando do julgamento do pedido de concessão de liminar. Aludiu-se ao fato de, no julgamento da ação direta de inconstitucionalidade n. 47, esta Corte haver assentado, por maioria de votos, estarem alcançados os créditos de natureza alimentícia pelo disposto no art. 100 da Constituição Federal, devendo, tão-somente, ser observada a ordem de pagamento autônoma e preferencial. Daí a conclusão no sentido de que o art. 333 do Regimento Interno do Tribunal de Justiça de São Paulo, ao prever a satisfação preferencial de créditos de natureza não alimentar de valor inferior a trinta e seis mil Unidades Fiscais do Estado de São Paulo, viola a norma insculpida no art. 100. Há menção à circunstância de que este Tribunal, ao apreciar o pedido de medida cautelar na ação direta de inconstitucionalidade n. 446, de que foi Relator o eminente Ministro Paulo Brossard, não suspendeu o dispositivo da Carta do Estado de São Paulo que revela a obrigatoriedade de satisfação dos créditos de natureza alimentícia, de uma só vez, devidamente atualizados até a data do pagamento. Descabe, consoante o sustentado, distinguir, para tal fim, o valor do crédito alimentar, razão pela qual o parágrafo único do art. 334 do diploma em comento estaria a conflitar com a Carta da República. A discriminação discreparia do princípio da isonomia, conforme assentado ao examinar-se a medida cautelar na ação direta de inconstitucionalidade n. 565, relatada pelo Ministro Néri da Silveira, relativamente à regra análoga constante do parágrafo único do art. 2º do Assento Regimental n. 195/91.

Por derradeiro, afirma-se que a previsão constante dos incisos I, III e IV do art. 336 do Regimento Interno da Corte paulista mostra-se harmônica com a Lei Máxima, não implicando invasão da competência privativa da União para legislar sobre direito processual. Tal raciocínio funda-se na circunstância de a Constituição Federal atribuir ao Presidente da Corte competência para o controle do pagamento dos precatórios, motivo pelo qual normas regimentais devem ser estabelecidas para o indispensável exercício. Na visão do Procurador-Geral da República, Doutor Geraldo Brindeiro, a norma regimental é consonante com a regra do art. 730, inciso I, do Código de Processo Civil. Remete-se ao que decidido na representação n. 1.332/SP, da qual foi Relator o Ministro Carlos Madeira (*Revista Trimestral de Jurisprudência* n. 121/36). Quanto aos incisos I, III, VI, VII e X do art. 337, o mesmo raciocínio mostrar-se-ia pertinente, de igual maneira enquadrando-se, também, a regra do art. 339 concernente ao cabimento do agravo regimental contra decisão do Presidente do Tribunal. O preceito estaria a homenagear o princípio da ampla defesa. No tocante ao inciso VII do art. 337, propugna-se por uma interpretação harmônica com a Carta da República. A cláusula da "complementação de depósitos insuficientes, no prazo de noventa dias" somente é aplicável, segundo o parecer, a precatórios atinentes a crédito de natureza alimentar, tendo em vista o tratamento excepcional a eles conferidos. Além disso, as diferenças a serem depositadas devem ficar restritas às resultantes de erros materiais ou aritméticos ou de inexatidões materiais dos cálculos, considerado o fator de indexação previsto na sentença de liquidação ou o que, por força de lei, o substituiu. Parte-se da premissa de que, em devendo os créditos de natureza alimentar serem satisfeitos de uma só vez, já atualizados, a complementação de depósitos insuficientes, no prazo de noventa dias, não se mostra inconstitucional. Refuta-se, quanto a estes créditos, a possibilidade de se cogitar da transgressão aos artigos 165, § 8º, e 167, inciso II, da Constituição Federal. São transcritas decisões desta Corte decorrentes do julgamento do agravo regimental no agravo de instrumento n. 153.493/SP e na ação direta de inconstitucionalidade n. 446. Também é feita alusão à óptica, externada pelo Ministro Sepúlveda Pertence no julgamento do recurso extraordinário n. 189.942/SP, julgado pelo Pleno, no que tange à inexistência de conflito com os citados preceitos constitucionais.

Visando ao conhecimento prévio dos integrantes da Corte quanto aos dispositivos atacados, no que serão distribuídas cópias do relatório, transcrevo-os:

I – Parágrafo único do art. 333 do Regimento Interno do Tribunal de Justiça do Estado de São Paulo:

"Parágrafo único. Terão ordem cronológica autônoma de apresentação e pagamento os precatórios referentes aos créditos de valor inferior a trinta e seis mil Unidades Fiscais do Estado de São Paulo e os de natureza alimentar de qualquer valor."

II – Art. 334, parágrafo único, do citado Regimento:

"Parágrafo único. O pagamento dos créditos de natureza não alimentar inferiores a trinta e seis mil Unidades Fiscais do Estado de São Paulo e os de natureza alimentar serão feitos de uma só vez, devidamente atualizados até a data do efetivo pagamento."

III – Art. 336, incisos I, III e IV do Regimento:

"Art. 336. (...)

"I – cada precatório e respectivos documentos serão autuados e examinados pelo Departamento que informará ao Presidente do Tribunal sobre eventual irregularidade do procedimento a respeito de erros materiais;

"II – (...)

"III – encerrado a 1º de julho o período anual destinado à proposta orçamentária, serão calculados, pelo departamento, os valores em cruzeiros, atualizados, de acordo com o índice vigente de correção monetária, para que se comunique a cada entidade o débito geral apurado;

"IV – os depósitos em pagamento serão feitos nos autos da ação, sob a direta responsabilidade das entidades devedoras, cabendo ao Juízo da execução encaminhar de imediato uma das vias dos comprovantes ao departamento de contabilidade."

IV – Art. 337, incisos I, III, IV, VI, VII e X do Regimento:

"Art. 337. Compete ao Presidente do Tribunal de Justiça:

"I – expedir instruções necessárias a regular tramitação dos precatórios;

"II – (...)

"III – ordenar, de ofício ou a requerimento da parte, a correção de inexatidões materiais, ou retificação de erros de cálculo;

"IV – (...)

"V – (...)

"VI – resolver todas as questões relativas ao cumprimento dos precatórios, inclusive a sua extinção;

"VII – requisitar das entidades devedoras a complementação de depósitos insuficientes, no prazo de noventa dias, determinando vista aos interessados no caso de desobediência;

"VIII – (...)

"IX – (...)

"X – solicitar, se necessário, os autos originais;"

V – Art. 339:

"Art. 339. Das decisões finais do Presidente caberá, no prazo de cinco dias, contados da publicação, agravo regimental para o órgão especial."

Estes autos vieram-me conclusos em 21 de agosto de 1996, sendo que neles lancei visto, com determinação de remessa de cópia deste relatório aos demais integrantes da Corte, em 31 imediato (folha 2.232).

É o relatório.

VOTO

O Senhor Ministro Marco Aurélio (Relator): Sob a égide da Constituição pretérita, estabeleceu-se quadro de extravagância ímpar, considerada a relação jurídica mantida pelo Estado e credores, e a liquidação de obrigações pecuniárias reconhecidas mediante provimento judicial. A interpretação literal do preceito de regência dos precatórios, ou seja, do art. 117, levou à conclusão de que os valores deles constantes, atualizados em 1º de julho, seriam pagos, até o término do exercício subseqüente à respectiva apresentação, na forma nominal. Decorreu daí, diante de inflação da ordem de trinta por cento ao mês, um verdadeiro ciclo vicioso. O credor, ao ver satisfeito o precatório, tinha a desventura de constatar a liquidação parcial do débito da Fazenda a oscilar entre três e cinco por cento do total devido. O direito reconhecido em sentença trânsita em julgado transformava-se em verdadeira pensão vitalícia, forçando o requerimento da expedição de novo precatório, com sobrecarga para a máquina judiciária, no que perpetuadas as execuções e, portanto, a tramitação dos processos. Iniludivelmente, tendo em vista a busca da realização de obras e, também, a delimitação temporal dos mandatos, proibida a reeleição, a sistemática consagrada jurisprudencialmente acabou por levar a sucessivas e pouco planejadas desapropriações, não se preocupando os governantes com a necessidade de conciliá-las com as dotações orçamentárias e, destarte, com créditos abertos para tal fim. Projetaram-se, com isso, as liquidações dos débitos, a alcançarem toda e qualquer importância devida pela Fazenda Pública em razão de condenações sofridas. A par do pernicioso critério homenageando o valor nominal em detrimento do valor real, contavam ainda, as Fazendas, com a denominada ciranda financeira. Os recursos eram aplicados no mercado, multiplicando-se dia-a-dia. A "bola de neve" formou-se e aí, em visão prognóstica, em face até mesmo dos novos ares constitucionais, no sentido de um maior equilíbrio na relação Estado-cidadão, o Constituinte de 1988, para ordenar o quadro e extirpá-lo, fez inserir no Ato das Disposições Constitucionais Transitórias preceito revelador de verdadeira moratória. Refiro-me ao art. 33, segundo o qual "ressalvados os créditos de natureza alimentar, o valor dos precatórios judiciais pendentes de pagamento na data da promulgação da Constituição, incluindo o remanescente de juros e correção monetária, poderá ser pago em moeda corrente, com atualização, em prestações anuais, iguais e sucessivas, no prazo máximo de oito anos, a partir de 1º de julho de 1989, por decisão editada pelo Poder Executivo até cento e oitenta dias da promulgação da Constituição". Previu-se, mais, que "poderão as entidades devedoras, para o cumprimento do disposto neste artigo, emitir, em cada ano, no exato montante do dispêndio, títulos de dívida pública não computáveis para efeito do limite global de endividamento".

Da norma extraem-se várias premissas: a primeira diz respeito à exclusão dos créditos de natureza alimentar, cuja razão de ser estava em afastar-se a projeção no tempo, ou seja, o pagamento em oito prestações anuais iguais e sucessivas. A segunda concerne ao caráter do dispositivo constitucional que, mostrando-se transitório, aplicava-se apenas aos "precatórios judiciais pendentes de pagamento na data da promulgação da Constituição". A terceira corre à conta de se ter feito estancar, como acabou por sedimentar esta Corte, os juros, quer os decorrentes da mora, quer os compensatórios. A quarta premissa implicou a desmistificação da esdrúxula tese do privilégio da Fazenda Pública de ver projetada indefinidamente no tempo a satisfação dos respectivos débitos. Em consonância com o corpo permanente da Carta, previu-se que as parcelas seriam iguais e sucessivas, revelando-se, ainda, atualizadas, ou seja, sem saber-se a percentagem alusiva à reposição do poder aquisitivo, impôs-se a manutenção do poder da moeda, mesmo porque, não fosse assim, de nada adiantaria o dispositivo constitucional. Neste ponto, o art. 33 do Ato das Disposições Constitucionais Transitórias exsurgiu, à primeira hora, pedagógico, afastando o desequilíbrio notado na relação jurídica devedor-credor e colocando fim a verdadeiro calote oficial. Ao menos os credores existentes tiveram a certeza do recebimento integral dos créditos, e os futuros passaram a contar com nova visão, a homenagear a realidade, o sistema jurídico-constitucional tomado como algo razoável, coerente, aceitável em um Estado Democrático de Direito. Os precatórios pendentes de pagamento foram alcançados, à mercê de definição do Poder Executivo, por regra excepcional, buscando-se, assim, repita-se, sanear a situação verificada na totalidade dos Estados federados, no Federal e também nos Municípios. Implica dizer que a Carta de 1988 trouxe à baila, de forma salutar, contexto de normas conducentes a concluir-se que, imposta condenação a pessoa jurídica de direito público, via sentença judicial, ela é para valer, há de ser observada de maneira irrestrita, devendo o quantitativo ser satisfeito de modo atualizado, embora contando a devedora com o interregno dezoito meses para fazê-lo, coisa que nenhum devedor dispõe, no que se prevê, na execução que, citado, deve pagar a totalidade do valor em 24 horas, sob pena de seguirem-se atos de constrição-penhora e praça pública. Imaginava-se, à época da promulgação da Carta de 1988, que haveria por parte dos Executivos um cuidado maior na assunção de dívidas, especialmente aquelas decorrentes de desapropriações. Ledo engano. Conforme consta das informações prestadas pelo Tribunal de Justiça de São Paulo, os precatórios posteriores a 1988 continuaram alcançando, ano a ano, a casa do milhar, oscilando entre cinco e dez mil, isso apenas no Estado de São Paulo.

Ainda embrionária a visão segundo a qual os precatórios, uma vez satisfeitos, hão de implicar a liquidação do débito, devendo, para isso, sofrer a incidência da indispensável correção monetária, mais um fator surgiu, revelando possuir a balança da vida dois pratos. De um lado, o Plano Real, que se seguiu a diversos outros (Plano Delfim I, Plano Delfim II, Plano Delfim III, Plano Dornelles, Plano Cruzado, Plano Bresser, Plano Arroz com Feijão, Plano Verão, Plano Collor I, Plano Collor II, Plano Marcílio etc.), mitigou, nos últimos dois anos, a inflação. Reduziu-a, substancialmente, passando-se a ter, ao invés de cerca de trinta por cento ao mês, algo pouco acima de um por cento. De outro, deixou os Estados e Municípios sem a fonte de receita que era o mercado financeiro e, portanto, a possibilidade de, jogando com o tempo, terem considerável aporte de recursos. Mesmo a partir da esdrúxula insistência, contrária à Carta Política da República, de liquidar os precatórios pelo valor nominal e não real, vieram a constatar que, ao invés da obrigação de pagamento girar em torno de cerca de dois a cinco por cento do débito, que estavam compelidos a liquidar, teriam de satisfazer cerca de oitenta por cento. Isso ocorreu passados cerca de seis anos da data em que os Executivos em geral tiveram facilitada, sobremaneira, a solução da problemática dos precatórios pendentes, em face da moratória do art. 33 e da viabilidade de emissão de títulos da dívida pública não computáveis para efeito do limite global de endividamento. A tudo isso, acrescem os problemas ligados à distribuição tributária – os médios e grandes Municípios estão muito bem – e o inchaço da folha de pessoal, agravado com o desrespeito ao teto constitucional, via, especialmente, a ingênua óptica da desconsideração das vantagens pessoais.

Com desassombro é dado perceber o motivo da esperança depositada, pelo Estado de São Paulo, no desfecho desta ação direta de inconstitucionalidade. Ele salta aos olhos. A insolvência dos Estados da Federação é flagrante. Nem por isso temse como aberta a porta ao menoscabo dos princípios insertos na Carta de 1988. Sem potencializar-se os inúmeros pedidos de intervenção, hoje sobre os largos ombros deste Tribunal, único fato novo surgido após o exame do pedido de liminar, inidôneo, de qualquer forma, à definição da pecha atribuída às normas que serão analisadas, há de perquirir-se a harmonia dos preceitos atacados, mediante esta ação direta de inconstitucionalidade, com os artigos da Carta República, empolgados pelo requerente e, aí, dizer-se da procedência, ou não, do pedido formulado. Descabe, também, considerar-se, para aferição da constitucionalidade das normas, a aplicação que vêm merecendo no âmbito organizacional do Tribunal de Justiça. O julgamento da ação direta de inconstitucionalidade não leva em conta situações concretas a serem dirimidas na via apropriada. Examina-se a compatibilidade constitucional a partir do caráter abstrato da norma. Da mesma forma, há de proceder-se diante da necessidade de buscar-se solução para o quadro de insolvência supra-referido. O caráter político do julgamento da ação direta de inconstitucionalidade sofre limitação decorrente da supremacia da Carta Federal, sob pena de vir à baila, em prejuízo de toda a sociedade e dos avanços no campo democrático, a insegurança. O Estado não pode contar com o privilégio de editar a lei, aplicá-la e vê-la sopesada pelo Judiciário ao sabor de política governamental, a partir de óptica tendenciosa, sempre isolada e momentânea, sempre a revelar o oportunismo de plantão. Ao Estado-juiz, especialmente ao Supremo Tribunal Federal, cumpre, em razão de compromisso maior – e a história é uma cobradora infatigável – zelar pela intangibilidade da ordem jurídico-constitucional, pouco importando que, assim o fazendo, seja incompreendido. É de se ter presentes as palavras de Calamandrei, citado por Edgar de Moura Bittencourt em *O Juiz*, segundo as quais há mais coragem em ser justo, parecendo injusto, do que ser injusto para salvaguardar as aparências de justiça. Os incautos, os míopes, os pobres de espírito democrático, não esperem do Supremo Tribunal Federal atitude acomodadora, por mais convidativa que seja a quadra, já que se afigura, na concepção da Carta da República, como o Juiz Maior da Federação, não se lhe sendo opostos óbices ao cumprimento do dever constitucional de assegurar a intangibilidade da ordem jurídica.

Frente a tais premissas e salientando, mais uma vez, a crença na máxima de que, em sendo o Direito uma ciência, o meio justifica o fim, e não este aquele, passo ao exame dos diversos dispositivos atacados.

I – Parágrafo único do art. 333 do Regimento Interno do Tribunal de Justiça do Estado de São Paulo.

Eis o teor respectivo:

> Parágrafo único. Terão ordem cronológica autônoma de apresentação e pagamento os precatórios referentes aos créditos de valor inferior a trinta e seis mil Unidades Fiscais do Estado de São Paulo e os de natureza alimentar de qualquer valor.

Reafirmo o que tive oportunidade de consignar quando votei relativamente ao pedido de concessão de liminar, prevalecendo tal óptica, por maioria expressiva, neste Colegiado.

Quanto aos créditos de natureza alimentar, a ordem própria está em harmonia com interpretação conferida por esta Corte ao art. 100 da Constituição Federal. Em um dos primeiros processos sobre a matéria (ação direta de inconstitucionalidade n. 47-2, em que funcionei como Relator), a maioria concluiu que a primeira parte do art. 100 não implica o afastamento do regime de precatórios na satisfação de créditos de natureza alimentícia, mas, tão-somente, a imposição de ordem própria. Na ocasião, fiquei vencido, porquanto conferia ao vocábulo "excetuado" o sentido vernacular técnico que possui e que, parece, será pedagogicamente melhor explicitado com a reforma constitucional que se avizinha. Resta o exame da distinção, contida no preceito, relativamente ao valor dos precatórios que visem à satisfação dos créditos comuns. À primeira vista, distancia-se ela do tratamento uniforme que o art. 100 da Carta da República objetivou conferir à liquidação dos débitos da Fazenda. Em síntese, não contempla a Carta tal distinção, valendo notar a cláusula final do *caput* do artigo, no que proíbe a designação de casos ou pessoas nas dotações orçamentárias e nos créditos adicionais, tendo em vista a observação de preferência. O estabelecimento de ordem cronológica autônoma de apresentação e pagamento, considerados os precatórios referentes a créditos de valor inferior a trinta e seis mil Unidades Fiscais do Estado de São Paulo, embora possa parecer, ao leigo, justa, conflita, a mais não poder, com o disposto no art. 100 da Constituição Federal, no que veda a designação, repito, de casos ou pessoas nas dotações orçamentárias e nos créditos adicionais abertos para a liquidação dos débitos das Fazendas reconhecidos em sentença judicial trânsita em julgado. Este Plenário, quase a uma só voz (já que vencido o Ministro Paulo Brossard, no que indeferia a medida, em 14 de dezembro de 1994), deferiu liminar suspendendo a eficácia da expressão "de valor inferior a trinta e seis mil Unidades Fiscais do Estado de São Paulo e os", inserta no parágrafo único do art. 333. É hora de tornar definitiva a medida acauteladora. Fulminada a citada expressão, o preceito passa a disciplinar, tão-somente, os créditos de natureza alimentar de qualquer valor, assim permanecendo no cenário jurídico-constitucional:

> Parágrafo único. Terão ordem cronológica autônoma de apresentação e pagamento os precatórios referentes aos créditos de natureza alimentar de qualquer valor.

A harmonia com o que já assentado por este Plenário quanto ao alcance da Carta da Republica é total.

Neste sentido é o meu voto.

II – Parágrafo único do art. 334 do Regimento Interno do Tribunal de Justiça do Estado de São Paulo.

Transcrevo o preceito atacado:

> Parágrafo único. O pagamento dos créditos de natureza não alimentar inferiores a trinta e seis mil Unidades Fiscais do Estado de São Paulo e os de natureza alimentar serão feitos de uma só vez, devidamente atualizados até a data do efetivo pagamento.

Na apreciação do pedido de concessão de liminar, o Plenário pronunciou-se sem discrepância de votos, ao contrário do que ocorreu com o dispositivo anterior, em que ficou vencido o Ministro Paulo Brossard, no que, como disse, indeferia a medida liminar. O voto que proferi restou assim lançado:

Repito aqui o que tive oportunidade de consignar quanto aos créditos comuns relativamente ao exame do parágrafo único do art. 333. No tocante aos créditos de natureza alimentar, na esteira do que decidido por esta Corte no exame da ação n. 446-9, aliás, por unanimidade, e relatada pelo Ministro Paulo Brossard, indefiro a liminar pleiteada. É que não se coaduna com a própria natureza do débito a satisfação em módicas prestações. No particular, transcrevo o que tenho consignado em decisões monocráticas:

A confirmar esta óptica, registro que, em caso ainda disciplinado pelo artigo 117 da Constituição Federal de 1969, deslocado da Segunda Turma para o Plenário, por provocação do Ministro Carlos Velloso, esta Corte, embora não acolhendo o pedido de indexação do precatório, ligado a crédito comum, sinalizou, em 10 de outubro de 1990, quando fiquei vencido na companhia honrosa do proponente da apreciação pelo Colegiado Maior e dos Ministros Sepúlveda Pertence e Sydney Sanches, com a possibilidade de exame do tema, visando à salutar evolução, quando se defrontasse com hipótese que envolvesse a Carta de 1988. As ressalvas fizeram-se nos votos dos Ministros Celso de Mello, Paulo Brossard, Célio Borja e Octávio Gallotti. Assim, ainda que tenham formado na corrente majoritária juntamente com os Ministros Aldir Passarinho (Relator), Moreira Alves e Néri da Silveira, deixaram entrever a disposição de evoluir, caminhando no sentido de afastar do cenário jurídico a casta revelada na condição de devedora privilegiada que passou a ser a Fazenda (recurso extraordinário n. 119.237).

Pois bem, ao analisar os pedidos de concessão de medida acauteladora nas ações diretas de inconstitucionalidade ns. 446 e 565, relatadas pelos Ministros Paulo Brossard e Néri da Silveira, respectivamente, o Plenário, ausente justificadamente o Ministro Carlos Velloso, indeferiu-a, a uma só voz, quanto à suspensão de eficácia de preceito da Carta de São Paulo e de Assento do Tribunal de Justiça local, no que prevêem a satisfação do crédito alimentar de uma só vez, ou seja, atualizado. Por maioria, suspendeu dispositivo que, em relação aos créditos comuns, fixava idêntico modo de satisfação, estabelecendo um teto, isto é, os créditos até trinta e seis mil unidades do Estado de São Paulo seriam pagos com correção, o mesmo não ocorrendo com os que suplantassem este valor. As discussões levadas a efeito deixaram antever que a concessão da liminar resultou da impossibilidade de, diante da Carta da República, ter-se a discriminação, ou seja, o afastamento da indexação no tocante aos créditos superiores àquele valor. O voto por mim proferido e os dos Ministros Ilmar Galvão, Celso de Mello, Paulo Brossard e Sepúlveda Pertence foram explícitos quanto a este enfoque, sendo que os votos dos Ministros Néri da Silveira, Moreira Alves, Octávio Gallotti e Sydney Sanches trouxeram, implícita, a motivação. O Ministro Paulo Brossard, muito embora sustentando, com a veemência e perspicácia costumeiras, a necessidade de se colocar um fim à atual situação, concluindo-se pela obrigatoriedade constitucional de o Estado liquidar de vez os seus débitos, pronunciou-se pelo indeferimento da liminar no que tange a este dispositivo, assentando que o fazia para dar um primeiro passo, isto é, numa estratégia de Colegiado, visando a alcançar a solução final. O julgamento ocorreu em 24 de junho de 1994 e marca, sem dúvida alguma, um novo entendimento, mais consentâneo com o Estado Democrático de Direito, do Supremo Tribunal Federal. Por isso mesmo, é hora de a própria Fazenda adotar, em relação aos respectivos pagamentos, a mesma postura que assume na cobrança dos créditos fiscais.

Da mesma forma em que deferida a liminar, cumpre, agora, agasalhar o pleito do Estado, tal como preconizado pela Procuradoria-Geral da República, fulminando, em definitivo, a expressão "de natureza não alimentar inferiores a trinta e seis mil unidades Fiscais do Estado de São Paulo e os".

A extensão do provimento judicial decorre da impossibilidade de atuar-se, em tal campo, como legislador positivo, e isto acontecerá caso apenas venha a ser fulminado o preceito a partir do vocábulo "inferiores". Assim, com a declaração de inconstitucionalidade da expressão referida, o parágrafo único do art. 334 do Regimento Interno do Tribunal de Justiça do Estado de São Paulo passa a ter o seguinte teor:

> Parágrafo único. O pagamento dos créditos de natureza alimentar serão feitos de uma só vez, devidamente atualizados até a data do efetivo pagamento.

Neste sentido é o meu voto.

III – Art. 336, incisos I, III e IV do Regimento Interno do Tribunal de Justiça de São Paulo.

Transcrevo, para documentação maior, os dispositivos:

> Art. 336. (...)
>
> I – cada precatório e respectivos documentos serão autuados e examinados pelo departamento que informará ao Presidente do Tribunal sobre eventual irregularidade do procedimento a respeito de erros materiais.
>
> II – (...)
>
> III – encerrado a primeiro de julho o período anual destinado à proposta orçamentária, serão calculados, pelo departamento, os valores em cruzeiros, atualizados, de acordo com o índice vigente de correção monetária, para que se comunique a cada entidade o débito geral apurado;
>
> IV – os depósitos em pagamento serão feitos nos autos da ação, sob a direta responsabilidade das entidades devedoras, cabendo ao juízo da execução encaminhar de imediato uma das vias dos comprovantes ao departamento de contabilidade.

Na oportunidade do exame do pedido de concessão de liminar, indeferido à unanimidade, fiz ver que o texto dos diversos incisos atacados do art. 336 do Regimento Interno do Tribunal de Justiça do Estado de São Paulo harmoniza-se com a regra insculpida no art. 730 do Código de Processo Civil. As normas deste último e do Regimento têm como escopo, justamente, viabilizar a prática de ato pelo Presidente da Corte na execução contra a Fazenda Pública. A competência do Presidente da Corte exsurge do disposto no § 2º do art. 100 da Constituição Federal:

> § 2º. As dotações orçamentárias e os créditos abertos serão consignados ao Poder Judiciário recolhendo-se as importâncias respectivas à repartição competente, cabendo ao Presidente do Tribunal que proferir a decisão exeqüenda determinar o pagamento, segundo as possibilidades do depósito, e autorizar, a requerimento do credor e exclusivamente para o caso de preterimento de seu direito de precedência, o seqüestro da quantia necessária à satisfação do débito.

O inciso I do art. 730 da nossa Lei Instrumental comum preceitua que o juiz requisitará o pagamento por intermédio do tribunal competente, que se afigura como o juízo da execução do próprio precatório, valendo notar que as sentenças de liquidação não são proferidas em data única, ou seja, 1º de julho. Prevendo a Carta da República a atualização em tal data, mister é concluir que esta se faz sob o crivo de órgão investido do ofício judicante, que é aquele perante o qual são concentrados os milhares de precatórios concernentes ao ano em curso. Nota-se que no inciso I do art. 336 apenas se prevê a organização dos precatórios, no que dispõe serem eles autuados com os respectivos documentos e examinados pelo setor técnico do tribunal, ou seja, pela contadoria, informando esta, ao Presidente da Corte, a existência de qualquer irregularidade que diga respeito, como consta de modo exaustivo na norma, a erros materiais. Como, então, vislumbrar, na hipótese, transgressão à Carta? Ao Tribunal competia disciplinar a matéria, mostrando-se ser o veículo próprio o Regimento Interno.

Já no inciso III cuida-se da feitura dos cálculos e da atualização assegurada pelo § 1º do art. 100 da Constituição Federal, considerada a data de 1º de julho. Repito:

ante o princípio da igualdade, todos os precatórios apresentados até 1º de julho devem ter essa data como apropriada à atualização, pouco importando a época em que proferida a sentença de liquidação. No mais o preceito contém alusão ao cálculo, lançando-se os valores em cruzeiros, hoje reais, atualizados em harmonia com o índice vigente de correção monetária, somente sendo dado entender, como tal, o previsto na ordem jurídica em vigor.

O inciso IV consigna a feitura dos depósitos nos autos das ações, correndo o procedimento, como não poderia deixar de ser, sob a responsabilidade direta da entidade devedora, comunicando-o, o juízo da execução, mediante remessa de uma das vias dos comprovantes, ao juízo da execução do precatório. Ao contrário do asseverado pelo Estado, os preceitos não extravasam área normativa reservada ao Tribunal. Revelam disciplina interna da tramitação, em si, dos precatórios, valendo notar o silêncio da legislação geral a respeito. Quer a Constituição, quer o Código de Processo Civil, não contêm regras sobre a matéria, no que situadas no campo organizacional dos trabalhos da Corte. A norma, considerada a responsabilidade das entidades devedoras, harmoniza-se com a possibilidade do seqüestro cujo destinatário, sob o ângulo subjetivo, não pode ser o Tribunal. O quantitativo não é transferido, no campo material, ao Tribunal. Por isso mesmo, esta Corte, considerada a Carta anterior cujo preceito foi repetido na atual, julgou improcedente a representação n. 1.332, acima referida:

> A Constituição não determina que a dotação destinada ao pagamento dos precatórios seja transferida para o Poder Judiciário. A norma do art. 117 preserva a atribuição da Fazenda Pública de pagar suas dívidas à conta dos créditos respectivos. A dotação destinada dos débitos resultantes de sentenças judiciais é consignada ao Poder Judiciário, que dela requisitará as parcelas necessárias à satisfação dos precatórios, na ordem da respectiva apresentação. Não há que cogitar de depósito da dotação orçamentária nos Tribunais, pois tanto importaria pesado encargo administrativo, além de contrariar a norma Constitucional (*RTJ* 121/36) (folha 1.027).

Por isso, julgo improcedente o pedido formulado e, portanto, declaro a constitucionalidade dos incisos I, III e IV do art. 336 do Regimento Interno do Tribunal de Justiça do Estado de São Paulo.

IV – Art. 337, incisos I, III, IV, VI, VII e X, do Regimento Interno do Tribunal de Justiça do Estado de São Paulo.

Eis como se apresentam os citados incisos:

> Art. 337. Compete ao Presidente do Tribunal de Justiça:
>
> I – expedir instruções necessárias a regular tramitação dos precatórios;
>
> II – (...)
>
> III – ordenar, de ofício ou a requerimento da parte, a correção de inexatidões materiais ou a retificação de erros de cálculo;
>
> IV – (...)
>
> V – (...)
>
> VI – resolver todas as questões relativas ao cumprimento dos precatórios, inclusive a sua extinção;
>
> VII – requisitar das entidades devedoras a complementação de depósitos insuficientes no prazo de noventa dias, determinando vista aos interessados no caso de desobediência;
>
> VIII – (...)
>
> IX – (...)
>
> X – solicitar, se necessários, os autos originais.

Também o pedido de concessão de liminar relativo a estes dispositivos foi indeferido pelo Plenário. A conclusão alcançou os incisos I, VI e X do art. 337. Quanto ao inciso III, o Tribunal também indeferiu o pedido formulado, com a interpretação de que as inexatidões materiais e as retificações por erros de cálculo, a que se referem o dispositivo, são aquelas originariamente decorrentes da atualização, oportunidade em que quedei vencido, bem como os Ministros Carlos Velloso, Sepúlveda Pertence e Paulo Brossard. Concluímos não caber sequer a explicitação, porquanto já constante do preceito. Relativamente ao inciso VII, o Tribunal indeferiu o pedido de liminar de suspensão, dando-lhe interpretação conforme a Carta, segundo a qual a requisição, a título de complementação de depósitos insuficientes, a ser feita no prazo de noventa dias, somente deve referir-se a diferenças resultantes de erros materiais e aritméticos ou de inexatidões de cálculos dos precatórios, não podendo dizer respeito ao critério adotado para a elaboração do cálculo ou a índices de atualização diversos dos que foram utilizados em primeira instância. Julgando embargos declaratórios, o Tribunal admitiu a substituição do índice, desde que extinto por lei e previsto outro para ocupar-lhe o lugar.

Analisem-se os diversos dispositivos, assentando-se, em primeiro lugar, o que já foi dito quanto ao anterior, ou seja, quanto ao art. 336. Regulam esses preceitos a tramitação do precatório. A competência outorgada ao Presidente do Tribunal, pelo *caput* do artigo, decorre da previsão contida no § 2º do art. 100 da Carta Política da República. O Presidente do Tribunal é o juiz natural e, portanto, competente para proferir decisões relativas aos parâmetros objetivos do precatório a serem elucidados e fixados já em nível de tribunal.

> I – expedir instruções necessárias a regular tramitação dos precatórios;

O preceito dispensa comentários. O Presidente da Corte atua segundo as normas constitucionais e legais, exsurgindo entre estas, as do Regimento Interno. Evidentemente, além das estabelecidas, por vezes surge a necessidade de instruções visando à tramitação regular dos precatórios. Em nada o preceito conflita com a Carta da República.

> III – ordenar, de ofício ou a requerimento da parte, a correção de inexatidões materiais ou a retificação de erros de cálculo;

Embora a norma exsurja clara, direcionando tão-somente ao afastamento, por ordem do Presidente da Corte, de inexatidões materiais ou erros de cálculo (revelados pelo descompasso entre o teor da sentença de liquidação e normas legais aplicáveis à espécie), este Colegiado, quando do exame do pedido de concessão de liminar, pronunciou-se por uma melhor explicitação. Evoluo para assim estabelecer, conferindo ao preceito a interpretação de que "as inexatidões materiais e as retificações por erros de cálculo, a que se referem o dispositivo, são aquelas originariamente decorrentes da atualização".

Neste sentido é o meu voto.

> VI – Resolver todas as questões relativas ao cumprimento dos precatórios, inclusive a sua extinção;

Recorde-se o texto do § 2º do art. 100 da Carta da República. Cumpre ao Presidente do Tribunal que proferiu a decisão exeqüenda determinar o pagamento, compreendendo-se nessa autorização constitucional todo e qualquer ato que se faça necessário ao afastamento de incidentes na tramitação dos precatórios. Foi esta a óptica que conduziu o Plenário, à unanimidade, a indeferir a medida acauteladora.

A atuação do Presidente do Tribunal, embora possuidora de contornos judiciais, não é, em si, jurisdicional. Dele parte a ordem judicial de pagamento, conforme previsto no parágrafo referido. Daí não se embaralharem as atuações do órgão competente, que prolatou a decisão exeqüenda, e a do Presidente da Corte.

Empresto ao preceito atacado, ao inciso VI, a interpretação supra, consentânea com inúmeros precedentes desta Corte.

VII – requisitar das entidades devedoras a complementação de depósitos insuficientes, no prazo de 90 dias, determinando vista aos interessados no caso de desobediência;

Aqui, o Tribunal assentou interpretação consonante com a Constituição. A requisição, a título de complementação de depósitos insuficientes, a ocorrer com observância do prazo de noventa dias, somente deve referir-se a diferenças resultantes de erros materiais ou aritméticos ou de inexatidões dos cálculos dos precatórios, não podendo alcançar o critério adotado para a elaboração do cálculo ou índice de atualização diversos dos que foram utilizados em primeira instância. O que previsto no inciso VII situa-se na competência definida no § 2º do art. 100 da Constituição Federal. Cabe ao Presidente da Corte determinar o pagamento. Incompleto este último, considerado o depósito, cumpre, até mesmo, impor o seqüestro da quantia necessária à satisfação do débito, o que se dirá quanto à complementação do que ofertado e colocado à disposição do credor. Onde a inconstitucionalidade vislumbrada pelo Estado? Não é crível pretenda este, diante de procedimento próprio irregular, revelado pela insuficiência do valor depositado, observados os parâmetros do precatório, voltar-se, seja qual for a diferença, à estaca zero, recomeçando-se essa *via crucis* a que a Constituição Federal submete os credores da Fazenda.

X – solicitar, se necessários, os autos originais;

O preceito dispensa maiores considerações. A requisição dos autos originais pode ser necessária à regular tramitação do precatório, em face, até mesmo, à necessidade de este mostrar-se consentâneo com a sentença exeqüenda e com a de liquidação.

Alfim, declaro constitucionais os incisos I, VI e X do art. 337 do Regimento Interno do Tribunal de Justiça do Estado de São Paulo. Assim também procedo quanto ao inciso III, conferindo-lhe interpretação conforme a Carta da República, ou seja, "as inexatidões materiais e as retificações por erros de cálculo, a que se referem o dispositivo, são aquelas originariamente decorrentes da atualização".

De idêntico modo procedo quanto ao inciso VII do citado art. 337. Declaro-o constitucional, conferindo-lhe interpretação no sentido de que a requisição, a título de complementação de depósitos insuficientes, a ser feita no prazo de noventa dias, refere-se a diferenças resultantes de erros materiais ou aritméticos ou de inexatidões dos cálculos dos precatórios, não podendo alcançar substituição de critério adotado quando da prolação da sentença de liquidação pelo juízo, exceto, no campo do índice de correção monetária, uma vez extinto este por norma legal e, em substituição, introduzido outro.

V – Art. 339 do Regimento Interno do Tribunal de Justiça do Estado de São Paulo.

Transcrevo-lhe o teor:

Art. 339. Das decisões finais do Presidente caberá, no prazo de cinco dias, contados da publicação, agravo regimental para o órgão especial.

Repito o que lancei ao votar, indeferindo a medida acauteladora:

Trata-se de dispositivo que tem apoio na regra segundo a qual todo e qualquer ato oriundo de Órgão investido do ofício judicante que implique prejuízo para uma das partes há de ficar sob o crivo de órgão revisor. O Presidente da Corte tem os respectivos atos submetidos, considerados os erros de procedimento e de julgamento, ao Colegiado. O preceito homenageia a garantia constitucional do devido processo legal, considerada a amplitude da defesa. Indefiro a liminar.

Por tudo, julgo procedente em parte o pedido formulado nesta ação direta de inconstitucionalidade para:

a) no tocante ao parágrafo único do art. 333 do Regimento Interno do Tribunal de Justiça do Estado de São Paulo, fulminar a expressão "de valor inferior a trinta e seis mil Unidades Fiscais do Estado de São Paulo e os";

b) no parágrafo único do art. 334 do citado Regimento, também fulminar a expressão "de natureza não alimentar inferiores a trinta e seis mil Unidades Fiscais do Estado de São Paulo e os";

c) declarar a constitucionalidade dos incisos I, III e IV do art. 336 do Regimento Interno do Tribunal de Justiça do Estado de São Paulo;

d) declarar a constitucionalidade dos incisos I e X do art. 337 do Regimento Interno do Tribunal de Justiça do Estado de São Paulo;

e) declarar a constitucionalidade do inciso III do art. 337 do Regimento Interno do Tribunal de Justiça do Estado de São Paulo, emprestando-lhe a interpretação no sentido de que as inexatidões materiais e as retificações por erros de cálculo são aquelas originariamente decorrentes da atualização, respeitadas as balizas da sentença exeqüenda e da sentença de liquidação;

f) quanto ao inciso VI do artigo 337 emprestar a interpretação segundo a qual a atividade é judicial-administrativa e não jurisdicional, longe ficando de prejudicar a atuação do Juízo da execução;

g) declarar constitucional o inciso VII do art. 337 do Regimento Interno do Tribunal de Justiça do Estado de São Paulo, emprestando-lhe a interpretação no sentido de que a requisição a ser feita, a título de complementação de depósitos insuficientes, observado o prazo de noventa dias, refere-se a diferenças resultantes de erros materiais ou aritméticos ou de inexatidões dos cálculos dos precatórios, não podendo implicar mudança de critério constante da sentença exeqüenda e da sentença de liquidação, exceto quanto a índice, uma vez deixando de existir, em virtude de lei, o inicialmente fixado, oportunidade em que se observará o editado em substituição.

h) declarar a constitucionalidade do art. 339 do Regimento Interno do Tribunal de Justiça do Estado de São Paulo.

É o meu voto.

VOTO

(S/ ART. 334, PARÁGRAFO ÚNICO)

O Senhor Ministro Ilmar Galvão: Senhor Presidente, na impossibilidade de se suprimir uma expressão que resulte no entendimento de que todos os créditos deverão ser pagos devidamente atualizados, e esse é o entendimento que sempre sustentei desde antes de aqui chegar, sem outra alternativa, acompanho o eminente Relator.

VOTO

(S/ ART. 336, INCISOS I, III E IV)

O Senhor Ministro Ilmar Galvão: Senhor Presidente, estou de acordo com o eminente Ministro-Relator quanto aos incs. I e III.

Discordo, entretanto, com a devida vênia, quanto ao inc. IV, quando dispõe que os depósitos em pagamento serão feitos nos autos da ação, sob a direta responsabilidade das entidades devedoras. Parece-me que essa expressão entra em choque com o sistema constitucional. Pelo sistema constitucional, o orçamento prevê dotações orçamentárias que são consignadas ao Poder Judiciário.

Está no § 2º do art. 100 da Constituição Federal:

> § 2º. (...) recolhendo-se as importâncias respectivas à repartição competente"

– claro, é o local onde vai ficar a verba à disposição do Presidente do Tribunal –, "cabendo ao Presidente do Tribunal que proferir a decisão exeqüenda" – que é a ordem de pagamento, não é outra essa decisão – "determinar o pagamento, segundo as possibilidades do depósito" – ou seja, dos recursos que estão a sua disposição no Banco do Brasil ou em outro banco.

A meu ver, a inobservância desse dispositivo pelo Tribunal de São Paulo é que tem dado margem aos problemas alí surgidos.

Realmente, ao prever o Regimento Interno da Corte que os pagamentos serão feitos pelas próprias entidades devedoras, praticamente inviabilizou a ordem cronológica imposta pelo texto constitucional, que constitui a principal garantia dos credores.

Pelo sistema da Carta, a verba correspondente ao valor dos precatórios, devidamente atualizado à data de 1º de julho, é incluída no orçamento das respectivas entidades de direito público, consignadas as devidas dotações e créditos ao Poder Judiciário, cabendo ao Presidente do Tribunal determinar o pagamento segundo as possibilidades dessas dotações e créditos.

Assim é que agem, sem incidentes dignos de nota, os Tribunais Federais.

O Tribunal de Justiça afastou-se do texto constitucional, ao deixar os pagamentos a cargo das próprias entidades devedoras, dando lugar, com isso, às notificações para depósitos complementares que o sistema da Constituição não comporta.

Com efeito, o referido sistema não rende espaço para notificações da espécie, posto que as dotações alusivas às condenações judiciais são consignadas ao Poder Judiciário, a cuja disposição vão sendo postos os créditos respectivos, naturalmente em forma de duodécimos, como ocorre em relação às demais despesas públicas.

O método, que não é novidade entre nós, se não é perfeito, é bem melhor que o adotado pelo Tribunal de São Paulo.

Na verdade, se melhores resultados não exibe, deve-se exclusivamente à circunstância de os pagamentos não serem feitos por valores atualizados e, portanto, não extinguirem, de pronto, o débito, gerando, por isso, saldos devedores que implicam a expedição de novos precatórios, em círculo vicioso.

Pagamento por valor desatualizado, tendo sustentado em inúmeros votos, é pagamento parcial. Como a Constituição Federal nada dispõe sobre pagamento parcial, a não ser no art. 33 do ADCT, tem-se, por conseqüência, que a Constituição paulista é inconstitucional no ponto em que prevê o pagamento de precatórios não corrigidos monetariamente.

Com essas breves considerações, meu voto é no sentido de declarar a inconstitucionalidade do inc. IV sob apreciação.

VOTO

(S/ ART. 334, PARÁGRAFO ÚNICO)

O Senhor Ministro Carlos Velloso: Sr. Presidente, reitero as palavras do eminente Ministro Ilmar Galvão, que refletem não só o meu entendimento em outros julgamentos como também o de V. Exª e do eminente Ministro Marco Aurélio, no sentido de que todos os créditos deveriam ser pagos dessa forma, sob pena, como disse o eminente Relator, de estar-se consagrando o "calote".

Acompanho o eminente Relator.

VOTO

(S/ ART. 334, PARÁGRAFO ÚNICO)

O Sr. Ministro Sepúlveda Pertence (Presidente): Já em julgamento definitivo, embora em caso concreto, o Plenário, por unanimidade, consagrou a validade da norma regimental e do preceito constitucional estadual, que ela reproduz, no que diz respeito aos créditos alimentares: RE n. 189.942, de que fui Relator.

Quanto aos créditos de natureza não alimentar, estou de acordo com as ressalvas do eminente Relator e dos que as adotaram, apenas porque efetivamente não seria possível, em controle de constitucionalidade, alterar radicalmente o sentido da norma para dar-lhe um sentido – e, no caso, aliás, a Constituição de São Paulo não o quis –, que foi o de estabelecer a atualização até o pagamento de todos os créditos.

Estou de acordo com o eminente Relator.

VOTO

(S/ ART. 336, INCISOS I, III E IV)

O Senhor Ministro Sepúlveda Pertence (Presidente): Também peço vênia ao eminente Ministro Ilmar Galvão para acompanhar o Ministro-Relator.

Os votos recordados dos Ministros Carlos Madeira, na representação n. 1.332, e Paulo Brossard, na cautelar desta mesma ação, a meu ver são irretocáveis e dão sentido a duas cláusulas do art. 100, § 2º, determinando que as importâncias consignadas ao Poder Judiciário sejam recolhidas à repartição competente, que não é a repartição do Poder Judiciário mas a da administração da entidade devedora; tanto assim que, na violação da inversão da precedência do cumprimento das ordens expedidas pelo Presidente do Tribunal às repartições competentes, pode ele seqüestrar a importância devida, o que não teria sentido se essa importância estivesse imediatamente à sua própria disposição bancária, digamos assim.

VOTO

(S/ ART. 337, INCISOS VI E VII)

O Senhor Ministro Celso de Mello: Entendo, Sr. Presidente – e assim pude acentuar no julgamento do Ag 162.775-SP, de que fui Relator – que a atividade desenvolvida pelo Presidente do Tribunal no processamento dos precatórios decorre do exercício de *função eminentemente administrativa*.

É por isso que se enfatizou, em julgamento realizado pelo Supremo Tribunal Federal, que "... a atribuição do Presidente do Tribunal, *ao processar o precatório*, não é sequer jurisdicional. É atividade puramente administrativa, pois, *consoante foi então ressaltado*, "a atividade jurisdicional termina com a expedição do precatório..." (*RTJ* 71/572, 575 – grifei).

Posteriormente, esse *mesmo* entendimento sobre o tema ora em análise veio a ser reiterado no voto proferido pelo saudoso Ministro Rodrigues Alckmin, que expendeu lúcido magistério a propósito da matéria em questão (*RTJ* 80/691):

> *A função do Presidente do Tribunal é, no caso, meramente administrativa*. Ele não é Juiz da execução. Juiz da execução é o Juiz que expede o precatório. Pelo nosso sistema, é o Presidente do Tribunal, a cuja disposição estão as verbas, quem expede a ordem de pagamento. Encerra-se a execução com a expedição do precatório. Esta é a função executória.
>
> (...)
>
> Não pode, assim, haver conflito de atribuições, porque *compete ao Juiz da execução expedir o precatório. Essa função é jurisdicional*, de execução. *Compete ao Presidente do Tribunal determinar o pagamento: função administrativa* de outro órgão. E ninguém quer invadir a atribuição de outro, para praticar-lhe a função.
>
> Acontece que o *Presidente do Tribunal*, ao examinar formalmente o precatório, foi além da marca; passou a examinar o mérito do precatório. Terá cometido, *como autoridade administrativa*, uma demasia, que não se corrige através de conflito de jurisdição, nem de atribuição, que não há (grifei).

Esta Suprema Corte – ao rejeitar a caracterização jurisdicional da atividade do

Presidente do Tribunal, em sede de processamento do precatório – teve o ensejo, *uma vez mais*, de enfatizar o caráter materialmente administrativo desse procedimento, acentuando, *também* em voto da lavra do saudoso Min. Rodrigues Alckmin (*RTJ* 71/574-575), que:

(...) há uma outra matéria a enfrentar (...) e esta é a meu ver a matéria que temos a decidir precipuamente, consistente na possibilidade de, em processo de precatório, se reexaminar o cálculo julgado por sentença, contra a qual não foi interposto recurso pelo Procurador da República, e assim trânsitou em julgado.

Entendo, como V. Exª, que não é possível esse reexame.

(...)

Até 1934 os juízes expediam o precatório e se encerrava a fase judicial. A parte, com o precatório, ia ao Executivo, ao Ministério da Fazenda, solicitar o pagamento e ficava na dependência de ato do Ministro ou do Presidente da República, dependendo de solicitação de verba ao Congresso, com a conseqüência de que se uns recebiam, para outros o pagamento demorava dez, quinze, vinte anos, numa desigualdade gritante. Daí a Constituição de 1934 estabelecer o pagamento obedecendo à ordem cronológica.

Surgiu, daí, a necessidade de receber o Presidente do Tribunal os precatórios e fazer um exame destes, antes de solicitar a verba para os respectivos pagamentos. *A rigor a atividade do Presidente do Tribunal, nos precatórios, consiste na solicitação de verba, e, quando a verba está à sua disposição, na expedição de ordem de pagamento.*

Para solicitação de verba, não sendo evidentemente o Presidente do Tribunal um autômato, cabe um certo exame das formalidades extrínsecas do precatório.

(...)

Mas restringe-se o exame a essas formalidades extrínsecas e, quando muito, se estende a erro material, a erro aritmético ou de soma, isto é, àqueles erros que jamais transitam em julgado e que podem ser corrigidos a qualquer tempo. *Rever, porém, o próprio cálculo já homologado por sentença*, com a devida vênia, *considero de todo inadmissível, num processo de precatório, onde se exerce atividade puramente administrativa*. Não é possível que, depois de transitar em julgado na Primeira Instância, venha a Subprocuradoria da República ao Tribunal, num processo que não é jurisdicional, com impugnações, e reabra toda a discussão, o que tornava inúteis os recursos e implicava em desconhecimento da preclusão e da coisa julgada formal.

Tenho, assim, que a *decisão de natureza exclusivamente administrativa do Presidente, ao atender o precatório, já não comportaria recursos de natureza processual*. E por isso, liminarmente, afastaria o conhecimento deste extraordinário. Se houve erro material no precatório, é claro que a autoridade incumbida de dar-lhe cumprimento, em sede administrativa, poderia pedir ao signatário dele que o fizesse corrigir, como o poderia pedir qualquer interessado.

Mas o ofício ou a carta requisitória de pagamento *não comportam*, à evidência, pareceres, debates, decisões e recursos de natureza jurisdicional (grifei).

Vê-se, desse modo, que o Presidente do Tribunal, ao desempenhar as suas atribuições no processamento dos precatórios, atua como autoridade administrativa, *não exercendo*, em conseqüência, nesse *estrito* contexto procedimental, *qualquer* parcela de poder jurisdicional (Pinto Ferreira, *Comentários à Constituição Brasileira*, v. 4/67-68, 1992, Saraiva).

Assentada, pois, essa premissa – que se sustenta no reconhecimento da natureza materialmente administrativa que caracteriza tanto o procedimento quanto a atividade desenvolvida pelo Presidente do Tribunal *em tema de precatório* –, torna-se forçoso concluir que as decisões por ele proferidas com fundamento nessa competência monocrática, ainda que mantidas por órgãos colegiados do Poder Judiciário, em sede de agravo regimental, apresentam-se *desvestidas* de conteúdo jurisdicional, circunstância esta que descaracteriza, *por completo*, um dos pressupostos essenciais de admissibilidade do recurso extraordinário: a *existência de uma causa*.

Cumpre ter presente, *bem por isso*, a jurisprudência do Supremo Tribunal Federal, que, versando o tema da interponibilidade do apelo extremo na estrita perspectiva dos atos de natureza jurisdicional proferidos no âmbito de uma *causa*, adverte:

> São impugnáveis na via recursal extraordinária *apenas* as decisões finais proferidas no âmbito de procedimento judicial que se ajuste ao conceito de *causa* (CF, art. 102, III). A existência de uma *causa* – que atua como inafastável pressuposto de índole constitucional inerente ao recurso extraordinário – constitui requisito formal de admissibilidade do próprio apelo extremo.
>
> A locução constitucional "*causa*" designa, na abrangência de seu sentido conceitual, todo e qualquer procedimento em cujo âmbito o Poder Judiciário, desempenhando sua função institucional típica, pratica atos de conteúdo estritamente jurisdicional. *Doutrina e jurisprudência* (RE 164.458-DF (AgRg), Rel. Min. Celso de Mello, Pleno, *DJU* de 2.6.95).

Foi com o propósito de assegurar o primado do ordenamento constitucional que se delineou o perfil do recurso extraordinário, vocacionado a atuar, *nos procedimentos de índole jurisdicional*, como instrumento de impugnação excepcional de atos decisórios *finais*, sempre que estes, proferidos em única ou em última instância, incidirem em qualquer das hipóteses taxativas definidas no art. 102, inciso III, da Lei Básica.

A ativação da competência recursal extraordinária do Supremo Tribunal Federal está sujeita, portanto, à rígida observância, *pela parte recorrente*, dos *diversos* pressupostos que condicionam a utilização da via excepcional do apelo extremo.

Dentre os pressupostos de recorribilidade, um há que, por *específico*, impõe que a decisão impugnada tenha emergido de uma *causa*, vale dizer, *de um procedimento de índole jurisdicional*.

Isso significa que *não basta*, para efeito da adequada utilização da via recursal extraordinária, que exista controvérsia constitucional. É *também* preciso que esse tema de direito constitucional positivo tenha sido decidido no âmbito de uma *causa*. Essa locução constitucional – "*causa*" – encerra um conteúdo específico e possui um sentido conceitual próprio.

Não é, pois, *qualquer* ato decisório do Poder Judiciário que se expõe, *na via do recurso extraordinário*, ao controle jurisdicional do Supremo Tribunal Federal. Acham-se excluídos da esfera de abrangência do apelo extremo todos os pronunciamentos que, embora formalmente oriundos do Poder Judiciário (*critério subjetivo-orgânico*), não se ajustem à noção de ato jurisdicional (*critério material*).

A expressão *causa* designa, na realidade, qualquer procedimento em que o Poder Judiciário, desempenhando a sua função institucional típica, resolve ou previne controvérsias mediante atos estatais providos de *final enforcing power*. É-lhe ínsita – enquanto estrutura formal em cujo âmbito se dirime, *com carga de definitividade*, os conflitos suscitados – a presença de um ato decisório *proferido em sede jurisdicional*.

Daí o magistério de José Afonso da Silva (*Do Recurso Extraordinário no Direito Processual Brasileiro*, pp. 292-293, 1963, Ed. RT, nota de rodapé n. 572), que, apoiado nas lições de Matos Peixoto (*Recurso Extraordinário*, p. 212, item n. 25, 1935, Freitas Bastos) e de Castro Nunes (*Teoria e Prática do Poder Judiciário*, p. 334, item n. 6, 1943, Forense), *adverte* que o objeto de impugnação na via do apelo extremo será, *sempre e exclusivamente*, a decisão que resolver, *de modo definitivo*, a situação de litigiosidade constitucional suscitada.

Os atos decisórios do Poder Judiciário, *que venham a ser proferidos em sede meramente administrativa*, não encerram, por isso mesmo, conteúdo jurisdicional, deixando de veicular, *em conseqüência*, a nota da definitividade que se reclama aos pronunciamentos suscetíveis de impugnação na via recursal extraordinária.

Sendo assim, *ainda que judiciária a autoridade de que emanou o pronunciamento impugnado*, não terá pertinência o recurso extraordinário se a decisão houver sido proferida em sede estritamente administrativa, como ocorre, *por exemplo*, com os atos judiciais praticados no *procedimento de dúvida* (*RTJ* 50/196 – *RTJ* 66/514 – *RTJ* 90/676 – *RTJ* 90/913 – *RTJ* 97/1.250 – *RTJ* 109/1.161), ou no procedimento de justificação instaurado perante a Justiça Militar (*RTJ* 94/1.188 – *RTJ* 102/440 – *RTJ* 127/669), ou, *ainda*, no procedimento iniciado com a expedição dos *precatórios*, conforme *recentemente* destacou o em. Min. Sepúlveda Pertence, Relator, no julgamento do Ag 155.718-SP (*DJU* de 14.6.95), *verbis*:

> O Presidente do Tribunal de Justiça do Estado de São Paulo, exercendo a competência prevista no art. 100, § 2º, CF, apurou diferenças entre o valor devido e o depositado pelo agravante em cumprimento a diversos ofícios requisitórios, e determinou que a complementação fosse efetuada em 90 dias. Julgando agravo regimental interposto pelo Município, o Tribunal *a quo*, em sua composição plenária, manteve a determinação do Presidente (f. 15/27).
>
> 2. Insurge-se o RE contra essa decisão, alegando ofensa aos arts. 5º, II, XXIV, 100, 165, II, §§ 5º e 9º, 166, 167, I, III, V, VI e IX, da Constituição.
>
> 3. O extraordinário é inviável. Ao contrário do que afirma o acórdão recorrido, *tem caráter administrativo*, e não jurisdicional, *a competência do Presidente do Tribunal para determinar o pagamento das importâncias devidas pelas Fazendas Públicas*. Por conseguinte, a *decisão proferida pelo Plenário*, ainda que se pudesse reputá-la nula – uma vez que os atos praticados pelo Presidente com base na competência exclusiva do art. 100, § 2º, não se submetem à revisão, mediante recurso, por qualquer outro órgão do Tribunal –, *continua a ser meramente administrativa, não ensejando, portanto, o cabimento do RE*.
>
> Pelo exposto, nego seguimento ao agravo (grifei).

Tendo presentes tais considerações, e acolhendo a proposta formulada pelo em. Ministro Moreira Alves, acompanho o voto do ilustre Ministro Relator, no que concerne à *interpretação conforme* ora sugerida e dada aos incisos VI e VII do art. 337 do Regimento Interno do Tribunal de Justiça do Estado de São Paulo.

É o meu voto.

VOTO

(S/ ART. 337, INCISOS I, II, III, IV, VI, VII E X)

O Sr. Ministro Néri da Silveira: Senhor Presidente. Entendo, também, que, se houver modificação, por força de lei nova, do índice de atualização em momento posterior à expedição do precatório, para atender à atualização a 1º de julho, é evidente que o Presidente do Tribunal pode, com base no inciso VII do art. 337 do Regimento, aplicar o índice novo substitutivo. Mas, se se pretender qualquer outra atualização, que novo índice cabe invocar? O índice estabelecido em lei que estiver em vigor no momento dessa atualização. Penso, de outra parte, que o Presidente da Corte local não poderá proceder à atualização com base em índice que não existe. Destarte, está implícita a autorização, inserida nos limites do inciso VII do art. 337 do Regimento, quando se trate somente da aplicação de índice novo e não sobre discussão em torno de erronia do índice anteriormente adotado. Estou apenas explicitando meu voto, ainda porque sou Relator de outro feito que versa, praticamente, a mesma matéria. Refiro-me à ADIn 565, a qual, tão logo, me venham os autos, desde a Procuradoria-Geral da República, com parecer, porei em pauta.

Acompanho o eminente Relator, também, com essa explicitação que faço em meu voto, reportando-me, no mais, ao que proferi no julgamento da medida cautelar na ADIn 565, o qual junto por cópia e deste é parte integrante.

VOTO

Estão em julgamento as Ações Diretas de Inconstitucionalidade n. 565-1/600, de que sou Relator, e 1.098-1, Relator o ilustre Ministro Marco Aurélio.

Na ADIn 565-1/600 impugnam-se expressões em destaque do Assento Regimental n. 195, do TJSP (*DOE* de 21.6.1991) constantes dos seguintes dispositivos:

Art. 1º. (...)

Parágrafo único. Terão ordem cronológica autônoma de apresentação e pagamento os precatórios referentes "aos créditos de valor inferior a trinta e seis mil Unidades Fiscais de São Paulo" e os de natureza alimentar de qualquer valor.

Art. 2º. (...)

Parágrafo único. O pagamento dos créditos de natureza alimentar "e não alimentar inferiores a trinta e seis mil Unidades Fiscais do Estado de São Paulo" será feito de uma só vez, devidamente atualizados até a data do efetivo pagamento.

Art. 4º. (...)

IV – os depósitos em pagamento serão feitos nos autos da ação, sob a direta responsabilidade das entidades devedoras, cabendo ao Juiz da execução encaminhar de imediato uma das vias dos comprovantes ao departamento de contabilidade.

Art. 5º. (...)

IV – mandar processar, a partir de dois de julho, a atualização dos valores dos precatórios apresentados até o dia anterior, e a apuração dos débitos parcialmente satisfeitos no precedente exercício financeiro, "obedecido o disposto no art. 605 do Código de Processo Civil";

VII – "requisitar das entidades devedoras a complementação de depósitos insuficientes, no prazo de noventa dias, determinando vista aos interessados, no caso de desobediência;"

VIII – "mandar publicar, no *Diário da Justiça*, até o décimo quinto dia útil do mês de janeiro, para ciência dos interessados, a relação dos precatórios não satisfeitos no exercício financeiro a que alude o art. 2º"

Na ADIn 1.098-1-SP, argúi-se a inconstitucionalidade dos seguintes dispositivos do Regimento Interno do Tribunal de Justiça de São Paulo:

Art. 333. (...)

Parágrafo único. Terão ordem cronológica autônoma de apresentação e pagamento os precatórios referentes aos créditos de valor inferior a trinta e seis mil Unidades Fiscais do Estado de São Paulo e os de natureza alimentar de qualquer valor.

Art. 334. (...)

Parágrafo único. O pagamento dos créditos de natureza alimentar inferiores a trinta e seis mil Unidades Fiscais do Estado de São Paulo e os de natureza alimentar será feito de uma só vez, devidamente atualizados até a data do efetivo pagamento.

Art. 336. (...)

I – cada precatório e respectivos documentos serão autuados e examinados pelo departamento, que informará ao Presidente do Tribunal sobre eventuais irregularidades de procedimento ou a respeito de erros materiais.

II – *omissis*.

III – encerrado a primeiro de julho o período anual destinado à proposta orçamentária serão calculados, pelo departamento, os valores em cruzeiros, atualizados de acordo com o índice vigente de correção monetária, para que se comunique a cada entidade o débito geral apurado;

IV – os depósitos em pagamento serão feitos nos autos da ação, sob a direta responsabilidade das entidades devedoras cabendo ao Juízo da Execução encaminhar de imediato uma das vias dos comprovantes ao departamento de contabilidade.

Art. 337. Compete ao Presidente do Tribunal de Justiça:

(...)

III – ordenar, de ofício ou a requerimento das partes, a correção de inexatidões materiais ou a retificação de erros de cálculos;

(...)

VI – resolver todas as questões relativas ao cumprimento dos precatórios, inclusive a sua extinção;

VII – requisitar das entidades devedoras a complementação de depósitos insuficientes, no prazo de noventa dias, determinando vista aos interessados, no caso de desobediência;

(...)

X – solicitar, se necessário, os autos originais.

Art. 339. Das decisões finais do Presidente caberá, no prazo de cinco dias, contados da publicação, agravo regimental para o Órgão Especial.

No que concerne à ADIn 565, em sessão plenária de 24.6.1994, deferiu-se a liminar para suspender, até o julgamento final da ação, as expressões "créditos de valor inferior a trinta e seis mil Unidades Fiscais do Estado de São Paulo e os" constantes do parágrafo único do art. 1º, e as expressões "e não alimentar inferiores a trinta e seis mil Unidades Fiscais do Estado de São Paulo" insertas no parágrafo único do art. 2º, ambos do Assento Regimental n. 195, de 21.6.1991, do Tribunal de Justiça do Estado de São Paulo, vencido o Sr. Ministro Paulo Brossard.

Quanto à ADIn 1.098-1, na sessão plenária de 25.8.1994, decidiu-se: "por votação unânime, o Tribunal deferiu o pedido de medida liminar para suspender, até a decisão final da ação, a eficácia da expressão 'de natureza não alimentar inferiores a trinta e seis mil Unidades Fiscais do Estado de São Paulo e os', contida no parágrafo único do art. 334 do Regimento Interno do Tribunal de Justiça do Estado de São Paulo. Ainda, por maioria de votos, o Tribunal também deferiu o pedido de medida liminar para suspender, até a decisão final da ação, a eficácia da expressão 'de valor inferior a trinta e seis mil Unidades Fiscais do Estado de São Paulo e os', contida no parágrafo único do art. 333 da mesma norma impugnada, vencido o Ministro Paulo Brossard, que indeferia a medida liminar. E, por unanimidade de votos, o Tribunal indeferiu o pedido de medida liminar de suspensão dos incisos I e III do art. 336 e dos incisos I e VI do art. 337. Quanto ao inciso III do art. 337, o Tribunal indeferiu o pedido de medida liminar de suspensão, com a interpretação de que as inexatidões materiais e as retificações por erro de cálculo, a que se referem o dispositivo, são aquelas originariamente decorrentes da atualização, vencidos, em parte, os Ministros Relator, Carlos Velloso, Sepúlveda Pertence e Paulo Brossard, que também indeferiam a medida liminar, mas não adotavam a interpretação. Em seguida, o julgamento foi adiado pelo pedido de vista do Ministro Paulo Brossard, depois dos votos dos Ministros Relator, Carlos Velloso e Celso de Mello, indeferindo o pedido de medida liminar de suspensão do inciso IV do art. 336, e dos votos dos Ministros Ilmar Galvão e Sepúlveda Pertence, deferindo-a".

Em sessão de 20.10.1994, o julgamento foi adiado, por pedido de vista que formulei, após o voto-vista do Sr. Ministro Paulo Brossard, registrando-se, quanto ao inciso IV do art. 336 do Regimento Interno do Tribunal de Justiça de São Paulo, a seguinte situação: os Srs. Ministros Marco Aurélio (Relator), Carlos Velloso, Celso de Mello e Paulo Brossard indeferiam a liminar, e os Srs. Ministros Ilmar Galvão e Sepúlveda Pertence deferiam a cautelar para suspender, até o julgamento final, a eficácia do referido inciso IV do art. 336 do impugnado Regimento Interno, que assim dispõe:

Art. 336. Os precatórios serão recebidos pelo protocolo do departamento de contabilidade do Tribunal e processados do seguinte modo:

(...)

IV – os depósitos em pagamento serão feitos nos autos da ação, sob a direta responsabilidade das entidades devedoras, cabendo ao juiz da execução encaminhar de imediato uma das vias dos comprovantes ao departamento de contabilidade.

A esse dispositivo corresponde a redação do inciso IV do art. 4º do Ato Regimental n. 195/1991, a que se refere a ADIn 565.

Relativamente a essa norma, e ao inciso IV do art. 4º do Assento Regimental n. 565, meu voto acompanha o dos Srs. Ministros Relator, Carlos Velloso, Celso de Mello e Paulo Brossard, para indeferir a cautelar. As informações do ilustre Presidente da Corte paulista bem esclarecem o sentido dessa regra regimental e, a meu ver, nos limites do juízo cautelar, nada justifica a suspensão de sua vigência. Está, às fls. 25/28 do autos da ADIn 565-1-SP, *verbis*:

O inciso IV do art. 4º do Assento Regimental n. 195/91 não se afasta da redação que a Resolução n. 6, de 26 de junho de 1985, conferiu ao inciso V do art. 189 do Regimento Interno deste Tribunal. Observe-se que ao julgar a representação n. 1.332-SP, para aferir a compatibilidade do inciso V do art. 189 com a regra do parágrafo 2º do art. 117 da Emenda Constitucional n. 169, já solucionara esse Pretório Excelso a questão. E na esteira do voto condutor do ilustre Ministro Carlos Madeira, deixou assente que:

O inciso V do artigo regula o pagamento, pela entidade devedora: os depósitos serão feitos nos autos, pelas entidades, que encaminharão uma das vias dos comprovantes ao departamento de contabilidade do Tribunal, para controle. Tanto significa que as devedoras depositarão no Juízo, onde se processa a desapropriação, o valor de cada débito, e comunicarão ao departamento próprio do Tribunal, o pagamento, para efeito de contabilização.

A Constituição não determina que a dotação destinada ao pagamento de precatórios seja transferida para o Poder Judiciário. A norma preserva a atribuição da Fazenda de pagar suas dívidas, à conta dos créditos respectivos. A dotação orçamentária destinada ao pagamento de débitos resultantes de sentenças judiciais, é consignada, isto é, posta à ordem do Poder Judiciário, que dela requisitará as parcelas necessárias à satisfação dos precatórios, na ordem da respectiva apresentação. O § 2º do art. 117 da Carta, ao regular o recolhimento das dotações orçamentárias e créditos abertos às repartições competentes, quer significar o depósito desses recursos nas repartições fazendárias com atribuição de atender às requisições dos Tribunais. Não há que cogitar, pois, de depósito da dotação orçamentária, diretamente no Poder Judiciário. Cabe aos Presidentes de Tribunais utilizá-la, determinando os pagamentos, a serem feitos pela Fazenda.

Duas observações feitas pelo ilustre Presidente do Tribunal de Justiça do Estado de São Paulo completam as considerações deste voto.

Eis a primeira:

"Se fosse verdadeira a interpretação preconizada pelo representante, a segunda parte do texto constitucional (§ 2º, do art. 117, CF), perderia totalmente o sentido. Afinal, como poderia o Presidente do Tribunal realizar o pagamento e, ele mesmo, autorizar o seqüestro para atender aos eventuais credores preteridos".

A segunda traz à baila o problema administrativo que envolveria a gestão direta, pelos Tribunais da dotação orçamentária destinada do pagamento de dívidas da Fazenda Pública.

Acentua o informante:

"Não é demais deixar anotada a verdadeira impossibilidade de se levar a cabo a tarefa que o representante quer atribuir ao Presidente do Tribunal. Neste Estado, apenas neste exercício financeiro, seria ele responsável por efetuar o pagamento devido por nada menos de 142 Prefeituras do interior, 23 autarquias, além da Prefeitura da Capital e da Fazenda do Estado, num total aproximadamente de 7.000 processos (doc. anexo) – administrando – verbas que, só no âmbito estadual, girariam em torno de 8 bilhões de cruzados.

"É impossível ao Tribunal semelhante tarefa por não dispor de repartições, nem modos ou meios de exercê-la" (*RTJ* 121/36).

3 – Persistem os inconvenientes que não permitem ao Tribunal de Justiça assumir o encargo de efetuar pagamentos de débitos de 342 Prefeituras do interior, 52 autarquias, além da Prefeitura da Capital e da Fazenda Estadual. No presente exercício são quase nove mil processos, não dispondo a Corte de infra-estrutura adequada, assim como não elaborou método operacional para essa atribuição.

Também no que respeita aos incisos IV e VIII do art. 5º do Assento Regimental n. 195/1991, impugnados na ADIn 565-1, indefiro a cautelar.

No inciso IV do art. 5º, o Assento Regimental n. 195 colima definir o procedimento destinado a apurar o débito ainda existente, a partir de dois de julho de cada exercício, à vista do que tenha sido pago.

Por igual, não encontro razões para suspender a vigência do inciso VIII do art. 5º do mesmo Assento Regimental n. 195/1991, onde se prevê que será publicada no *Diário da Justiça*, até o décimo quinto dia útil do mês de janeiro, para ciência dos interessados, a relação dos precatórios não satisfeitos no exercício financeiro a que alude o art. 2º.

Cuida-se, também aqui, de regra regimental destinada a dar-se mera publicidade, quanto à situação de precatórios cujos pagamentos ainda não foram satisfeitos no exercício findo.

Resta, pois, a examinar o inciso VII do art. 5º do Assento Regimental n. 195/1991 (ADIn 565), a que corresponde o inciso VII do art. 337 do Regimento Interno do Tribunal de Justiça de São Paulo (ADIn 1.098-1) com esta redação:

Art. 337 (...)

VII – requisitar das entidades devedoras a complementação de depósitos insuficientes, no prazo de noventa dias, determinando vista aos interessados, no caso de desobediência.

Em seu voto, o ilustre Ministro Paulo Brossard, acerca desse dispositivo, anotou:

Mais delicada, parece-me, a questão referente à impugnação do inciso VII do art. 337, que permite requisitar das entidades devedoras, no prazo de 90 dias, a complementação dos depósitos insuficientes.

Diferentes são as situações dos créditos de natureza alimentar.

Quanto aos "créditos de natureza alimentar", tendo em vista o decidido no pedido liminar da ADIn 446-8, que não suspendeu a vigência do § 3º, do art. 57 da Constituição do Estado de São Paulo, não haveria a necessidade desse ofício pedindo a complementação de depósito, já que a referida norma constitucional dispõe que eles "serão pagos de uma só vez, devidamente atualizados até a data de efetivo pagamento".

Diversa é a situação dos "créditos de natureza não alimentar", para os quais não se pode exigir a complementação dos depósitos, no prazo de 90 dias, tendo em vista que na ADIn supra mencionada, suspendeu-se a eficácia do § 4º, do art. 57, da Constituição paulista, que determinava também para os créditos dessa natureza a mesma forma de pagamento.

Assim, é de entender-se que o inciso VII, do art. 337, do Regimento Interno, quer referir-se, apenas, aos créditos de natureza alimentar. Embora, pela norma constitucional estadual inscrita no § 3º do art. 57, cuja eficácia foi mantida, a obrigação das entidades de direito público estadual seja de efetuar o pagamento dos precatórios, atualizado até a data do efetivo depósito.

Homologado por sentença cálculo de liquidação, no juízo de origem, com o trânsito em julgado, é extraído o precatório a que se refere o art. 100, com remessa ao Tribunal "que proferir a decisão exeqüenda". Se é certo que, no processamento do precatório, no âmbito do Tribunal de Justiça, legítimas se fazem correções concernentes a erros materiais de cálculo, não entendo, entretanto, possível se procedam novos cálculos, com adoção eventualmente de outros índices em substituição aos que foram levados em conta no cálculo homologado em primeiro grau, com trânsito em julgado. Disciplinando, de outra parte, os pagamentos devidos pela Fazenda Pública, em virtude de sentença judiciária, estipula o § 1º do art. 100 da Lei Maior: "É obrigatória a inclusão, no orçamento das entidades de direito público, de verba necessária ao pagamento de seus débitos constantes de precatórios judiciários, apresentados até 1º de julho, data em que terão atualizados seus valores, fazendo-se o pagamento até o final do exercício seguinte". Reza, à sua vez, o art. 167, II, da Lei Maior, que são vedadas "a realização de despesas ou a assunção de obrigações diretas que excedam os créditos orçamentários ou adicionais". Ora, é bem de ver que não se coaduna com essas regras maiores estipulação local ou regimental, no sentido de as entidades públicas devedoras serem compelidas a complementar depósitos feitos segundo o valor constante do precatório – que se extrai com base em cálculo devidamente homologado, em primeiro grau –, no prazo de noventa dias, em razão de outro cálculo do débito procedido na Secretaria da Corte, onde se executa o precatório, e depois do pagamento deste, determinando-se vista aos interessados, no caso de desobediência. Se os valores dos precatórios apresentados ao Presidente do Tribunal que proferir a decisão exeqüenda são atualizados até 1º de julho – e à vista do valor desses precatórios, assim atualizados, se faz a obrigatória inclusão, no orçamento das entidades de direito público, de verba necessária ao pagamento desses débitos assim conhecidos, no exercício seguinte – não é admissível, em face do sistema constitucional regulado no art. 100 e parágrafos da Constituição, fazer-se requisição, ao longo do exercício, com prazo de noventa dias, para que as entidades devedoras completem depósitos tidos como insuficientes, em razão de correção de cálculos feita em unidade administrativa da Corte competente, afirmando-se, em decorrência, que o pagamento efetuado do precatório respectivo foi incompleto.

De acordo com o § 2º do art. 100 da Constituição, ao Presidente do Tribunal caberá determinar o pagamento, à vista das dotações orçamentárias e dos créditos abertos, consignados ao Poder Judiciário, de acordo com as possibilidades do depósito. Seqüestro de quantia necessária à satisfação do débito prevê-se, no art. 100, § 2º, da Constituição, possa suceder, na espécie, "a requerimento do credor e exclusivamente para o caso de preterimento de seu direito de precedência".

Ora, no dispositivo regimental suso transcrito, cuida-se de requisição de valores para suplementação de depósitos feitos, mas considerados insuficientes. Não se cogita, aí, de mero erro material no precatório senão que de insuficiência de seu montante. Certo, o precatório há de ser pago, por sua expressão nominal, ou atualizado à data do pagamento. Se houve cálculo errado, porque tinha de ser outro o índice de atualização, exato é que não autorizam o art. 100 e seus parágrafos, da Constituição, procedimento administrativo da natureza do que se contempla na regra impugnada, de tal sorte que, em unidade administrativa do próprio Tribunal, se refaçam cálculos, corretivos do precatório pago, determinando-se, a seguir, satisfação, em noventa dias, da diferença verificada, sob ameaça de seqüestro de valores. Releva observar que esse dispositivo impugnado concerne, também, aos precatórios destinados aos pagamentos de débitos decorrentes de decisões judiciais contra as Fazendas Municipais. Na consideração desse ponto, mister se faz ter presente, desde logo, que os valores dos precatórios a serem pagos se apuram, no juízo da execução, onde há espaço a contraditório, sendo o valor respectivo objeto de sentença homologatória. A possibilidade de mera correção de erro material do valor neles expresso, ao ensejo de sua tramitação no Tribunal, não autoriza, entretanto, caiba adotar cálculos novos complementares dos valores expressos nos precatórios e exigidos, após seu pagamento, a título de complementação do *quantum* efetivamente devido. Se o valor do precatório pago estava calculado com incorreção, ou até ilegalmente, a discussão originária dessa matéria não pode ser, em âmbito administrativo, no Tribunal. Se o que foi pago, mediante o precatório, não correspondia à realidade do débito, não se há de resolver tal questão, de ofício, administrativamente. Às partes caberá requerer na instância adequada, na forma de direito. É certo que incumbe ao Tribunal acompanhar o ritmo dos pagamentos dos precatórios para que não se dê o preterimento, na expressão do § 2º do art. 100 da Lei Maior, do direito de precedência e, se isso ocorrer, a requerimento do credor, caberá o seqüestro de quantia necessária a satisfação do débito. A Constituição não autoriza, entretanto, se possa introduzir, regimentalmente, no Tribunal, outro procedimento que imponha às entidades devedoras obrigação de efetuar pagamentos fora do sistema de precatórios, ou à guisa de complementação do valor destes, que teriam sido pagos em montante insuficiente. A surpresa que decorre às entidades devedoras em ordem a que paguem, acerca de determinado precatório, valor outro, em noventa dias, sob ameaça de seqüestro do quantitativo indicado, consoante se pode extrair da norma do art. 5º, VII, do Assento Regimental n. 195/1991, ou do art. 337, VII, do Regimento Interno do TJSP, que lhe corresponde, não se compatibiliza com o sistema definido no art. 100 e seus parágrafos da Constituição.

Certo está, entretanto, que o dispositivo somente poderá prosseguir incidindo, desde que a ele se dê interpretação que o compatibilize com as normas maiores apontadas, em limites segundo os quais à Presidência do Tribunal legítimo será ordenar, de ofício, ou a requerimento das partes, a correção de inexatidões materiais ou a retificação de erros de cálculo, assim como já se contempla no inciso III do art. 337 do Regimento Interno do TJSP, ou resolver as questões relativas ao cumprimento dos precatórios, inclusive a sua extinção, como está no inciso VI do mesmo art. 337, o que se há de entender, sempre, em conformidade com os termos da liquidação homologada, por sentença trânsita em julgado. Com efeito, não se confere ao Presidente do Tribunal, enquanto exerce atividade materialmente administrativa, exceder aos limites da reparação de erros ou inexatidões materiais ou de retificações de erros de cálculo.

Dessa maneira, admito não suspender a vigência do inciso VII do art. 337 do Regimento Interno do TJSP, ora em exame, até o julgamento final da ação, desde que se lhe confira esta interpretação:

> Art. 337. Compete ao Presidente do Tribunal de Justiça:
>
> (...)
>
> VI – requisitar das entidades devedoras a complementação de depósitos insuficientes, no prazo de noventa dias, entendidos como depósitos insuficientes aqueles efetuados pelas entidades devedoras em montante inferior ao consignado no precatório ou em decorrência de erro ou inexatidão material quanto ao cálculo respectivo, não podendo, entretanto, ser considerado erro reparável, a esse efeito, a adoção de certo critério de elaboração do cálculo homologado por sentença, do qual a administração do Tribunal discorde.

Em síntese, indefiro a liminar, quanto ao inciso VII do art. 337 do Regimento Interno, dando, entretanto, a esta norma interpretação conforme o art. 100 e parágrafos da Constituição, segundo a qual a requisição, a título de complementação de depósitos, insuficientes, a efetuar-se no prazo de noventa dias, deve ser referente a erros materiais, aritméticos, ou inexatidões dos cálculos, não podendo, entretanto, dizer respeito ao critério adotado para a elaboração do cálculo, ou a índices de atualização diversos dos que foram utilizados em primeira instância, nos cálculos para extração do precatório judiciário.

Quanto ao art. 339 do RITJSP, indefiro a liminar, porque cuida, apenas, de mecanismo de controle de ato do Presidente pelo Plenário, ou órgão que exerça suas funções. Nesse sentido, não há relevância jurídica a justificar a suspensão do dispositivo.

Por último, indefiro a cautelar, no que respeita ao inciso X do art. 337 do Regimento Interno do Tribunal de Justiça do Estado de São Paulo, ao prever a competência do Presidente para requisitar autos, quando necessário, desde instância originária. A providência, de natureza administrativa, limita-se aos fins de verificação de eventuais dúvidas quanto ao que consta do precatório.

Extrato de Ata

Ação Direta de Inconstitucionalidade n. 1.098-1

Origem: São Paulo

Relator: Min. Marco Aurélio

Reqte.: Governador do Estado de São Paulo

Adv.: Márcio Sotelo Felippe

Reqdo.: Tribunal de Justiça do Estado de São Paulo

Adv.: Manuel Alceu Affonso Ferreira e outros

Decisão: O Tribunal julgou procedente, em parte, a ação direta, nos seguintes termos: 1) quanto ao parágrafo único do art. 333 do Regimento Interno do Tribunal de Justiça do Estado de São Paulo, para declarar a inconstitucionalidade do trecho "de valor inferior a trinta e seis mil Unidades Fiscais do Estado de São Paulo e os"; 2) no parágrafo único do art. 334 do mesmo diploma legal, para declarar a inconstitucionalidade do trecho "de natureza não alimentar inferiores a trinta e seis mil Unidades Fiscais do Estado de São Paulo e os"; 3) julgou improcedente a ação direta, com relação aos incisos I, III e IV do art. 336, do mesmo Regimento Interno, vencido, quanto ao inciso IV, o Ministro Ilmar Galvão, que declarava a inconstitucionalidade das expressões "sob a direta responsabilidade das entidades devedoras"; 4) quanto aos incisos I e X do art. 337, o Tribunal julgou improcedente a ação direta; 5) julgou procedente, em parte, a ação, quanto ao inciso III do art. 337 para, sem redução do texto, excluir outras interpretações que não a de que as inexatidões materiais e as retificações por erro de cálculo, a que se refere o dispositivo, são aquelas originariamente decorrentes da atualização; 6) julgou procedente, em parte, quanto ao inciso VI do mesmo artigo (337) para, sem redução do texto, declarar inconstitucionais outras interpretações que não reduzam as questões relativas ao cumprimento de precatórios, da competência do Presidente do Tribunal, às de natureza administrativa e sem prejuízo da competência do Juízo da execução para o respectivo processo, inclusive para sua extinção; 7) procedente, em parte, com relação ao inciso VII do art. 337, para excluir outras interpretações que não sejam a de que a requisição a título de complementação dos depósitos insuficientes, a ser feita no prazo de noventa dias, somente deve referir-se a diferenças resultantes de erros materiais ou aritméticos ou de inexatidões dos cálculos dos precatórios, não podendo dizer respeito ao critério adotado para a elaboração do cálculo ou a índices de atualização diversos dos que foram atualizados em primeira instância, salvo na hipótese de substituição, por força de lei, do índice aplicado; 8) finalmente, julgou improcedente a ação, com relação ao art. 339 do mesmo Regimento Interno. Votou o Presidente. Decisão unânime, exceto com relação ao inciso IV do art. 336. Ausente, justificadamente, na votação do art. 339 o Ministro Carlos Velloso. Falou pelo requerente o Dr. Márcio Sotelo Felippe. Ausentes, justificadamente, os Ministros Sydney Sanches e Francisco Rezek. Plenário, 11.9.96,

Presidência do Senhor Ministro Sepúlveda Pertence. Presentes à sessão os Senhores Ministros Moreira Alves, Néri da Silveira, Octávio Gallotti, Celso de Mello, Carlos Velloso, Marco Aurélio, Ilmar Galvão e Maurício Corrêa.

Procurador-Geral da República, Dr. Geraldo Brindeiro. Luiz Tomimatsu, Secretário.

JURISPRUDÊNCIA

TRIBUNAL DE ALÇADA DO ESTADO DO PARANÁ

Apelação cível n. 105.731-2, de Peabiru-Vara Cível

Apelantes: Ciro Vicente Pante e outro

Apelado: Ministério Público

Relator: Juiz Idevan Lopes

DJE de 19.9.97

Ação civil pública de responsabilidade por danos causados ao meio ambiente – Extermínio de aves silvestres – Envenenamento – Procedência – Recurso – Alegação de cerceamento de defesa – Julgamento antecipado da lide – Inocorrência.

O julgamento antecipado da lide, sobre questão exclusivamente de direito, não constitui cerceamento de defesa, se feito independentemente de prova testemunhal, protestada pelo réu (RTJ 84/255).

Constantes dos autos elementos de prova documental suficientes para formar o convencimento do julgador, inocorre cerceamento de defesa se julgada antecipadamente a controvérsia.

Improvimento do recurso.

Vistos, relatados e discutidos estes autos de apelação cível 105.731-2, de Peabiru-Vara Cível, em que são apelantes Ciro Vicente Pante e Zeno Eugênio Pante e apelado Ministério Público.

Trata-se de ação civil pública de responsabilidade por danos causados ao meio ambiente intentada pelo Ministério Público, contra Ciro Vicente Pante e Zeno Eugênio Pante, sob a alegação de que os requeridos, a pretexto de resguardarem plantação de soja desenvolvida em sua propriedade, envenenando sementes de trigo, espalharam-nas pela área semeada, no propósito deliberado de exterminar as aves silvestres que pudessem ter acesso à lavoura, dando causa à morte de aproximadamente 2.000 (duas mil) aves, dentre codornas, pombas asa branca e pombas do arroz, acarretando, pois, dano ambiental, comprometendo-lhe o equilíbrio natural, essencial a todos os seres vivos, em especial à vida, saúde e bem-estar do ser humano.

O Dr. Juiz de Direito (fls. 100/103) julgou procedente o pedido, para o fim de condenar os requeridos ao pagamento de indenização por danos causados ao meio ambiente, constante no extermínio mencionado, devendo cobrir não só o valor das aves abatidas, mas também o dano ecológico decorrente do desequilíbrio ambiental ocasionado, cujo *quantum* será apurado em liquidação de sentença por arbitramento, que será revertido em favor do Fundo para Reconstituição de Bens Lesados e, em custas processuais e honorários advocatícios, arbitrados em 10 salários mínimos, cujo numerário será revertido em favor do Conselho Estadual de que trata o art. 13 da Lei 7.347/85.

Inconformados, tempestivamente apelaram os vencidos (fls. 105/109), sustentando, em síntese, que a especificação de provas (fls. 108) foram desprezadas pelo

Dr. Juiz de Direito, com o julgamento antecipado da lide: que as provas testemunhais eram relevantes para informar a respeito do número de aves abatidas, senão taxativamente, pelo menos aproximadamente; que o julgamento antecipado da lide, causou cerceamento de defesa, trazendo prejuízos de ordem processual e econômica aos recorrentes. Requerem provimento ao recurso, ao efeito de anular a decisão de primeiro grau, que julgou a lide antecipadamente e, via de conseqüência, seja dado continuidade aos atos processuais pertinentes à demanda, bem como a produção das provas especificadas.

Recurso preparado às fls. 110 e respondido às fls. 111/114, pela manutenção da decisão atacada.

Foram os autos ao egrégio Tribunal de Justiça, o qual, consoante despacho de fls. 124, determinou o seu encaminhamento a esta Corte.

A douta Procuradoria-Geral de Justiça opinou (fls. 132/140), preliminarmente pelo não conhecimento do recurso, face a inadequação do preparo e, no mérito, pelo seu improvimento.

É o relatório.

A preliminar de deserção levantada pela douta Procuradoria-Geral de Justiça, não pode ser acolhida.

Com o advendo da Lei 8.950, de 13 de dezembro de 1994, foi introduzida nova sistemática para o preparo das custas recursais. Referido diploma legal introduziu um novo *caput* no art. 511, com a seguinte redação: "No ato da interposição do recurso, o recorrente comprovará, quando exigido pela legislação pertinente, o respectivo preparo, inclusive porte de retorno, sob pena de deserção".

Todavia, a Corregedoria-Geral da Justiça expediu a Instrução 1/96, de 24 de janeiro de 1996, onde foi fixado o valor do recurso e do porte de retorno de acordo com o peso do processo, *determinando* que o preparo deveria ser efetuado no Banco do Estado do Paraná mediante Guia de Recolhimento de Custas Recursais, e indicando que dados essenciais deveriam constar de tal guia.

A instrução foi encaminhada a todas as Comarcas do Estado e publicada no *Diário da Justiça* do dia 30 de janeiro de 1996, a partir de quando, portanto, deveria ser cumprida.

Assim, somente a partir de tal instrução, que esta Câmara passou a não mais admitir como prova do preparo uma simples certidão ou recibo do Sr. Escrivão sem os dados constantes da mencionada Instrução 1/96.

O apelo não tem condições de prosperar.

Com efeito, o Dr. Juiz de Direito à fl. 97, proferiu o seguinte despacho: "Muito embora, o agente ministerial já tenha opinado pelo julgamento antecipado, *ad cautelam*, máxime para que futuramente não venha ser alegado cerceamento, aos requeridos para, querendo, especificarem as provas que pretendem produzir, dando-se suas utilidades, em cinco (05) dias".

À fl. 98 compareceram os requeridos aos autos pretendendo especificação de prova testemunhal, depositando o ról respectivo.

A seguir o Julgador singular proferiu a decisão apelada.

Como visto, depositaram os apelantes o nome das testemunhas, contudo, olvidaram de declarar que sua utilidade estava circunscrita na comprovação ou aferição do número de aves abatidas.

À vista que os demais fatos relativos à questão apresentavam-se exaustivamente demonstradas, outra alternativa não restava senão o desate da controvérsia.

Bem de se ver, que "presentes as condições que ensejam o julgamento antecipado da causa, é dever do juiz, e não mera faculdade, assim proceder" (in *Código de*

Processo Civil e legislação processual em vigor, Theotonio Negrão, 28ª ed., nota 1 ao art. 330, p. 294).

Com efeito, merece ser afastada a alegação de cerceamento de defesa, porque "o julgamento antecipado da lide, sobre questão exclusivamente de direito, não constitui cerceamento de defesa, se feito independentemente de prova testemunhal, protestada pelo réu" (*RTJ* 84/255).

Neste sentido, pronunciou-se o Colendo Superior Tribunal de Justiça: "Constantes dos autos elementos de prova documental suficientes para formar o convencimento do julgador, inocorre cerceamento de defesa se julgada antecipadamente a controvérsia" (STJ, 4ª T., Ag 14.952-DF (AgRg), rel. Min. Sálvio de Figueiredo, j. 4.12.91, negaram provimento, v.u., *DJU* 3.2.92, p. 472).

Demais disso, como salientado no parecer do Ministério Público "(...) não se pode olvidar que após terem sido notificados da infração pelos agentes fiscais do IBDF, quando também ficaram cientes de que havia o prazo legal de quinze (15) dias para apresentar defesa administrativa junto ao órgão, os apelantes, ao que se tem nos autos, não externaram qualquer impugnação (oposição), inclusive quanto ao número de aves abatidas, pois que, e bem ao contrário, efetuaram o pagamento da multa correspondente, como demonstram os documentos juntados com a contestação (fls. 78/80).

"(...)

"Por tudo isso, a prova testemunhal ora pretendida pelos apelantes apresentava-se, como se apresenta, quando não extemporânea, de nenhuma utilidade, ineficaz e irrelevante (não teria o condão de desfazer, infirmar as provas documental e testemunhal já constantes dos autos; de fontes idôneas e legítimas, como já consignado)."

Inexiste, desta maneira, o alegado cerceamento de defesa diante do julgamento antecipado, se a prova documental produzida é suficiente à formação de convicção, restando, destarte, integralmente mantida a sentença recorrida.

Acordam os Juízes da Quarta Câmara Cível do Tribunal de Alçada do Estado do Paraná, por unanimidade de votos, em negar provimento ao recurso.

Participaram do julgamento os Senhores Juízes Regina Afonso Portes, Presidente com voto, e Ruy Cunha Sobrinho. Curitiba, 3 de setembro de 1997. Idevan Lopes, Relator.

JURISPRUDÊNCIA

TRIBUNAL DE ALÇADA DO ESTADO DO PARANÁ

Apelação cível n. 108.338-3 – Vara Cível de Alto Paraná

Apelante: Ministério Público

Apelado: José Francisco

Relatora: Juíza Dulce Maria Cecconi

DJE de 17.4.98

Apelação cível – Ação civil pública por danos ao meio ambiente – Obrigação de fazer – Reserva florestal de 20% sobre o total da área – Ilegitimidade passiva "ad causam" do proprietário do imóvel, que não foi o autor do desmatamento – Inocorrência de responsabilidade civil objetiva – Recurso conhecido e improvido.

"O proprietário rural que, ao adquirir sua área de terras, já a encontrou sem qualquer cobertura florestal, não pode ser responsabilizado por dano ambiental para o qual não concorreu, vez que inaplicável na espécie a tese da responsabilidade civil objetiva" (acórdão TA 4.863, do 1º Grupo de C. Cíveis, ap. 83.883-5, de Alto Paraná).

Vistos, relatados e discutidos estes autos de apelação Cível sob n. 108.338-3, da Vara Cível de Alto Paraná, em que é apelante o Ministério Público e apelado José Francisco.

O Ministério Público, não se conformando com a decisão de primeiro grau que julgou extinta a ação civil pública por danos ao meio ambiente com obrigação de fazer, proferida nos autos n. 247/96, movida pela ADEAM-Associação de Defesa e Educação Ambiental de Maringá move contra José Francisco, interpôs recurso de apelação, alegando, em síntese, que: o ora apelado é parte legítima passiva *ad causam* e que não se apresenta configurada a ilegitimidade reconhecida sob o fundamento de que o desmate de floresta não teria sido por ele realizado, ou que teria sido incentivado pelo Estado; que não existe nenhuma prova nesse sentido; que a obrigação relativa à reserva legal é uma obrigação real, imposta a todo e qualquer proprietário; que, mesmo que o apelado não tenha sido o responsável pela degradação ambiental, a manutenção da reserva legal de 20% do total da área é um imperativo a todo e qualquer proprietário; que tal reserva se constitui em uma obrigação de fazer, nos termos do art. 16, § 3º, do Código Florestal (Lei 4.771/65); que a obrigatoriedade de manter essa reserva de 20% do total da área é uma restrição ao direito de propriedade, que deve ser respeitada; que resta ao apelado a ação regressiva contra o proprietário anterior e que o art. 29, do Código Florestal, justifica esta legitimidade. Alegou, ainda, que não há falta de interesse processual, pois a reserva legal é determinada por lei, justificando a promoção da ação civil pública, razão pela qual se impõe a reforma da sentença.

O apelado apresentou suas contra-razões às fls. 51 a 57, pugnando pela manutenção da decisão monocrática, ao argumento de que as terras foram desmatadas pelo adquirente do Estado, seu antecessor.

A seguir, subiram os autos a esta Corte.

A douta Procuradoria-Geral de Justiça, através de seu eminente Procurador, opinou pelo desprovimento da apelação.

É o relatório.

VOTO

Trata-se de apelação cível de decisão que julgou liminarmente extinto o processo, sem julgamento do mérito, por ilegitimidade passiva *ad causam* do proprietário da área rural, com fundamento nos arts. 267, I e IV e 295, do CPC, por não ter este causado diretamente o desmatamento de reserva legal, a qual deveria ser preservada, com fundamento no art. 16, alínea "a" do Código Florestal e art. 14, inciso IV, § 1º, da Lei 6.938/81.

O centro da questão é o cabimento ou não da aplicação da responsabilidade civil objetiva do proprietário rural na reparação de danos ao meio ambiente.

Aí se caracteriza a ilegitimidade passiva *ad causam*, quando falta ao réu a qualidade de suportar os efeitos da demanda. E da lição exposta pelo Ministro Athos Gusmão Carneiro, tiramos que: "Faz pleno sentido, destarte, somente reconhecer legitimação *ad causam* àqueles que em tese possam ser titulares da relação material deduzida. A legitimação para a causa é, pois, um dos pontos de conexão entre o direito material e o direito processual" (*Intervenção de Terceiros*, p. 27, Saraiva).

E, ainda: "Na ação civil pública, réus são os responsáveis pelos danos causados, por dolo ou culpa, uma vez que a lei não cogita de responsabilidade objetiva" (*Direito Processual das Coletividades e dos Grupos*, Wilson de Souza Campos Batalha, p. 258, LTr).

Dentro desta linha de raciocínio, o presente recurso não merece provimento.

E, como ficou apontado nos autos, não é do réu a responsabilidade de reparar o que não praticou. Uma vez adquirida a propriedade, juntamente com o vício, a ele não deverá ser atribuída a penalidade de fazer a correção do desmatamento. Não deverá ele ser responsabilizado por dano que não praticou ou para o qual não concorreu. A devastação florestal foi realizada em tempo anterior à sua aquisição e à sua chegada ao imóvel, portanto, não realizou ele nenhuma atividade danosa ao meio ambiente, e por conseqüência, inexiste qualquer ponto de conexão entre o direito material e o direito processual.

Por tudo que constatamos, a obrigação de fazer, ou seja, a recuperação e regeneração das áreas devastadas, como proteção ao meio ambiente, é do Poder Público, que deverá tomar as medidas necessárias, conforme prevê o Código Florestal, em seu art. 18.

Em sua decisão, o juiz monocrático, com acerto, destacou o seguinte: "observe-se que, numa clara tentativa de escassear as possibilidades de defesa do réu, adianta-se a autora a afirmar que a este não se atribui o ato de haver destruído matas. Atribui-se-lhe infração que se caracteriza como oposição às forças regenerativas das natureza" (fl. 38).

Ora, se este não foi realmente o causador da infração, não há como atribuir-lhe a responsabilidade civil objetiva.

A falta da prova aventada, citada pelo apelante à fl. 47, no 2º parágrafo da apelação, de que não teria sido realizado o desmatamento pelo apelado e de que o Estado teria incentivado nesse sentido, não abriga melhor entendimento porque não existe, também, prova ao contrário, isto é, de que teria sido ele o autor do desmatamento e nem de que o Estado não tenha contribuído.

Este tem sido o entendimento predominante no nosso egrégio Tribunal de Justiça, como vemos no v. acórdão n. 8.757, de 16.3.93, rel. Des. Abrahão Miguel (apelação cível n. 22.406-6); no v. acórdão n. 9.967, de 25.10.94, rel. Des. Luiz Perrotti (apelação cível n. 30.519-3); e no v. acórdão n. 11.839, de 17.9.96, rel. Juiz Ivan Bortoleto (apelação cível n. 31.156-0), todos da colenda Terceira Câmara Cível, entre outros.

Neste Tribunal, destacamos o acórdão n. 5.128, de 18.3.96, desta Oitava Câmara Cível, relatado pelo eminente Juiz Rafael Augusto Cassetari, na apelação n. 82.221-1: "Ação civil pública por danos ao meio ambiente – Ilegitimidade ativa *ad causam*. O titular do domínio que ao adquirir o imóvel já o encontrou sem a cobertura florestal, não pode ser responsabilizado pelo dano que não cometeu e nem obrigado à restauração da área desmatada. Recurso improvido".

É louvável o cuidado da autora em ser diligente e preocupada com o estado degenerativo em que se encontram nossas matas e os nossos mananciais de água doce, porém, como muito bem justificou o juiz sentenciante, não há nem um programa especial de conscientização do grave problema e também não há a fiscalização correspondente para que seja sanado. E o pior, o Estado, através de Lei, castiga os proprietários, permanecendo ele inerte, sem dar o bom exemplo, porque deveria partir dele a brilhante tarefa.

Isto, contudo, não deve infundir desânimo na autora, cujo incansável trabalho só é merecedor de elogios e incentivo.

Lamentavelmente, nota-se também o total desprezo relativo aos cuidados do meio ambiente pela maior parte dos proprietários, e em especial, a do apelado, porque se consciente fosse das conseqüências danosas e com os recursos que tem à sua disposição, *espontaneamente* deveria fazer a correção, atendendo assim a reivindicação da ADEM e, ainda, honrosamente daria um exemplo a ser seguido pelas futuras gerações. Não há sequer pequeno brilho patriótico na defesa do apelado, o que é lamentável.

Mesmo assim, ante o exposto, voto no sentido de ser negado provimento ao recurso.

Decisão: Acordam os Juízes integrantes da Oitava Câmara Cível do Tribunal de Alçada do Paraná, por unanimidade de votos, em negar provimento ao recurso.

Participaram do julgamento os Senhores Juízes: Rafael Augusto Cassetari (Presidente com voto) e Manassés de Albuquerque (convocado). Curitiba, 6 de abril de 1998. Dulce Maria Cecconi, Juiza Relatora.

JURISPRUDÊNCIA

1ª INSTÂNCIA

Processo n. 97.0009850-8
Ação Civil Pública
Autor: Ministério Público Federal
Ré: União Federal
14ª vara

Vistos etc.

O Ministério Público Federal ajuizou ação civil pública, com pedido de concessão liminar da medida, contra a União Federal, objetivando a condenação desta na obrigação de não exigir, das pessoas físicas, contribuintes do Imposto sobre a Renda, a observância do limite anual individual de R$ 1.700,00 (um mil e setecentos reais), para deduções relativas a pagamentos efetuados a estabelecimentos de ensino relativamente à educação pré-escolar, de 1º, 2º e 3º graus, cursos de especialização ou profissionalizantes do contribuinte e de seus dependentes, estabelecido pelo art. 8º, inciso II, alínea "b", da Lei n. 9.250, de 26.12.95, bem como das demais restrições a tais deduções, estabelecidas pelas alíneas "a", "b", "c", "d", "e" e "g", do art. 6º, da Instrução Normativa n. 65, de 5.12.96, da Receita Federal (fls. 02/11).

Alega, em síntese, que tais restrições à dedutibilidade integral dos valores pagos pelos contribuintes, a título de despesas com instrução, vulneram normas constitucionais atinentes ao direito à educação, insculpidas nos arts. 6º e 205 da Lei Maior.

Aduz que os valores dispendidos a título de despesas com instrução não podem ser considerados como acréscimo patrimonial, por constituírem despesas necessárias. Assim, o limite para deduções de despesas com instrução, estabelecido pela Lei n. 9.250/95, bem como as restrições veiculadas pela Instrução Normativa n. 65/96, da Receita Federal, importam grave ônus ao exercício do direito à educação, pelo que, dada a flagrante relevância social da questão, não somente em função do direito violado, como também do número expressivo de pessoas que se encontram na situação apontada, propõe a presente ação civil pública.

A liminar foi deferida (fls. 13/19).

Noticiando a resistência da ré em cumprir tal decisão, requereu o autor fosse a mesma instada a prestar esclarecimentos, o que foi feito (fls. 26/41).

Em razão de agravo de instrumento interposto pela União Federal, foram suspensos os efeitos da decisão em superior instância (fls. 43/46).

A ré ofereceu contestação, argüindo, preliminarmente, a incompetência absoluta do juízo, a inépcia da inicial dada a ausência de causa de pedir, a falta de representação processual, a conexão com o processo autuado sob n. 97.36.00.01509-3, distribuído à 3ª Vara Federal de Mato Grosso e a carência de ação.

No mérito, sustenta a constitucionalidade das limitações impostas pela lei e por ato infralegal à dedução de despesas com educação, para efeito de apuração da base de cálculo do Imposto sobre a Renda (fls. 82/123).

O Ministério Público Federal apresentou réplica, juntada às fls. 129/133.

Não havendo provas a serem produzidas, vieram os autos conclusos para sentença.

É o relatório.

Decido.

Inicialmente, passo a enfrentar as diversas preliminares suscitadas pela ré.

Em primeiro lugar, sustenta a União Federal a incompetência absoluta deste Juízo para o conhecimento e julgamento desta ação civil pública, cuja causa de pedir envolve o exame de constitucionalidade de atos normativos, com eficácia *erga omnes*, face ao disposto no art. 102, I, alínea "a", da Constituição da República, atribuidor, em caráter de exclusividade, ao Supremo Tribunal Federal, de competência, para conhecer ação visando a declaração *in abstrato* da inconstitucionalidade de lei ou ato normativo federal.

Tal afirmação parte, evidentemente, de equivocada apreciação do sistema de controle judicial da constitucionalidade estampado em nosso Texto Fundamental.

Com efeito, ao lado do controle de constitucionalidade de lei ou ato normativo por via de ação, chamado controle concentrado, o qual tem a sua melhor tradução na ação direta de inconstitucionalidade de competência do Excelso Pretório, convive o controle da constitucionalidade por via de exceção, método difuso, ensejador da apreciação da alegação de inconstitucionalidade de lei ou ato normativo *incidenter tantum,* diante de um caso concreto, por órgão jurisdicional de primeira instância.

Nada justifica entender-se que, em sede de ação destinada a buscar tutela coletiva de direitos, a inconstitucionalidade de lei ou ato normativo, suscitada em via de exceção, não possa ser apreciada por qualquer órgão jurisdicional, que poderá produzir comando positivo, com eficácia *erga omnes*.

Os ilustres professores Nelson Nery Júnior e Rosa Maria Andrade Nery observam quão diferentes são os objetos da ação civil pública e da ação direta de inconstitucionalidade:

> O objeto da ação civil pública é a defesa de um dos direitos tutelados pela Constituição Federal, pelo Código de Defesa do Consumidor e pela Lei da Ação Civil Pública. A ação civil pública pode ter como fundamento a inconstitucionalidade de lei ou ato normativo. O objeto da ação declaratória de inconstitucionalidade é a declaração, em abstrato, da inconstitucionalidade de lei ou ato normativo, com a conseqüente retirada da lei declarada inconstitucional do mundo jurídico por intermédio da eficácia *erga omnes* da coisa julgada. Assim, o *pedido* na ação civil pública é a proteção do bem da vida tutelado pela Constituição Federal, Código de Defesa do Consumidor ou Lei da Ação Civil Pública, que pode ter como *causa de pedir* a inconstitucionalidade de lei, enquanto o pedido na ação declaratória de inconstitucionalidade será a própria declaração de inconstitucionalidade da lei (*Código de Processo Civil Comentado*, 2ª ed., rev. e ampl., São Paulo, Ed. RT, p. 1.403, nota 7).

Portanto, resta claro que, na ação civil pública, a inconstitucionalidade de lei ou ato normativo representa o fundamento, a causa de pedir, traduzindo-se em questão prejudicial ao julgamento do mérito. Jamais poderá constituir o pedido mesmo da ação, assim deduzível somente em ação direta de inconstitucionalidade.

Em suma, enquanto na ação direta de inconstitucionalidade estão presentes a abstração e a declarativiidade do pedido de inconstitucionalidade de lei ou ato normativo, na ação civil pública o pedido formulado caracteriza-se pela concretude e pela mandamentalidade.

Assinale-se, por oportuno, que o Supremo Tribunal Federal vem rechaçando o argumento de que, na ação coletiva, proposta com fundamento em inconstitucionalidade de lei ou ato normativo, o órgão ministerial e o juízo de primeiro grau estariam, respectivamente, usurpando a atribuição do chefe do Ministério Público e a competência do Excelso Pretório, como se extrai das reclamações interpostas nesse sentido, julgadas improcedentes (RCL 602-SP, rel. Min. Ilmar Galvão, 3.9.97; RCL 597-6-SP, rel. Min. Marco Aurélio, rel. p/ o acórdão Min. Néri da Silveira, 3.9.97; RCL 600-0-SP, rel. Min. Néri da Silveira, 3.9.97, in *Informativo do STF*, 1º a 5 de setembro de 1997).

Outro aspecto que merece ser ressaltado é o da eficácia *erga omnes* da sentença proferida em ação civil pública, especialmente à vista do recente dispositivo veiculado pela Medida Provisória n. 1.570/97 e suas reedições, convertida na Lei n. 9.494, de 10 de setembro de 1997, que veio a dar nova redação ao art. 16 da Lei n. 7.347/85, para estabelecer que "a sentença civil fará coisa julgada *erga omnes,* nos limites da competência territorial do órgão prolator, exceto se o pedido for julgado improcedente por insuficiência de provas, hipótese em que qualquer legitimado poderá intentar outra ação com idêntico fundamento, valendo-se de nova prova".

Antes de mais nada, é preciso relembrar que a *eficácia erga omnes da sentença proferida em ação civil pública* não diz com a competência territorial do órgão julgador, como alguns, erroneamente, parecem entender, mas, sim, com os *limites subjetivos da coisa julgada material*.

A amplitude territorial da coisa julgada material, na ação civil pública, relaciona-se com a extensão e a indivisibilidade do dano ou da ameaça de dano – que pode ser nacional, regional ou local – fatores que determinam o foro ou competência territorial do juízo, nos termos do disposto no art. 93 do Código de Defesa do Consumidor (Lei n. 8.078/90).

Considerando-se que o Código de Defesa do Consumidor determinou a integração do sistema processual nele contemplado com aquele plasmado na Lei da Ação Civil Pública (arts. 21 da LACP e 90 e 117 do CDC), tem-se que as regras mais específicas acerca dos limites subjetivos da coisa julgada material, nas ações coletivas, contidas no art. 103 do Código de Defesa do Consumidor, prevalecem sobre o art. 16 da Lei da Ação Civil Pública, cuja redação o legislador veio de modificar.

Em outras palavras, o art. 16 da Lei da Ação Civil Pública, portanto, encontra-se superado desde a edição do Código de Defesa do Consumidor. E o art. 103, inciso III, desse diploma legal estabelece que, nas ações coletivas de que trata, "*a sentença fará coisa julgada erga omnes, apenas no caso de procedência do pedido, para beneficiar todas as vítimas e seus sucessores*, na hipótese do inciso III, do parágrafo único de seu art. 81", vale dizer, no caso de *interesses ou direitos individuais homogêneos* (destaques meus).

Desse modo, nos termos do art. 93, do Código de Defesa do Consumidor, sendo o dano local, a ação coletiva deve ser proposta no foro do local do dano (inciso I); no caso de danos de âmbito nacional ou regional, uma *única* ação coletiva pode ser ajuizada no foro da Capital do Estado ou no Distrito Federal (inciso II).

Veja-se, a propósito, a lição de Nelson Nery Júnior e Rosa Maria Andrade Nery a respeito:

> Um dos objetivos da ação coletiva é evitar a proliferação de demandas individuais e também de ações coletivas. Trata-se de instituto criado para que a solução de pretensões difusas, coletivas e individuais homogêneas sejam tomadas em *ação única.* Do contrário, o instituto não teria serventia prática.
>
> (...)
>
> A questão não é nem de *jurisdição* nem de *competência,* mas de limites subjetivos da coisa julgada, dentro da especificidade do resultado de ação coletiva, que não pode ter a mesma solução dada

pelo processo civil ortodoxo às lides intersubjetivas (ob. cit., p. 1.704, nota 8 e p. 1.441, nota 10).

Outrossim, cabe transcrever o entendimento do eminente Ministro Ilmar Galvão, ao relatar a reclamação n. 602-6-SP, julgada improcedente, em caso envolvendo a tutela de interesses individuais de origem homogênea, com fundamento em inconstitucionalidade de ato normativo, mediante ação civil pública:

> Afastadas que sejam as mencionadas exceções processuais – matéria cujo exame não tem aqui cabimento – *inevitável é reconhecer que a eficácia da sentença, no caso, haverá de atingir pessoas domiciliadas fora da jurisdição do órgão julgador, o que não poderá causar espécie, se o Poder Judiciário, entre nós, é nacional e não local.* Essa propriedade, obviamente, não seria exclusiva da ação civil pública, revestindo, ao revés, outros remédios processuais, como o mandado de segurança coletivo, que *pode reunir interessados domiciliados em unidades diversas da federação e também fundar-se em alegação de inconstitucionalidade de ato normativo, sem que essa última circunstância possa inibir o seu processamento e julgamento em juízo de primeiro grau que, entre nós, também exerce o controle constitucional das leis* (destaques meus).

À vista do exposto, penso seja legítimo concluir-se não ser a competência territorial do órgão julgador critério determinante da extensão da eficácia da coisa julgada material na ação civil coletiva. Diversamente, o critério determinante dessa extensão reside na *amplitude* e na *indivisibilidade do dano ou ameaça de dano* que se pretenda evitar.

Em conseqüência, se se trata de *dano de amplitude nacional*, como *in casu*, a eficácia da coisa julgada material, necessariamente, será *erga omnes, em todo o território nacional.*

Tal conclusão é forçosamente extraída da correta compreensão do conteúdo do *princípio da isonomia*: pessoas físicas em situação idêntica, em todo o território nacional, devem ter assegurado tratamento isonômico, também no que tange à prestação jurisdicional. Essa, a meu ver, é a mais importante justificativa da existência das ações coletivas, porque consentânea com o princípio maior da *segurança jurídica*.

O que se acaba de afirmar presta-se, também, para afastar a segunda preliminar agitada, qual seja, a relativa à falta de causa de pedir. A causa de pedir, como salientado, consubstancia-se na situação de que as pessoas físicas, contribuintes do Imposto sobre a Renda, por força do disposto no art. 8º, inciso II, alínea "b", da Lei n. 9.250, de 26.12.95 e nas alíneas "a", "b", "c", "d", "e" e "g", do art. 6º, da Instrução Normativa n. 65, de 5.12.96, da Receita Federal, estão impedidas de proceder às deduções relativas a despesas com instrução que excederem ao limite anual individual de R$ 1.700,00, o que estaria a embaraçar o livre exercício do direito à educação, constitucionalmente assegurado.

Penso que isso seja o quanto basta para propiciar o exame do pedido formulado em sede de ação coletiva.

Outrossim, a alegação de falta de representação processual, em razão de o controle concentrado de constitucionalidade das leis caber tão-somente ao Procurador-Geral da República, consoante dispõe o art. 103, inciso VI, da Lei Maior, é absolutamente inconsistente, posto que, como já assinalado, a argüição de inconstitucionalidade de lei ou ato normativo, em sede de ação civil pública, revela-se, apenas, como causa de pedir, inserindo-se no sistema de controle difuso de constitucionalidade.

A apontada conexão com a ação civil pública ajuizada em Cuiabá e distribuída à 3ª Vara Federal de Mato Grosso, antes do ajuizamento da presente, por sua vez, não se verifica. Oportuno lembrar, a propósito, que o eg. Superior Tribunal de Justiça já se manifestou no sentido da não existência de litispendência em ações civis públicas (Conflito de Competência n. 17.137 - Pernambuco, 1ª Seção, j. em 14.8.96, *DJU* de 2.9.96).

Ademais, o autor, instado a informar sobre a ação mencionada, dá notícia de que a mesma foi extinta, tendo sido julgado improcedente o pedido (fls. 139/152). Dessarte, ainda que se pudesse sustentar a existência de conexão entre as ações, para efeito de reunião dos processos, esta teria cessado com a prolação da mencionada sentença (art. 105 CPC).

Passo, então, a apreciar a preliminar de carência de ação, por entender a ré estarem ausentes todas as condições da ação.

A legitimidade ativa do Ministério Público para a propositura da ação civil pública com vista à tutela de interesses individuais de origem homogênea – no caso, das pessoas físicas contribuintes do Imposto sobre a Renda – exsurge do teor dos art. 129, incisos III e IX, da Constituição da República, arts. 5º e 21, da Lei n. 7.347/85 e arts. 81, parágrafo único, inciso III, 82, inciso I, 90 e 117, da Lei n. 8.078/90 (Código de Defesa do Consumidor).

Cabe destacar, primeiramente, que os direitos cuja tutela se pleiteia nesta ação, que uma vez mais reproduzo – o direito de cada uma das pessoas físicas contribuintes do Imposto sobre a Renda, à não sujeição ao limite anual individual de R$ 1.700,00 (um mil e setecentos reais), para deduções relativas a pagamentos concernentes a despesas com instrução do contribuinte e de seus dependentes, para efeito de apuração da base de cálculo do Imposto sobre a Renda de pessoa física – *são direitos individuais de origem homogênea,* em razão de sua origem comum, tais como definidos pelo Código de Defesa do Consumidor (Lei n. 8.078/90, art. 81, parágrafo único, inciso III).

No caso, essa origem comum repousa no fato de que a vedação imposta pelo art. 8º, inciso II, alínea "b", da Lei n. 9.250, de 26.12.95, bem como das demais restrições a tais deduções, estabelecidas pelas alíneas "a", "b", "c", "d", "e" e "g", do art. 6º, da Instrução Normativa n. 65, de 5.12.96, da Receita Federal, afetam direitos constitucionalmente contemplados, quais sejam, o direito à educação e o direito do contribuinte ser tributado de acordo com sua capacidade contributiva (art. 145, § 1º, CF).

Tal homogeneidade quanto à fonte desses direitos autoriza e até recomenda sejalhes dispensado tratamento coletivo, com o objetivo de evitar-se a proliferação demasiada de ações com o mesmo objeto, com a possibilidade da prolação de decisões divergentes.

Ensina Hugo Nigro Mazzilli que, em sentido lato, *os interesses individuais homogêneos também são interesses coletivos* (*A Defesa dos Interesses Difusos em Juízo*, 7ª ed., Saraiva, 1995, p. 65, *in fine).*

Diferenciam-se dos interesses coletivos em sentido estrito por possuir um *objeto divisível*, vale dizer, que pode ser distribuído entre os diversos sujeitos envolvidos, uma vez que, em ambos os casos, verifica-se a existência de uma relação jurídica base.

Consoante anota José Marcelo Menezes Vigliar, essa metaindividualidade não é da essência desses interesses, que são, como o próprio *nomen juris* sugere, interesses individuais (*Ação Civil Pública*, 2ª ed., Atlas, 1997, p. 50). Todavia, a possibilidade de dispensar-se-lhes tutela coletiva em juízo, surge com o Código de Defesa do Consumidor (Lei n. 8.078/90), ao determinar que sua sistemática processual seja aplicada à ação civil pública (art. 90).

A legitimidade do Ministério Público para buscar a defesa judicial de tal espécie de interesses tem gerado preocupação, especialmente no que toca à qualidade dos interesses individuais homogêneos por ela abrangidos. Isto porque, tratando-se de direitos disponíveis, podem estes ter significado exclusivamente privado, incompatível com a função institucional do Ministério Público.

Assim, enquanto alguns sustentam que o Ministério Público estará sempre legitimado para a defesa de quaisquer interesses supra-individuais, incluídos os individuais homogêneos, outros reconhecem sua legitimação para a defesa dos interesses individuais homogêneos, com algumas restrições e outros, ainda, afirmam ser necessário perquirir-se se, nessa hipótese, há comunhão entre o interesse lesado ou ameaçado e a destinação constitucional do Ministério Público.

José Marcelo Menezes Vigliar salienta que, em sede doutrinária, prevalece o entendimento segundo o qual, para determinar a presença da legitimidade ativa do Ministério Público, há que se analisar se há harmonia entre os interesses individuais homogêneos, no caso concreto e a destinação da instituição, expressa no art. 127 da Constituição da República (ob. cit., pp. 73-75).

Relevante salientar que o Egrégio Supremo Tribunal Federal já concluiu que o art. 129, inciso III, da Constituição da República, ao legitimar o Ministério Público para ajuizar ação civil pública destinada à proteção de interesses difusos e coletivos, também lhe conferiu legitimidade *ad causam* para ajuizar essa mesma ação com a finalidade de proteger interesses ou direitos individuais homogêneos (RE n. 163.231-SP, rel. Min. Maurício Corrêa, Pleno, unânime, j. em 26.2.97).

Também o inciso IX, do mesmo art. 129 confirma tal autorização, ao prescrever caber ao Ministério Público exercer outras funções que lhe forem conferidas, desde que compatíveis com sua finalidade.

A relação jurídica base que consiste na origem comum dos direitos cuja tutela se pleiteia, possui *natureza tributária*. Por tratar-se de relação *ex lege*, *tal relação base reitera-se no tempo, enquanto eficazes os comandos legais que a fundamentam.*

No caso em foco, tal relação é aquela existente entre todas as pessoas físicas contribuintes do Imposto sobre a Renda, e a União Federal. Tal relação submetida está a regime jurídico que contempla sujeição ao limite anual individual de R$ 1.700,00 (um mil e setecentos reais), para deduções relativas a despesas com instrução, do contribuinte e de seus dependentes, imposto pelo art. 8º, inciso II, alínea "b", da Lei n. 9.250, de 26.12.95, bem como das demais restrições a tais deduções, estabelecidas pelas alíneas "a", "b", "c", "d", "e" e "g", do art. 6º, da Instrução Normativa n. 65, de 5.12.96, da Receita Federal.

Inegável, dessa forma, que os interesses ou direitos individuais gerados a partir dessa relação base, apresentam *cunho nitidamente social* e, portanto, *compatíveis com o papel institucional do Ministério Público*, pelo que passíveis de serem por ele defendidos.

A uma, tais interesses dizem essencialmente com o *direito à educação, direito social a todos assegurado e dever do Estado e da família* (arts. 6º e 205, CF), na medida em que, as despesas efetuadas pelas pessoas físicas, contribuintes do Imposto sobre a Renda, a esse título, se ultrapassarem o limite anual individual de R$ 1.700,00, não poderão ser deduzidas para efeito de apuração da base de cálculo daquele imposto, fazendo com que os valores correspondentes sejam considerados acréscimos patrimoniais sujeitos à tributação.

E, a duas, porque, tendo as despesas com instrução caráter necessário, uma vez que, repita-se, *a educação é direito de todos e dever do Estado e da sociedade*, aos quais incumbe *promovê-la e incentivá-la* (art. 205 CF), a discussão pertinente à caracterização dos valores a esse título dispendidos, como acréscimos patrimoniais, conduz à análise da observância da capacidade contributiva das pessoas físicas, sujeitos passivos da obrigação de pagar o Imposto sobre a Renda, em respeito ao princípio inserto no art. 145, § 1º, da Lei Maior.

A preliminar de impossibilidade jurídica do pedido, por seu turno, diante do entendimento de que o mesmo somente poderia ser vertido em ação direta de inconstitucionalidade, reproduz, uma vez mais, argumentação já refutada de início.

Por derradeiro, entendo presente o interesse de agir do *Parquet* Federal, consubstanciado na necessidade, utilidade e adequação do provimento jurisdicional pleiteado para o alcance do fim colimado, qual seja, obter a exoneração das pessoas físicas, contribuintes do Imposto sobre a Renda, em todo o território nacional, da sujeição ao limite anual individual de R$ 1.700,00 para as deduções referentes a despesas com instrução, imposto pelo art. 8º, inciso II, alínea "b", da Lei n. 9.250, de 26.12.95, bem como das demais restrições a tais deduções, estabelecidas pelas alíneas "a", "b", "c", "d", "e" e "g", do art. 6º, da Instrução Normativa n. 65, de 5.12.96, da Receita Federal.

Nem se diga, também, fosse necessário ao Ministério Público aguardar a propositura de um expressivo número de ações individuais com o mesmo pedido, para que, assim, ficasse caracterizado o seu interesse processual.

Importa, isto sim, a relevância social do direito a ser tutelado – o qual, *in casu*, respeita a milhares de cidadãos brasileiros – e a sua pertinência com o papel institucional do Ministério Público.

Passo a examinar o mérito.

Diante do minudente texto da Constituição brasileira, especialmente no que tange ao elenco dos direitos individuais e coletivos, impende concluir que, *se o legislador infraconstitucional ou o administrador público, instituem restrições ao exercício de direitos, que agridem os contornos do mesmo, já estabelecidos pelo próprio Texto Fundamental, os atos por eles produzidos carecem de fundamento de validade*.

A atividade estatal consistente na tributação é de exercício obrigatório e, no Brasil, encontra-se extremamente balizada por normas constitucionais.

Em razão disso, é ainda mais evidente o equívoco do pensamento segundo o qual o exercício da atividade tributante – direito do Estado – pode ser implementado sem consideração aos direitos dos cidadãos.

Uma das maneiras pelas quais, indesejavelmente, pode o exercício de direitos vir a ser amesquinhado, é por intermédio da tributação, porquanto *o tributo, necessariamente, interfere com o direito de liberdade e o direito de propriedade dos cidadãos.*

Na situação em tela, cumpre analisar-se, inicialmente, se a tributação consubstanciada na exigência do Imposto sobre a Renda de Pessoa Física, nos termos do art. 8º, inciso II, alínea "b", da Lei n. 9.250/95, está a vulnerar o exercício do direito à educação.

Ampla proteção constitucional foi conferida a esse direito. A Lei Maior estabelece ser a educação, dentre outros, *direito social* (art. 6º, *caput),* bem como competir à União, aos Estados, ao Distrito Federal e aos Municípios proporcionar os meios de acesso à cultura, à educação e à ciência (art. 23, V).

Incumbe, ainda, ao Poder Público, promover a educação ambiental em todos os níveis de ensino e a conscientização pública para a preservação do meio ambiente (art. 225, § 1º VI).

No capítulo dedicado à educação e à cultura, especialmente, estatui o Texto Fundamental que a educação, "*direito de todos e dever do Estado e da família, será promovida e incentivada com a colaboração da sociedade, visando o pleno desenvolvimento da pessoa, seu preparo para o exercício da cidadania e sua qualificação para o trabalho*" (art. 205, destaquei). A mesma idéia é reiterada no art. 227, que determina ser "dever da família, da sociedade e do Estado assegurar à criança e ao adolescente, com absoluta prioridade, *o direito* à vida, à saúde, à alimentação, *à educação*, ao lazer, à profissionalização, à cultura, à dignidade, ao respeito, à liberdade e à convivência familiar e comunitária (...)" (destaquei).

O art. 208, por seu turno, prescreve que o dever do Estado com a educação será efetivado mediante as garantias de "progressiva extensão da obrigatoriedade e gratuidade ao ensino médio" (inciso II) e o "acesso aos níveis mais elevados de ensino, da pesquisa e da criação artística, segundo a capacidade de cada um" (inciso V), dentre outras.

Finalmente, o art. 209 estatui que o ensino é livre à iniciativa privada, atendidas as condições de cumprimento das normas gerais da educação nacional e autorização e avaliação da qualidade pelo Poder Público. Lembre-se, ainda, a outorga, às *instituições de educação que não possuem fins lucrativos* e uma vez atendidos os requisitos de lei, de *imunidade tributária* sobre seu patrimônio, renda ou serviços (art. 150, VI, alínea "c").

O ilustre professor José Afonso da Silva, ao comentar esses dispositivos constitucionais, assevera:

> A norma, assim explicitada – "*A educação, direito de todos e dever do Estado e da família* (...)" (arts. 205 e 227) – significa, em primeiro lugar, que *o Estado* tem que aparelhar-se para fornecer, a todos, os serviços educacionais, isto é, oferecer ensino, de acordo com os princípios estatuídos na Constituição (art. 206); *que ele tem que ampliar cada vez mais as possibilidades de que todos venham a exercer igualmente esse direito; e, em segundo lugar, que todas as normas da Constituição, sobre educação e ensino, hão que ser interpretadas em função daquela declaração e no sentido de sua plena e efetiva realização* (*Curso de Direito Constitucional Positivo*, 10ª ed., Malheiros Editores, 1995, p. 302, destaques meus).

Acreditando que assim deva ser, cabe assinalar ainda, que, não obstante a responsabilidade pela educação ser compartilhada pela família, pela sociedade e pelo Estado, sobreleva o papel deste, pois, se constituem *objetivos fundamentais da República Federativa do Brasil, dentre outros, a construção de uma sociedade livre, justa e solidária, bem como a erradicação da pobreza e da marginalização, além da redução das desigualdades sociais e regionais (art. 3º, incisos I e III, CF), tais fins não poderão ser alcançados com desapreço à educação do povo.*

Extrai-se, basicamente, desse quadro normativo, que o Estado: 1) tem o dever de promover e incentivar a educação de todos; 2) reconhece a impossibilidade presente de oferecer ensino gratuito para todos, em todos os níveis de ensino; e 3) reconhece o importante papel desempenhado pela iniciativa privada, a qual vem suprir a insuficiente atividade do Poder Público nesse âmbito.

Creio ser esse o contexto dentro do qual se situa o exame da pretensão.

A Lei n. 9.250, de 26.12.95, ao disciplinar a base de cálculo do Imposto sobre a Renda de Pessoa Física, elenca, entre as deduções admissíveis, os "pagamentos efetuados a estabelecimentos de ensino relativa à educação pré-escolar, de 1º, 2º e 3º graus, cursos de especialização ou profissionalizantes do contribuinte e seus dependentes, *até o limite anual individual de R$ 1.700,00* (*um mil e setecentos reais*)" (destaquei).

A Instrução Normativa n. 65, de 5.12.96, do sr. Secretário da Receita Federal, por sua vez, ao reproduzir o limite imposto pela lei e a pretexto de regulamentar o texto legal, *exclui*, do conceito de *despesas de instrução*, as despesas com uniforme, material e transporte escolar; as relativas à elaboração de dissertação de mestrado e doutorado; a aquisição de enciclopédia, livros, revistas e jornais; o pagamento de aulas diversas; o pagamento de cursos preparatórios para concursos e/ou vestibulares; o pagamento de aulas de idiomas estrangeiros e as contribuições pagas às Associações de Pais e Mestres e a associações voltadas para a educação (art. 6º, alíneas "a", "b", "c", "d", "e" e "g").

O alegado embaraço à fruição do direito à educação diz com o princípio constitucional da capacidade contributiva, e, em conseqüência, com o próprio conceito constitucional de renda, para efeito de sua tributação pelo respectivo imposto.

Reza o art. 145, § 1º, da Lei Maior:

"*Sempre que possível, os impostos terão caráter pessoal e serão graduados segundo a capacidade econômica do contribuinte*, facultado à administração tributária, especialmente para conferir efetividade a esses objetivos, identificar, respeitados os direitos individuais e nos termos da lei, o patrimônio, os rendimentos e as atividades econômicas do contribuinte" (destaquei).

A capacidade de contribuir para as despesas do Estado há que ser definida a partir da capacidade econômica da pessoa. Francesco Moschetti, monografista do tema, assevera que a capacidade contributiva pressupõe a capacidade econômica; contudo, não coincide totalmente com esta. Assim, se é verdade que não existe capacidade contributiva na ausência de capacidade econômica, também e verdade que pode existir capacidade econômica que não demonstre aptidão para contribuir (*Il Principio della Capacità Contributiva*, Pádua, CEDAM, 1973, p. 236).

Em estudo doutrinário, defini capacidade contributiva como a aptidão, da pessoa colocada na posição de destinatário legal tributário, numa obrigação cujo objeto é o pagamento de imposto, para suportar a carga tributária, sem o perecimento da riqueza lastreadora da tributação (*Princípio da Capacidade Contributiva*, 2ª ed., Malheiros Editores, 1996, p. 101).

O conceito pode ser compreendido em duas acepções. Enquanto a capacidade contributiva *absoluta ou objetiva* funciona como pressuposto ou fundamento jurídico do tributo, ao condicionar a atividade de eleição, pelo legislador, dos fatos que ensejarão o nascimento de obrigações tributárias, *a capacidade contributiva relativa ou subjetiva* reporta-se ao *sujeito individualmente considerado.*

Expressa aquela *aptidão de contribuir na medida das possibilidades econômicas de determinada pessoa*. Opera, portanto, como critério de graduação dos impostos, como limite da tributação, permitindo a manutenção do "mínimo vital" e obstando que a progressividade tributária atinja níveis de confisco ou de cerceamento de outros direitos constitucionais.

Ao estudar a eficácia do princípio em foco, quanto à apuração da inconstitucionalidade da imposição tributária, grafei: "(...) *todo direito ou atividade que o Poder Público for obrigado a respeitar, a amparar, segundo os ditames constitucionais, não poderá desconsiderar pela via oblíqua da tributação desrespeitadora do princípio da capacidade contributiva*" (ob. cit., p. 100).

Renda, a teor do arts. 153, inciso III, da Constituição, e 43, do Código Tributário Nacional, é acréscimo patrimonial, algo de positivo, que vem acrescer, somar-se ao patrimônio da pessoa. E é justamente em relação ao Imposto sobre a Renda, tributo cuja estrutura melhor permite considerar as condições pessoais do sujeito passivo, que mais reluz a importância da observância da capacidade contributiva do contribuinte.

Oportuno lembrar que, no aludido estudo, afirmei que, "se a legislação do mesmo imposto de renda, com relação às pessoas físicas, não permitir quaisquer deduções, ou, ainda que prevendo deduções com relação a dependentes, despesas médicas etc., não as autorizar pelo valor integral, fixando-lhes determinado teto, haverá violação à capacidade contributiva relativa ou subjetiva, pois estar-se-á criando um *plus* de aptidão para contribuir totalmente fictício" (ob. cit., p. 80).

Ora, se a lei não permite sejam consideradas dedutíveis as despesas efetuadas com a instrução do contribuinte e seus dependentes, em sua integralidade, para efeito de apuração da base de cálculo do Imposto sobre a Renda das pessoas físicas, duas graves conseqüências decorrem dessa vedação.

A primeira, imediata, é a *criação de uma capacidade contributiva irreal*, sem lastro, impondo seja considerado renda algo que não o é – as quantias dispendidas com a instrução do contribuinte e seus dependentes – em frontal incompatibilidade com o princípio da capacidade contributiva e com o conceito constitucional de renda (arts. 145, § 1º, e 153, inciso III, CF).

A segunda conseqüência, ainda mais grave, é que, em assim agindo *a União, no exercício da tributação pela via do Imposto sobre a Renda, descumpre ela diretriz fundamental traçada pela Lei Maior: a educação é direito de todos e, repita-se, é dever do Estado, incumbindo-lhe promovê-la e incentivá-la* (art. 205, CF).

Se o Estado não pode promover o ensino gratuito e de qualidade em todos os níveis e para todos, certamente não incentiva a fruição do direito à educação ao não permitir sejam deduzidas, integralmente, as despesas efetuadas a esse título, para a apuração da base de cálculo do Imposto sobre a Renda das pessoas físicas, impondo-lhes o limite anual individual de R$ 1.700,00.

De outro lado, agride a União, ainda mais, o exercício desse direito, ao determinar, por meio de ato normativo infralegal – a Instrução Normativa n. 65/96 do sr. Secretário da Receita Federal – *a exclusão, do conceito de "despesas de instrução", de itens notoriamente compreendidos nesse conceito – tais como as despesas referentes a uniforme, material e transporte escolar – em ostensiva afronta ao princípio da legalidade.*

Está a União, com esse proceder, à evidência, a dificultar o acesso ao ensino e à educação, criando embaraços de natureza tributária ao pleno exercício desse direito.

Face ao exposto, duplamente inconstitucionais afiguram-se-me os preceitos contidos no art. 8º, inciso II, alínea "b", da Lei n. 9.250, de 26.12.95 e no art. 6º, alíneas "a", "b", "c", "d", "e" e "g", da Instrução Normativa n. 65/96, da Receita Federal, lesivos que são à plena fruição do direito à educação dos contribuintes e seus dependentes, bem como do direito dos primeiros de serem tributados, pela via do Imposto sobre a Renda, consoante a respectiva capacidade contributiva.

Isto posto, *julgo procedente* o pedido, pelo que *condeno*, a *União Federal, em caráter erga omnes,* a não exigir, das pessoas físicas contribuintes do Imposto sobre a Renda, *em todo o território nacional*, a observância do limite anual individual de R$ 1.700,00 (um mil e setecentos reais) para as deduções relativas a despesas com instrução, para efeito de apuração da base de cálculo do mesmo imposto, como determinado pelo art. 8º, inciso II, alínea "b", da Lei n. 9.250, de 26.12.95; a não exigir a observância das exclusões referentes às mesmas despesas, contidas no art. 6º, alíneas "a", "b", "c", "d", "e" e "g", da Instrução Normativa n. 65/96, da Receita Federal, bem como a não exigir qualquer diferença de Imposto sobre a Renda em razão da dedução integral, pelos contribuintes, dos valores correspondentes às despesas com instrução própria e de seus dependentes.

Condeno, ainda, a ré, ao pagamento de honorários advocatícios ao autor, os quais fixo em 10% (dez por cento) do valor da causa, devidamente atualizado.

Oficie-se ao Egrégio Tribunal Regional Federal da Terceira Região dando-se-lhe ciência desta decisão (fls. 43/46).

Sentença sujeita ao duplo grau de jurisdição obrigatório.

PRI.

São Paulo, 15 de dezembro de 1997.

Regina Helena Costa, Juíza Federal, 14ª Vara – São Paulo.

REVISTA TRIMESTRAL DE DIREITO PÚBLICO

DOUTRINA: REGULARIDADE FISCAL NAS LICITAÇÕES – *Celso Antônio Bandeira de Mello* • CONSTITUIÇÃO, SOBERANIA E MERCOSUL – *Cármen Lúcia Antunes Rocha* • PROCURADORES DE ESTADO: SUA REMUNERAÇÃO E A EMENDA CONSTITUCIONAL N. 19 – *Valmir Pontes Filho* • CONCRETIZAÇÃO DA CONSTITUIÇÃO, FUNÇÃO LEGISLATIVA, FUNÇÃO ADMINISTRATIVA E FUNÇÃO JURISDICIONAL – *Sergio Fernando Moro* • O OBJETO DA AÇÃO CIVIL PÚBLICA, QUANDO SE CONSTITUIR EM CUMPRIMENTO DE OBRIGAÇÃO DE FAZER OU NÃO FAZER, NÃO É AUTÔNOMO – *Toshio Mukai* • REGULAMENTO E ATO ADMINISTRATIVO – *Daniele Coutinho Talamini* • ***PARECERES:*** DA NECESSIDADE LEGAL E ECONÔMICA DE PREFIXAÇÃO DAS CONDIÇÕES FINANCEIRAS DA PRORROGAÇÃO DO PRAZO DAS CONCESSÕES DO SERVIÇO MÓVEL CELULAR – *Arnoldo Wald* • RESTRIÇÃO À CONCORRÊNCIA, AUTORIZAÇÃO LEGAL E SEUS LIMITES. LEI N. 8.884, DE 1994, E LEI N. 6.729, DE 1979 ("LEI FERRARI") – *Eros Roberto Grau* e *Paula A. Forgioni* • PREFEITO MUNICIPAL – COMPARECIMENTO FACULTATIVO À CÂMARA – PRINCÍPIO DA SEPARAÇÃO DOS PODERES – *João Batista de Oliveira Rocha* • CONTRATAÇÃO DIRETA POR EMERGÊNCIA: SITUAÇÃO CALAMITOSA – IRRELEVÂNCIA DOS FATORES CAUSADORES DA SITUAÇÃO EMERGENCIAL – *Floriano P. Azevedo Marques Neto* • INELEGIBILIDADE: INTERPRETAÇÃO DO ART. 14, § 7º, DA CF – *Carlos Eduardo Thompson Flores Lenz* • ***ESTUDOS E COMENTÁRIOS:*** CONSIDERAÇÕES SOBRE O PAPEL DO PROCURADOR-GERAL DA REPÚBLICA NO CONTROLE ABSTRATO DE NORMAS SOB A CONSTITUIÇÃO DE 1967/69: PROPOSTA DE RELEITURA – *Gilmar Ferreira Mendes* • SALÁRIO MÍNIMO INCONSTITUCIONAL – *Antônio Souza Prudente* • AS AUDIÊNCIAS PÚBLICAS E O PROCESSO ADMINISTRATIVO BRASILEIRO – *Gustavo Henrique Justino de Oliveira* • ALGUNS ASPECTOS DA QUALIFICAÇÃO REGISTRÁRIA NO REGISTRO DE PARCELAMENTO DO SOLO URBANO E O CÓDIGO DE DEFESA DO CONSUMIDOR – *Kioitsi Chicuta, Ary José de Lima* e *Sérgio Jacomino* • ***CONFERÊNCIAS E DEBATES:*** A REFORMA DO PODER JUDICIÁRIO – *Geraldo Brindeiro* • ***JURISPRUDÊNCIA***

MALHEIROS EDITORES

REVISTA TRIMESTRAL DE DIREITO PÚBLICO

22/1998

M